中世寺院社会と民衆

衆徒と馬借・神人・河原者

下坂守

思文閣出版

目次

第二篇　坂本の馬借

中世寺院社会と民衆

——衆徒と馬借・神人・河原者——

序にかえて

本書は、中世において比叡山延暦寺が果たした歴史的役割を、同寺の活動実態とその支配下にあった京・近江の民衆との関係を中心に考察したものである。

中世、延暦寺が衆徒（大衆）による合議（衆議）で運営されるいわゆる「惣寺」（以下、「山門」と呼ぶ）として存在していたこと、鎌倉時代になると強大な軍事力（武力）・経済力（富）を保持する衆徒が出現し彼らが山門を政治・経済的に主導していったこと、さらには南北朝時代末には彼ら衆徒の一部（山徒）が室町幕府に山門使節・馬上一衆（土倉方一衆）として組織されるにいたったことなどについては、かつて不十分ながらあきらかにしたことがある。また、そのような山門が南北朝時代から室町時代にかけて数多くの天台宗寺院を末寺として従え、中世には公家・武家社会と相対するかたちで「寺院社会」ともいうべきものが形成されていたことについても既述したところである。(1)

しかし、山門の「惣寺」の内容そのものについては、それが東塔・西塔・横川の三院（三塔）の連合体として存在したことを指摘するにとどまり、その組織と機能については多くの部分が未解明のままとなっていた。そこで本書ではまず最初に「山訴」（山門の嗷訴）をとりあげ、その実行過程を検証するなかで、三院の連合体としての山門の「惣寺」がどのような組織と機能をもつものであったかを考察した。また、山門の運営主体はいうまでもなく寺の成員たる衆徒ではあったが、山門には衆徒以外にも各種の下僧が存在しており、彼らが「惣寺」のなかで果たした役割についても寺院における身分という観点から合わせ検証した。

一方、山門が「神輿振り」に象徴される嗷訴（山訴）をもって、平安時代後期以降、公家・武家政権を悩ませ続けていたことはよく知られている。公家・武家政権にとって山訴に対する対応は常に重要な政治課題となっていたわけであるが、その多年の課題に答えるかたちで南北朝時代末に将軍足利義満が作りあげたのが、「山門使節」「馬上一衆（土倉方一衆）」の両制度であった。軍事力・経済力に秀でた衆徒の一部を政権に取り込むことで、山門を統制しようとするその試みは一定の成果をあげ、その結果、嗷訴はしばらく止むが、本書では義満時代に始まるあらたな山門と武家政権の関係がその後どのように推移していったかについても改めて検証した。とりわけ応仁の乱中、ほぼ十年にわたり京都の一画に追い詰められた幕府（東軍）がかろうじてその陣地（「御構」）を保つことができたのは、彼らに味方した山門の支援があったからと考えられ、乱中における室町幕府と山門の関係については詳細に検討を加えた。

中世における山門の活動を考察するにあたり、これまであまり顧みられなかったものの一つに、その支配下の民衆との関係がある。本書では中世、山門ときわめて密接な関係を保っていた近江の坂本の住人（「坂本の在地人」）と日吉社の大津神人をとりあげ、その活動実態を探るなかで、彼らが山門の活動にどのような影響を与えたかを考察することとした。

また、山門支配下の民衆に限らず、民衆一般の歴史的心象を知る上において、大きな手がかりとなるものに景観の変化がある。むろん景観はさまざまな要因によって変化するものであり、すべてが民衆の歴史的心象を投映しているわけではない。しかし、その地区が寺社の境内のように民衆の信仰と深く結びついたものであった場合、そこにはなんらかのかたちでそれは投映されていたものと考えられる。

そのような観点から、本書では、京都の祇園社の境内（四条橋詰の大鳥居以東）と、それに隣接する河原者の居住地区としての「四条河原」(鴨川の西岸)の二つの地区をとりあげ、そこで中世から近世にかけて起こった景観の変化が意味するところを絵画史料をも援用して考察した。

このうち後者については、山門との直接的な結びつきはないが、鴨川東岸の清水坂には河原者と同様に中世、社会から不当な差別をうけていた非人(坂者)が住みつき、彼らの一部は祇園社の「犬神人」となっており、同社を介してときには山門から検断等に駆使されていた。そのこともあって、その社会的基盤を非人は「仏法系統」に、それに対して、河原者は「王法系統」に置いていたともいわれる(2)。これまでほとんど不明とされてきた河原者の居住地区としての「四条河原」の領域とそこでの彼らの生活実態をあきらかにすることで、両者がそれぞれ「王法」「仏法」といかなる関係にあったかを考えた。

なお、この点にもかかわって、本書において全体を通じてとくに留意した点が一つある。それは「王法」と「仏法」が互いに助け合うことで、この世の安寧は保たれるという中世に社会通念として存在した、いわゆる「王法仏法相依論」と山門とのかかわりである。

中世、山門はみずからを「仏法」の体現者と位置づけ、「王法」の実践者としての公家・武家政権と対峙する立場に置いていた。そのことは「仏法」が「王法」にみずからの要求を突きつけるというかたちで展開した山門の嗷訴が、何よりもよくそのことを示している。

また、嗷訴でより重要な点は、そこで要求が叶えられなかった場合、山門が「仏法」と「王法」との「相依」関係を、「仏法」の立場から一方的に破棄できたという事実である。「王法」(公家・武家政権)が、常に「仏法」(山門)のいわば言いなりになるしかなかったのはこのためであり、中世における山門の活動は「王法仏法相依論」という理念的な裏づけを抜きにして理解することはできないといっても過言ではない。

当然のことながらこの中世的な理念は一般の民衆にもおよんでおり、とくに山門の直接的な支配下にあった地区の住人がそのもっとも強い呪縛下にあったことは、坂本の住人でいえば、彼らの一部（馬借）が、山訴と同様に日吉社の神威を背景にみずからの訴えを直接室町幕府に突きつける「嗷訴」をしばしば実行していることがそれを何よりも如実に物語っている。本書において「王法仏法相依論」の広がりとその展開にとくに留意した由縁である。

（1）拙著『中世寺院社会の研究』（思文閣出版、二〇〇一年）・『京を支配する山法師たち―中世延暦寺の富と力―』（吉川弘文館、二〇一一年）参照。なお、本書に収録した拙稿初出以後に発表された中世の延暦寺（山門）に関連する研究に、衣川仁『中世寺院勢力論―王法と大衆の時代―』（吉川弘文館、二〇〇七年）、三枝暁子『比叡山と室町幕府―寺社と武家の京都支配―』（東京大学出版会、二〇一一年）がある。筆者の力量不足によりその研究成果を改めて本書に活かすことができなかった部分が少なくない。記して謝するものである。

（2）丹生谷哲一「犬神人小考」（『歴史研究』三二、一九九四年）。拙稿「書評・三枝暁子著『比叡山と室町幕府―寺社と武家の京都支配―』」（『日本史研究』六〇一、二〇一二年）参照。

第一篇　衆徒と閉籠

第一章　中世延暦寺の大衆と「閉籠」
――『元徳二年三月日吉社幷叡山行幸記』に見える大衆の動向――

はじめに

わが国の中世社会において、寺院・神社の存在がいかに大きな役割を果たしていたかは、いまさら改めて指摘するまでもないが、なかでもその先頭に立ち「仏法」の守護者として確固たる地位を保っていたのが比叡山延暦寺の衆徒（大衆）であった。しかしそれにかかわらず彼らが作りあげていた寺院組織とその運営に関してはいまだ不明の部分が少なくない。そのようななか、衆徒による「惣寺」運営という視点から、延暦寺では元久元年（一二〇四）の堂衆の追放を契機として、三塔（三院、東塔・西塔・横川）による日吉七社の管理分割が行われ、「院々谷々」による「衆議」にもとづく寺院運営が本格化していったことをかつて論証したことがある。(1)しかし、同寺の衆徒の組織とその寺院運営の実態については史料的な制約もあって、未解明のままとなっている。

本章では、『元徳二年三月日吉社幷叡山行幸記』(2)（以下、『行幸記』と略記）に数多く記録される延暦寺衆徒の堂舎閉籠をとりあげ、鎌倉時代における同寺衆徒の組織とその寺院運営について考察していくこととしたい。なお、南北朝・室町時代の閉籠については、次章において、「山訴」として総括的に考察することとし、本章では『行幸記』が記録する鎌倉時代の十二回の堂舎閉籠に絞って検討を加えていくこととする。

一　『行幸記』の信憑性

『群書解題』によれば、『行幸記』は絵巻物の詞書として作られたもので、「呂」「律」の二巻からなる。このうち「呂」はすべて元徳二年（一三三〇）の後醍醐天皇の日吉社・延暦寺への行幸にかかわる記載によって占められるのに対して、「律」はそれとはまったくかかわりなく「永仁年中より元亨年間に至る期間の叡山および日吉社両社寺の動向を記」したものという。その成立は「呂」「律」ともに元徳二年からほど経ない頃と推定されており、この点でこの二巻は往時の日吉社・延暦寺の有り様を伝えて貴重なものである。

なかでも延暦寺衆徒の動向を知る上において高い価値を有するのが「呂」の巻である。そこには永仁五年（一二九七）秋から元亨四年（正中元年＝一三二四）にいたる二十七年間に延暦寺で起こった幾多の出来事が、衆徒の動向を中心に実に丹念に年次を追って記されている。その記述は衆徒の立場に立ちながらもきわめて客観的で、作者の卓越した見識は驚嘆に値するものがある。ただ、問題となるのはその記載内容の信憑性であるが、結論からいえば、それは全般に高いものがあるといえる。いくつかの例をあげよう。

正和二年（一三一三）の日吉社神輿造替の費用は、『行幸記』によれば「山門気風の土蔵」からの「一宇別七百五十疋」の支出によってその一部が賄われたという。この額はよく知られているように『公衡公記』が伝える「神人沙汰」の「一所別七百五十疋」という額と完全に一致する。(3)

また『公衡公記』との一致点としては、この他にも正和三年の「成仏法師」なる者による日吉社小五月会の差符返却事件がある。日吉社では小五月会の費用を京都・近江の有徳者に賦課していたが、同年、その差符が抜かれ京都の新日吉社に送り返されるという事件が起こる。『行幸記』によれば、差符を抜いたのは石清水八幡宮「象駒形神人」の「成仏法師」なる者であったが、その名は『公衡公記』によっても確認できる。(4)さらにこの事件を契機として同年の五月一日、京都の新日吉社において起こった山徒と六波羅探題の武士たちとの抗争に関しても、『行幸記』と『公衡公記』の記事は、基本的に一致する。(5)

むろん『行幸記』の内容は『公衡公記』以外でも確かめることができる。文保三年(元応元年)四月、延暦寺大衆が園城寺による戒壇設立に抗議して同寺を襲い焼き払った時のことである。その張本人の山徒の名を『行幸記』は「宣承・澄春・本有・澄詮・昌憲以下名望の輩十二人」と記すが、ここに名前のあがる五人の山徒のうち四人を『文保三年記』中の「延暦寺張本交名」はやはり金輪院澄春・勝林坊本有・南岸坊澄詮・円林坊昌憲とフルネームで伝えている。(6)『行幸記』がいかに正確な資料にもとづいて執筆されていたかをよく示すものといえよう。

これらのことから『行幸記』を歴史史料として取り扱うことになんら問題はないものと考えられる。この点を確認した上で、以下では同記が繰り返しとりあげている衆徒による「閉籠」という行為について検討を加えていくこととする。

二 『行幸記』に見える「閉籠」

閉籠とは、衆徒がみずからの主張を貫徹するために繰り返し決行した示威行動の一つで、堂舎の門戸を閉ざしたいわゆる「閉戸」に始まる。その目的は文暦二年(一二三五)七月の「藤原良平意見状」が「如衆徒結構者、及裁許遅怠者、一山閉門戸、七社塞道路、禅侶去松房、聖教納苔巌之条、不可廻踵云々」と記すように、(7)仏神への祈りを停止することにあった。王法と仏法が互いに助け合うことで世の安寧が保たれるという、いわゆる「王法仏法相依論」からすれば、閉籠は仏法側(衆徒)がその相依関係を一方的に宣言する行為であり、王法の担い手としての朝廷を脅迫するにこれほど効果的な手段はなかった。同様の脅迫手段としては神輿振りがあるが、延

閉籠場所	訴訟の題目	終結に至った理由	事件を伝える他の史料
八王子社	「興隆の沙汰」	裁許の綸旨の下賜	
根本中堂	菊末・定宗両名の事	（不　明）	
根本中堂	大師号の事	日吉社に放火	皇代記・皇代私記
大　宮	神輿帰座への不満	大宮門楼より失火	花園院宸記・荒暦・継塵記
根本中堂	仁和寺等を訴える	（退　散）	花園院宸記
横川中堂	蓮台坊盛範	「当院の衆徒」の攻撃	武家年代記・興福寺年代記
釈迦堂	「開発・秋富事」	（退　散）	公衡公記
根本中堂	「興隆の沙汰」	（不　明）	
釈迦堂	「木浜・水保の事」	（退　散）	
大　宮	（不　明）	（退　散）	
釈迦堂	（不　明）	（不　明）	
大　宮	（不　明）	「坂下の衆徒等」攻撃	天台座主記

暦寺の場合、次章でもみるように、その執行には三塔僉議にもとづく一山の衆徒の総意が必要とされた。これに対して、閉籠は限られた人数でも執行が可能であり、そのため鎌倉時代になると、一院単位の抗議・示威行動としてしばしば実行されるようになったものと考えられる。

たとえば、嘉禄二年（一二二六）七月、楞厳院領和邇庄と根本中堂領木戸庄が堺を争った時、相論に敗れた楞厳院では「横川一院衆徒」が「閉諸堂門戸離山」を企てており(8)、安貞元年（一二二七）十二月には、検非違使の不当な僧侶捕縛に抗議して西塔が釈迦堂への閉籠を実施している(9)。このように一院による抗議・示威行動として頻発するようになった閉籠ではあったが、鎌倉時代も後半になると、その内容に大きな変化が生じる。個人もしくは特定の小グループが主体となった、いわば孤立分散的な閉籠が頻発するようになってくるのである。

『行幸記』には、永仁五年（一二九七）から文保二年（一三一八）にいたる間の二十年間に起こった閉籠が十二件記録されている。それらを整理し一覧としたのが表1である。これによれば、十二件のうち四件は堂舎の焼失という最悪の結末をもって終わっている。まさに鎌倉時代後半の日吉社・延暦寺では『行幸記』のいう堂舎の「つくればまたやけ、焼ては又作る」という、実に不毛な状況が現出していたことがわかる。

そして、これら『行幸記』が伝える諸堂舎への閉籠が決して絵空事でなかったことは、各種の史料によっても裏づけられる。たとえば、社殿の焼失をもって終わった④の延慶三年の大宮への閉籠については、『花園院宸記』同年十二月晦日条が「今朝聞、日吉社回禄云々、閉籠衆放火之故云々」と伝えるところであり、⑤の応長元年の閉籠衆の退散に関しても同記の同年八月二十三日条の「去夜子剋許、山門中堂閉籠之衆徒開眉、退散云々」という記載によってその事実を確かめることができる。また、⑦の正和四年四月の西塔閉籠衆の退散についても、『公衡公記』同月二十六日条に「去十三日、山上・山下諸堂、本社・末社悉開門戸了」とその出来事が明記されている。

では、これら一院や個人による閉籠は具体的にどのようにして実行されていたのであろうか。

表1　『行幸記』に見える延暦寺・日吉社への閉籠

	開始年月日	終結年月日	期　間
①	永仁5年(1297)秋	永仁6年	(不明)
②	嘉元元年(1303)8月3日	(不　明)	(不明)
③	延慶元年(1308)8月2日	延慶元年8月23日	22日間
④	3年(1310)12月2日	延慶3年12月29日	28日間
⑤	応長元年(1311)6月27日	正和元年8月22日	1年4か月余
⑥	正和元年(1312)11月19日	正和元年11月21日	3日間
⑦	2年(1313)10月	正和4年4月14日	1年8か月
⑧	5年(1316)9月21日	(不　明)	(不明)
⑨	5年(1316)10月17日	文保元年6月7日	約8か月
⑩	文保元年(1317)10月11日	文保2年4月上旬	約6か月
⑪	元年(1317)11月1日	(不　　明)	(不明)
⑫	2年(1318)10月19日	文保2年10月20日	2日間

三　「院々谷々」の大衆と閉籠

表1からまず最初に指摘できるのは、一院の閉籠の場合、原則としてその実行には一院の衆徒の合意が必要とされたであろうという点である。⑤の閉籠は一年四か月、また、⑦の閉籠は一年八か月の長期にわたるが、この

ような長期間の閉籠が各一院の衆徒の支援なしに実現できたとは考えがたく、一院の閉籠は、当該地区の一院の了解のもとに執行されていたものと推定される。

そして、そのことを側面からではあるが裏づけてくれるのが、⑦の閉籠終了時に、西塔の衆徒が発している次のような集会事書である。(10)

正和三年卯月十二日西塔衆徒集会事書

早可被賀申近江国開発郷幷笠原間事

鬱訴起自四个之移転、群居已送三廻之星霜之間、宿老等悲歎之余、載子細於竹帛、達愁吟於柳営之処、雖胎木浜神富之後訴於西塔之山月、早開笠原・開発之愁眉於東関之徳風、然間、伝教大師刻彫之霊仏遁炎滅、護命僧正供養之仏閣全基跡、断絶之法会・退漫之神事已欲遵行、末寺・末社之閉門則開之了、此条啻非山門之悦豫、豈非朝家之大慶哉、三塔之冥衆・七社之霊神定施神睠於門下、垂冥助於子孫御之条、宛如指掌、早以此趣可被申関東者也、

この時の閉籠が西塔衆徒の総意のもとに実施されたものであったことが確認できよう。

次に表1で指摘しておきたいのは、一院の閉籠の場合、その実施場所（堂舎）には、原則としてその一院の本堂にあたる堂舎、東塔では根本中堂、西塔では釈迦堂、横川では横川中堂が用いられたという事実である。これは閉籠が本来、各地区の衆徒の衆議にもとづいて実施されるものであったとすれば当然のことともいえるが、逆にいえば、閉籠した堂舎によって、その閉籠主体は容易に特定可能となることを意味している。たとえば②③⑤⑧の根本中堂への閉籠は、東塔の衆徒の総意のもとに実施されていたと理解されなければならない。

ただ、ここで問題となるのは、その一方であきらかに一院衆徒の総意（衆議）にもとづかない閉籠が存在することである。①⑥⑩⑫の事例がそれにあたる。そして、そのような個人が主体となった閉籠の場合、結末は大き

く分けて二つしかなかった。要求がかなえられて閉籠をみずから解くか、外部から攻撃をうけ強制的にこれを終了させられるかである。

ただ、前者はまれで、表1では、唯一⑩の大宮に閉籠した三諦坊承喜の事例だけがこれにあたる。この事件は、閉籠が時として請負によって執行されていたことを伝える点できわめて興味深いものである。すなわち、この時に大宮に閉籠した三諦坊承喜なる山徒はその理由を次のように述べたという。

意趣おほしといへども、所詮開発訴訟の時、西院一院の契約于今不宛行之間、其愁を申なり、
ここにいう「開発訴訟」とは、⑦の釈迦堂閉籠を指す。つまり正和四年四月に要求がかなえられた西塔の訴訟（閉籠）は、同院が三諦坊承喜に依頼して行わせたものであったが、訴えが朝廷・幕府に認められたにもかかわず、西塔の衆徒が約束の報酬を支払わなかった結果、承喜が抗議のために個人として実施したのが⑦であったことがこれによりわかる。

西塔は惣寺の説得にもかかわらず三諦坊承喜への支払いを拒否、結局は「諸門主幷院々谷々より五万疋の用途をあつめて」三諦坊承喜に渡すことでようやく閉籠は解かれているが、一院が主体となった閉籠でも、このころになると、三諦坊承喜のような、いわば雇われ「閉籠衆」が用いられるようになっていたことを⑩の事例は伝えている。ただ、この場合、これに先だつ⑦の閉籠は西塔が認めたものであり、純粋に個人が一院から離脱して実施した閉籠とはいえない部分がある。

これに対して、あきらかに「兵部阿闍梨円恵」や「蓮台房侍従房盛範」といった個人の衆徒がみずからの意志で実施したのが①⑥の閉籠である。彼らはともに敵対する衆徒（理教坊性算）や「当院（横川）の衆徒」の攻撃を受けて悲劇的な最後を迎えている。基本的に個人による閉籠が認められておらず、それは武力を行使しても排除すべきものと理解されていたことを物語るものといえよう。鎌倉時代末には、個人的な閉籠を容認しない状況が

現出していたと見なければならない。

四　覆面姿の閉籠衆

『行幸記』は閉籠の実施主体については原則として一院と個人の区別なくこれを明記するが、⑫だけはそれを記さない。最後にその⑫の文保二年（一三一八）十月の大宮閉籠について検討を加えたい。やや煩瑣となるが『行幸記』の当該部分を左に引用する。

> 同十月十九日、又大宮に閉籠するあいだ、坂下（本）の衆徒等相議して云、さのみ悪党のために神慮を奉悩之條、不可不対治とて、翌廿日の朝をしよせて追放せむとし侍れども、悪党もとより用意し侍ることなれば、四面の門戸かたくとぢ、散々にたゝかひて、神殿に火をつけ侍りければ、門楼・廻廊・楽屋・橋殿まで焼失し、手負・自害の死骸あまた出現して、社頭ふかくけがれにけり、白昼の事なりければ、祠官等合戦の中をわけ入て、神殿の東の妻戸をひくに、思ひの外にあきにけり、烟はやく内陳（陣）にみちて、かなふべからず侍りけれども、身命をすてゝ内陳（陣）にまいり、大宮の御躰をば行仲・成時、聖真子の御躰をば為香・成直、客人をば行延宿禰等、各いだきさゝげたてまつり、二宮の神殿にわたし奉る、

この大宮への「坂下（本）の衆徒」による大宮攻撃のありさまについては、『天台座主記』もほぼ同じように記しており[11]、その内容はおおむね信用できる。

そこでこの時の閉籠主体であるが、『行幸記』はたんに「悪党」と記すのみで、他の閉籠のように具体的にその名を示していない。またその他にも他の閉籠と大きく異なる点が二つある。その第一点は、閉籠場所が山上の堂舎ではなく、日吉社の大宮となっている点である。日吉社の社殿をその場所に選んだ例としては、この他では唯一①の八王子社への閉籠があるが、かの閉籠はあきらかに「兵部阿闍梨円恵」が個人として実施したものであ

り、この点からすれば⑫の閉籠もまた同様に私的なものであったとみなければならない。

第二点は、その討伐主体が山上の三院所属の衆徒ではなく「坂下《本》の衆徒（坂本衆徒）」となっている点である。一院内で私的な閉籠が実施された場合、それを討伐するのが当該一院の責務となっていたことは、⑥の事例からあきらかである。その原則が⑫にも貫かれていたとすれば、大宮に閉籠したのは同じ「坂下《本》の衆徒」でなければならなかったことになる。しかし、彼らが同士討ちしたとはとうてい考えられず[12]、またその徴証もない。では、この閉籠を実行したのは誰だったのであろうか。

その答えを導き出すための手がかりの一つは、『行幸記』の次のような閉籠主体のありさまを描いた一節にある。

すべて閉籠衆のやうをとれば、おもてには覆面をたれて、目ばかりあなをあけつくり、こゑ《声》けうと《気疎》げにて、
態と異形なるけしき、さらに此世の人をみる心地もせず、

衆徒がこのような目の部分だけ穴をあけた覆面をし、気疎な声を出すというおどろおどろしい姿で閉籠を行ったという事実は確認できず、閉籠主体が衆徒でなかったことはこの点からまずまちがいない。

その一方、この「異形」姿で想起されるのは、時代ははるかに下るが、勝俣鎮夫氏が指摘された江戸時代の打ちこわしや騒動時の百姓の覆面姿である[13]。その「帽子被り、目計出し」「頭に色々のものをかぶり」「白布をもって顔をおおう」といったありさまは、まさにこの「悪党」の覆面姿を彷彿とさせるものがある。

結論からいえば、彼らは坂本の「在地人（住人）」だったのではなかろうか。のち室町時代になると、しばしば坂本の馬借を初めとする在地人が日吉社の社殿に閉籠し徳政令の発布を延暦寺に要求し、これに対して山門使節やその他の衆徒が武力を行使し彼らを掃討していることは、第二篇第二・三章で詳しくみるが、日吉社の社殿を閉籠場所とすること、その掃討に坂本に拠点を構える山門使節等があたること、さらにはそのほとんどが閉籠

主体の社殿への放火（自焼）をもって終わっていることまで、文保二年の閉籠は室町時代のそれら坂本の馬借が起こした土一揆と共通する。

これらの点から⑫の大宮閉籠は、坂本における最初の土一揆の一環として実施された閉籠であったと理解するのがもっとも至当と考えられる。そして、とすれば、『行幸記』の記載は、衆徒の抗議行動としての閉籠が、鎌倉時末にいたり、その支配下にあった坂本の在地人にまで拡がっていたことを示すものとなり、ここに土一揆による閉籠の発生過程を知るための貴重な手がかりが得られることになる。

むすび

閉籠とは、本来、院・谷がその衆議にもとづいて一致団結して実施する示威行動であった。しかし、鎌倉時代も後期にさしかかると三諦坊承喜のように金で雇われてこれを実施する者が登場するようになってくる。ただ、その場合でも彼らが一院の合意を受けて初めて現実にこれを実行できたことは、三諦坊承喜の場合でいえば、一年八か月という長期にわたる閉籠の事実がこれを如実に物語っている。一院の支持なくして、このような「本堂」への閉籠はとうてい不可能であったと考えられるからである。

その一方、一院とはかかわりなく、個人的な要求を掲げて閉籠を実施するものが出現してきたのも、鎌倉時代後期の特色である。ただ、彼らの閉籠は、多くの場合、当該各地区の衆徒による武力弾圧をもって悲劇的な結末を迎える。彼らが自滅覚悟であえて閉籠に踏み切らなければならなかったところに、この時代、衆徒の抱えていた矛盾の深刻さがうかがえる。そして、その一つがまちがいなく突出した財力と武力を抱えた「山徒」の出現にあったことは、『行幸記』が「律」の巻頭部分において記す、次のような理教坊性算なる者の姿がなによりもこれをよく物語っている。

永仁年中、妙法院尊教僧正治山の時に当りて、門徒東塔北谷理教坊律師性算といふもの有、貫長の恩顧も深、私貯の潤色も広かりければ、同宿・房人おほくして、里には市をなし、山には林をなす、門主もこの一人だに侍らば、万方の要枢も足ぬべく、千騎の武者にもむくべくぞおもはれける、

また、『行幸記』の「律」が、閉籠について、この理教坊性算の「治山」に抗議する永仁五年（一二九七）の阿闍梨円恵による八王子社への閉籠①をもって始まり、文保二年（一三一八）の坂本の住人による大宮への閉籠をもって終わっている点もきわめて象徴的である。衆徒の閉籠という抗議行動が、やがてその支配下の坂本の住人にとっても有力な抗議行動となっていったと考えられるからである。

（1）拙稿「中世寺院における大衆と「惣寺」」（拙著『中世寺院社会の研究』、思文閣出版、二〇〇一年）。
（2）『群書類従』三八所収。
（3）『公衡公記』正和四年四月二十五日条。なお、この時の日吉神人への神輿造替の費用賦課が有する歴史的意義に関しては、拙稿「神輿造替と京都の日吉神人」（拙著『京を支配する山法師たち―中世延暦寺の富と力―』、吉川弘文館、二〇一一年）参照。
（4）『公衡公記』正和四年五月二十三日条。同記は事件の顚末を「是山門神人成仏法師、去年被差日吉小五月会馬上役之処、称八幡神人申不可勤仕之由、山門誡沙汰之間及闘乱珍事了」と記す。
（5）『公衡公記』は正和三年五月前後の記事を欠くが、同年十月七日条には、「正和三年五月一日新日吉社喧嘩張本」の山徒交名等が掲載されている。そのなかには、『行幸記』が「彼狼藉の張本とて、玄運・豪誉以下の衆徒十余人流罪せられ」とその名をあげる玄運・豪誉の二人の名も見えている。ちなみに『公衡公記』所載の交名によれば、玄運は西塔所属の「実光坊律師玄運」で、豪誉は西塔東谷所属の「上林坊注記豪誉」であったことが判明する。
（6）『文保三年記』（内閣文庫蔵『大乗院文書』）所載の「延暦寺張本交名」は彼らの名を次のように列記する。

張本交名

梨本 禅智房憲承　　妙法院 円林房昌憲
竹中 勝林房本有　　菩提院 頓学房承長
座主 南岸院（房）澄詮　　座主 金輪院（澄春）□
菩提院 妙光房源祐　　青蓮院 上林房□
菩提院 井上房直因　　妙法院座主 山本房定祐 蔵人
妙法院 十乗房源快　　菩提院 妙観房仙村

以上十二人

「座主」は当時その職にあった浄土寺慈勝を指す。その他、肩書きはすべて山徒が門徒として所属した門跡をあらわす。

(7)『延暦寺護国縁起』。
(8)『明月記』嘉禄二年七月十一・十五日条、『天台座主記』嘉禄二年七月二十四日条。
(9)『明月記』安貞元年十二月七・二十日条。
(10)『公衡公記』正和四年四月十五日条。
(11)『天台座主記』文保二年十月十九日条には、この出来事が次のように記されている。

十月十九日、又大宮閉籠、仍之坂本衆徒等相議而、悪徒為対治、翌廿日朝、押寄及合戦之処、閉籠輩神殿懸火、門楼・廻廊・楽屋・橋殿迄不残及焼失、手負・自害之死骸数多出現、穢社頭、社司輩捨身命入内陣、大宮御躰行仲、成時聖真子御躰為香、成直客人子御躰行延等、各奉取出奉渡三（二）宮神殿、

(12)「坂本衆徒」については、拙稿「坂本衆徒」（前掲註3拙著所収）参照。「坂本衆徒」の多くは強力な武力を保持しており、彼らがそれらの武力を行使することなく、閉籠という手段でみずからの要求を貫徹しようとしたとは考えられない。

(13)　勝俣鎮夫『一揆』(岩波書店、一九八二年)。勝俣氏は、近世の一揆・打ちこわしにおける覆面姿として、宝暦六年(一七五六)の北陸における打ちこわしでの「帽子被り、目計出し」、天保七年(一八三六)の甲斐国の郡内騒動での「頭に色々のものをかぶ(る)」様態、慶応二年(一八六六)の信達(しんだて)騒動における「白布をもって顔をおおう」行為などをあげておられる。

第二章　「山訴」の実相とその歴史的意義
――延暦寺惣寺と幕府権力との関係を中心に――

はじめに

中世、延暦寺の衆徒（以下、「衆徒」と略記）がみずからの政治的な要求を貫徹するために、堂舎閉籠・神輿動座等をもってその一手段としたことはよく知られている。それは衆徒がとったもっとも一般的な抗議行動であり、その鎌倉時代における実態については、前章において『元徳二年三月日吉社幷叡山行幸記』の記事を素材として、堂舎閉籠を中心に見た通りである。(1) 限られた史料による分析結果ではあるが、それによれば堂舎閉籠は通常、一院の衆徒の総意にもとづき一院を単位として実施されたこと、その一方で時として特定の主導者の指揮のもとに実施される場合もあったこと、などが不十分ながら確認できた。ここではそれらの分析結果を念頭において、南北朝・室町時代の延暦寺における堂舎閉籠・神輿動座の実態をさぐるとともに、それが果たした政治的・社会的な役割について改めて考察していくこととしたい。なお、この時代、衆徒が行ったそれら一連の示威行動を一般に「山訴」と呼んでおり、ここでも「山訴」という言葉を用いた。(2)

一　堂舎閉籠から神輿動座へ

表1は、応永二十一年（一四一四）以降、文正元年（一四六六）にいたる期間に実施された山訴を整理し年表

としたものである。[3] 始まりを応永二十一年としたのは、足利義満が幕政の実権を掌握した康暦元年（一三七九）以降ではその事実経過がよくわからない至徳三年（一三八六）の「大訴」を除けばこれが最初の山訴であること、[4] また文正元年をもって最後としたのは翌年に応仁の乱が勃発、社会・政治状況が大きく変動することによる。

さて、この表1から読みとれる事柄として、まず最初に指摘したいのは、前章ですでに指摘した事実ではあるが、閉籠の実施場所が東塔は根本中堂、西塔は釈迦堂、横川は楞厳院（横川中堂）という、三塔（三院）のそれぞれ本堂に限定されていたという点である。延暦寺内でこの原則からはずれた閉籠が実施された例は確認できない。これは閉籠がこの時代も基本的に一院を単位として実施されていたことをよく物語っている。

第二点として指摘できるのは、「動座した神輿」と「神輿動座場所」の相関関係である。三塔の衆徒が東塔は大宮・三宮・八王子・客人・十禅師、西塔は二宮、横川は聖真子といったように、それぞれ日吉七社の神々を分割・信仰していたことに関してはかつて論証したことがある。[5] その原理は神輿の動座にあたっても生きていたことを表1の両項目の関係はよく指し示している。すなわち、それによれば、通常、大宮・三宮・客人の神輿は根本中堂（東塔本堂）に、また二宮の神輿は釈迦堂（西塔本堂）に動座している。さらに表1からはその事例を抽出することはできないものの、聖真子の神輿が動座したとすれば、それは当然、楞厳院（横川本堂）に安置されたものと推定される。[6] 神輿動座がこれまた原則として一院を単位として実行されていたことを裏づけるものといえる。

表1をもって最後に指摘しておきたいのは、山訴の頻度が時代とともに次第に高くなっているという事実である。前半の二十年間（応永二十一年～永享六年）ではわずかに七回を数えるにすぎなかった山訴は、後半の二十五年間（嘉吉元年～文正元年）になると、二十一回の多くを数えるようになる。このうち、前半には永享五年から同六年（一四三三～三四）にかけての山門騒乱時の三度にわたる山訴がふくまれていることを考え合わせる

神輿動座場所	訴訟の原因・条目など	備　　考
根本中堂	法華堂破却張本人沙汰事	
根本中堂	相論用水境等事	
(不　明)	守護六角流罪事	客人神輿、山王畠まで下る
―――	条目廿一ヶ条	
根本中堂	日吉二宮上分物事	
根本中堂	十二ヶ条	
根本中堂	(幕府の山門攻撃)	
(不　明)	(六角・京極の山門領押領)	客人神輿、藪里まで下る
根本中堂・釈迦堂	(六角満綱の山門領違乱)	
―――	(旧南朝方の蜂起)	
根本中堂	(所領事)	北野社に神人が閉籠する
(不　明)	丹波光明寺・越中泰隆寺事	
(不　明)	(不　明)	
―――	(不　明)	
―――	(不　明)	
根本中堂・釈迦堂	清水寺(近江)事	
釈迦堂	金勝寺(近江)事	
(不　明)	金勝寺(近江)事	祇園社神輿装束、山上へ
根本中堂	末寺児殺害事	
根本中堂	(万寿寺風呂以下を焼く)	
(根本中堂)	(不　明)	
(不　明)	(佐々木宿所へ発向)	八王子社に閉籠する者あり
根本中堂	近江国中庄事	
(根本中堂)	(不　明)	八王子社に閉籠する者あり
(根本中堂)・釈迦堂	(不　明)	
根本中堂	禅家事、北野社閉門の事	
(不　明)	(不　明)	
―――	(不　明)	
―――	無碍光衆退治事	
―――	洛中洛外法華堂破却事	
―――	(不　明)	
(不　明)	(京極の敏満寺自専)	

表1 「山訴」略年表(応永21年～文正元年)

番号	山訴開始年月日	山訴終了年月日	閉 籠 場 所	動座した神輿
1	応永21年閏7月13日	(不 明)	(不 明)	(第三神輿)藁四手
2-(1)	応永22年3月29日	応永22年4月28日	根本中堂	客 人
2-(2)	応永22年6月	応永22年6月13日以後	(不 明)	客 人
3	正長元年7月27日	正長元年9月10日	釈迦堂	(な し)
4	永享元年10月29日	永享2年正月11日	根本中堂	大 宮・客 人
5	永享5年7月17日	永享5年8月9日	根本中堂	客 人
6	永享5年10月28日	永享6年2月13日	(不 明)	日吉七社[大 宮]
7	永享6年9月20日頃	永享6年12月13日	根本中堂	日吉七社[客 人]
8	嘉吉元年8月18日	嘉吉元年閏9月12日	(不 明)	十禅師・二 宮
9	嘉吉3年9月24日	嘉吉3年9月26日	根本中堂・釈迦堂	(な し)
10-(1)	文安元年4月11日	文安元年4月17日以前	釈迦堂か	八王子
10-(2)	文安元年4月25日以前	文安元年5月27日以前	(不 明)	客 人
11	文安2年4月17日以前	文安2年4月28日	(不 明)	客 人
12	文安2年7月	文安2年7月15日	根本中堂	(な し)
13	文安3年4月4日	文安3年5月4日	(不 明)	(な し)
14	文安4年7月13日	文安4年12月18日	根本中堂・釈迦堂	三 宮・客 人
15	文安5年11月22日	宝徳元年4月21日	釈迦堂	二 宮
16	文安6年5月5日以前	宝徳元年12月1日	釈迦堂	(日吉神輿)
17	宝徳3年3月25日	宝徳3年6月7日以前	根本中堂	客 人
18-(1)	宝徳3年8月14日以前	享徳元年12月26日	根本中堂	日吉七社[客 人]
18-(2)	享徳2年4月	享徳2年5月27日	(不 明)	(神 輿)
19	享徳3年12月以前(冬)	康正元年4月20日	(不 明)	二 宮
20-(1)	康正元年8月1日	康正元年12月20日	根本中堂	客 人
20-(2)	康正2年2月17日以前	康正2年7月4日以前	(根本中堂)	(客 人)
21	(前年より続く)	長禄2年12月27日	釈迦堂	客 人・二 宮
22	寛正2年12月晦日	寛正3年12月2日	根本中堂	日吉七社
23	寛正4年4月13日以前	寛正4年12月25日	根本中堂・釈迦堂	(不 明)
24	寛正5年3月29日	寛正5年6月7日以前	釈迦堂	(な し)
25	寛正6年正月11日以前	寛正6年6月7日	根本中堂	(な し)
26	寛正6年12月25日	(不 明)	楞厳院	(な し)
27	寛正7年2月17日	(不 明)	釈迦堂・楞厳院	(な し)
28	文正元年7月29日	文正元年12月17日	(不 明)	(日吉神輿[七社か])

と、(7)後半になってからのその頻度の高さは一層際立つ。

これを幕府権力との関係でいえば、足利義満政権下で姿を消していた山訴は、義持の時代も突発的な惹起を除いてほとんど行われず、次の義教の治世下も永享の山門騒乱時までその流れは続いていた、ということになろう。このような義満以降、義教にいたる間の山訴のあり方が何を意味するかについてはのちに考えることとし、ここでは堂舎閉籠から出発した山訴が具体的にどのような過程を経て神輿動座へと進展していったかを検証していくことから始めよう。

山訴がどのような手続きを踏んで実施されていたかを知る上において貴重な記録がある。文安五年から同六年（一四四八～四九）にかけて実施された山訴に関してその実行主体となった西塔閉籠衆の発給した文書を筆写した『山門事書』なる記録である。(8)以下、同記録をもとにその展開を追っていくこととしたい。なお、山訴の中核に存在した閉籠衆と呼ばれた集団に関してはのちに立ち返って検討を加える。

事件の発端は文安五年四月二十三日、西塔衆徒が末寺金勝寺に対する「南都代官慶賀法印」らの襲撃を幕府に訴え出たことにあった。(9)西塔衆徒は事書として「寺家注進目安」を作成、山門使節を介して幕府に訴状を上申しており、当初は通常の手続きをもって始まった訴訟であったことがわかる。しかし、その後の「西塔院列参申詞」(10)「西塔院宿老集会事書」(11)などをもってする訴えにもかかわらず、自分たちの要求が容易に受け入れられないことがあきらかになるや、十一月、ついに閉籠衆による釈迦堂閉籠が開始される。(12)

この時にあたり西塔閉籠衆がとった行動は、山訴の本質を知る上で重要な手がかりを与えてくれる。すなわち、彼らはまず①院内（十一月二十二日付）(13)、②末寺末社（十一月二十五日付）(14)、③東塔・横川（十一月二十六日付）(15)の各所に宛て衆議事書を送り、閉籠への協力・支持を求めている。具体的には①の「院内」宛では「谷々老若」の神輿動座への「合力」と幕府（山門使節、管領）への「内通」禁止を、また②の「末寺末社」宛では「本寺」に呼応しての「閉門」をそれぞれ求めており、閉籠衆が一院の結束を第一義として、末寺末社への運動の拡大をめざしていたことがうかがえる。

また、「同心合力」を呼びかけた③の東塔・横川宛の事書の末尾は次のような言葉で結ばれている。

所詮、貴院忽企閉籠儀、則被同心合力者可為衆悦、若被遠見者吾山之滅亡在斯時者也、何不被傷哉、殊貴院与当院毎度入魂之上者、早速被廻其計略者、大訴入眼不可廻踵之哉旨、衆議大概而巳、

西塔閉籠衆が東塔・横川を巻き込んでこの抗議運動を一山規模のものにしていこうとしていたことが知られよう。

そして、この後の展開はほぼ彼らが目論んだ通りとなる。まず十二月上旬に二宮神輿が釈迦堂に動座、(16)十二月二十三日には三塔会合が開かれ、東塔・横川の参加が決定する。(17)山訴はついに一山あげてのものとなったのである。これをうけて幕府が「治罰」の文言の入った近江守護六角久頼宛の御教書を下したのは、十二月三十日のことである。(18)しかし、二十三か条にまで膨れあがった一山の要求をすべて呑めるはずもなく、年を越し訴訟題目に新たな十六か条が追加されるや事態は完全な閉塞状態におちいっている。(19)東塔・横川が山訴に加わったことで、幕府も落としどころをなくしてしまったというのが、いつわらざる状況であったに違いない。そして、このいかんともし難い状態は長く四月まで続く。事態が再び動き始めるのは、日吉祭の祭日が迫った同月下旬のことで、四月二十二日、同祭が無事執行されたことを伝え聞いた中原康富は、その日記『康富記』に次のように書き留めている。

今日酉剋祭礼有之云々、此間依山門訴訟、末寺等閉門、昨日有裁許、属無為者也、

祭礼の「延引」を恐れた幕府が全面的に折れて、山訴はようやく終わりを告げたのであった。日吉祭の「延引」をなぜ幕府がそれほどまでに恐れたのかは改めて考えることとし、ここでは同祭の開催日が山訴の終焉と深

くかかわっていたという点だけを指摘しておきたい。

さて、この文安五年から同六年（一四四八～四九）にかけての山訴の経過を見ることで、西塔一院の訴えが堂舎閉籠→神輿動座→三塔会合と進展、一山の訴えとなっていく過程がかなり具体的に浮かびあがってきたが、ここで改めて確認しておきたいのは、その基盤がやはり一院にあったという点である。このことは西塔閉籠衆が発給した文書からも容易に読みとることができる。『山門事書』には二十六通の「西塔閉籠衆衆議事書」が収められているが、それらの宛所を複数回発給のものに限って、多い方から順に列記すると次のようになる。

①院内（院内満遍）　六通
②東塔・横川　六通
③祇園執行　三通
④山門使節　二通
⑤山門奉行・公方　二通

閉籠衆が「院内」すなわち西塔内の引き締めと東塔・横川への呼びかけを最優先課題としていたことをこれらの宛所の回数はよく示している。ちなみに「院内」宛の衆議事書の内容をすでにふれたものをふくめ整理すれば、

①神輿動座への「合力」要請と幕府への「内通」禁止（十一月二十二日付）
②二宮神輿動座にともなう「神訴入眼」の祈禱要請（十二月十日付）
③「諸谷若輩」の閉籠への参加要請（十二月十一日付）
④「院内老若」の評議への参加要請（十二月十二日付）
⑤「谷々本堂」の閉門要請（十二月十三日付）

⑥「当院(西塔)僉議」にあたっての「若輩」の「入堂」要請(十二月十九日付)となり、一言でいえば、すべては山訴への参加を呼びかけたものとなっている。

また、東塔・横川宛の衆議事書は、前掲の「同心合力」要請（十一月二十六日付）の他は、「三塔会合」の開催および参加への呼びかけと（十二月十日・十二日・十七日・二十三日）、同会合参加に対する礼状（二十四日付）であり、西塔閉籠衆が一貫して一山あげての山訴の確立をめざしていたことがよくわかる。

この一院から一山への指向性は時にはかなり強引なかたちをとってあらわれることもあり、たとえば宝徳三年（一四五一）八月に始まった山訴について『経覚私要鈔』は次のように伝える。[20]

一、播州語云、去十三日寅刻、山門神輿入洛、東塔訴訟云々、残横川・西塔□《不カ》同心之間、東塔者共中堂ニ懸火、及三度之間、無力三塔令同心云々、

それはまさに「凡吾山之風儀、依一谷一尾之衆欝、及一山之大儀、何矧偏為糺一天之理乱、併依存三千之瑕瑾也[21]」という精神にもとづいた行為であり、山訴の大きな特色の一つがここにあった。では、これら一山をも動かす山訴の主体となっていた一院の閉籠衆とはどのような集団だったのであろうか。

二　閉籠衆と「堂中」「対決」

閉籠衆がいかなる人びとによって構成されていたかを伝えてくれるものに、宝徳三年（一四五一）、頻発する閉籠に対して幕府がその張本人の厳罰を決したことを伝える『康富記』の次のような一節がある。[22]

依招引向飯肥《飯尾為種》入道許、用朝飡《食》、語曰、山門衆徒動猥令動座神輿、閉籠堂舎、致嗷訴、剰近日招寄賊徒於山上、於結界地致合戦、企殺害、毎度御裁許非無其煩、於向後者、以支証可経訴訟也、若不事問、動座神輿、閉籠堂舎者、尋究張本人、至衆徒者、追捕其身、没収所帯、可被付寺社修理也、至地下人者、可被処厳科

也、使節令緩怠者、可有其咎之由、去十九日於管領仰諸奉行有評定、被載事書一紙、被成遣御教書於山門了、

幕府が閉籠の実行者を「衆徒」と「地下人」の二種類に分けて理解していたことが知られよう。このうち「衆徒」とはいうまでもなく寺の正員を指し、この時期の閉籠の実施主体がまちがいなく「衆徒」であったことがここに確認できる。より具体的には一院の「若輩」がその中核をなしていたと推定される[23]。一方、「地下人」に関しては、文安元年（一四四四）五月の西塔閉籠においても「閉籠衆内有俗形済々」という状況が現出しており[24]、その行動は幕府が処罰対象とするほどに際立ったものになりつつあったようであるが、その実態はよくわからない。

そして、いずれにしてもこのような幕府の閉籠禁止令に対抗して、閉籠主体の「衆徒」「地下人」がとった対応策が「閉籠衆」という集団での行動だったのである。閉籠衆については従来、彼らを延暦寺内の不平分子の集団とする見方があった[25]。しかし、けっしてそうではなかったことは、彼らの発給した文書がこれをよく物語っている。管見の限り閉籠衆が発給した文書は応永二十四年（一四一七）十二月十三日付「根本中堂閉籠衆衆議事書」を初めとして現在、七十数点が確認できるが、その内容は彼らが合法的な組織体であったことを明確に指し示すものとなっている。次にこの点についてやや詳しく検討を加えていきたい。

閉籠衆が発給した文書は、大きく「衆議事書」と「下知状」の二つに分類できる。すでに一部その内容を検討した衆議事書とはその名の通り、閉籠衆の衆議結果を伝達したものであり、衆徒が惣寺・院・谷等の集団単位で発給した、いわゆる衆議事書（集会事書）と基本的に同じ形態のものを指す。すなわち、料紙は竪紙で最初に衆議の日時と場所、ついで伝達すべき内容の要旨と宛所を「事書」として記し、本文は末尾を「衆議如件」などの文言で結ぶものである。閉籠衆が院・谷と同様に、あくまでも当該集団の総意をもってその意志を決定・伝達し

ていたことを示すものといえる。

そして、その閉籠衆がときとして一院の運営そのものすらを代行する存在となっていたことをより明確に物語ってくれるのが今一つの文書形式、下知状である。管見に入ったそれらを時代順に整理したのが表2であるが、ここには料紙は折紙で「閉籠衆」を発給者とし、かつ書き留め文言に「衆議(衆儀)」の言葉をもつものを一括して収めた。厳密にいえば、年紀や追而書の有無など、文書形式上はより細分化して分類したほうが適当と思われるものもあるが、閉籠衆が発給した「折紙」を応仁の乱以後のものもふくめ、とりあえずすべて収録しておいた(26)。

さて、そこでその内容であるが、閉籠衆の運営組織としての本質にかかわってとくに注目されるのは「堂中」なる文言をもった次のような何通かの下知状（折紙）である（傍線・太字は筆者、以下同じ）。

A　就横関与保内御服座相論事、於**堂中**及対決処、両方之座在之候由、聞披之上者、如先規之可致商買者也、万一背此旨儀在之者、堅可処罪科之旨、依衆儀(議)、執達如件、

寛正四
壬六月三日　　　　根本中堂
　　　　　　　　　閉籠衆（黒印）
保内商人等中

（『今堀日吉神社文書』八六号）

B　榊坊還住之事、為**堂中**致成敗之上者、不存如在、可被下知、万一及兎角之儀、違乱煩在之者、懸当坊、可及厳密衆議之旨、折帋如件、

寛正五
卯月晦日　　　　西塔院
　　　　　　　　閉籠衆
祇園社
執行房

（『八坂神社文書』一〇八四号）

C　小五月会[ ]事、去々年分神事無執行之儀者、於公程銭者、不可有其沙汰候旨、酒屋中加下知処、無承引

及催促候条、一向令軽堂中成敗者□　□也、子歳□　□儀者、去年之分事、堅可相支者也、可得其意由、依
衆儀、下知如件、
文明弐
六□　□　　　　□(閉籠)□衆
馬上

書き留め文言	備　考	出　　典
衆議如件		八坂神社文書881
依衆儀、執達如件	袖に黒印	八坂神社文書1082
依衆儀、執達如件	日下に黒印	今堀日吉神社文書86
衆議折帋如件		八坂神社文書707
衆儀折帋如件		八坂神社文書1054
可及厳密衆議之旨、折帋如件		八坂神社文書1084
依衆儀、折帋如件	日下に黒印	八坂神社文書1250
依衆議之旨、執達如件	日下に黒印	八坂神社文書1251
衆儀折帋如件	袖に黒印	八坂神社文書236
衆儀折帋如件		八坂神社文書708
衆儀□　□帋如件		八瀬童子会文書追加25
依衆儀□　□		八瀬童子会文書274
□　□	日下に黒印	八瀬童子会文書322
可及衆儀之由、仍折帋如件	日下に黒印	八瀬童子会文書277
依衆儀、下知如件		八瀬童子会文書278
衆儀折紙如件		八瀬童子会文書281
可為□悦□、衆儀候	袖に黒印	八坂神社文書883
依衆儀、折帋之状如件		新修八坂神社文書208
依衆儀、折帋之状如件		八坂神社文書315
□　□如件		新修八坂神社文書213
依衆議、執達如件		新修八坂神社文書218
仍折紙之状如件		八坂神社文書716
仍折帋如斯		八坂神社文書1170
依衆議、執達如件		八坂神社文書2017
仍折帋如件	日下に黒印	新修八坂神社文書237
依衆儀、執達如件		新修八坂神社文書240
□　□折紙如件		八瀬童子会文書303

表２　「閉籠衆下知状」一覧

番号	年　月　日	文　書　名	宛　所	内　容
1	宝徳３年11月11日	(根本中堂)閉籠衆衆議下知状	祇園執行方	通達
2	寛正３年４月29日	根本中堂閉籠衆衆議下知状	祇園執行	通達
3	寛正４年閏６月３日	根本中堂閉籠衆衆議下知状	保内商人等中	裁許
4	寛正５年３月29日	西塔閉籠衆衆議下知状案	祇園社執行房	通達
5	寛正５年４月29日	西塔閉籠衆衆議下知状案	祇園社執行房	通達
6	寛正５年４月晦日	西塔閉籠衆衆議下知状案	祇園社執行房	裁許
7	(寛正６年)３月24日	(根本中堂)閉籠衆衆議下知状	祇園執行	通達
8	(寛正６年)３月20日	(根本中堂)閉籠衆衆議下知状	祇園執行	通達
9	寛正７年２月17日	楞厳院閉籠衆衆議下知状	百度小路但馬方	通達
10	寛正７年２月25日	釈迦堂閉籠衆衆議下知状案	祇園執行	裁許
11	応仁３年４月９日	釈迦堂閉籠衆衆議下知状	馬上一衆年行事	(通達か)
12	文明２年２月20日	根本中堂閉籠衆衆議下知状案	一衆年行事	通達
13	(文明２年)４月22日	閉籠衆衆議下知状	一衆雑掌・年行事	通達
14	文明２年６月	閉籠衆衆議下知状	馬上一衆中	通達
15	文明２年６月	閉籠衆集会下知状案	馬上一衆中	通達
16	文明３年４月１日	釈迦堂閉籠衆衆議状案	馬上一衆中年行事	
17	年未詳２月10日	閉籠衆衆議下知状	執行	(通達か)
18	年未詳５月12日	根本中堂閉籠衆衆議下知状案	祇園社執行	通達
19	年未詳５月26日	根本中堂閉籠衆衆議下知状案	祇園社執行方	通達
20	年未詳６月６日	閉籠衆衆議下知状案	祇園執行	通達
21	年未詳６月12日	根本中堂閉籠衆衆議下知状案	祇園執行方	通達
22	年未詳８月８日	根本中堂閉籠衆衆議下知状案	四至内	通達
23	年未詳閏９月20日	西塔閉籠衆衆議下知状案	祇園執行	通達
24	年未詳10月14日	根本中堂閉籠衆衆議下知状案	祇園執行	通達
25	年未詳10月25日	閉籠衆衆議下知状	祇園執行	通達
26	年未詳11月６日	閉籠衆衆議下知状案	祇園執行	通達
27	年月未詳９日	釈迦堂閉籠衆衆議下知状案	□　　□宮仕中	通達

註１：料紙は全て折紙。年号は付年号。
　２：７・８の文書の発給の年は内容より判定。また13の文書の発給の年は端裏の文言によって判定した。

一衆中

D
猶々侍従坊舎事、為光堂計之間、不可有相違者也、

南谷善浄坊之末寺光堂公事、号**堂中**下知及狼藉之由注進、言語道断之曲事也、所詮重而申来仁躰在之者、人相副可被上之由、依衆議、執達如件、

六月十二日　　　　根本中堂閉籠衆

祇園執行方

（『新修八坂神社文書』二一八号）

ここにみえる「堂中」が閉籠対象となっていた「堂舎のなか」の意で用いられていることは、一見してあきらかであろう。そして、Aではその「堂中」で「対決」が行われ、B・Cではそこでの「成敗」が、またDでは「下知」がそれぞれ問題となっているのである。閉籠衆が閉籠中の堂舎で裁判（対決）や遵行命令（成敗・下知）の決定を行っていたことを伝えるものであり、それらの結果を通達するために作成されたのが、まさにこれら下知状だったのである。

では、この下知状をもってする閉籠衆の「堂中」からの通達行為とはいかなる権限を拠り所にしたものだったのであろうか。この点を知る上で重要な手がかりとなるのが、『今堀日吉神社文書』に残る寛正四年から同五年（一四六三～六四）にかけて惹起した横関と保内の服座をめぐる相論にかかわる次の三通（E・F・G）の文書である。

E
就保内与横関御服商人本座相論事、及対決之処、保内理運為一定之間、為根本中堂閉籠衆成敗之処、重而又宝幢坊別而私之成敗在之由注進候、曲事候、何ヶ度雖下知候、更以不可有承引候、此之由、為両沙汰人可加下知候也、仍執達如件、

寛正四年壬六月三日　　　　学頭代（花押）

（宛所欠か）
（『今堀日吉神社文書』八七号）

F　就今度横関与保内御服座相論事、両郷共依為山門領、以一院之衆議、為落居之処、横関商人等掠　公方奉書
申出、致理不尽沙汰之条、太以曲事也、所詮、無謂上者、何度雖申、不可有承引之由、依衆儀（議）、執達如件、
寛正四
七月廿六日　東谷学頭代（花押）
保内御服座商人
（『今堀日吉神社文書』八八号）

G　寛正五年九月二日、山門本院東谷集会儀江可早被相触伊庭事
右、江州野川御服商人者、自往古、為本座令商売之処、去年横関商人等構新儀、及違乱之間、於一院令対決
之処、於野川者、御服本座之証文明鏡也、於横関者、依不対（帯）一紙之証文、任野川理運、被付沙汰（汰）訖、然上
者、向後出沙汰於商人者可処罪科之由、一院衆儀（議）一定之処、今度横関族根本中堂安居結願可延引之由依歎
申、為新儀者野川商人可停止之由被成本書之処、理不尽導（遵カ）行之条、希代之猛悪也、已前既於山上令落居之上
者、不可有承引者也、宜被得其意之旨訖、
（『今堀日吉神社文書』九二号）

この相論が東塔（根本中堂）で裁かれることになったのは、Fが「両郷共依為山門領」と記すように保内・横関がともに東塔東谷および根本中堂の支配下にあったことによる。(27) ところがその時にあたり東塔では閉籠が実施されていたことから、「堂中」での「対決」となり発給されたのが先の下知状Aである。Aと同じ日付をもつEが同じ行為を「為根本中堂閉籠衆成敗」と表現しているところからしても、「堂中」の「対決」が「根本中堂閉籠衆」によって実施されていたことが確認できるが、より注目すべきは今一通のF「東塔東谷学頭代下知状」に記されている内容である。閉籠衆の成敗後もやまない横関の違乱をうけて、東谷が改めて保内にその利権を保証したこの「東塔東谷学頭代下知状」では、「堂中」「対決」（「根本中堂閉籠衆成敗」）を「一院之衆議」と表現しているのである。そして、これが誤解にもとづく表現などではなかったことは、Gの「東塔東谷集会事書」がよ

り明確にこれを物語っている。同事書は東谷が寛正五年になっても続く横関の違乱行為の停止を近江守護代伊庭に求めたものであるが、ここでもAの「堂中」の「対決」はやはり「於一院令対決」「一院衆議一定」と表記されているのである。

つまり、これら文書の文言から導き出される事実はただ一つ、「根本中堂閉籠衆成敗」ともいわれた「堂中」での「対決」が一院の公的な行為として実施されていた、ということである。これはもともと閉籠が一院の本堂占拠をもって始まることからすれば、当然のことともいえるが、ここでは閉籠衆が閉籠時には一院よりその権限を全面的に移譲された公的・合法的な存在となっていたという点をとりあえず確認しておきたい。

先に山訴が常に一院から末寺末社、さらには一山へと拡大する指向性を有することを指摘しておいた。その出発点となった一院とはまさに山訴の運動主体としての閉籠衆そのものだったわけであり、言葉を換えていえば、閉籠衆は一院が堂舎閉籠という非常事態に突入したさいの臨時執行部として存在・機能していた、ともいえるのである。

三　日吉の祭礼と祇園会・北野祭

では、そのような山訴という手段をもって要求を突きつける衆徒に対して、為政者としての幕府はどのような対応をみせていたのであろうか。次にこの点について考えていくこととしよう。

判明する限りでいえば、嘉吉元年（一四四一）以降、山訴は原則としてすべて幕府が最後には衆徒の要求を受け入れる、いわゆる「裁許」をもって終わっている。示威行動としての山訴がいかに有効であったかを裏づけるものであるが、それではなぜ幕府はそれほどまでに山訴を恐れたのであろうか。

理由は山訴の開始・終焉時期を丹念に追っていくことであきらかとなる。先に文安五年から同六年（一四四八

～四九）にかけての山訴が、日吉祭の直前に終焉したという事実をあげておいたが、同祭は山訴が終わらない限り執行できないことになっていた。文安六年四月の場合もすでにみたように日吉祭は「裁許」の翌日に執行されており、山訴が同祭の執行にいかに強力な抑止力を発揮していたかがわかる。また、この呪縛にも近い抑止力が日吉祭だけでなく日吉社の小五月会にまでおよんでいたことは、奇しくも同じ年の同会が山訴によって「延引」となっているという事実がこれをよく物語っている。

すなわち日吉祭実現のためにいったんは下された「裁許」が同祭の終了とともにすぐに反古にされたためであろう、日をおかずに山訴が再開されると、五月五日の日吉小五月会はただちに「延引」となっているのである。(28)日吉の神々を産土神としていた衆徒にとって、山訴中の祭礼など論外であり、山訴はすなわち日吉社祭礼・神事の「延引」を意味していたのである。また、より重要な点はそれに連動して当時、日吉社の末社となっていた京都の祇園社・北野社の祭礼が「延引」となったことである。

日吉社に祇園社・北野社を加えそれぞれの祭礼が山訴によって「延引」となった事例を整理し一覧としたのが表3である。(29)山訴が三社の祭礼「延引」の直接的な原因となっていたことはあきらかであろう。また、山訴によって、四月の日吉祭が「延引」となれば、これに続く日吉小五月会（五月）・祇園会（六月）・北野祭（八月）がすべて「延引」となっただけでなく、後日の執行にあたっては日吉社の祭礼にまでさかのぼってこれらを順次行う必要があったことが、ここからは読みとれよう。幕府が山訴を恐れた大きな理由の一つは、この日吉祭以下の祭礼の「延引」にあったとみてよい。

そして、このことをより明確に裏づけてくれるのが、「延引」後の祭礼執行が原則として年を越すことがなかったという事実である。表3で文安四年から寛正四年に限ってみれば、実に十一回の「延引」のうち六回までが十二月に集中している。

祇園会(神幸)	祇園会(還御)	北野祭(神幸)	北野祭(還御)	備　　　考
7月4日	7月11日			祇園社神輿の「文鳥」、山上へ
		12月22日	(不明)	
12月7日	12月14日	12月12日	12月15日	祇園社神輿装束、山上へ
12月28日	12月29日	12月26日	12月29日	祇園社神輿の具足、山上へ
		(不 明)	(不 明)	
7月7日	7月12日			
12月晦日	12月晦日	(不 明)	(不 明)	祇園社神輿の装束、山上へ
12月2日以後				祇園社神輿の装束、山上へ
12月晦日	12月晦日	(不 明)	(不 明)	祇園社神輿、無動寺へ

3：山訴の終了時期から見て、「延引」されたと予想されるものの、その事実が確定できないものは(不明)と表示した。
4：出典は本文の註(29)に一括して掲げた。

次に、この年末の祭礼執行が何を意味するかを、史料が比較的よく残る文安六年（宝徳元年）の事例を追うなかで少し詳しく見ていくこととしよう。

先述のように、この年の四月にいったんは終了した閉籠が再び開始されたのは五月五日の日吉小五月会の直前のことであった。この間わずか十日足らず、再開された山訴は容易に解除されず、六月になると祇園会が「自山門抑留」で「延引」となり、[30] 八月の北野祭も当然「延引」となる。[31] 以後しばらく状況は停滞するがそれが急転直下、新たな展開をみせたのは十二月に入ってからのことである。

「於山訴者近日落居」という事態をうけて、十二月一日、最初にまず延暦寺の六月会が執行され、[32] 六日には「日吉小五月会」、翌七日にはついに「祇

表３　日吉社・祇園社・北野社の祭礼「延引」

番号１	番号２	山訴開始年月日	山訴終了年月日	日吉祭	日吉小五会
1	2-(2)	応永22年６月７日以前	応永22年６月13日以後		
2	10-(1)	文安元年４月11日	文安元年４月17日以前	４月17日	
3	11	文安２年４月17日以前	文安２年４月28日	４月29日	
4	14	文安４年７月13日	文安４年12月18日		
5	16	文安６年５月５日以前	宝徳元年12月１日		12月６日
6	17	宝徳３年３月25日	宝徳３年６月７日以前	(延引・不明)	(不 明)
7	18-(1)	宝徳３年８月14日以前	享徳元年12月26日	(延引・不明)	(延引・不明)
8	18-(2)	享徳２年４月	享徳２年５月27日	５月28日	(不 明)
9	19	享徳３年12月以前(冬)	享徳４年４月20日	閏４月27日	
10	20-(1)	康正元年８月１日	康正元年12月20日		
11	20-(2)	康正２年２月17日以前	康正２年７月４日以前	７月４日	(不 明)
12	21	(前年より続く)	長禄２年12月27日	12月晦日	(不 明)
13	22	寛正２年12月晦日	寛正３年12月２日		
14	23	寛正４年４月13日以前	寛正４年12月25日	(延引・不明)	(不 明)

註１：「番号２」は表１の「番号」を示す。
　２：祭礼の「延引」はその事実が確認できるもの。祭礼の執行時期が判明しないものは(延引・不明)と表示した。

園御輿迎」が執行の運びとなる。(33)十四日には「祇園御輿」の還幸が行われ、半年遅れの祇園会がようやく終了する。

　このころになって幕府の裁許の不備が露見し北野祭の執行が難航するという一幕はあったものの、十五日にはすべてが終わっている。次に引用したのは、この時の三社の祭礼について記した『北野社家日記』同年十二月条の一節である。

一、今日五日、日吉小五月会、一日、祇園千祓、七日・十四日、祇園会在之、十日、当社開門事書到来、又十一日ニ山門訴訟未落居、仍十二日神幸抑留之事書到来、此子細社家奉行方注進、仍十二日四打時、拝殿御出、又十五日、還幸抑留、則注進之、仍渡物以下押

並、酉剋渡了、仍還(幸脱)戌時在之、

幕府と閉籠衆との駆け引きのなか、日吉小五月会・祇園会・北野祭が年末に慌ただしく執行されていた様子がうかがわれるが、このような状況は他の五例の場合も程度の差こそあれ同様であった。

そして、幕府がいかに祭礼の年越しを恐れていたかは、長禄二年（一四五八）・寛正四年（一四六三）の出来事が如実にこれを物語っている。まず長禄二年の場合であるが、次に引用したのは、十二月に日吉祭以下の祭礼が終了直後、幕府が山訴の対象となっていた東寺に下した御教書である。

東寺領八条唐橋田地三町余事、山門西塔院衆徒及神輿動座、歎申之間、為日吉社祭礼無為、雖被成御教書、被召返之訖、早如元可被沙汰付寺家雑掌之由、所被仰下也、仍執達如件、

長禄弐年十二月廿三日　(押紙)「細川殿」右京大夫(勝元)（花押）

畠山右衛門佐(義就)殿

（『東寺百合文書』り）

祭礼終了直後に「御教書」を「召返」すというきわめて姑息な手段を労してまで幕府は年内の祭礼執行を完遂させようとしていたのである。

一方、寛正四年は大晦日に祇園会が執行されるという、まさに年内ぎりぎりの事態が出現しているが、この時の祭礼について三年後の文正元年（一四六六）六月、祇園社の宮仕は同社に次のような申状を突きつけている。(34)

右子細者、寛正四年(本紙ノマヽ)癸未当社御祭礼之事、山訴により延引候て、依無時日、大晦日に被取行候、然間、座中社徳無足仕候、如此候へハ、先規云、為　公方様御訪を被下、御神役に随申候、其子細具為社家なけき申候之処、無余日上者、先御神役を無為に仕候へ、正月御沙汰はしまり候者、可有御披露之由、為社家被仰之間、其御左右相待申候処、終不預成敗候間、（後略）

「御訪」下行という経済的な裏づけのないまま、大晦日に祭礼が執行されていたわけで、年内の祭礼執行に賭ける幕府の異常なまでのこだわりをここにも見ることができる。幕府は三社の祭礼の「延引」もさることながら、それらの執行が年を越すことを何よりも恐れていたのである。では、なぜ幕府はそれほどまでに祭礼の年越しを恐れたのであろうか。三社の祭礼延引が現実に何をもたらしたかを検証するなかで、最後にこの点について考えていくこととしよう。

四　土一揆の蜂起と疫病の流行

嘉吉元年以降の山訴によって、何が起こったかをできるだけ具体的に見ていくこととする。まず、嘉吉元年の神輿動座であるが、八月に開始された東塔・西塔の閉籠が嘉吉の土一揆を誘発したことについては別に論じたことがあるので(35)、ここでは山訴が土一揆に先んじて行われていたという事実だけをとりあえず確認しておきたい。また、これに続く嘉吉三年九月の閉籠は旧南朝勢力によるいわば特殊な閉籠であり考察の対象からはずし、文安以降の閉籠より検証を始めると、文安元年・二年・三年（一四四四～四六）と毎年続いて行われた山訴はすべてごく短期間のうちに終わっており、その間に特筆すべき事件は起こっていない。それが一転、長期化の様相を呈するようになるのは、文安四年（一四四七）の東塔・西塔の閉籠以降のことである。文安四年七月に始まった山訴は年末まで続くが、この時の出来事で注目されるのはその期間の長さとともに、山訴の前後に土一揆が蜂起しているという事実である。「土民蜂起、如嘉吉元年」とは『大衆院日記目録』が記すところである(36)。

山訴の前後に土一揆が蜂起するというパターンは古く正長元年（一四二八）にまでさかのぼり(37)、嘉吉元年の事例と合わせれば、文安四年が三度目ということになる。また、この三度の閉籠はいずれも七月・八月という秋季に惹起しており、人びとが秋季の山訴に土一揆を誘発する力があると考えたとしてもなんら不思議ではない。山訴の威力として、まずこの土一揆の誘発をあげておきたい。

そして、これに加えるに山訴に新たな力を付与することとなったのが、文安六年（一四四九）五月の釈迦堂閉籠に始まる山訴である。疫病を初めとするかつてない天災が相次いで京都を襲ったこの年は、すでに何度もふれたように、山訴によって小五月会・祇園会・北野祭が次々と「延引」となっていた。また、七月二十八日、文安を宝徳と改元したその日に祇園社・日吉社が鳴動するという怪異も起こっている[38]。このようなか天災とりわけ疫病の大流行を祇園会・北野祭の「延引」に起因すると人びとが信じたのは自然の成りゆきであろう[39]。ここに御霊会としての祇園会・北野祭の「延引」をいわば自由に差配できるという点において、山訴はこれまで以上に強い力を手に入れることとなったものと考えられる。ちなみに当時の人びとが日吉社と祇園・北野両社の関係をどう考えていたかをよく示すものに『応仁略記』上巻の次のような記述がある。

祇園・北野の両神は本社山王権現の御代官とて、王城守護の二神、やんごとなき次第どもなり、年中の行役陰陽和合心識の神、もとは此両神に帰してこそ嘉運をまし、宝算を保つなれ、ことに祇園の内陣には日々の再拝、年中陰陽の神供退転なきの条、開闢より此かたの先規たり、

文正元年（一四六六）十二月に祇園社が焼失したことにかかわっての記述であるが、両社が日吉社の「御代官」の「王城守護の二神」と考えられていたことが知られる。

もはや人智をもっていかんともし難いまでに強力となった山訴の威力は、続く宝徳三年から享徳元年（一四五一～五二）にかけてあますところなく発揮されることとなる。まず宝徳三年九月、根本中堂閉籠が開始された直後に「如正長・嘉吉」といわれた土一揆が蜂起[40]、享徳元年に入ると八月に八王子社、九月には祇園社に閉籠するものがあらわれる[41]。それだけではなかった。宝徳四年は七月にいたり「赤斑瘡」の流行を理由に享徳と改元することを余儀なくされるほどに疫病が蔓延[42]、猛威を振るう。むろん、この年は六月の祇園会、八月の北野祭は「延

引」となっており、それがようやく執行されたのは、年末の二十六日以降のことであった[43]。土一揆の蜂起に神社への閉籠、さらには疫病の流行と社会不安がこれほどまでに拡大したことはなかった。以後、享徳二年・三年の山訴がともに短期開で終焉しているのは、幕府がもはやこれに逆らう気力すら失っていた結果であろう。それほどに宝徳三年から享徳元年にかけて実施された山訴がもたらした災疫の被害は大きかったということになる。

ただ、康正二年（一四五六）以降になると、山訴が再び年末まで持ち越されるケースが多くなる。これは当時、幕府内部で進行していた管領から将軍への政権の実権移譲が大きくかかわっていたものと推定される。すなわち、それまでの管領に代わって、将軍足利義政が直接政治を執るようになるにともない、衆徒に対する政策も大きく変換しており、その結果、山訴への対応もまた変化したと考えられるのである[44]。

それにしてもこの間も山訴がいかに驚異的な猛威を振るっていたかは、文安から宝徳への改元以降、享徳・康正・長禄とすべての改元が山訴中に天変地異を理由として行われていることを指摘しておくだけで十分であろう[45]。この時期、山訴の威力はまさにピークを迎えていたといってよい。

むすび

山訴が具体的にどのように組織・実行されていたか、また、それがいかなる政治的・社会的な広がりをもって機能していたかを多少なりともあきらかにすることができたものと考える。最後に論証してきたことをもとに室町時代前期の山訴の歴史的意義について整理し「むすび」としたい。

山訴とはイデオロギー的にいえば、「仏法」を体現する延暦寺惣寺（以下、「惣寺」と略記）が政治権力としての「王法」との共存関係の破棄を宣言する行為であったといえる。ただ、それが室町時代前期にかつてないほどに政治的な威力を発揮したのは、この時期に特有の歴史的環境あってのことであった。惣寺の側からすれば、それは主として内外二つの要因から説明することができる。

まず、内的な要因としては、惣寺の一時的な解体の危機とその克服・復活がある。南北朝時代末の「山門使節制度（康暦元年の創設）」や「馬上一衆制度（至徳年間の創設）」の設立によって、幕府との間にそれなりに安定的な政治的・経済的な関係を築きあげることに成功していた惣寺が、解体の危機に瀕したのは永享の山門騒乱においてであった[46]。最終的には、山門使節の山徒を犠牲とすることでこの危機を脱した惣寺であったが、かの騒乱がいかに惣寺に大きな傷跡を残したかは、嘉吉元年（一四四一）の足利義教横死（嘉吉の変）後に起こった出来事がなによりもよくこれを物語っている。義教のもとで近江の延暦寺領を押領していた宿敵六角満綱を惣寺は武力をもって京都宿所から放逐しているのである[47]。惣寺は騒乱以降、それほどまでに六角の押領に苦しんでいたといえる。

この嘉吉元年の山訴を契機として惣寺はかつての自立性を再びとりもどすが、その時にあたって新たに基盤となったのが、これまで以上に独立性を強めた一院であった。以後、応仁の乱まで繰り返し実行された山訴が常に一院を核としていたという事実がそのことを如実に指し示している。

一方、外的要因としてあげられるのが、嘉吉元年のこれまた義教横死に始まる幕府の著しい権力失墜と、それにともなう朝廷権威の復活という政治状況である。幼少の将軍を擁した幕府がその権威づけに「綸旨」を頼ったことはよく知られている[48]。山訴においても、宝徳三年（一四五一）十一月に「山門尚不申領掌之上者、可被成綸旨之由、自室町殿有御執奏[49]」という事態が出現しており、幕府権力の失墜とそれにともなう相対的な朝廷権威の復活ほど、この時期の政治状況を特徴づけるものはない。そして、このような朝廷権威の復活が「王法」の守護者としての「仏法」の力をこれまで以上に増大させることになったのはいわば当然のなりゆきであった。

さらに惣寺にとって幸運だったのは、山訴の威力を明確に目に見えるかたちで人びとに示し得たことであった。折りからの天変地異の連続である。峰岸純夫氏の研究によれば、嘉吉以降、応仁の乱にいたるまでの間、わが国はかつてない異常気象に遭遇していたという[50]。その苛烈さは天変地異を理由とした改元の多さを再度指摘しておくだけで十分であろう。祇園会・北野祭の執行を実質的に差配できたこともあり、山訴は現在の我々が想像する以上に当時の人びとに畏怖の念をもって迎えられたのであった。

そして、その畏怖心が山訴にたんなる一寺院の示威行動という枠組みをはるかに超えた政治的・社会的な拡がりをもたらしていたことは、同時期に日吉社・祇園社・北野社で馬借・神人がしばしば閉籠を実施していることからもうかがうことができる。すなわち、「仏法」から見放された「王法」であったればこそ、彼らは果敢にそれに挑むことができたのであり、さらにいえばその同じ心理的状況こそが土一揆を呼び起こしたものと考えられるのである[51]。また、より現実的な観点からいえば、近江と京都を中心にあれほど広範囲にかつ組織的に土一揆がくり返し蜂起し得たのも、惣寺を頂点として全国に張り巡らされた末寺末社のネットワークの存在を想定することで初めて合理的に説明できるものとも思われる。それらをふくめた山訴のもつ政治的・社会的機能の拡がりを今後の課題として本論を結びたい。

(1)　拙稿「中世延暦寺の大衆と「閉籠」」(『武蔵野文学』四九、二〇〇一年↓本書第一篇第一章)。なお、延暦寺衆徒の抗議行動としての「強訴」に関する研究としては衣川仁「強訴考」(『中世寺院勢力論―悪僧と大衆の時代―』、吉川弘文館、二〇〇七年)がある。

(2)　「山訴」とはいうまでもなく「山門訴訟」の略語であるが、「山門訴訟」自体が通常の訴訟ではなく堂舎閉籠・神輿動座をともなったいわゆる嗷訴を意味していたことは、「此間夜々叡山焼篝、有山門訴訟云々、客人神輿動座云々」(『康富記』宝徳三年八月二十二日条)などのように用いられていることからもあきらかである。また、「山訴」が同様の意味で用いられていた用例は、「延暦寺六月会、依山訴于今延引、自今日被行之」(『康富記』宝徳元年十二月一日条)や、

「今日日吉祭延引、自去年山訴未休、神輿未及帰坐（座）云々」（『師郷記』康正二年四月二十一日条）など枚挙にいとまがない。本稿では「山訴」を堂舎閉籠から幕府の「裁許」が下り「山訴落居」（『満済准后日記』応永二十二年四月二十八日条）となるまでの一連の抗議行動と定義づけして用いた。したがって、幕府の裁許がいつ下されるかによって、「山訴」は堂舎閉籠だけで終わるものもあれば、神輿振りにまでおよぶものもあるということになる（現実には神輿の入洛は応安七年〈一三七四〉六月をもって最後としており、今回考察対象とした室町時代には起こっていない）。

（3）　表1の作成に用いた史料をまとめて次に掲げる（番号は表中の番号に対応）。ただし、当該時期に閉籠衆が発給した文書のうち「下知状」（後述）については、表2にまとめて示したのでここには明示しなかった。

1　『満済准后日記』応永二十一年閏七月十三・二十二日、同年九月八日条。

2—①　『満済准后日記』応永二十二年三月二十九日、四月十一・十六・二十八日条。

2—②　『康富記』文安六年六月七日条に「祇園祭礼延引」の先例として応永二十二年六月十三日の「神輿入洛」があげられている。この時の神輿の下山と山訴の落居については『満済准后日記』応永二十二年六月十三日条、『皇代略記』同日条に詳しい。

3　『満済准后日記』正長元年八月十二・二十三日条。幕府の裁許に関しては同記同年八月二十九日・九月十日条参照。

4　『満済准后日記』永享元年十月晦日条。同年十一月二日付「大講堂集会事書」・同月九日付「根本中堂閉籠衆衆議事書」（『北野社家条々抜書』）。山訴の終了に関しては『満済准后日記』同二年正月十一・十四日条。

5　『満済准后日記』永享五年七月十七日条、『看聞御記』同年七月二十四日条。裁許にいたる過程は『満済准后日記』永享五年七月二十五日条、『看聞御記』同年閏七月十・十二・十三・十六・十七・二十六日、八月九日条。日吉七社の「神輿帰座」については『看聞御記』は八月九日、『師郷記』は八月十七日とする（いずれも同日条）。

6　神輿動座は『師郷記』永享五年十月二十八日条、また帰座は『満済准后日記』永享六年二月十五日条が詳しい。帰座は日吉七社のうち、大宮神輿だけが永享五年十二月二十九日（『師郷記』同日条）、残りは永享六年二月十三日（『満済准后日記』同月十五日条）となっている。

7　『師郷記』永享六年十月一・四日条、『看聞御記』同年十月一日条。神輿の下山は『薩戒記』同月四日条、『師郷

記』『看聞御記』同月四・五日条、神輿帰座は『看聞御記』永享六年十二月十三日条に詳しい。「赤山社」にまで下っていた「客人神輿」だけは遅れて同月二十八日に帰座している（『師郷記』同日条）。

8　『師郷記』嘉吉元年八月十八日条によれば、十禅師の神輿は「東堂（東塔）」へ、二宮の神輿は「西堂（西塔）」に動座している。「山訴」の終了については詳しいことはわからないが、ここでは『建内記』同年閏九月十二日条に「此一紙内、元亨例事、称不吉、自山門及訴訟云々、永領地改変事、同及山訴、可被改之由有其沙汰云々」とあるのをもってこれ以前に「山訴」はいったんは終了していたものと判定した。

9　『康富記』嘉吉三年九月二十四日条、『看聞御記』同日条。

10―①　『建内記』文安元年四月十一・十二・十三日条。八王子の神輿動座を『建内記』は四月十一日とし、『北野社家日記』同年四月十二日条は四月十二日とする。なお、四月十七日に執行された日吉祭の時には七社の神輿はすべて帰座している（『建内記』同日条）。

10―②　『建内記』文安元年四月二十五日、五月一・二十七日条。五月二十七日に六月会が始行されている。

11　『師郷記』文安二年四月十七・二十八日条。『北野社家日記』同年四月条。

12　『北野社家日記』文安二年七月十五日条。同記文安三年条。

13　『師郷記』文安三年四月二十三日条。『北野社家日記』同年五月六日条。

14　『康富記』文安四年七月十三日条。『北野社家日記』同日条および同年十二月十八日条。文安四年七月十六日付「西塔釈迦堂閉籠訴訟条目」（『北野社目安等諸記録書抜』）。なお、この時の神輿動座について『康富記』は「日吉神輿一基三宮、奉上山門中堂」、『北野社家日記』は「西塔釈迦堂客神御輿同《（動）》座在之」と記す。神輿が二基動座したことに関しては「西塔釈迦堂閉籠訴訟条目」に「二山王之動座」とあるところから間違いないが、客人の神輿が西塔に、また三宮の神輿が東塔に動座した例は管見の限り他になく、両記録の記載内容は検討を要する。

15　『山門事書』。『師郷記』文安五年十一月二十四日条。『北野社家日記』文安六年条。『康富記』文安六年四月二十二日条。

16　『師郷記』文安六年（宝徳元年）五月五日条。『康富記』同年五月五日、六月七日、八月四日、十二月一・十二日条。『東寺執行日記』同年七月二十八日条。『北野社家日記』同年十二月六・八・十一・十二・十五日条。「北野社預記録」宝徳元年十二月十一日条。

17　「康富記」宝徳三年三月二十五日条に「比叡山有篝、客人神輿之御餝、無動寺取上、有訴訟事、畠山方（畠山持国）被官人於和泉国山寺山門末寺令殺害児之故也云々」と記すほか、『師郷記』同年四月十六日条に「去比、奉上客人神輿之、訴訟未落居之間、延引云々、山訴者、於和泉国管領（畠山持国）被管人殺害山門末寺児之故云々、其外猶為訴訟云々」とあり、最初に客人神輿の「御餝」が、ついで神輿本体が山上に動座したことがわかる。その他、『康富記』同年七月二十四日条参照。

18―①　『八坂神社文書』八八一号（内容から根本中堂閉籠衆の発給した文書と判定される）。『北野社預記録』宝徳三年八月十四日条。『康富記』宝徳三年八月二十二日、九月一・三十日、十月二十二日、十二月一日条。『経覚私要鈔』同年十一月十四・十六日条。『師郷記』享徳元年四月二十一日条には「自去年神輿御坐中堂」とみえる。その他、同記の六月十四日・八月十七・二十日、十月十五・十六日、十二月二十八・二十九日条参照。『北野社家日記』享徳元年十二月二十六日条。

18―②　享徳元年末にいったん幕府の裁許により収まった「山訴」がすぐに再開されたことは『北野社家日記』享徳二年条に「山門之閉籠、依未開、旧冬祭礼以後、南之四足ヲハ閉了」とあるところからあきらかである。その他は『師郷記』享徳二年四月二十一日、五月二十八日条。『康富記』享徳二年五月一・十七・二十八日条参照。

19　『師郷記』享徳三年十二月二十九日、同四年二月十一日条。『康富記』享徳四年四月二十一日条。

20―①　『康富記』（『続史愚抄』所載）康正元年八月一日条。『師郷記』康正元年八月十四日、十二月十八・十九・二十日条。この時の山訴について、北野社の「三年一請会停止記録」（『北野天満宮史料』古記録）は次のよう伝える。

一、康正元年八月七日山門根本中堂閉籠衆議曰

可早被相触末社事

右、今般大訴者、就当堂領江州中庄以下競望烈参、使節数日雖被経、公儀于今一途御裁許無之間、令神輿動座欲奉驚天聴也、然上者末寺末社得其意、可令閉門之旨衆議而已、如此山門事書到来之間、則当社閉門、然間、山門訴訟令停滞、一年余閉門之間、其年祭礼幷三年一請会以下悉停止之、言語道断之珍事也、山門訴訟之題目

者、根本中堂領江州中庄於円明坊兼澄掠　上聞申給之間、企山門大訴云々、兼澄御扶持者、御今参之御局・奉行飯尾下総守為数与風聞在之、

20―② 『師郷記』康正二年二月十七日条に「座主直講師藤（中原）講書周易、宴穏座停止、去年山訴有、未落居事之間、神輿猶無帰座之故云々」とみえ、前年来の「山訴」が継続していたことがわかる。そのほか『師郷記』同年四月二十一日条参照。

21 長禄二年十二月二十三日付「室町幕府御教書」（『東寺百合文書』り）。長禄二年十二月二十六日付「室町幕府奉行人連署奉書案」（『八坂神社文書』七六八号）。長禄二年十二月二十七日付「西塔釈迦堂閉籠衆議事書」、同月二十九日付「無動寺衆議事書」（『北野社家引付』）。

22 寛正三年五月二十九日付「祇園三社神輿装束注進状案」（『八坂神社文書』七七四号）。『碧山日録』寛正三年六月七日条。『大乗院寺社雑事記』寛正三年六月十五日条。『新修八坂神社文書』九五～一一〇号。なお、『碧山日録』寛正二年三月二十日条に「叡山之一衆相聚議事、謂之三塔会合、是日有之、着甲冑執干戈、会聚者二万余人云」とあり、これ以前にも「山訴」があった可能性があるが、他に史料がなく、表1には掲載しなかった。

23 『大乗院寺社雑事記』寛正四年四月十六日、六月七日条。『蔭凉軒日録』寛正四年六月七日条。寛正四年十二月二十五日付「室町幕府奉行人連署奉書案」（『祇園社記続録』一）。文正元年六月九日付「祇園社宮仕等申状案」（『祇園社記続録』三）。

24 『八坂神社文書』七〇七・一〇五四・一〇八四号（表2参照）。

25 『大乗院寺社雑事記』寛正六年三月二十四日条。『親元日記』寛正六年五月一日条。

26 寛正六年十二月二十五日付「室町幕府奉行人連署奉書案」、同月二十八日付「山門使節連署状案」（『諫暁始末記』）。

27 『八坂神社文書』二三六・七〇八号（表2参照）。

28 『大乗院寺社雑事記』文正元年七月二十九日、十二月十八・二十日条。『後法興院記』文正元年十一月二十二日、十二月十一・十四・十五・十九日条。『親長卿記補遺』文正元年十二月四・十二日条。『斎藤親基日記』文正元年十二月十二・十六・十七日条。『応仁略記』上。『如是院年代記』文正元年十二月十一・十六日条。神輿帰座を『如是

院年代記』は十二月十六日とする。

（4）至徳三年の「大訴」については、寺家を通じて「京都末寺末社之閉門」解除を命じた同年七月十三日付「延暦寺政所集会事書」（『北野社日安等諸記録書抜』）以外に関係史料が残らず、詳細はわからない。ただ、至徳年間の馬上一衆制度の創設はこの「大訴」と関係していたと推定されるが、その評価については改めて考えたい。

（5）拙稿「中世寺院における大衆と「惣寺」」（拙著『中世寺院社会の研究』、思文閣出版、二〇〇一年）。

（6）横川が山訴の時、通常は聖真子の神輿を動座させていたことについては、前掲註（5）拙稿参照。

（7）永享の山門騒乱が円明坊以下の山門使節を勤める山徒の主導で実施されことについては、拙稿「山門使節制度の成立と展開」（前掲註5拙著所収）参照。

（8）『山門事書』は東京大学史料編纂所の写本によった。

（9）文安五年四月二十三日付「西塔政所集会事書」（『山門事書』）。

（10）文安五年六月三日付「西塔列参申詞」（『山門事書』）。

（11）文安五年七月十日付「西塔宿老集会事書」（『山門事書』）。

（12）文安五年十一月二十二日付「西塔閉籠衆議事書」（『山門事書』）。

（13）文安五年十一月二十二日付「西塔閉籠衆議事書」（『山門事書』）。

（14）文安五年十一月二十五日付「西塔閉籠衆議事書」（『山門事書』）。

（15）文安五年十一月二十六日付「西塔閉籠衆議事書」（『山門事書』）。

（16）「院内満遍」宛に出された文安五年十二月十日付「西塔閉籠衆議事書」（『山門事書』）に「弥為募愁訴、院内之若輩既奉動座二宮神輿之処也」とみえる。

（17）文安五年十二月二十四日付の「楞厳院」宛の「西塔閉籠衆議事書」（『山門事書』）に、「右、三塔会合之厳儀者、一山同心之佳例也、然昨日式、素雪綺甲冑、青嵐吹袖衿、云寒天之辛労、云日限之急速、旁以難訓之処、貴院殊率多勢被立越之間」とみえる。

（18）文安五年十二月三十日付「室町幕府御教書」（『山門事書』）。これより三日前の十二月二十七日にも近江守護「佐々木近江守（六角久頼）」宛の御教書が発せられているが（『山門事書』）、それは衆徒の意に添わなかったようでその文言の端には「被返御教書」という注記が施されている。

(19)「条目次第」と名づけられたリストには「一、内裏造進之事」以下、二十三か条におよぶ訴訟題目が書きあげられ、その末尾は「以上廿三ヶ条本訴也、文安五年十二月廿四日」という一文で結ばれている。また、これに続けて「同追加条目」とあり「一、東山常楽院事」以下、十六か条にわたる訴訟題目が列記され、最後に「以上十六ヶ条、文安六年正月」と記されている（『山門事書』）。

(20)『経覚私要鈔』宝徳三年十一月十六日条。

(21) 文安五年十二月十二日付「楞厳院」宛「西塔閉籠衆衆議事書」（『山門事書』）。

(22)『康富記』宝徳三年七月二十四日条。

(23) 山訴において「若輩」が中核をなしていたであろうことは、たとえば「三院若輩為奉動座神輿、折下坂本処也」（文安五年十一月二十二日付「西塔閉籠衆衆議事書」、『山門事書』）、「諸谷若輩不移時日、急馳加堂内、宜被募神威也」（文安五年十二月十一日付「西塔閉籠衆衆議事書」、『山門事書』）など、閉籠衆が「若輩」の参加を繰り返し求めていることからもあきらかである。さらに神輿動座にあたっても「若輩」がこれを行ったことは「若衆等盗出神輿奉振云々」（『経覚私要鈔』宝徳三年十一月十四日条）といった記事から確かめることができる。ただ、閉籠衆が必ずしもすべて一院の「若輩」によって占められていたわけではなかった。寛正六年の山訴時に「中堂閉籠衆」と「若輩」が衝突しかけるという事態も惹起している（『親元日記』同年五月一日条）。延暦寺における「若輩」については前掲註(5)拙著第二篇第一章「中世寺院における大衆と「惣寺」」の註(40)参照。

(24)『建内記』文安元年五月一日条。この時、山訴のことを伝え聞いた万里小路時房は「伝聞、山訴事以外也、閉籠衆内有俗形済々、或長八尺許男在之云々、去年悪党残類為集窂籠人等、引□悪僧及此張行歟、西塔事也云々」と記している。

(25) たとえば黒田俊雄氏は閉籠について「若干の者が重要な堂舎・社殿を占拠し、木戸・逆茂木などをめぐらしてここにたて籠ることで、大衆僉議や嗷訴など全山大衆の同意なしに一部の衆徒が要求を通すためにとる戦術」と定義されている（『寺社勢力―もう一つの中世社会―』、岩波書店、一九八〇年）。しかし、本稿が考察対象としている時期の閉籠は、以下に詳述するようにこの定義にはまったくといっていいほど当てはまらない。

(26)「閉籠衆衆議下知状」という文書名は、その書き留めに「依衆儀《議》、下知如件」(15)、「万一不応下知者可処厳科之由、依衆儀《議》、折帋之状如件」(18・19)と記すものがあることによる。また、「閉籠衆衆議下知状」の特色としては、「衆議(衆儀)」の文言や付年号(年号をもつものに限る)のほかに、発給者名を「閉籠衆」と明記すること、時にはその印を捺すことをあげられる(2・3・7・8・9・13・14・17・25)。なお、同種の文書として残るものとしては、管見の限り、表2に掲げた宝徳三年(一四五一)十一月十一日付の「(根本中堂)閉籠衆衆議下知状案」(1)がもっとも古い。ただ、『北野社家日記』文安二年条には「山門閉籠之《中堂》間、数ヶ度閉籠衆折帋を以、支了」とみえ、さらに古くからこの種の文書が用いられていたことは間違いない。ちなみに「閉籠衆衆議事書」は今のところ正長元年(一四二八)八月二十七日付「西塔閉籠衆衆議事書」(『北野社家条々抜書』)をもって初出としており、それと合わせ考えると、室町時代にいたり、新たに出現してきた文書形式である可能性が高い。

(27) 寛正四年(一四六三)の延暦寺内における裁許のあり方については、前掲註(5)拙稿参照。

(28)『師郷記』文安六年五月五日条に「坂本小五月会延引、依山訴也」とあり、また『康富記』同日条にも「坂本小五月会等如例歟、但小五月会先延引云々」と記される。

(29) 表3の作成に用いた史料をまとめて次に掲げる。「番号」は表中の番号に対応する。また、(日)(小)(祇)(北)はそれぞれ日吉祭・小五月会・祇園会・北野祭を意味する。

1 (祇)『満済准后日記』応永二十二年七月四日条。年月日未詳「某案文」(『建内文書』一三)。

2 (日)『建内記』文安元年四月十七日条。

3 (日)『師郷記』文安二年四月二十九日条。

4 (北)『康富記』文安四年十二月二十二日条。

5 (小)『康富記』宝徳元年十二月六日条。(祇)(北)『北野社家日記』宝徳元年十二月条。

6 (日)『師郷記』宝徳三年四月十六日条。

7 (日)『師郷記』宝徳四年四月二十一日条、『公卿補任』宝徳四年条。『公卿補任』は柳原資綱の項に「五月四日、日吉祭上卿」と注記するが、五月五日の小五月会が「延引」となっていることからすると、上卿の任命はあったものの、日吉祭そのものは執行されなかった可能性が高い。(小)『斎藤基恒日記』宝徳四年五月条。(祇)『師郷記』

享徳元年十二月二十八・二十九日条。（北）『北野社家日記』享徳元年十二月条。
8　（日）『師郷記』享徳二年四月二十一日、同年五月二十八日条。
9　（日）『康富記』康正元年四月二十一日、閏四月二十七日条。
10　（北）「三年一請会停止記録」（『北野天満宮史料』古記録）。前掲註（3）20—①参照。
11　（日）『師郷記』康正二年四月二十一日条、同年七月四日条。（祇）『師郷記』康正二年六月七日条、同年七月七・十二日条。
12　（日）（祇）『在盛卿記』長禄二年十二月三十日条。
13　（祇）『八坂神社文書』七七四号。『新修八坂神社文書』九五～一二〇号。
14　（日）『大乗院寺社雑事記』寛正四年四月十六日条。（祇）文正元年六月九日付「祇園社宮仕等申状案」（『祇園社記続録』三）日吉祭の延引によって祇園会が必ずしも自動的に延引となったわけでなかったことは、祇園社の神輿装束などがしばしば山上に奪い取られているという事実がこれを物語っている。たとえば、早くは応永二十二年（一四一五）の山訴で祇園社神輿の「文鳥」が「悪僧」によって奪い取られ（『満済准后日記』同年六月七日条）、文安六年（一四四九）の山訴では「祇園神輿装束」が奪い取られている（『康富記』同年六月七・十四日条）。享徳元年（一四五二）には「御輿具足」が延暦寺に持ち去られており（『師郷記』同年六月十四日条）。長禄二年（一四五八）十二月の山訴の終焉直後には幕府が山上に持ち去られていた「祇園神輿御装束」の返却を「山門閉籠衆」に求めている（同月二十六日付「室町幕府奉行人連署奉書案」、『八坂神社文書』七六八号）。さらに寛正三年（一四六二）には「神輿卯鳥」が（同年五月二十九日付「祇園三社神輿装束注進状案」、『八坂神社文書』七七四号）、翌寛正四年には祇園社の神輿そのものが無動寺に担ぎあげられている（同年十二月二十五日付「室町幕府奉行人連署奉書案」、『祇園社記続録』一）。閉籠衆からすれば、幕府による祇園会の強行という事態を想定しての行動だったのであろう。なお、応仁の乱以降も祇園会は日吉祭の延引にともなってしばしば祭日を遅らせて執行されている（河内将芳「室町期祇園会に関する一考察」「戦国期祇園会に関する基礎的考察」〔『中世京都の都市と宗教』、思文閣出版、二〇〇六年、初出二〇〇二年〕参照）。
（30）『康富記』文安六年六月七日条に「祇園祭礼延引也、延暦寺訴訟未落居、仍自山門抑留此祭、先日比遣神人等、奪取

祇園神輿之装束、帰上山門云々」とみえるほか、同記六月十四日条にも「祇園御霊会依延暦寺訴訟未落居、自山門押之、神輿之装束取寄、山門不出之云々、応永廿二年延引之後、無是例歟」と記される。

(31)『康富記』宝徳元年八月四日条に「北野祭延引、依日吉神輿動座也」と記録される。

(32)『康富記』宝徳元年十二月一日条。

(33)『康富記』宝徳元年十二月六日条に「伝聞、日吉小五月会去五月延引依山門訴事也、今日有始行云々、尚委可尋注之」とあり、ついで翌七日条に「祇園御輿迎也、去六月依山門訴訟令延引者也、如例三基令出御旅所給、桙・山以下風流如先々渡四条大路云々」と、祭礼の執行が記録されている。また、『北野社家日記』宝徳元年十二月六日条にも「日吉社小五月会今日道行云々」とあり、同七日条には祇園会の執行について「祇園会如例遵行云々」と記される。

(34)文正元年六月九日付「祇園社宮仕等申状案」(『祇園社記続録』三)。

(35)拙稿「嘉吉の土一揆と六角氏」(『歴史手帖』三―一一、一九七五年)参照。

(36)『東寺執行日記』文安四年七月十九日条には、「為得(徳)政西岡土一揆七条土蔵発向、七条辺在家へ懸火、仍公方勢土岐・斎藤大宮ヲ下向」とあり、京都周辺では西岡の土一揆がこの時に蜂起したことが知られる。なお、文安四年の土一揆については、今谷明「文安土一揆の背景―第二次徳政一揆論争によせて―」(『室町幕府解体過程の研究』、岩波書店、一九八五年)が詳しいが、それによれば、土一揆は早くこの年の六月末日に嵯峨辺りで蠢動し初めていたという。表1では同年の山訴開始の日を七月十三日としておいたが、これは神輿動座の日であり堂舎閉籠は当然これより早く実施されていたものと推定される。翌文安五年の例でいえば、堂舎閉籠から神輿動座まで半月余りを要しており(『山門事書』)、文安四年の場合も六月の末には堂舎閉籠が実施されていた可能性が高く、山訴と土一揆が密接な関係をもって推移していた可能性は否定できない。

(37)正長の土一揆については、清水克行「正長の徳政一揆と山門・北野社相論」(『室町社会の騒擾と秩序』、吉川弘文館、二〇〇四年。初出二〇〇三年)が「正長元年の山門相論」に着目し、その蜂起の契機としてこれを評価すべきことを指摘されている。なお、正長の土一揆に関する先行研究については同論文参照。

(38)『東寺執行日記』宝徳元年七月二十八日条に「夜祇園社壇動事、一夜言語道断事也、山王社モ如此云々」とみえる。

(39)とりわけ祇園会はその運営費用が日吉社小五月会のためのいわゆる日吉小五月会馬上役とともに京都の日吉神人より

徴収されており（拙稿「延暦寺大衆と日吉小五月会（その二）」、前掲註5拙著第三篇第三章）、経済的にも日吉社と不可分の関係にあった。

（40）『大乗院日記目録』宝徳三年九月条に「今月洛中土民蜂起、如正長・嘉吉也、随而当国蜂起了」とあり、奈良にまで土一揆が波及していたことがわかる。

（41）山訴中には、八王子社・祇園社だけでなく北野社にも閉籠する者がしばしば出現している。そのもっとも古い例は正長元年（一四二八）にさかのぼり、清水氏が詳しくその経過を検証しておられるように（前掲註37論文）、かの時は北野社に「西京神人」が閉籠し（『満済准后日記』同年九月二十八日条）、日吉社にも何者かが閉籠している（『薩戒記目録』）。この他、文安元年（一四四四）四月には北野社で、また享徳四年（一四五五）四月と康正二年（一四五六）九月には八王子社で閉籠が実施されている。その閉籠主体は正長元年・文安元年の時は「西京神人」（『北野社家日記』同年四月十三日条）、康正二年の場合は「馬借」（『師郷記』康正二年九月十九日条。なお享徳四年の閉籠主体は不明）と、いずれも当該神社のいわゆる信奉者たちであり、この点は山訴における日吉七社と衆徒の関係と一致する。山訴が彼らの閉籠を誘導していることについては改めて考える必要があろう。なお、坂本の馬借が日吉社を信仰していたことについては、拙稿「堅田大責と坂本の馬借」（北西弘先生還暦記念会編『中世社会と一向一揆』、吉川弘文館、一九八五年→本書第二篇第二章）参照。

（42）『建内記』宝徳四年七月二十五日条に改元の理由が「依三合幷赤斑瘡」と記される。

（43）宝徳三年から続く山訴のために四月の日吉祭がまず「延引」となり（『師郷記』宝徳四年四月二十一日条）、五月には日吉小五月会（『斎藤基恒日記』同年五月条）、以降、六月の祇園会（『師郷記』同年六月十四日条）、八月の北野祭（『北野社家日記』同年十二月二十六日条）と各祭礼はすべて「延引」となっている。

（44）康正二年（一四五六）を境として幕府の実権が管領から将軍へ移ることに関しては早島大祐「足利義政親政期の財政再建」（『首都の経済と室町幕府』、吉川弘文館、二〇〇六年、初出一九九九年）参照。また、それにともなって幕府の延暦寺衆徒に対する政策が変化することについては、前掲註（5）拙著第三篇第三章「延暦寺大衆と日吉小五月会（その二）」参照。

（45）この間の改元理由を『続史愚抄』によって整理すると次のようになる（「山訴」の番号は「表1「山訴」略年表」の番号を指す）。

新元号	改元の日	改元の理由	山訴
宝徳	7月28日	洪水・地震・疾疫等事	16
享徳	7月25日	今年三合及赤斑瘡流行	18—①
康正	7月25日	丘革連綿	20—①
長禄	9月28日	病患・炎旱	21

なお、長禄から寛正への改元も「天下飢饉・大旱・兵革等事」を理由にしているが、この時、山訴が実施されていたという徴証はない。この時期の「災異」およびそれによる年号改元については、峰岸純夫「中世後期の二つの歴史像」（『中世災害・戦乱の社会史』、吉川弘文館、二〇〇一年）、藤木久志「応仁の乱の底流を生きる」（『飢餓と戦争の戦国を行く』、朝日選書、二〇〇一年）参照。

(46)　騒乱直後の永享七年二月十日に管領細川持之が三院の衆徒に宛てた書状（『足利将軍御内書幷奉書留』、昭和六十三年度科学研究費補助金研究成果報告書『室町幕府関係引付史料の研究』、研究代表桑山浩然）には、「就中離山之輩少々在之云々、早々令帰住同心、可致御祈禱之精誠之旨、為惣山可被下知、仍被成御判候也」とみえる。

(47)　『師郷記』嘉吉元年九月十三日条には「六角今暁没落江州（中略）普広院（足利義教）殿御事後、江州山門領、守護（六角満網）押妨之間、山門欝憤之条、如此沙汰云々」とみえ、『建内記』同日条も「近江《半国》守護六角（六角満網）入道昨夜没落江州云々、是山門領等違乱之間、可《祇園》振神輿於彼宿所之由評定、夜前已群集之故也」と記す。

(48)　今谷明『戦国大名と天皇』（講談社学術文庫、二〇〇一年）。

(49)　『康富記』宝徳三年十一月十三日条。

(50)　峰岸純夫および藤木久志前掲註(45)論文参照。

(51)　山訴（嗷訴）に土一揆の力の根元を求めるという理解は、すでに勝俣鎮夫『一揆』（岩波書店、一九八二年）、新井孝重「悪僧武力と大衆蜂起」（『中世悪党の研究』、吉川弘文館、一九九〇年）によって提出されている。しかし、土一揆との関係でいえば、より重要な点は山訴が繰り返し「王法」の孤立という政治・思想的状況を作り出したことにある。そのような状況こそが人びとに世俗の権力としての「王法」への反抗を決意させたと考えられるからである。

第三章　中世寺院社会における身分——天台宗寺院の事例を中心に——

はじめに

中世におけるわが国の僧の多さを「良人の男女の半ばは僧と為る」と表現したのは、応永二十六年（一四一九）に日本回礼使として来日した朝鮮の文臣宋希璟である。(1) 剃髪していた仏師などの諸職人をもすべて僧と誤解しての表現かとも思われるが、中世、わが国にきわめて多くの僧がいたことはまぎれもない事実であろう。

本稿はそれら中世の僧のうち天台宗の園城寺・延暦寺の僧に関して、その寺内における有り様を身分という観点から考察しようとするものである。両寺の僧を考察の対象としたのは、仏法の守護を標榜した彼らにおいてすら、その実態がほとんどあきらかとなっていないからである。(2) 本稿ではできるだけ史料に則して、両寺の僧がいかなる身分構成をもって存在していたかを検証、考察していくこととしたい。

一　園城寺の僧

寺院における身分を考えるにあたっては、当然のことながらその寺院がいかなる組織をもって存立していたかがわかっていなければならない。『園城寺文書』(3) 等の史料によって寺院組織の概容が判明する園城寺を最初にとりあげ、その寺内身分を考察していくこととする。

中世における園城寺の寺内は堂舎・房舎の有り様から分類すると、次のようになる。

1　三院（北院・中院・南院）

2　如意寺

3　五別所（常在寺・水観寺・微妙寺・尾蔵寺・近松寺）

これらの堂舎の寺内における配置をよく伝えてくれるものに、南北朝時代初期に作成された『園城寺絵図』（重要文化財／園城寺蔵）がある。五幅からなる同絵図には、「北院（常在寺を含む）」「中院（水観寺を含む）」「南院」「三別所（微妙寺・尾蔵寺・近松寺）」「如意寺」の五つの地区が一幅ごと分かれて描かれている。五別所だけが数幅にまたがっているのは、常在寺・水観寺がそれぞれ北院・中院に、また微妙寺・尾蔵寺・近松寺の「三別所」が南院に属していたことによる。では、このような堂舎をもった園城寺において各地区の僧たちはどのような身分構成のもとに寺院運営にあたっていたのであろうか。以下、如意寺を除いた三院と五別所について考察していくこととしたい。如意寺は『園城寺絵図』によっても知られる通り、三院・五別所からは離れていわば半ば独立しており、今回の考察の対象からは省いた(4)。

①衆徒（三院の寺僧）

まず、三院であるが、その運営にあたっていたのは、園城寺の正規の成員ともいうべき「衆徒」と呼ばれた寺僧たちであった。彼らが強力な生活共同体を三院それぞれにおいて作りあげていたことについてはかつて論じたことがあり、詳細はそちらに譲り、ここでは三院の運営がそれぞれ衆徒の「衆議」にもとづいて行われていたこと、および三院が集まって「惣寺」として園城寺を作りあげていたという点だけを改めて確認しておきたい。中世の園城寺の組織は基本的には三院が寄合って惣寺を構成するかたちで存在していたと理解してよい(5)。

衆徒の房舎が中世、寺内にどのようなかたちで存在していたかは定かではないが、江戸時代の『大津町絵図』には三院の各地区に分かれて分布する房舎群が描かれており、中世にもこれと変わらない風景が展開していたものと推測される(6)。

またその内部構造については、南北朝時代に作成された『慕帰絵』に見える「南滝院」の姿が参考となる。同絵にはいくつもの部屋をもった貴族の邸宅かと見まごうばかり同院の房舎が描かれている(7)。そして、それが決して特別な房舎のありようでなかったことは、今に残る勧学院・光浄院の客殿（ともに国宝）を一見すればあきらかである。慶長五年（一六〇〇）から同六年にかけて造営されたこの房舎内部には狩野派の華麗な障壁画が描かれており、桃山時代を代表する建築となっていることはよく知られている(8)。

これら房舎の住人としては、房主としての衆徒のほか、彼に仕えたより下層の僧の存在を想定しなければならないが、園城寺については『慕帰絵』に見える彼らの姿以外にその実態を伝える史料はほとんど残らず、詳しいことはわからない。寺内における彼らの身分については、のちの延暦寺を例に考えることとし、園城寺では次に衆徒につぐ寺内の僧身分として存在した、「預」「預房」（以下、「預」と略記）について見ていくこととする。

②預

預とは堂舎の管理・維持にあたった僧のことである。彼らは三院に分かれて配置され、日常的には、北院では新羅社、中院では護法社、南院では三尾社に住んでいたようで、その居所にもとづき「新羅預」「三尾預」とも呼ばれている(9)。彼らの活動費用は三院の公物から支出されており(10)、預が衆徒の下に位置づけられていた理由の一つはその経済的な主従関係に由来すると考えられる。

このような衆徒と預の関係は中世にとどまらず近世にもおよぶ。次に引用したのは、寛永十九年（一六四二）

付「道晃御門跡寺中御法度書写」に記された預について定めた「預方定」である。(11)

預方定

一、預分之堂社内外、付、海道掃地（除）不可致油断事

一、寺僧不寄老若、慮外之言語・無礼之働於有之者、雖為誰々坊人遂其糺明、預坊可被召上事

一、里辺へ出ル時者、衣を可着、縦雖親類兄弟、在家ニ夜宿堅停止、若此趣於相背者有之者、可為永追放事

預が近世にも惣寺のなかで「寺僧（衆徒）」の下の身分として明確に位置づけられていたことが知られよう。また、この「預方定」からは、近世になると、三院の預が一括して惣寺の支配をうけるようになっていたことがわかる。

③五別所の僧

園城寺で衆徒・預に続く第三の身分として抽出できるのは五別所の僧である。中世、彼らの活動を伝える史料は決して多くない。そのようななかにあって貴重なのが、南院衆議記録「南院惣想集会引付」の明応二年（一四九三）十二月十九日条に見える、微妙寺僧の罪を裁いたさいの「微妙寺之衆分常喜坊、依不儀之子細、被罪科事」という記載である。(12)短い一文ではあるが、これによって別所としての微妙寺の僧が南院の完全な支配下にあったこと、およびその僧たちが「衆分」と総称されるような独自の身分を構成していたことが判明しよう。

では、別所の「衆分」とは具体的にどのような僧たちだったのであろうか。失われた中世の史料に代わって、ここでも手がかりとなるのが先にあげた「道晃御門跡寺中御法度書写」である。同法度書には「五別所中衆」に関する次のような規定が見えている。

五別所中衆定

一、如寺中法度面々坊持仏堂本尊・仏具相嗜、朝夕勤行・本堂之勤無懈怠可致執行事
一、寺衆不寄老若、慮外之言語・無礼之働有之者、雖為誰々坊人遂其糺明、別所可払事
一、面々別所を出る時者、衣を可着、白衣停止、たとひ雖為親類、在家ニ夜宿可令停止、若此旨相背者有之者、別所可追出事
一、諸牢人宿借事、堅停止、付、徒者参会有之者、其近所之衆、役者中まて内証可申上、若隠置、他所ゟ於聞付者可為同罪事
一、第一戒法不律之僧者、五別所共ニ在住堅不可叶事

「五別所中衆」が先の「預方」と同じく一括して惣寺の支配を受けていたこと、またその結果、「預方」と同様に彼らが「寺衆(衆徒)」の下に位置づけられていたことがわかる。

近世、「五別所中衆」(以下、「中衆」と記す)はあらゆる面で「寺衆(衆徒)」とは画然と区別されており、たとえば元和二年(一六一六)九月二日付「江戸使節料幷使節衆之定」によれば、江戸への使節としての日当は寺衆の「使僧」が「路次中一日ニ五匁宛、逗留中一日ニ三匁宛」であったのに対して、中衆は「路次中一日ニ二匁宛、逗留中一日ニ一匁宛」となっている(14)。

そして、彼ら「五別所中衆」と呼ばれた僧たちが、いかなる存在であったかをより具体的に伝えてくれるのが時期はさらに下るが、元禄五年(一六九二)の「元禄五年寺社僧坊改記」である(15)。園城寺の「僧坊」を列記した同記によれば、五別所にはそれぞれ所属していた「五坊」と呼ばれる五つの僧房が存在していた。中衆とは彼ら五別所五坊の僧たちであったとみてまちがいない。つまり五別所に分かれて住んでいた五坊の僧たちこそが中衆であり、明応二年の「南院惣想集会引付」にいう別所の「衆分」とはまさに彼らを指していたと考えられるのである(16)。

きわめて限られた史料からではあるが、中近世の園城寺が三院（惣寺）を構成する衆徒（近世には寺僧）と、彼らの下にあって堂舎の維持・管理にあたった預、それに五別所を運営していた各五坊の「衆分（近世には中衆）」の三身分の僧によって構成されていたことが確認できた。では、これらの点を念頭に置き、次に延暦寺における僧身分の構成検証に移ることとしよう。

二　延暦寺の「上方」

延暦寺の場合も、園城寺と同様にその寺内組織の概略を再確認することから始めたい。中世、同寺でも寺の運営主体をなしていたのは衆徒であった。彼らの居住地区は東塔・西塔・横川の三地区（三院）に分かれ、各地区はさらに谷と呼ばれた十六の小地区から構成されていた。いわゆる三塔十六谷であるが、それら「院々谷々」の地縁的共同体としての運営は、中世には原則として当該地区の衆徒の衆議に委ねられており、谷が集まって一院となり、一院が寄合って惣寺となる構造は、基本的に園城寺と変わりない(17)。ただ、延暦寺の場合、惣寺の規模が大きいだけに僧の身分構成も園城寺と明確に異なる点がいくつか存在している。その一つが独立性の強い執行機関としての寺家の存在であり、今一つが山門使節に代表される妻帯した衆徒、すなわち山徒の存在である。

寺家とは衆徒の衆議をうけて惣寺の庶務を処理した機関で、延暦寺では執当と呼ばれた長官が所司（寺官）以下を指揮してこれを運営していた。坂本に所在した寺家は、衆徒のみならず座主の差配下にもあり、両者の均衡の上に立って南北朝時代末までは、きわめて大きな権限を振っている。しかし、南北朝時代末、室町幕府によって山門使節制度が確立されると、その多くは山門使節に移管され、寺家の力は急速に縮小していく(18)。

一方、その山門使節に代表される山徒とは妻帯した衆徒のことで、その出現は元久元年（一二〇四）の寺内からの堂衆追放にまでさかのぼると推定されるが、その点については改めて考えるとし、以下においては、園城寺の場合と同様、衆徒以下、延暦寺の僧身分がどのような構成をとって存在したかを順を追って検証していくこととしよう。

延暦寺における独自の僧身分のあり方をもっとも簡潔にかつ明確に規定しているのは、戦国時代の『驤驢嘶余』(19)である。同書は延暦寺の僧を「上方」「中方」「下方」の三つの身分に分け、その最上位の「上方」に衆徒を位置づけて次のように記す。

一、衆徒　清僧也、権大僧都・法印ガ極ナリ、僧正ハ希也、平民モ徳ニヨリテ任ズルナリ、東寺ニハ多也、

つまり、延暦寺においても最上位に置かれていたのは衆徒であり、この点は園城寺と変わらない。ただ、延暦寺が園城寺と大きく異なるのは、その「上方」身分に衆徒だけでなく山徒も置かれていた点である。

この衆徒と山徒の特殊なあり方を『驤驢嘶余』は「山徒・衆徒同位也」と簡潔に記すにとどまるが、慶長六年（一六〇一）正月の延暦寺大講堂での集会は「一山大衆内有衆徒・山徒両衆、其山徒与衆徒同位同格」とはっきりと宣言している(20)。また、この時、制定された「当今世出世制法」も衆徒・山徒についてそれぞれ一項を設けて、両者の同位を次のように明記している(21)。

称衆徒者、皆是清浄住学生也、以下経五階凡僧、補阿闍梨・内供奉・竪者・註記・已講・擬講・証義・探題等任僧綱、為先途、

山徒者、其初皆清浄住学明室也、故与衆徒同格也、中古已来為妻帯称此山徒、以使于公家・武家為其職、称此使節、此徒有数多、所謂、護正院・南岸坊・金輪院・杉生坊・円明院（坊）等、

衆徒と山徒の同位とともに、その違いの基準が妻帯の有無にあったことが知られよう。また、この「当今世出世制法」の記述で注目されるのは、山徒として護正院・南岸坊・金輪院・杉生坊・円明坊等の名をあげている点である。彼らはいずれも南北朝時代末以来、山門使節を勤めるなど、延暦寺と武家の間にあってめざましい政

治・軍事活動を行っていたことで知られる山徒であり、[22]彼らがその世俗的な活動にもかかわらず、寺内では衆徒となんら変わることのない身分を保証されていたことが確認できるからである。では、その山徒の寺内における存在形態を彼らの活動にまで踏み込んでやや詳しく見ていくこととしよう。

妻帯を許されていた山徒の場合、まず問題となるのはその居所であろう。比叡山はよく知られているように女人禁制の地であり、山徒が山上に房舎を構えることはできなかったはずである。では、彼らはどこにそれを構えていたのであろうか。

ここで想起されるのが、「在坂本大衆」と呼ばれた近江坂本に集住していた衆徒の存在である。「坂本衆徒」[23]「坂下の衆徒等」[24]「在坂本之衆分」[25]とも呼ばれた衆徒が、三塔十六谷の衆徒と同様に、坂本で一種の地縁的な集団を作りあげていたことは、たとえば永和元年（一三七五）十二月の告文に「三塔谷々学頭・坂本之老若之徒衆」と見えていることからも容易にうかがうことができる。[26]また、この一文からは彼らが三塔十六谷の衆徒と同じように、宿老と若輩という年臈をもってする二つのグループから構成されていたことも読みとれる。ちなみに坂本における山徒の人数としては、応永元年（一三九四）で「宿老」だけで十一人、[27]また応永二十七年の「在坂本人数」には十九人の名前が確認できる（三人の山門使節を除く）。[28]

南北朝時代になると、彼らは坂本を舞台として互いに抗争を繰り返しており、主なものだけでも、応安四年（一三七一）七月、永和二年六月の円明坊率いる青蓮院門徒と妙法院門徒の争い、[29]翌応安五年十二月の行泉坊と南岸坊の抗争、[30]さらには永和三年（一三七七）七月の金輪院と月輪院の軍事衝突などをあげることができる。[31]また、のちには山上の衆徒が坂本の山徒杉生坊を攻めるという事件も起こっている。[32]

彼らの坂本の房舎については、今のところその有り様を伝える史料はほとんど残されていないが、応永二十二年（一四一五）には足利義持が、また正長二年（永享元＝一四二九）には足利義教が日吉社参詣にあたり、それぞれ円明坊兼承・乗蓮坊兼宗の房舎を宿所としていることは[33]、それが将軍の宿泊に十分に耐えるだけの規模と装備を備えるものであったことを示すものといえよう。また貴人の宿泊ということでいえば時代は下がるが、『日本耶蘇会年報』に収録されている次のような一五七一年（元亀二）十月六日付のイエズス会宣教師書簡が[34]、衆徒の房舎の有り様をよく伝える（傍線は下坂）。

此山の僧院中、予は或るものを見たるが、木材に依りて造られたりとは思はれず、加工の法甚だ見るべきものあるが故に、他の更に貴重なる物にて造りたるが如し。其外部は山高きが故に雨雪及び風絶えず之を打つを以て、甚だ美麗ならず。然れども内部は、材木を用ひて此以上の建築をなすこと能はざるべしと思はる。国王又は大壁に用ふる屏風、戸、縁側、天井等に多種の甚だ好き絵を画き、前に述べたるが如き席を備へ、諸侯も、別に寝具を要せず恥づることなく此処に眠り、良き敷物の上に於けるが如く休息することを得べし、室は甚だ清潔なれば、彼等は靴を用ふることなし。

坂本の山徒の房舎はここに描写された「僧院」にも勝るとも劣らない規模と装備を備えていたとみてよい。ちなみに同年報は房舎の主について「僧院の数は頗る多く、其中に頭目あり、彼等の大多数は富裕且傲慢にして、互いに殺し合い、又他の人を殺す」とも記している通り、この一文そのものが坂本の山徒について記したものである可能性もある。

山徒の房舎には、房主に仕える数多くの同宿・若党・児等が住んでいたはずである。応永二十六年（一四一九）正月、当時権勢を振るっていた円明坊兼承が鞍馬参詣の帰路に討たれた時の有り様を伝える『看聞御記』の記述は[35]、その一端をうかがわせるものとして貴重である。

抑山徒円明坊今朝被誅云々、（中略）今朝鞍馬参詣下向之時、於市原野討之、兵士廿余人召具、皆逃散了、中間一人残、主従二人討死、円明敵両三人討取、能振舞討死云々、不便也、

円明坊は同じ頃、数十人の同宿を抱えていたとも言い[36]、その房の「家」としての規模はまさに一般の武士以上のものがあったとみなければならない。

また、二十人もの「兵士」を従えた行列や、三人もの敵を倒してのちの討ち死は、彼が僧というよりも武家に近い存在であったことを指し示している。応永二十八年三月、足利義持が日吉社に参籠した時、山徒がその警護を「武家人」に委ねることを忌避し、自分たちがそれを行うことを主張しているのも[37]、彼らがきわめて濃厚に武家的に性格を保持していたことを物語るものといえる。

「上方」としては、衆徒・山徒のほかに慶長六年（一六〇一）の「当今世出世制法」は「寺家執当」と「四至内」をあげる。

寺家執当者、上代以衆徒清僧補此職、故与衆徒同格、務山中営事、而中古已来為妻帯、正応四年、以院宣、被附与梶井宮、但右両家在梶井称堀池寺家、在京都称猪熊寺家、両家互補執当、猪熊方天文年間中絶、堀池寺家于今相続而、兼仕梶井殿、代々補延暦寺執当、天正十七年已来為彼家相伝職、

四至内　此亦以衆徒補此職、務一山領内雑事為職、天正年中再興後、以公人中槐首者代補此職、

室町時代、青蓮院の門徒となっていた「寺家執当」が山徒とほぼ同列の処遇をうけていたことからしても、この「当今世出世制法」記載内容は中世までさかのぼると見てよかろう。なお、四至内とは寺家にあって坂本の統治にあたった役職をいう。

三　延暦寺の「中方」と「下僧」

『驤驢嘶余』は、中方について「堂衆・承仕」を勤めるものと規定する。また、寺家では数ある役のなかで維那だけを中方としている。この点は「当今世出世制法」も同じで、中方について、

中方称聖名、或国名
此類称堂衆、多是住学生召仕侍輩出家・清僧者也、其中、首七人内上三人称長講一長講、二長講、三長講、補此職、准上方、畜児為弟子、次三人称承仕、次一人称呪師、参勤山洛御修怯、列衆徒末席、従金剛寿院覚尋僧正第三十五代座主職時、諸堂社勤行皆堂衆勤之、然動敵学生故、文治・建久間堂衆蒙　勅勘、令離山後其勢漸衰、堂社勤行如元従学生勤之、

と記し、維那についても次のように規定する。

所司　山上諸堂各有此職、務堂内諸荘厳等事乎、寺務出行時役先駆、
維那者、中古已来為妻帯、久寿三年、依最雲親王七仏薬師法御祈賞、已来著赤袈裟、座主出行時騎馬勤先駈為永式、中方息為児者為上方、

ここにいう所司とは寺家のいわゆる寺官を指す。彼らは堂衆・承仕とともに中方に位置づけられていたのである。

しかし、中方を構成していた主体はやはり堂衆・承仕であったと推定される。そこで彼らの寺内における有り様であるが、この点にかかわって看過できないのが「当今世出世制法」も記す鎌倉時代初めの学生と堂衆の争いであろう。堂衆がかの時の抗争に敗れて一旦は山を離れたことはよく知られている(38)。そして、堂衆がいなくなった結果、学生すなわち衆徒がみずからその職務の穴を埋めるために作りあげたのが妻帯した衆徒、すなわち山徒であったと考えられるからである。

初期の堂衆の姿を伝える史料として著名なものに、『平家物語』二の次のような記述がある(39)。

堂衆と申は、学生の所従也ける童部が法師になたるや、若は中間法師原にてありけるが、金剛寿院の座主覚尋権僧正治山の時より、三塔に結番して、夏衆と号して、仏に花まいらせし者共也、近来行人とて、大衆を

も事共せざりしが、かく度々の戦にうちかちぬ、堂衆等師主の命をそむいて合戦を企、すみやかに誅罰せられるべきよし、大衆公家に奏聞し、武家に触うたう、

堂衆がもともとは「学生」の召し使う「童部」や「中間法師」であったこと、彼らは「法師」として三塔に「夏衆」として結番し供華の職務を務めていたこと、さらには「行人」とも呼ばれ金融に携わっていたこと、などがこれによって知られる。また「度々の合戦」に勝利を収めていたという点からすれば、武装化の点でも彼らが抜きんでた実力を保持していたことがうかがえよう。

そして、初期の堂衆の活動領域をこのように読みとるとすれば、何よりも注目すべきは、それらのうち金融と軍事が、のちに山徒に引き継がれているという点である。つまり、南北朝時代から室町時代にそのピークを迎える山徒による土倉経営、および山門使節に代表される山徒の武家化がそれで[40]、山徒の活動の源流がかつての堂衆の活動にあることはまちがいない。言葉を換えていえば、鎌倉時代初期の堂衆の離山こそが山徒出現の大きな契機となっていたと理解されるのである。

堂衆はやがて一山内に復帰しているが、そのさい、彼らが山徒によって奪われた金融と軍事にはもはやかかわることなく、供華などの仏事だけをその職掌としていることも、このことを側面からではあるが裏づけてくれる。時代はかなり下るが、次に引用したのは『日吉社神道秘密記』に記された日吉社の彼岸所内にあった夏堂（二宮だけは独立棟）における仏事の担当に関する記述である。

大宮彼岸所、雑舎迄両棟アリ、二季ノ法事、南谷上中下僧悉参籠事也、此内夏堂アリ、九旬供華十二人結番、七社ニ有夏堂勤行アリ、大宮夏堂香華燈明、中僧調之、彼岸所ノ上座（堂）二宮夏堂別ニ有、拝殿東立之、十二人ノ僧、聖真子ハ念仏堂ナリ、十二時ノ勤行、十二人鐘・法螺、八王子ノ夏堂、供華三院行者、衆徒祈念ノ処、客人宮夏堂ハ彼岸所内ニテ行法アリ、十禅師宮ノ夏堂十二人、樹下僧ト号之、又ハ亥子ノ谷大衆ト号

別表　日吉社における彼岸会の仏事

	堂	舎	僧身分	作法内容	人数	備考
1	大宮	夏堂(彼岸所内)	中僧	香華・燈明	12人	
2	二宮	夏堂	(不明)	(香華・燈明)	12人	
3	聖真子	念仏堂	(不明)	鐘・法螺	12人	
4	八王子	夏堂(彼岸所内)	三院行者	供華	(不明)	衆徒か
5	客人	夏堂(彼岸所内)	(不明)	(香華・燈明)	(不明)	
6	十禅師	夏堂(彼岸所内)	樹下僧・堂衆	(香華・燈明)	12人	

之、非衆徒非中僧、堂衆ト云テ十二人アリ、

わかりにくいところもあるが、日吉七社（三宮を除く）の夏堂において、中僧ないしは堂衆と呼ばれた僧が「香華・燈明」などの仏事を担当していたことが確認できる（別表参照）。

そもそも堂衆とはその呼称からしても、本来は園城寺における預と同様に、堂舎の維持・管理をその主たる役務とした職であったと考えられる。ただ、延暦寺の場合にはその巨大な寺院規模から独自の勢力を形成するようになり、やがては衆徒（学生）と拮抗する力を持つまでになったのであろう。そして、そのさい、一山内の堂舎に散在していた彼ら堂衆が集結拠点としたのが日吉社の彼岸所であった(41)。彼岸所のありようについてはかつて論じたことがあり、詳細はそちらに譲るが、鎌倉時代の堂衆離山直後に衆徒がいち早くそれら彼岸所を「院々谷々」で分割・分有している点だけは改めて指摘しておきたい。

『驟驢嘶余』は、最下層の僧身分として「下僧」をあげている。同書によれば、「下法師」とも呼ばれたこの「下僧」に属したのは、次のような内容の職務をもった寺家の「鑰取」「出納」「庫主」「政所」「専当」であったという。

鑰取　前唐院ノ鑰アヅカル也、
出納　被物・禄物取出、又納也、
庫主　仏供ヲ調ル者也、
政所　中堂御常供・仏供ヲ調スル也、

専当　若輩タリト云へ共、杖ヲツクナリ、執当輿前ニ行也、

衆徒の衆議をうけて検断に従事した山門公人の役は、基本的に彼らが担ったもので、『驪驢嘶余』はそれについて「公人ハ下法師ガナルナリ」と記している。また、同書は続けて「処々ノ堂ニヨリテ任ズル也」と説明するが、これは堂衆と同様に堂舎単位で寺家の統制をうけていたことを示している。

なお、後世の「当今世出世制法」も下僧に関して『驪驢嘶余』とほぼ同様に次のように規定している。

下僧　昇職称公人、於其中三塔公人上首、称三院別常　此輩称法師原、此皆妻帯下法師也、其中擢補諸堂公役者、称此公人、其役名者出納　被物禄物取出、又納之者也

庫主　調仏供者也、今云文庫・宝蔵番勤之乎

政所　中堂御常供調之者也

専当　雖若輩秉白木八角杖、守諸堂、座主及寺務執当出行時、持杖勤先駈

以上、公人所職皆以執当許状補任此職、公人子参門跡為御童子者、為中方為上方事甚稀也

これらの記載からすれば、下僧とはやはり寺家の統制下にあって一山内の堂舎の保持にあたった下層僧を指していたことになる。しかし、衆徒・山徒の下にも、「下僧」と呼ばる雑事に携わった下層僧がいたことは、たとえば『諸国一見聖物語』(42)に見える次のような記述からも明らかである。

山徒ト覚　教《ヲホシクテ》、小童子一人、下僧二人供シテ、駒打シツメ、誠ニ物ヲ申レシ様、神妙ニシテ、其姿モユヽシク見エラレシ、

したがって、下僧とは狭義には一山の堂舎保全に従事した下層僧を、また広義には衆徒・山徒の下で使役されていた下層僧をもふくめた存在であったとここでは考えておきたい。

むすび

当初の目的とは裏腹に園城寺・延暦寺における僧の有り様を断片的に概観するにとどまったが、最後に本稿で得られた成果および課題を整理してむすびにかえたい。

園城寺・延暦寺では中世、惣寺の根幹を形成していたのは衆徒で、その下には堂舎管理を職務とした預・堂衆と呼ばれた僧のほか、衆徒・山徒の下にも下僧と呼ばれた最下層の僧が存在していた。この点は基本的に両寺共通で、中世の天台宗寺院の僧身分は、大きく分けて衆徒と預・堂衆それに下僧の三つからなっていたと定義づけることができる。

ただ、延暦寺では鎌倉時代の初めに経済力と軍事力を貯えた堂衆が、衆徒（学生）によって一山から放逐された結果、衆徒の一部がその役割を補塡しなければならない状況が現出、生み出されたのが山徒であった。坂本に集住したことから「坂本衆徒」とも呼ばれた彼ら山徒がやがてその卓越した経済力・軍事力をもって、南北朝時代から室町時代にかけて、延暦寺で大きな力を持つにいたることは別に論証した通りである。

一方、衆徒の下にあって堂舎の保全・管理を担当したのが預・堂衆であるが、延暦寺では彼らが職掌を活用、鎌倉時代初期のごく一時期とはいえ、衆徒と拮抗するだけの勢力となっていたことは注目に値する。寺内のヒエラルヒーが組織内のわずかなひずみによって、容易に崩れるもろい側面を有したものであったことがうかがえるからである。そして、堂衆の台頭が日吉社の彼岸所という延暦寺独自の宗教施設を結節点としてもたらされたものであったことからすれば、彼岸所こそがそのひずみとをもっともよく象徴する施設であったともいえる。

最後に寺の運営を底辺で支えた下僧についていえば、寺家・衆徒いずれの下に属した下僧であっても、その身分が必ずしも固定的なものとは考えられていなかったことを指摘しておきたい。『驢驢嘶余』は、下僧であろうとも、中方・上方への道は開かれていたという。

下僧下法師也後ニ公人ニ成ル、公人ノ息モ御童子ニナレバ中方ト成ル、中方ノ息モ児ニナレバ上方ト成ル、下法師モ三代目ニハ上方ニ成ルトハ申セ共、中方ニハ成レ共、上方ニ成ル事ハ稀也、

ここにもいうように下僧が上方になることなど現実にはきわめて稀であったに違いないが、それにしても中世の寺院社会が理論上でも下僧が上方になれるという場所であったことは忘れてはなるまい。

（1）『老松堂日本行録』（村井章介校注、岩波書店、一九八七年）。読み下し文は同書による。

（2）寺社における身分制を体系的に論じた研究としては、黒田俊雄「中世の身分制と卑賤観念」「中世の身分意識と社会観」（『黒田俊雄著作集六』、法藏館、一九九五年）がある。また、延暦寺の僧集団のあり方については、黒田俊雄「中世寺社勢力論」（『岩波講座日本歴史六』、岩波書店、一九七五年）、辻博之「中世山門衆徒の同族結合と里房」（『待兼山論叢』一三、一九八〇年）がこれをとりあげ論じている。筆者も「延暦寺における「山徒」の存在形態」（拙著『中世寺院社会の研究』、思文閣出版、二〇〇一年。初出一九九九年）において、その実態を論じたことがあるが、拙稿をふくめ延暦寺内における身分を総体的かつ具体的に考察対象とした研究はこれまでなく、園城寺についても同様である。

（3）中世における園城寺の惣寺としてのあり方については、拙稿「中世寺院における大衆と「惣寺」」（前掲註2拙著所収）参照。

（4）『園城寺絵図』については、泉武夫「園城寺境内古図の制作年代」（『仏画の造形』、吉川弘文館、一九九五年。初出は『金沢文庫研究』二八四、神奈川県立金沢文庫、一九九〇年）。また、如意寺に関しては「特輯　如意寺の諸問題」（『古代文化』四三―六、一九九一年）収録の山岸常人「如意寺伽藍の形成とその性格」、梶川敏夫「如意寺跡―平安時代創建の山岳寺院―」等の諸論文参照。

（5）前掲註（2）拙稿参照。

（6）『大津町古絵図』（個人蔵）。『図説　大津の歴史』（大津市、一九九九年）には同図のカラー写真が収録されている。

また、下坂守・福家俊彦「近世の寺院経営—一山の拡がりとその活動—」（『園城寺文書四』所収）には、園城寺部分を拡大したトレース図が収録されている。

（7）『慕帰絵』巻一。同絵巻には南滝坊のほかにも、延暦寺の慈信坊をはじめとしていくつもの僧房が登場するが、それらはすべて門・築地塀をもった本格的な建造物に描かれている。

（8）勧学院・光浄院の概要については、高梨純次「勧学院客殿（園城寺）」「光浄院（園城寺）」（『日本の国宝七七』、朝日新聞社、一九九八年）が詳しい。

（9）初出の原稿では、預は各堂舎に置かれていたと考え、「預房はその管理する堂舎の所在地によって、唐院・三尾社は南院、金堂・講堂・護法社は中院、経堂・新羅社は北院といったように分かれて三院の支配をうけていた」とした。しかし、近年、「新羅預坊」が北院の別所の一つである常在寺の「田畠目録等」を紛失したことを記した文書が発見され、「新羅預坊」が北院の別所の文書を管理していたことが新たに判明したので（尾上勇人「奈良大学所蔵「常在寺田畠目録」」、『奈良史学』二九、二〇一一年）、本稿では預（房）が三院の各鎮守社に住んでいたと解釈を改めた。「三尾預坊」の呼称は「南院算勘引付」（『園城寺文書』二—九三号）永享十年十月二十六日条に見える。なお、応永三十一年四月十九日の年紀をもつ「園城寺尺」の裏面に「預香実領納竹計也」（『園城寺文書』二—一〇三号）とある「預香実」が、唐院の所在する南院の預房であったことは、永正三年（一五〇六）三月付「園城寺唐院灌頂記」（『園城寺文書』二—九〇号）に「中実房芸秀」とともに「預房」として「香実房盛賢」なる者が署名していることからもあきらかである。南院の「三尾預坊」は、この後も「香実房」が勤めており、天正三年（一五七五）十月付「園城寺唐院灌頂記」は「当預リ坊香実坊永元」（『園城寺文書』二四七号）の作成にかかるものであることが、その表紙の墨書からわかる。

（10）「南院算勘引付」（『園城寺文書』二—九三号）文明十五年十一月二十六日条に「一、就預坊造営之儀、大工以下諸下行未下、悉皆下行、皆済有之事」とあり、「南院公物算用状」（『園城寺文書』二—一八五号）永正十七年十二月十九日付に「預法師衣料」「預坊屋祢助成」、大永二年（一五二二）十二月二十八日付「南院公物算用状」（『園城寺文書』二—一九二号）にも「預法師衣料」などの支出項目が見える。天正十五年（一五八七）八月、同十七年三月、同十九年三月の「三尾算勘日記」（「南院三尾社納帳」、『園城寺文書』二—二七四号）には「預坊衣料」「同弟子」への支出が記録される。

(11)『園城寺文書』四—四号。
(12)『園城寺文書』二—一六九号。
(13)前掲註(11)参照。
(14)「三院集会引付抜書」(『園城寺文書』四—一号)所収。
(15)『園城寺文書』四—一二三号。
(16)「元禄五年寺社僧坊改記」は「園城寺中方微妙寺之内五坊」として、正蔵坊・慈性坊・珠光坊・千珠坊・専光坊の五坊をあげる。明応二年の『南院惣想集会引付』に記される常喜坊の名は見えない。
(17)前掲註(2)拙稿参照。
(18)同右。
(19)『群書類従』四九〇。
(20)『天台座主記』。
(21)同右。元亀二年の焼き討ちによって一旦は滅亡した延暦寺を再建するにあたり、作成された「当今世出世制法」の内容は、基本的に『驪驢嘶余』のいうところと同じであり、同書を参考にして作られた可能性が高い。
(22)拙稿「山門使節制度の成立と展開」(前掲註3拙著所収)。
(23)『天台座主記』文保二年十月条。
(24)『元徳二年三月日吉社幷叡山行幸記』文保二年十月条。
(25)応永元年八月十五日付「社頭三塔集会事書」(『日吉社室町殿御社参記』)。
(26)永和元年十二月十一日付「延暦寺衆徒告文」(『北野社日安等諸記録書抜』)。
(27)『日吉社室町殿御社参記』。
(28)応永二十七年閏正月十一日付「十禅師彼岸三塔集会事書」(『北野社家条々抜書』)。
(29)『祇園執行日記』応安四年七月二日条。
(30)『祇園執行日記』応安五年十二月九日条。
(31)『後愚昧記』永和三年七月二十八日、同年八月四日条。

(32)『言国卿記』文明六年二月二十三日条。『親長卿記』同年二月二十三日、同年三月二日条。
(33)『兼宣公記』応永二十二年七月十一・十二日条、『義持公日吉社参記』、『満済准后日記』正長二年五月四日条。
(34)『耶蘇士日本通信年報』下（駿南社、一九二八年）。
(35)『看聞御記』応永二十六年正月二十五日条。
(36)『満済准后日記』応永二十年十二月八日条。同日条に「七ヶ日之間山徒警固申、武家人警固難儀之由山徒申云々」と見える。前掲註(2)拙稿参照。
(37)『看聞御記』応永二十八年三月二十一日条。
(38)拙著『京を支配する山法師たち―中世延暦寺の富と力―』（吉川弘文館、二〇一一年）参照。
(39)『平家物語』（日本古典文学大系三二、岩波書店、一九五九年）
(40)前掲註(2)拙稿参照。
(41)同右。なお二宮だけが夏堂を独立する一棟の堂舎として保持していたことは、『日吉社神道秘密記』『山王二十一社絵図』が図示する境内図からも確認できる。
(42)『諸国一見聖物語』（京都大学国語国文資料叢書二九、臨川書店、一九八一年）

補論　中世における「智証大師関係文書典籍」の伝来
――貞和二年六月の「大師御重書」の「感得」を中心に――

はじめに

園城寺に伝来する円珍にかかわる膨大な量の聖教・典籍・文書（以下、東京国立博物館所蔵の国宝「円珍関係文書」をふくめ「智証大師関係文書典籍」と総称する）の概要を伝える史料として、もっとも古いものの一つに、円珍みずからが記した「文書目録」がある。(1)同目録は破損が激しく、解読不可能の箇所も少なくないが、そこには三十一件以上の文書典籍が連ねられており、またそこかしこに見られるおびただしい推敲の跡からは、円珍が生前にこれらの資料群の目録の作成にとりかかっていたことが容易に読みとれる。

円珍の示寂後、その貴重な関係史料は園城寺の寺庫の奥深くに厳重に保存されたようで、平安中期に作られたと推定される「円珍公験等目録」(2)によれば、もっとも重要な円珍の度牒・戒牒・位記・伝法公験・入唐関係の文書類は「塵蒔絵革箱一合」に、また「御家伝」とその草稿等は「壇龕仏一箱」等とともに「小厨子一基」に納められていたという。

しかし、これら一群の文書典籍がその後どのようにして保存されていたかについては史料を欠き、詳細はこれまで不明であった。中世、園城寺はしばしば戦乱に巻き込まれ、焼亡を繰り返しており、その伝来に幾多の困難がともなったであろうことは想像するに難くないが、そのような過酷な試練のなか、「智証大師関係文書典籍」

が今日にまで伝えられた経過について、すべては歴史の闇のなかに閉ざされてきたわけである。

ところが平成六年（一九九四）に始まる『園城寺文書』（園城寺編）編纂の過程で園城寺において、これら文書・典籍の伝来にかかわる数点の史料が発見され、その間の事情が多少なりともあきらかになることとなった。以下、それらの史料をもって、中世においていわゆる「智証大師関係文書典籍」が、園城寺内においてどのようにして保管・伝来されてきたかについて見ていくこととしたい。

一　三巻の注進状・目録

『園城寺文書』編纂の過程で新たに発見されたのは、次の三巻の史料である。

①「御書等目録注進状」　一巻[3]
②「御書等目録注進状」　一巻[4]
③「山王院聖教目録等」　一巻[5]

三巻のうちでもっとも古いのは①の「御書等目録注進状」で、これは貞和二年（一三四六）六月一日の時点で園城寺に所在した四十一点におよぶ智証大師関係文書を書き連ねたものである。奥には、貞和二年以後、応永六年（一三九九）にいたるまでの間に園城寺にもどってきた文書・典籍が料紙を継いで書き加えられており、その追記は貞治三年（一三六四）九月二十四日、明徳四年（一三九三）八月十一日、応永三年（一三九六）九月十八日、応永六年八月十三日の四次におよぶ。この三巻の注進状に記される文書・典籍を一覧としてまとめると表1のようになるが、このうち1～42が①の注進状に記載されている文書・典籍である。

南北朝時代から室町時代初期にかけて、今日いうところのいわゆる「智証大師関係文書典籍」がどのようにして伝来していたかが、この①の注進状の出現によってきわめて詳細にわかることとなったわけであるが、本史料

表1　「御書等目録注進状」所載の「大師御重書」と現存の「智証大師関係文書典籍」

「御書等目録注進状」記載の「大師御重書」				現存の「智証大師関係文書典籍」		
A	書き出し	書き留め	紙数	B	文書典籍名	紙数
1	天台山国清寺	巨唐大中十一年十月	18紙	28	国清寺求法目録　大中十一年十月	18紙
2	天台座主少僧都	延長五年十二月廿七日	3紙	10	円珍贈法印大和尚位并智証大師諡号勅書	3紙
3	近江国比叡山	大乗五観云々	3紙半	4	円珍戒牒　天長十年四月十五日	3紙半
4	治部省　牒	州副使　牒	2紙半	6	円珍充内供奉治部省牒　嘉祥三年三月二日	2紙半
5	太政官　伝法公験先本	後抑縁此本	8紙	43	太政官給公験牒(先本)　貞観八年五月廿九日、巻末円珍手記	8紙
6	大唐国江東	行者大宅全吉	22紙	29	国清寺外諸寺求法総目録　大中十二年五月十五日	22紙
7	台州牒	拠六日令	8紙	15	円珍台州温州公験　大中七年十月、十一月、十二月	8紙
8	政所　大師為学頭之状	寺主伝	1紙	5	真言学頭補任状　承和十三年七月廿七日	1紙
9	大華厳経随疏演義巻四		36紙	32	華厳経随疏演義鈔　巻二下か	37紙
10	天台国清寺	五月十日記	2紙			
11	求法目録一巻	奥在法全御筆	5紙	24	青竜寺求法目録　大中九年十一月十五日、巻末法全加筆	5紙
12	此国解准太守	貞観十三年二月九日	6紙	2	讃岐国司解　貞観九年二月十六日	5紙

					巻首藤原有年申文	
13	太政官　牒	貞観八年五月廿九日 参議正四位下	13紙	44	太政官給公験牒　貞観八年五月廿九日　巻末円珍手記	13紙
14	十禅師延暦寺	貞観五年三月七日	8紙両面	41	円珍請伝法公験状案(草本)　背書あり　貞観五年三月七日	8紙
15	毘盧遮那如来曼荼羅所	僧円珍	2紙	37	徳円付嘱円珍印信　承和九年五月十五日	3紙
16	虫食　求法十禅師	貞観五年十一月十三日	9紙	42	円珍請伝法公験奏状案(自筆本)　貞観五年十一月十三日	9紙
17	当街　状城及畿内	員外郎	3通1巻			
18	太政官牒延暦寺	面分付演	4紙半	46	太政官牒案　貞観十三年九月九日　巻末円珍手記	4紙半
19	延暦寺天台宗伝燈	従五位下中務少輔	1通	7	伝燈大法師位位記(綾本)(中務位記)　嘉祥三年六月廿二日	1紙
20	江州延暦寺僧	鎮将朱	3紙	14	円珍福州公験　仁寿三年七月一日、大中七年九月十四日	3紙
21	縁生論一巻		1帖草子	27	縁生論　大中十二年正月六日円珍奥書	1帖
22	越州都督府	丞鄧	3紙	18	越州都督府過所　大中九年三月十九日	3紙
23	入唐願文	満位々々	5紙			
24	沙弥円	諸陵頭	2紙	3	円珍度縁　天長十年三月廿五日、同四月十五日	2紙

25	盧遮那如来	伴国道　弁	6紙	36	徳円印信之類　円珍加筆　大同五年ほか	6紙
26	勅　大師位記	承和十年七月五日	3紙	8	位記（四通）　嘉祥三年ほか	4紙
27	華山僧正受法事		3紙	47	授遍照阿闍梨位奏状案幷官牒案　貞観十五年正月、二月、四月	3紙
28	大唐国日本国血脈	也貞観	2紙半	48	大唐国日本国付法血脈図記　会昌四年二月九日、円珍加筆奥書	2紙半
29	大小　比	子之内　良会上	1紙半	56	制誡文　仁和四年十月十七日	1紙半
30	比丘円―奉写大乗院	仕	4紙			
31	一結　雑々侍（詩）等		12紙	19	唐人送別詩幷尺牘（20も）	17紙
32	山王院	法師	3紙両面	53	円珍公験文書目録案　紙背あり　嘉祥三年ほか	3紙
33	貞保	元慶	1紙	54	伝教大師略伝か	1紙
34	日本国太宰府	仁寿参年	1紙	13	円珍太宰府公験　仁寿三年二月十一日	1紙
35	目録		1紙	52	文書目録か	1紙
36	延暦寺牒上	座主伝燈	2紙	51	延暦寺牒案　貞観十六年十二月廿五日	2紙
37	大師御巻数		2紙	59	病中言上状か	2紙
38	虫食円	八部院	3紙	63	弘仁九年比叡山寺僧院等之記	4紙
39	虫食□	寺主法師	5紙	49	別当和尚行状（残欠）　貞観十六年十二月二日座主幷三綱証判	5紙

40	大師塵蒔	檀龕	4紙			
41	一結廿三紙	雑々反故	なし			
42	□大法師　円珍上表		4紙半か			
43	蒙示二経前後深領二巻		なし	38	円珍疑問（39・40も）	2巻
44	智証大師戒牒		なし	4	円珍戒牒　天長十年四月十五日	3紙半
45	大師真跡		なし		議定文か	1紙
46	止観堂記		なし	63	国清寺止観堂記か	
47	日本国求法僧円―目録一巻		2紙半	22	開元寺求法目録　大中七年九月廿一日、円珍加筆	5紙
48	□本国求法僧円―目録一巻	御筆	15紙	23	福州温州台州求法目録　円珍筆　大中八年九月二日	17紙
49	国清寺公験一巻		5紙か			
50	□□		1紙			
51	施入帳		なし			
52	文殊千鉢経十巻	泉恵法印施入	なし			
53	大師伝法記　表状　一巻	故泉恵法印施入	3紙			
54	大師俗御系図　一巻	故泉恵法印施入	なし	1	円珍俗姓系図	7紙
55	公験　一紙	故泉恵法印施入	1紙			
56	金光明文句中	蔵乗房　朝円施入	なし	25	金光明経文句　中巻　大中十一年八月十三日円珍奥書	23紙
57	金光明文句下	北林房　朝円施入	なし	26	金光明経文句　下巻　大中十一年	21紙

					八月十三日円珍奥書	
58	御書一通	被遣観中院遍昭之御状也	1通	60	円珍書状（五月廿七日）	1紙
59	毘盧遮那成仏神変加持経第四巻　一巻		なし	31	大毘盧遮那成仏経　巻第四	17紙
60	弥勒上生経宗要　一巻	奥書円珎	なし	65	弥勒上生経宗要　元慶二年七月十日円敏交了奥書	11紙
61	弥勒上生経疏　一巻	奥有大師御筆　寛平二年閏九月	なし	30	三弥勒経疏　寛平二年閏九月十一日円珍追記	48紙
62	五部印信　二巻	内一巻写	なし	34	五部心観か（35も）	
63	巻数		なし			

註1　Aでは、1～42までが貞和二年六月一日付「御書等目録注進状」記載の文書・典籍で（42は追加分）、43～57までがその追記分、また58～63が永正九年十月六日付「御書等目録注進状」に記載された追記分となる。
2　Bは、『園城寺文書』一（講談社、一九九八年）に収録されている「智証大師関係文書典籍」の史料番号を示す。

のより高い史料価値は、実はこれが貞和二年六月一日に作られた点に存する。この点についてはのちに改めて述べたい。

②の「御書等目録注進状」は、永正九年（一五一二）十月六日に作成されたもので、①の写本であるとともに、その跡をうけて、以後、園城寺にもどってきた資料を書き加えたものである。そこには年未詳九月（破損により年月は判読できず）、天正七年（一五七九）九月二十一日の両度にわたる目録の追記が見られる（表1の43～63）。この時に追加された文書・典籍の数は決して多いとは言い難いが、室町時代から戦国時代にかけて園城寺が寺外に流出していた文書・典籍をとりもどす作業を継続していたことを確認できる点で、これまた①に勝る

とも劣らぬ価値を有する目録といえる。

③の「山王院聖教目録等」は、四通の文書を一巻に仕立てたもので、その内容は以下の通りである。

1　貞和二年七月二十七日付「山王院大師文書目録」

2　貞和二年八月十四日付「権上座某文書典籍送状」

3　年月日未詳「文書目録」

4　明応三年九月二十日付「鎰・印目録」

このうち1の「山王院大師文書目録」はその裏書から、貞和二年（一三四六）七月、園城寺の使者が実相院増基らに見せるために等持寺に持参した文書・典籍の目録であったことが判明する。

貞和二年七月廿七日、令持参等持寺之処、実相院前大僧正御房幷南淵院僧正御房下迎庭上、使者泉恵幷朝幸□□奉言上、被仰堂上三条殿御出□房仙法印於御前、一々被説申之、面々一々御頂戴、如元被返入之、退出之時、両僧正御房幷三条殿庭上下迎被之、□□□□同此例、当時珎重也、

①の目録が作成されてのち二か月たらずの出来事であり、「智証大師関係文書典籍」の伝来にまつわる一つの逸話として特記しておきたい。

2の「権上座某文書典籍送状」は、ある寺院の権上座某が七件の文書・記録類を園城寺に送付してきた時の目録（送状）であるが、この文書で注目されるのは、そのなかに①の目録には見えない文書・典籍が記載されていることである。つまりこの目録は、「御書等目録注進状」が最初に作られた貞和二年六月一日以降に園城寺にもどってきた文書・記録類を記録しているわけであり、「智証大師関係文書典籍」の園城寺における保存の歴史を知る上で、後述するようにこれまたきわめて貴重なものといわなければならない。

3の「文書目録」はとくに破損が著しく解読不可能な箇所が多々あり、その文書の性格についてよくわからな

い。ただ、記された文書・記録名などの頭部には、数度にわたって施された合点があり、この目録が現物の照合に用いられたらしいことがうかがえる。

　最後の4の「鎰・印目録」は、明応三年（一四九四）九月、文書を管理する寺僧らが唐院の鎰およびその印の引き継ぎをうけた時の目録で、末尾に九人の寺僧と「唐院預坊盛賢」の計十名が署判を加える。中世、寺内での「智証大師関係文書典籍」の引き継ぎには①②の目録にも見えるように、九人の寺僧が立ち合うこととなっており、この目録の署判もまた、その慣例に則《のっと》り作られたものであろう。ちなみに「唐院預坊」が加わっているのは、かの役職が鎰・印を直接管理することをその職務としていたことによると考えられる。

　以上が三巻の新出文書の概略であるが、ではこの三巻の文書が出現したことによって、「智証大師関係文書典籍」の伝来についてどのようなことが新たな事実として判明したのであろう。次にその点について考えていくこととしたい。

二　文書目録の作成契機

　東京大学史料編纂所の影写本『園城寺文書』のなかに、①の目録から遅れること二日、貞和二年（一三四六）六月三日付の日付を持つ一通の文書「園城寺衆徒衆議置文」がある。[6]

貞和弐年六月一日、大師御重書壱合目録在別紙、感得之間、所奉納唐院也、仍渡送当預香養畢、自今以後、更不可出院家、若称拝見、号書写、所望之仁有之者、早経衆議、随免許為開闔六人泉恵・朝幸・印寿・淵算・寛空・印兼沙汰、於院家可被開之、但於四人以下不可及沙汰者也、敢為不被処聊爾、殊為衆議所定之状、如件、

　貞和弐年六月三日　　法眼□実

先の①の目録が作成されたその日、貞和二年六月一日に園城寺では、「大師御重書壱合」を「感得」し、これ

を唐院に奉納していたことがこの置文によって判明する。「壱合」というからには、「大師御重書」は被蓋の櫃か、それに類する箱状のものに納められていたのであろう。それはともかくとして、「大師御重書」がこれ以前に寺外に流出しており、それらがこの時点で再び園城寺にもどってきたことを伝える点で、この置文の内容はきわめて注目される。

とはいえ、この置文は、従来それほど重要視されてきたわけではなかった。それはこの時に園城寺にもたらされた「大師御重書」の中身がこれだけではわからず、漠然とではあるが「智証大師関係文書典籍」のごく一部が寺にもどってきたと理解されていたからと考えられる。ましてや現在にまで伝わる「智証大師関係文書典籍」がかつて一度たりとも寺外に流出することがあったなどとは、これまで誰も想像すらしていなかった。

ところが二巻の「御書等目録注進状」の出現によって、実はこの時、園城寺にもどってきたのは、まさに「智証大師関係文書典籍」の根幹をなす四十二点にもおよぶ文書・典籍であったことが判明することとなった。四十二点という点数は、実に「智証大師関係文書典籍」のほぼ三分の二におよぶ。

では、これらの「大師御重書」は一体、いつ園城寺から外部に持ち出されたのであろうか。

残念ながら今に残る史料からは、その時期を明確に知ることはできない。ただ、可能性として高いのは、貞和二年からもっとも近い時期の建武三年（一三三六）正月十六日の焼失時であろう。この時の焼失は足利尊氏の軍勢を追って寺に押し寄せた官軍が放った火によるもので、かの時の混乱は金堂の本尊も首だけしか持ち出せなかったという一事からも容易にうかがうことができる。(7) そのようななか何者かが「智証大師関係文書典籍」を寺外に持ち出したとしても、なんら不思議ではない。そして、その何者かはともかくとして、それが再び寺にもどってきたのが貞和二年六月一日のことだったのではなかろうか。

また、先の置文は「感得」と記すが、この時の寺への搬入が実際には対価を支払っての買いもどしにもとづくものであったことは、次のような「北林房泉恵重書施入状(8)」の内容からもあきらかとなる。

大師伝法記表状
公験一紙
大師俗御系図
已上三通者、重書買得之時、是樹上人目六之外、感悦之余賜于泉恵畢、泉恵此三通可為重宝之間、奉施于総寺者也、此外目六ハ二通、御巻数、猶私止持者也、
貞和二年九月十三日　　泉恵記

文中に見える「是樹上人」がいかなる人物であったはわからない。ただ、「施入状」の書きぶりからして「重書買得」の中心人物はこの「是樹上人」であったとみてよく、その「是樹上人」から付与された「大師伝法記表状」「公験一紙」「大師俗御系図」の三通を、さらに泉恵が「総寺」に施入するにあたって作成したのがこの「施入状」であった。

泉恵もまた「是樹上人」とともに貞和二年六月一日の「大師御重書」の「感得」に深くかかわった人物の一人だったようで、そのことは彼が先の貞和二年六月三日付「園城寺衆議置文」で文書を管理する六人の「開闔」の一人に選ばれていることや、同年七月二十七日の等持寺への文書・典籍持参において使者を勤めていることなどからうかがうことができる。

泉恵は鎌倉時代末から南北朝時代にかけて活躍した園城寺の学僧であり、その履歴に関しては『三井続燈記』二に詳しい。しかし、その『三井続燈記』二も「大師御重書」のことについては何も伝えず、彼がその「感得」に具体的にいかなる役割を果たしていたかについては不明とせざるを得ない。ただ、置文に見える六人の「開闔」のうちの一人、蔵乗房朝幸は泉恵とともにこの頃に活躍した学僧であり（『三井続燈記』二）、「大師御重書」

の返還には園城寺の学僧たちの奔走があったとみてよい。

三　目録の内容

では、貞和二年六月一日以降、具体的にどのような文書・典籍が園城寺にもどってきたのであろうか。その詳しい内容は表1に掲げた通りである。このうちの1から42までが貞和二年六月、最初に園城寺にもどってきた「大師御重書」である。ちなみにここまでの「御重書」には番号が付されており、表1の最初の番号はこれに対応する。なお、貞治三年以降に追加された「御重書」に番号は付されていないが、表1には追記の順に43～63の番号を付しておいた。

「御重書」の記載形式は、42までは、書き出しの文言、その下に紙数、改行して末尾の行の何文字かを明記するという形式で統一されている。たとえば1の「国清寺求法目録」についていえば、最初に「天台山国清寺」という書き出し文言、その下に「十八紙」という紙数の表示があり、改行して「巨唐大中十一年十月」という最末尾の行の文言を記す、といった具合である。

シンプルではあるが、これが予想以上に実用的な記載形式であることは、現存する「智証大師関係文書典籍」との照合がきわめて容易なことからも了解されよう。これまた1の「国清寺求法目録」を例にとっていえば、最初と最後の行の文言、それに「十八紙」という紙数までが現存のものと完全に一致しており、即座にこれが同目録を示していることが確認できる。表1には、二巻の「御書等目録注進状」に記されたすべての「大師御重書」とその現存する「智証大師関係文書典籍」との対応関係についても明記しておいた。

ただ、紙面の破損が著しいこともあって、注進状に記載されたすべての「御重書」が、現存する文書・典籍と照合可能なわけではない。42までの「御重書」に限ってみても、10・17・23・30・40・41・42の七点に関しては、現存の文書・典籍のどれに該当するかは現時点では確定できなかった。今後の課題としたい。

むろん、七点のすべてが現在までつつがなく園城寺に伝来したとも思えず、なかにはあきらかに二巻の「御書等目録注進状」作成後に寺外に持ち出されたことが確認できるものもふくまれている。たとえば、23の「入唐願文」がそれで、同願文は史料53―6の「撰出円珍公験等文書目録」によれば、「先年御成之時」、すなわち永享七年（一四三五）十一月二十八日、将軍足利義教の園城寺参詣時に（『看聞御記』同日条）、寺よりかの人に献上されたという。そのような例は稀でも、決して皆無ではなかったはずであり、43以降でも53の「大師伝法記　表状」なども、あるいは同じような事情によって、寺外に持ち出されたものかもしれない。

次に43以降の「大師御重書」に移ると、奥に料紙を継いで書き継がれた目録によれば、貞治三年（一三六四）から天正七年（一五七九）の約二百十五年の間に園城寺にもどってきた「智証大師関係文書典籍」は十七点の多くにおよぶ。詳細はこれまた表1に譲るが、それらを年次別に整理すると、以下のようになる。なお、天正七年以後も「弥勒上生経宗要」以下四点（60～63）が寺にもどってきたことは、末尾の追記の附箋が示す通りである。

（1）貞治三年（一三六四）九月二十四日	10件（43～52）
（2）明徳四年（一三九三）八月十一日	3件（53～55）
（3）応永三年（一三九六）九月十八日	1件（56）
（4）応永六年（一三九九）八月十三日	1件（57）
（5）永正九年（一五一二）十月六日	1件（58）
（6）年未詳九月	1件（59）
（7）天正七年（一五七九）九月二十一日	4件（60～63）

この中の(2)の三件は、「以上三件、故泉恵法印施入」の注記があることからも知られるように、先に見た貞和二年九月に泉恵が施入した三件である。また(3)の一件にも「蔵乗房朝円施入」の注記があって、寺僧たちの施入によるものが少なからずあったことがうかがえる。

記載形式は42までとは異なり一定しておらず、とくに書き出し・書き留めの文言を記していないことから、経典以外は現存の文書・典籍との照合が難しいものも少なくない。現時点での照合の結果については、表1に示しておいた。

以上、二巻の「御書等目録注進状」からは、六十三点の「大師御重書」がいったん園城寺から持ち出され、長い歳月をかけて再び寺にもどってきた経緯が、断片的ではあるがあきらかとなった。しかし、ここに大きな問題が一つ残る。それは現存する文書・典籍で、二巻の注進状に収録されていないものが、若干ではあるが存在することである。むろんそれらは一度も園城寺から持ち出されることなく今に伝えられたと理解することも不可能ではない。しかし、数ある「智証大師関係文書典籍」のなかにあって、一部だけが流失を免れたとは考えにくく、この点について私見を述べ、むすびとしたい。

むすび

結論からいえば、それらの文書・典籍もまたいったんは寺外に持ち出されていたと考えるのが妥当と思われる。そのことを側面からではあるが、裏づけてくれたのが史料68―2の貞和二年（一三四六）八月十四日付「権上座某文書典籍送状」である。そこに記されている文書・典籍を一覧にしたのが表2である。このうちの4・5・6の三点は現存史料の17・16・34にあたるが、この三点はいずれも二巻の注進状には見えない。つまり、68―2に書きあげられた七点は、両目録所載の「大師御重書」とは区別して取り扱われていた文書・典籍類だったらし

表2　「権上座某文書典籍送状」記載の文書・典籍

	送状記載の文書・典籍		現存の文書・典籍
1	福符略録	?	
2	□六一巻	?	
3	無名巻物二巻	?	
4	貞元大中公験□□壱巻	17	円珍台州公験請状案
5	国清寺公験□□壱巻	16	請台州公験牒案（四通）
6	梵字十九切紙　壱通	34	梵夾（十九葉）
7	大師真跡　壱通	?	

いことがこれによってわかる。では、なぜこれら七点だけが特別な扱いをうけていたのであろうか。

それは七点がほかならぬ某寺の送状に記載されていることとかかわっていると考えられる。推測をまじえていえば、送状という形式からして、この七点は、某寺のいわば好意によって園城寺に返された「大師御重書」ではなかったか。でなければ、ほぼ同時期に園城寺にもどってきた他の「大師御重書」と別扱いされるということはまず考えられない。そして、その某寺とは、前後の事情から推して、やはり延暦寺をおいてほかに考えられない。

すなわち、「御書等目録注進状」記載の「大師御重書」が寺外へ流出した時期として、先に建武三年（一三三六）正月の焼失時をあげたが、かの時、混乱に乗じて「大師御重書」はすべて延暦寺の僧によって園城寺から持ち出されたのではなかろうか。この時の園城寺攻めに加わった延暦寺の衆徒の猛攻と、逃げまどう園城寺の衆徒たちの有り様を『太平記』十五は次のように伝える。

是ヲ見テ山門ノ大衆二万余人、如意越ヨリ落合テ、則院々谷々へ乱入リ、堂舎・仏閣ニ火ヲ懸テ呼キ叫デゾ責タリケル、猛火東西ヨリ吹懸テ、敵南北ニ充満タレバ、今ハ叶ジトヤ思ケン、三井寺ノ衆徒共、或ハ金堂ニ走入テ猛火ノ中ニ腹ヲ切テ臥、或ハ聖教ヲ抱テ幽谷ニ倒レ転ブ、

延暦寺衆徒によって持ち出された「大師御重書」の一部が、まず貞治二年六月一日に「感得」によって園城寺にもどり、ついで二か月余りたった同年八月十四日、今度は無償で延暦寺から送られてきたのではなかろうか。

延暦寺衆徒の側からすれば、一群の文書・典籍は円珍が同寺に籍をおいていた時に作成されたものであり、こ

れを比叡山に持ってあがるだけの理由は十分にあった。またそれだけにその園城寺への返還には、室町幕府を初めとするさまざまな政治的な力が働いたものと推察されるが、それらの背景の解明については、すべては今後の課題としたい。

(1)『園城寺文書一』五二号（講談社、一九九八年）。
(2)『園城寺文書一』五三―三号。
(3)『園城寺文書一』六六号。
(4)『園城寺文書一』六七号。
(5)『園城寺文書一』六八号。
(6)『園城寺文書一』七〇号。
(7)『太平記』十五。
(8)『園城寺文書一』六九号。

第二篇　坂本の馬借

第一章　中世・坂本の都市構造――六箇条と三津浜の「在地」をめぐって――

はじめに

中世の都市についてはこれまでさまざまな観点からなる研究の深化によって、地域社会との関係を中心に政治・経済面はもちろん、都市間の連携にいたるまで実に豊富な成果を得るにいたっている。ただ、それらの多くは史料的な制約から、京都に関する研究を除けば、大半が戦国時代以降の都市を対象としたものとなっており、室町時代以前にまでさかのぼっての研究はきわめて少ないのが現状である。

そのようななかにあって、本稿は古く平安時代にその都市としての始原をもつ近江の坂本をとりあげ、室町時代以前の都市の有り様の一つを検証しようとするものである。中世の坂本については、すでに辻博之氏のすぐれた研究があり基本的な事実はあきらかとなっているが、氏とは見解を異にする点も少なくなく、室町時代以降に焦点を絞り「在地」と呼ばれた住人（在地人）の地縁的な生活共同体のあり方を究明するなかで、中世、坂本が都市としてのどのような構造と機能をもっていたかを改めて考えていくこととしたい(1)。

なお、中世、坂本は琵琶湖の湖岸を走る北国街道（西近江路）ぞいに開けた「三津浜」と日吉社の門前に展開した「六箇条」の二つの地区から構成されていた。この二つの地区は元亀二年（一五七一）九月の織田信長による延暦寺焼き討ちによって灰燼に帰し、その跡には坂本城とその城下町が構築される。したがって、かの時点で中世の坂本は消滅したともいえる。ただ、秀吉の時代になって城が大津に移ると、すぐにかつての「三津浜」「六箇条」の地にはそれぞれ「下阪本」と「上坂本」という二つの集落ができあがっている。[2]その点に留意し、本稿では、近世の坂本の二つの領域を表現するにあたっては、「下阪本」と「上坂本」という表現を用いたことを最初にお断りしておく（近世の上下坂本の領域については、後掲「図1　上下坂本略絵図」参照）。

一　応永元年の社頭掃除

応永元年（一三九四）、将軍足利義満の日吉社参詣に先だって、延暦寺衆徒（以下、「衆徒」と略記）は、同社および参詣道の掃除を坂本の住人に命じる。その時にあたり衆徒が人夫役を割り当てた記録が『日吉社室町殿御社参記』に収録されている。[3]

一、社頭掃除　　　　　　　　　　　讃岐法眼
　　人夫六箇条・三津浜懸之
一、大宮方　自馬場限南　　　　九ケ日沙汰
一、二宮方　自馬場限北　　　　九ケ日沙汰
一、八王子　猿馬場下　　　　戸津・坂井・今津
一、同　　　猿馬場上　　　　富崎・比叡辻・三津河
　　毎日各百余人許在地云々、五人三人宛令分配了、
　　　散所法師毎日十人宛、掃除之間仕之、
一、自橋爪至小鳥居口、王子宮掃除
　小坂、小屋辻子、中嶋王子宮、執当房辻子掛之、

一、自早尾大鳥居梶井御幸道、　　在地人等宛之
一、今路馬借等雖造之、不事行之間、清水浜・小唐崎両所在地掛之、

なかほどに「毎日各百余人許在地云々」とあるように、各「在地」からは毎日、場所ごとに百人もの人夫が徴発されていたわけであるが、ここにみえる人夫役の内訳を整理すると表1のようになる。

表1　応永元年の坂本中の掃除人夫役分担

		掃除場所	在地名
Ⅰ	1	大宮方（大宮・聖真子・客人）・馬場より南を限る	
	2	二宮方（二宮・十禅師）・馬場より北を限る	
Ⅱ	3	八王子・猿馬場の下	戸津・坂井・今津
	4	八王子・猿馬場の上	富崎・比叡辻・三津河
Ⅲ	5	橋爪より小鳥居口にいたる、王子宮	小坂、小屋辻子、中嶋王子宮、執当房辻子
	6	早尾大鳥居よりの梶井御幸道	（当該地区）
Ⅳ	7	今路	馬借等、清水浜・小唐崎両所在所

最初に「人夫六箇条・三津浜懸之」とあることから、この時の掃除役は六箇条と三津浜のすべての「在地」に賦課されたものとみてよい。では、表1でいえば、どこまでが六箇条でどこからが三津浜に賦課された分だったのであろうか。

「在地」名から見ていくと、Ⅱにみえる「戸津・坂井・今津」「富崎・比叡辻・三津河」はその大半が下阪本の地区名として確認でき（後述）、この部分が三津浜への賦課を記載した箇所にあたることはまずまちがいない。また、ⅢとⅣにみえる「小坂」「王子宮」「執当房辻」それに「小唐崎」などは、いずれも上坂本・下阪本の外縁部に所在する地名であり[4]、これらは坂本の周辺部への掃除役の割り当てを示したものと推定される。とすれば残

図１　上下坂本略絵図

註１：原図には「上下坂本略絵図」（叡山文庫蔵）を用いた（近世に大幅な改変があった西南部の一部を掲載の都合で省略した）。

２：図中の文字注記のうち(　)内は、「門前町坂本絵図」（個人蔵）、また〔　〕内は「山門三塔坂本惣絵図」（国立公文書館蔵）から採取したことを示す。

３：鎮守社の所在地が黒で塗りつぶされているのは、「山門三塔坂本惣絵図」に「神輿屋」が描かれていることを示す。

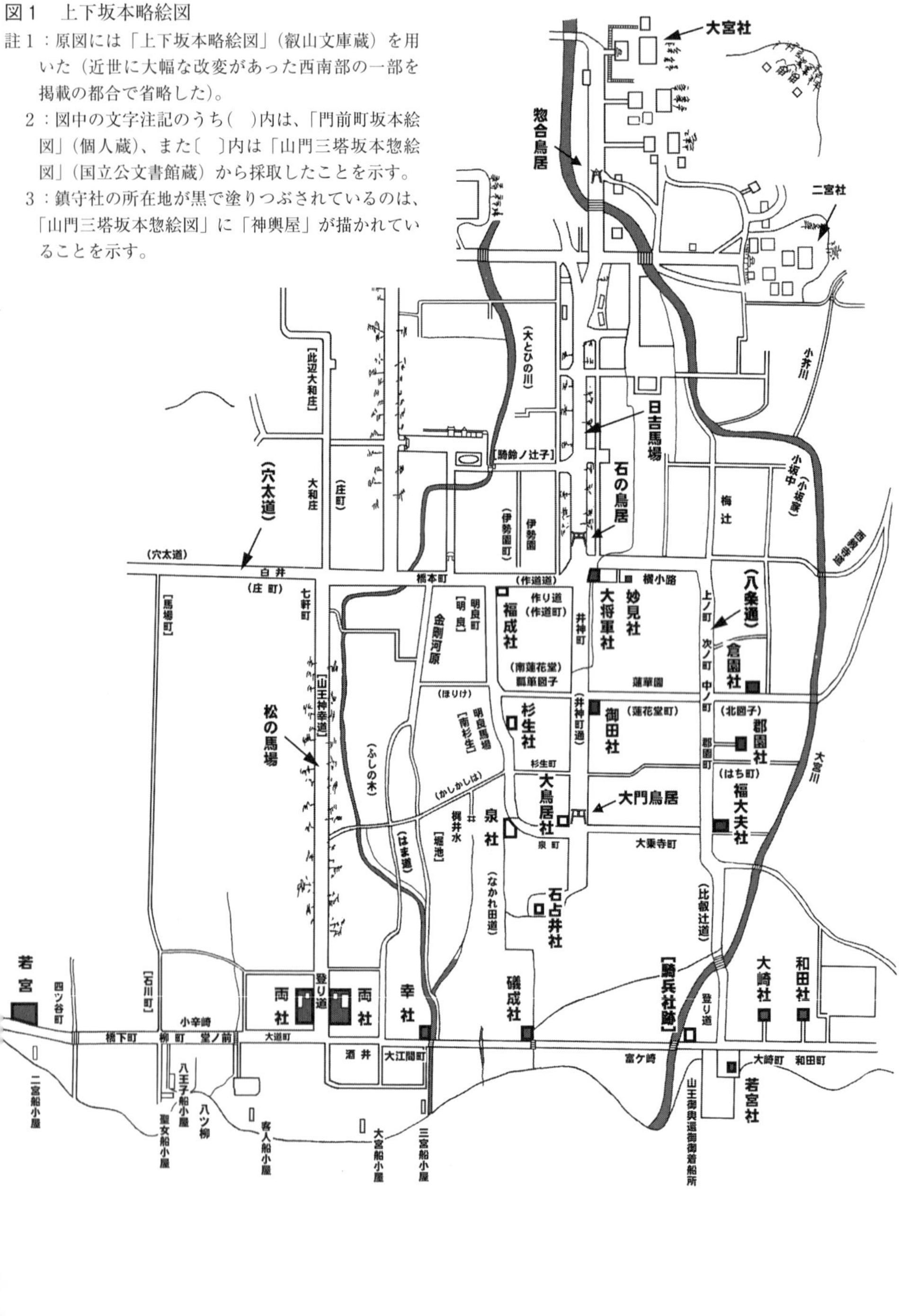

るのはⅠだけとなり、この部分こそが六箇条への掃除役割り当て分ということになろう。

そこで改めてそのⅠから見ていくと、「掃除場所」の「大宮方」とは西本宮の大宮・聖真子・客人の三社を、「二宮方」とは東本宮のうち二宮・十禅師の二社を指すと考えられる。また、「馬場」とは現在の「日吉馬場」以外に考えられず、六箇条に割り当てられたのはその南北に拡がる地区であったと推定される。衆徒は日吉社のうち五社と日吉馬場にそった地区の掃除をまず六箇条の住人たちに賦課していたとみてよい。

次に三津浜に割り当てられたⅡであるが、掃除場所の「八王子」とは日吉七社のうち、残された三宮と八王子が所在する八王子山のことと考えられる。六箇条に割り振られた五社が八王子山の麓に鎮座するのに対して、この両社は八王子山の中腹に鎮座しており、「掃除場所」は八王子山の山上・山下に分け、六箇条には山下が、また三津浜には山上が割り振られたのであろう。

その八王子山の掃除は「猿馬場」の「上」「下」に分けられているが、「猿馬場」は八王子山への参道の途中にある地名である(5)。三津浜は同参道の掃除をその「猿馬場」を境に二つに分けて分担していたことになる。義満は九月の日吉社参詣時には、初日（九月十一日）に大宮で奉幣、御経供養を執行し、翌十二日に残る六社（聖真子・客人・二宮・十禅師・三宮・八王子）を「順礼」している(6)。当然、三宮・八王子の両社が鎮座する八王子山にも登山しており、三津浜に割り当てられた「猿馬場」の上下の掃除はそれにそなえてのものであったと考えられる。

それでは六箇条・三津浜の住人はこれらの掃除役を具体的にどのようなかたちで負担していたのであろうか。その負担の受け皿となった住人の生活共同体「在地」についで次にみていくこととしよう。

二　坂本の「在地人」と「在地」

まず、初めに中世の坂本においては一般的の住人を「在地人」、またその居住地区を「在地」と呼んでいたという事実を確認しておきたい(7)。

時代は南北朝時代初めにまでさかのぼるが、康永四年（一三四五）、天龍寺供養への光厳上皇の御幸に抗議して衆徒が日吉社の「神輿動座」におよぼうとした時のことである。彼らは「坂本六ケ条在地人等」を徴発するため、次のような事書を寺家（延暦寺の執行機関）宛てに発している（傍線は下坂。以下同じ）。

康永四年七月十八日政所集会議曰

早可相触寺家事

天龍寺供養停廃事、連日成会合、連夜致蜂起、雖達上訴、未預裁許之間、衆徒失面目上者、奉動座神輿、可閣御願之旨、厳密評議了、明日十九日、卯一点寺家御人等、可令催促坂本六ケ条在地人等、猶公人等者、急令登山可相従衆議者、次西坂之道、任例可致厳重催促、賀茂河浮橋、同可加下知之旨衆議而已(8)、

また、この衆議内容を朝廷に伝えるため寺家の執当兼運が公家洞院公賢にもたらした「公文所注進」が残るが、それは次のようなものであった。

公文所注進

山上衆議曰、相催六条在地人等、可奉神輿之由、事書進上之、廿日可遂陣参之処、御幸必定之旨有其聞之間、及此衆議云々、忿可有御披露矣(9)、

衆徒が神輿動座に坂本（六箇条）の「在地人等」を動員しようとしていたことがわかる。

では、なぜ彼らは神輿動座に坂本の「在地人等」を必要としたのであろうか。その答えは、これから二十数年

後に衆徒がやはり寺家宛てに発した集会事書によって知ることができる。

応安元年八月廿五日政所集会議曰、

重可被相触寺室事

来廿八日神輿入洛事、三塔既令一同之間、更不有（可欠カ）予議之処、西坂路次険鹿無極条、穴太散所法師原存奸曲故也、所詮明日廿六日、巳点令登山、重可造之旨、可被加下知、敢無余日上者、争存緩怠哉、厳重可被加炳誡事、

一、賀茂河浮橋・山王畠仮屋事、可被厳密催立事、

一、師子・田楽以下色掌人、廿□日早朝可有登山旨、可被相催事、

一、駕舁丁懸坂本在地人、自来廿七日暁量可有登山旨、可被加厳密之催促事、[10]

（後略）

これは応安元年（一三六八）、天台宗を誹謗した禅僧定山祖禅（一二九八〜一三七四）を訴えて、衆徒が日吉社の神輿入洛を企てたさいの集会事書である。「坂本在地人」が神輿振りのための「駕舁（輿）丁」として必要とされていたことがわかる。

日吉社の神輿を舁くことは誰にでも許されていたわけでなかった。坂本の「在地人」が日吉社神輿の駕輿丁に指名されたのは、彼らが同社の氏子であったからこそであり、この点で「坂本在地人」は神輿動座には欠かすことのできない存在であったといわなければならない[11]。

では、その「坂本在地人」とは、具体的にどのような人びとだったのであろうか。坂本においてそれが地区の住人を指す言葉となっていたことを示すものに、応永元年（一三九四）の足利義満の日吉社参詣直前、衆徒が発した次のような集会事書がある。

応永元年九月八日、社頭三塔集会議曰、
可早為寺家沙汰被相触坂本中事
御社参之時分、云社頭、云路次、於狼藉之事者、懸六親可加治罰也、就中在地人等、各令警固辻々、夜中盗賊・火事已下狼藉人有之者、速搦進之、且可打止者也、若存疎意、不応衆命、有於下手奴原者、准六人之党主、在地人者懸一二三和尚、可追放坂本中矣、次家々植竹、如御幸例、明後十日、各御行路在地々々、可有其沙汰、曾不可有緩怠之旨、衆議畢、(12)

義満の社参時に「社頭」「路次」において「狼藉」があった場合の処罰について通達したものであるが、ここで注目されるのは、衆徒がその処罰（「坂本中」からの追放）の対象として「下手奴原」と「在地人」の二つを措定し、前者に関しては「六人之党主」を、また後者に関しては「一二三和尚」をそれぞれその執行責任者に指名している点である（傍線部）。

このうち「下手奴原」の処断責任者に指名されている「六人之党主」については関連史料が全くなく、六箇条の統率者であったろうという以外、詳しいことはわからない。ただ、いま一方の「在地人」の処断責任者「一二三和尚」についてすぐに想起されるのは、近江から山城にかけて荘園の現地責任者として広く存在していた「一和尚」「二和尚」「三和尚」という役職である。(13)「一二三和尚」とは、それら荘園におけるいわゆる三和尚と同種のものであったと理解してよかろう。

文明四年（一四七二）十月十四日、坂本に仮住まいしていた山科家の家礼大沢氏は、「在地一和尚」から「ゆ十斗」（「ゆ」は「柚」か）を贈られたことを、その日記『山科家礼記』に、「一、在地一和尚、ゆ十斗くれ候」と記している。坂本の「在地」には、現地責任者としての三和尚の役職がおかれていたのである。

そして、とすれば、衆徒が「奴原」と「在地人」の処断責任者を、明確に「六人之党主」と「一二三和尚」に分けているのは、坂本では住人とそれ以外の人びと（奴原）が峻別されていたこと、言いかえれば、坂本にあっては「在地人」とはその名の通り「在地」の住人（成員）だけを意味したことを示唆している。

さらに「在地人」の居住地を指す「在地」という言葉に関していえば、一般的な「現地」などの意味ではなく、のちの「町」に相当するような生活共同体を意味していたことは、集会事書の後半部にみえる次のような一節から容易にこれを読みとることができる。

次家々植竹、如御幸例、明後十日、各御行路在地々々、可有其沙汰、曾不可有緩怠、[14]

「在地々々」とは、「在地」が多数の存在したからこその表現といえよう。後述するように、応仁の乱中、坂本に仮住まいをしていた公家の山科言国とその家礼の大沢氏は、自分たちの居所をそれぞれ「此サイ地」[15]「此在地」[16]と呼んでいる。これまた坂本中に数多くの「在地」が存在したことを示すものであり、六箇条・三津浜が「在地」の集合体として存在していたことがわかる。

「坂本六ケ条在地人」「六条在地人」「坂本在地人」が、より具体的にはそれら「在地」の住人を指す言葉であったことがあきらかとなったが、では、「在地」の「在地人」は、坂本において現実にどのような生活を営んでいたのであろうか。次にこの点をみていくこととしよう。

三　三津浜の六つの在地

先の表1を一見すればあきらかなように、応永元年（一三九四）の掃除役は、六箇条を除く地区では最初から、戸津・坂井・今津、あるいは小坂・小屋辻といったように、「在地」を単位として賦課されている。六箇条だけがなぜ「在地」単位とならなかったのは定かではないが、あるいは同地区の統治責任者であった「六人之党主」の力が、「在地」の統治責任者であった三和尚の力をはるかに凌いでいたことによるのかもしれない。それはともかく、そこで六箇条についてはひとまずおき、ここでは『日吉社室町殿御社参記』にその地名が記されている三津浜のほうから「在地」のあり方についてみていきたい。

表1によれば、三津浜の「在地」への掃除役は、「戸津・坂井・今津」と「富崎・比叡辻・三津河」の二つのグループに分けて賦課されている。三津浜とは通説では志津・今津・戸津の三つ津（港）とされるが、[17] Ⅱの記載は少なくとも応永元年時点においては、三津浜がそのような単純な「在地」の有り様を示していなかったことを物語っている。最初にこの二グループに分けられた六つの「在地」が、三津浜のどこに所在していたかを確定することから始めよう。

表2は、近世の「上下坂本略絵図」（図1）にみえる坂本の町名と、『日吉社室町殿御社参記』を初めとする室町時代以降の諸記録、および近世の絵図にみえる三津浜とその近辺の地名を一覧としたものである。これによれば、六つの「在地」のうち、坂井（酒井）・今津・富崎・比叡辻については、その所在地が容易に比定できる。また、残る二つの「在地」のうち戸津に関しては、『日吉社神道秘密記』が南北の両社神社にはさまれた現在の松の馬場をもって「富津登《トツノホリ》」と表記しているところから、[18] それは坂井の南、図1でいえば、「大道町」の湖岸あたりに所在したと推定される。これら二つのグループ、六つ「在地」の位置関係を判明する範囲で図示すれば、図2のようなる。

この二つのグループがそれぞれ松の馬場と比叡辻道との強い結びつきのなかで展開した「在地」群であったらしいことがうかがえよう。

これまで三津浜は延暦寺・日吉社への物資の荷揚げ港としての機能とともに、京都の外港としての機能をもも合わせ持っていたといわれてきた。[19] その理解自体はあやまりではないが、三津浜は決して全域としてそれらの機能を果たしていたわけでなく、二つ地区が別々にこれを果たしていたとみなければならないことをこの図2は示し

表2　三津浜のその近辺の地名

	上下坂本略絵図	史料Ⅰ	史料Ⅱ	史料Ⅲ	史料Ⅳ
1	四つ谷町			四屋	四屋(四谷町)
2	小唐崎町	小唐崎		小唐崎	小唐崎
3		富津(戸津)		戸津	富津
4	酒井	坂井			酒井町
5		今津		(今津堂)	
6	大道町				大道
7	大江間町				多江間町(太間町)
8	冨ケ崎	冨崎			富崎町
9	比叡辻通	比叡辻	比叡辻	ヒエツシ	比叡辻
10	和田町				和田町
11					川崎町
12					和田小崎町

註1：史料Ⅰは『日吉社室町殿御社参記』、史料Ⅱは応仁3年5月付「坂本中土倉・酒屋等在所注文」(『八瀬童子会文書』補遺26号)、史料Ⅲは『言国卿記』『山科家礼記』、史料Ⅳは『日吉社神道秘密記』をそれぞれ示す。

2：所在地が不明の三津河・清水浜などについては、表記しなかった。

図2　三津浜の六つの「在地」

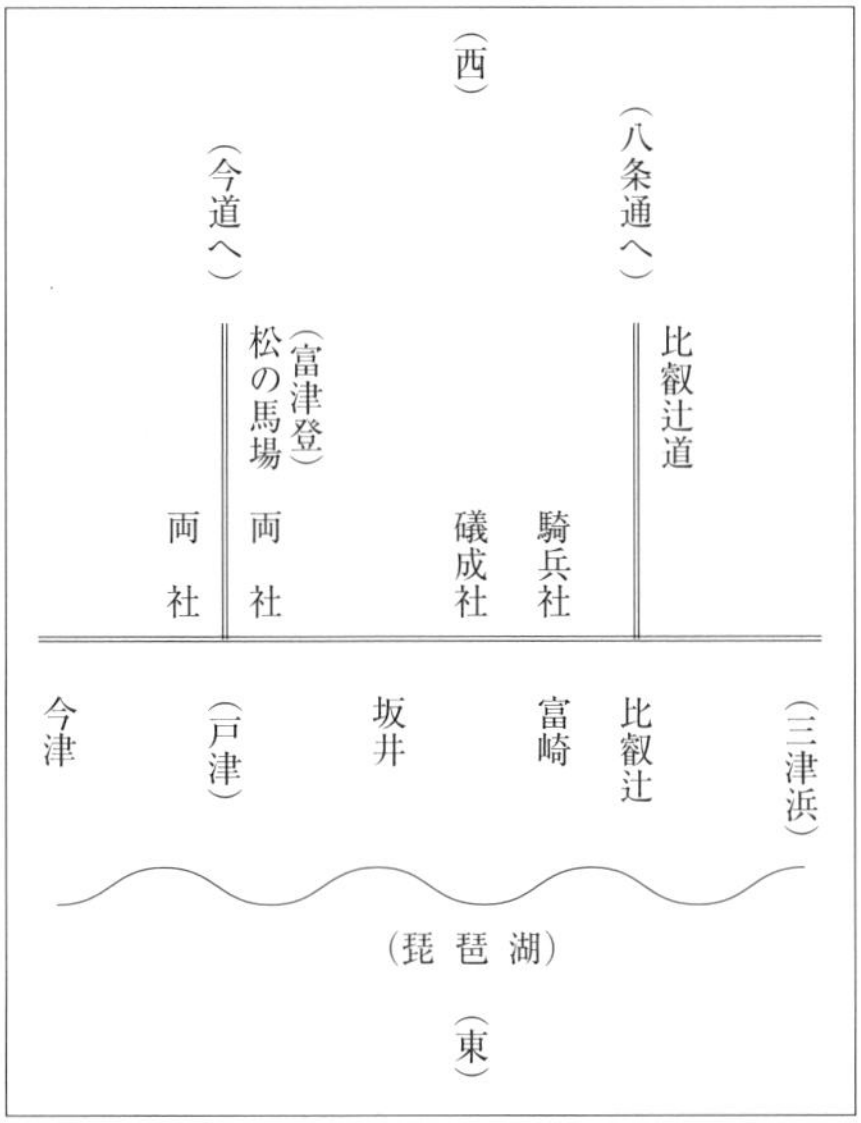

ている。それぞれの地区を起点とする物資の輸送ルートを略図化すれば、

①戸津・坂井・今津→松の馬場→今道越→京都へ

②富崎・比叡辻・三津河→比叡辻道→八条通→六箇条へ

となる。

この二つのルートは最終目的地を異にしていたことから互換性に乏しく、京都への物資輸送にはすべて①の

ルートが、また六箇条への物資輸送にはすべて②のルートが用いられたものと考えられる。

　以上、六つの「在地」のあり方より、三津浜がその内部に二つの異なる港湾都市としての機能を保持していたことがあきらかとなった。では、次にその「在地」における「在地人」の生活がいかなるものであったかを見ていくこととしよう。

四　上坂本の三か所の風呂屋

　坂本の「在地」および「在地人」の実態を伝える史料はきわめて限られるが、そのようななかにあって貴重なのが、山科言国の日記『言国卿記』と、山科家の家礼大沢氏の日記『山科家礼記』である。文明二年（一四七〇）十月、山科言国は応仁の乱を避けて京都からこの地に避難し、それから八年間、乱が終わるまで彼は京都と坂本の間を往き来する生活を続ける。『言国卿記』『山科家礼記』には、その間の坂本での生活が詳細に綴られている。[20]この二つの日記をもとに、坂本の「在地」と「在地人」についてみていくこととしよう。

　言国が最初、坂本で住んだのは「泉」（在地名、その所在地は図1参照）にあった寺家（執当家）の南である。[21]しかし、その「面二間奥五間」の「小家」はあまりに狭かったのであろう、文明三年十月頃には新たに「居住屋」を確保し、そこに移り住んでいる。[22]ただ、その「居住屋」の所在地については『言国卿記』『山科家礼記』に具体的な記載はない。そこでまず初めに、やや煩瑣ではあるが、言国の「居住屋」が坂本のいずれの「在地」に所在していたかをさぐることから始めたい。

　手懸かりは山科言国とその家礼大沢氏が坂本でしばしば利用していた三か所の風呂屋の所在地にある。『言国卿記』『山科家礼記』にみえる三か所の風呂屋にかかわる記事をその所在地別に列記すると次のようになる。なお、当時、応仁の乱で荒廃していた京都の「下京」には二軒の風呂屋しかなかったことを思えば、三か所という

風呂屋の数は、坂本が乱のいわば埒外にあってそれなりの平和を謳歌していたことを示すものともいえる。(23)

I　庄（しやう）

一、御坊にしやうの御風呂を御たき候也、　（『山科家礼記』文明四年正月二十七日条）

一、予庄湯ニ入候也、　（同右文明四年五月二十一日条）

一、庄湯とめて本所へ御坊（真全）人数入申也、代五十五文歟、　（同右文明四年五月二十三日条）

一、庄湯ニ予・左衛門方・越州・彦兵衛入也、今夕大□湯とめて、御坊・本所・少将殿御入候、　（同右文明四年十月七日条）

II　さうの辻

一、御風呂在之、本所・長州・彦兵衛・景覃・予・掃部助・大郎右衛門参也、執当（真全）御坊御焼、宮内卿御同道、在所さうの辻、二かいふろ也、　（同右文明二年十一月十一日条）

一、自執当サウノツシノ風呂ヲトメラル、也、予・此方衆・中御門入了、　（『言国卿記』文明八年五月十日条）

III　大乗寺

一、大乗寺湯たき候て御坊此方者□　（『山科家礼記』文明四年八月十四日条）

一、自坊（真全）タイシヤウシノ風呂ヲタキ入了、　（『言国卿記』文明六年二月十六日条）

まず最初にこれら三か所の風呂屋の位置を確認しておこう。大沢氏がもっとも頻繁に利用していたのはIの「庄」の風呂屋であるが、坂本で「庄」といえばかつて「大和庄」があったといわれる作道の西あたりの地区を指す。近世の絵図でも、作道の南方と作道から西に延びる道に「庄町」の注記が見えている（図1参照）。また、現在、その二つの道がぶつかるところには「庄の辻」の地名が残り、「庄」の風呂屋はこのあたりにあったものと推定される。[24]

次に『山科家礼記』（文明二年十一月十一日条）が「在所さうの辻」と記録するⅡの「さうの辻」の「在所」は、「庄の辻」を西に進んだところに所在する「蔵の辻」にあたると考えられる。[25] 蔵の辻から庄の辻に下る道ぞいには小さな谷川が流れており、あるいは「庄」「さうの辻」の二か所の風呂屋はこの谷川から取水していたのかもしれない。

残るⅢの「大乗寺」は、近年まで上坂本東北部に「大乗寺町」があり、同町域にあった風呂屋と考えてまちがいない（図1参照）。

このように言国と大沢氏が足繁く通っていた三か所の風呂屋の所在地は比較的容易に比定できるわけであるが、実は『言国卿記』には、所在地が明記されない風呂屋が今一か所登場する。言国が「此方在所ノ風呂」「近所ノ風呂」と呼び習わしていた風呂屋である。

五　「近所ノ風呂」

『言国卿記』にみえる「此方在所ノ風呂」「近所ノ風呂」は次の通りである。

Ⅳ「近所ノ風呂」

一、此方《在所》ノ風呂ヲトメ、此方人数入了、予モ入也、（文明六年閏五月十三日条）

一、暮程ニ、坊人数此方ノ数カウモク（合木）ニ、此方ノ風呂アリ、（文明六年閏五月十七日条）

一、二位、近所ノ風呂ヲ興行也、予ハ目アシキ間、イラス、風呂アカリトテ、二位酒ヲ進了、（文明六年十一月六日条）

一、近所ノ風呂アリテ、坊（真全）ノ人数・此方衆入了、此方ヨリト（メ）入了、（文明七年二月八日条）

一、近所之風呂ヤケアカリ、皆ヲトロキ了、サレ共ウチケス也、目出度〱、（文明八年七月五日条）[26]

「在所」「近所」という表現からして、言国がこの風呂屋と同じ「在地」にその「居住屋」を構えていたであろうことは容易に推測できよう。

しかし、当時、坂本にⅠ・Ⅱ・Ⅲの三か所の他に風呂屋があったとは思えない。つまり「近所（在所）ノ風呂」とは、「庄」「さうの辻」「大乗寺」のうちのいずれかであったと推定されるわけであるが、そこで注目されるのが、三か所のなかで一か所だけ『山科家礼記』にのみ見えて、『言国卿記』には一度もその名があがらない風呂屋が存在するという事実である。その風呂屋とは「庄湯」である。『山科家礼記』によれば、言国もしばしばこの「庄湯」を利用していた。それにもかかわらず、彼は一度もその名を日記に記していない。

理由はあきらかであろう。言国は「庄」に住んでおり、かの風呂屋については、「此方在所ノ風呂」「近所（在所）ノ風呂」とのみ記したからと考えられる。言国の坂本における滞在場所は「庄」の在地であったとみてよい。なお、大沢氏は主人の山科言国とは別に「宿所」を構えていたが[27]、その「在地」がいずれであったかはわからない。

山科言国の坂本における「居住家」「庄」に所在していたことがあきらかとなった。では、そこでの彼と大沢氏の生活を追うなかで、坂本の「在地」と「在地人」の有り様をみていくこととしよう。

六　在地の祭と講

室町時代、坂本では在地を単位とした祭礼が六月に一斉に執行されていた。「在地」の住人となった言国や大沢氏も当然のことながら、それらの祭礼をしばしば目にしている。

たとえば、大沢氏は文明四年（一四七二）六月、近所の「アキラ」の祭礼に獅子が出たことを『山科家礼記』

（六月二十二日条）に、「一、アキラノ宮師子出来候、代少事トル、此在地巡候也」と書き留めている。大沢氏の「宿所」の位置が不明であり、ここにいう「此在地」もどこの在地であったかはわからないが、「アキラノ宮」からはそこへ「師子」が訪れていたのである。なお、『言国卿記』文明八年六月二十三日条には、「一、今日アキウ《(ラ)》ノ祭也、此サイ地ノ者共カヨチヤウ《(駕輿丁)》ニ参了」とあり、「アキラノ祭」には「庄」の「サイ地ノ者共」が駕輿丁に出向いていた。「師子」の巡回と言い駕輿丁の勤仕と言い「アキラノ祭」が「アキラ」の「在地」にとどまらず、広く他の「在地」をもとりこんだ祭礼となっていたことがわかる。なお、上坂本では現在も毎年、旧の町（在地）単位で五月に祭礼が執行されており、むろん明良（旧町名）でも行われている[28]。

中世、在地の祭は「アキラ」以外の「在地」でも執行されていた。文明四年六月二十三日、大沢氏は「大将軍御祭」に「かよちやう《(駕輿丁)》」の費用として三十文を支出している（『山科家礼記』）。

一、今日大将軍御祭、かよちやう分卅文下行候、在地講ニ二百疋下行、当年分すむ、

大沢氏の住んでいた「在地」がどのような関係で大将軍社神輿の駕輿丁の費用を負担していたのかはわからない。ただ、同社はのち「坂本の社外の惣社」といわれており[29]、あるいはかの時代においてはその費用は坂本の「在地」のすべてに賦課されていたのかもしれない。

また、この記事で今一つ興味深いのは、大沢氏が「在地講」の「当年分」として二貫文（二百疋）をあわせ支出している点である。「在地講」というからには、この講は「在地」を単位として組織されていた講と理解してよかろう。坂本では今も山王を祭る「山王講」が町を単位として広く行われている[30]。むろん「在地講」がこの「山王講」に直線的に結びつくとは即断できないが、それにしても坂本の住人が中・近世と通じて一貫して日吉社の氏子であったという事実を思い起こせば、「在地講」が今に残る町の「山王講」そのものであった可能性は捨てきれない。

このほか「在地」では九月に火祭、十一月には火焚（ほたき）が行われており、『山科家礼記』文明二年十一月九日および同四年九月二十五日条には、それぞれ「一、西家役当所神御ほたき料とて代三十文出也、例年如此、米二て候へハ、寺家之升三升出之由候也」「一、ひまつり（火祭）此在地沙汰候、十文在之」と、その分担金を支払ったことが見えている。これらの祭事も「在地」の鎮守社を単位として執り行われていたものであろう。

では、このように祭礼や火祭さらには火焚など生活のいわば基礎をなしていた「在地」は、六箇条にどれほど存在していたのであろうか。

表3　六箇条とその周辺の地名

	上下坂本略絵図	史料Ⅰ	史料Ⅱ	史料Ⅲ	史料Ⅳ
1			大鳥居		大神門町
2	大和庄(庄町)			庄	
3	作り道(作道町)	作道			作道
4	明良町(明良)			アキラ	
5	杉生町			スキウ	
6	泉町		泉	泉	(和泉社)
7	井神町		井神		井神
8	八条		八条		八条
9	大乗寺町			大乗寺	大乗寺
10	古里井				古里井
11	小坂中	小坂	馬場		
12					馬場
13	南蓮華園				南蓮華園
14	北辻子				北辻子
15	横小路				横小路
16					赤祠《あかぶくら》町

註：史料Ⅰは『日吉社室町殿御社参記』、史料Ⅱは応仁３年５月付「坂本中土倉・酒屋等在所注文」（『八瀬童子会文書』補遺26号）、史料Ⅲは『言国卿記』『山科家礼記』、史料Ⅳは『日吉社神道秘密記』をそれぞれ示す。

七　上下坂本の鎮守社

表3は『日吉社室町殿御社参記』を初めとする室町時代以降の諸記録に見える六箇条およびその近辺の地名を抽出し、近世の「上下坂本略絵図」にみえる地名との対応関係を一覧にしたものである。

表3の史料Ⅲ（『言国卿記』『山科家礼記』）にみえる「庄」「アキラ（明良）」「スキウ（杉生）」「泉」「大乗寺」などの地名は、「在地（名）」であったと考えてまずまちがいなかろう。ただ、これらがすべて六箇条の「在地」であったか否かはこれだけではわからない。

表4　下阪本の鎮守社

神社名	別名	所在地	近世の神社名
若宮	富津南若宮	富津之南	若宮＊
若宮	酒井大明神	酒井町	両社＊
若宮	大明神	（酒井町カ）	若宮＊
興成		多江間町	幸社（奥成社）＊
礒成		富崎町	礒成社＊
騎兵		比叡辻町	（騎兵旧跡）
若宮	比叡辻	（比叡辻カ）	若宮＊
若宮		和田町	和田社（御供所社）＊
御供所		（多数鎮座）	御供所社＊

註：「近世の神社名」は「山門三塔坂本惣絵図」（国立公文書館所蔵）に記載されたものを用いた。また、社名末尾の＊印は同絵図に社殿とともに「神輿屋」が描かれていることを示す。

表5　上坂本の鎮守社

神社名	別名	所在地	近世の神社名
大神門社			大鳥居社
和泉社		（泉）	泉社
古里井			（古里井）
福大夫		大乗寺町	福大夫＊
井神	御田奉行之明神	（井神）	御田社＊
倉園	御倉明神	八条	倉園社＊
郡園		中八条町	郡園社＊
大将軍			大将軍社＊
妙見			妙見社

六箇条の区域を確定する作業がまず必要となるわけであるが、そのための大きな手がかりの一つになると思われるのが、「在地」における鎮守社の有無とその分布である。

天正五年（一五七七）に作成された『日吉社神道秘密記』には、信長の焼き討ち直前まで坂本に鎮座していた数々の鎮守社の所在地が詳しく記されている。それを下阪本と上坂本に分けて整理し一覧としたのが表4・5である。参考までに近世の「山門三塔坂本惣絵図」にこれらの鎮守社がどう表記されているかを「近世の神社名」として示しておいた（図1参照）。

坂本は元亀二年（一五七一）の織田信長の比叡山焼き討ちとそれに続く坂本城および同城下の構築によって大きくその姿を変える。[31]しかし、信長の死後の復興にあたっては、焼き討ち以前の姿が忠実に復元されたことをこの表4・5は示唆している。

また、ここでなによりも注目されるのは、表4にみえる下阪本における鎮守社のありようである（図1参照）。そこでは三津浜の六つの「在地」のうち、戸津（富津）・坂井（酒井）・富崎・比叡辻の四つの「町」が、焼き討ち以前から鎮守社をもっていたことを確認できるからである（傍線）。これら「町」の鎮守社の始原は「在地」の鎮守社にあったとみてよかろう。つまり、「在地」の鎮守社は「町」の鎮守社となり、焼き討ちでいったんは消滅するものの、近世にはまた町の鎮守社として復活していたのである。そして、この下阪本において「在地」の鎮守社がたどった道のりは、基本的に上坂本においても同じであったと考えられる。

そこで上坂本の鎮守社であるが、表5をみると、上坂本では下阪本と大きく異なる点が一つあることに気づく。それは「神輿屋」をもたない鎮守社が半数近くを占めている点である。そこでは当然、神幸をともなった祭礼が行われていなかったと考えられるが、「在地」の鎮守社の系譜を引く下阪本の鎮守社がほぼ例外なく「神輿屋」をもっていたことからすれば、上坂本のこれらの鎮守社は中世には「在地」の鎮守社でなかった可能性が高いといわざるを得ない。言いかえれば、上坂本の鎮守社で中世の「在地」の鎮守社にまで系譜をさかのぼらせることができるのは、「神輿屋」をもつ鎮守社であるということになる。表5によれば、それは福大夫社・御田社・倉園社・郡園社・大将軍社の五社で、この五社こそが、中世より「在地」の鎮守社として存在していた鎮守社であったと考えられる。

このことはこれら五社のうち福大夫社・倉園社・郡園社の三社に関して、『日吉社神道秘密記』が記している次のような説明からも裏づけられる。

福大夫　　烏帽子、本地毘沙門、大乗寺之町之社也、薬師堂之前也、

倉園大明神　　衣冠帯太刀、八条鎮守社也、（後略）

郡園社　　中八条町鎮守是也、（後略）

この三社が信長の焼き討ち以前にまちがいなく「町」の鎮守社として機能していたことが確認できよう。

八　六箇条の区域

さらに今一つ五社の古さを物語る事実がある。それは上坂本における五社の所在地である。五社はすべて、東西は「石の鳥居(中神門)」と「大門鳥居(大神門)」の二つの鳥居で、また南北は「井神通」と「八条通」の二本の通りにそって拡がる集落で画された区域内に所在している(図1参照)。

日吉社の門前としての坂本における神性は、地形的にいえば、最西端に位置する同社を頂点とし、琵琶湖に向かい東に下るほど低くなるという西高東低に設定されていた。参詣道でいえば、東端の「大門鳥居」から「石の鳥居」「惣合鳥居」と鳥居をくぐり抜けるごとに段階的に日吉の神々に近づいていくようになっており、これを図示すれば次のようになる。

〈西〉 日吉社←[惣合鳥居]←日吉馬場←[石の鳥居]←井神通←[大門鳥居] 〈東〉

そして、このうちもっとも神性の高い「惣合鳥居」から西はもちろんのこと、「石の鳥居」から西にも「在地人」の居住は許されず、彼らの居住区域(在地)が「石の鳥居」以東に限定されていたことは、応永元年(一三九四)の義満社参時に衆徒が発している次のような指令からもあきらかである[32]。

一、馬場下南北小家、任先例、撤去萱垣・柴垣、可構挟板・檜垣之由、相触地主、

いうまでもなく、ここにいう「馬場下」とは「石の鳥居」より東、すなわち近世の絵図(図1)でいえば、「井神通」を指す。とすれば、この指令は「石の鳥居」の東には「萱垣・柴垣」をもった「小家」が軒を連ねていたこと、逆にいえばそれより西に「小家」はなく、「石の鳥居」こそが「在地」の西の境界点となっていたことを物語っている。

現在の坂本でも民家は「石の鳥居」で途絶え、そこから日吉社までは「里坊」が立ち並ぶ(33)。また、近世の「山門三塔坂本惣絵図」でも状況は同じで、中世以来、現代まで「石の鳥居」を境とする風景は一貫して変化なく維持されていたとみてよい。つまり、この点からも五社の鎮守社の分布は、まさに中世の「在地」の鎮守社の分布と重なっているものと理解され、この五社こそが中世、六箇条の「在地」の鎮守社であったと考えられるのである。

結論を急ごう。近世の上坂本の「神輿屋」をもった「町」の鎮守社は、基本的に中世の「在地」の鎮守社を引き継いだものと推定される。したがって図1の「町」の鎮守社の分布はそのまま中世の「在地」の鎮守社の分布を示すと考えられ、この鎮守社をもった「在地」が広がる限られた地区こそが六箇条の中心部分であったということになる。

すなわち、六箇条は東西をそれぞれ「石の鳥居(中神門)」と「大鳥居(大神門)」の二つの鳥居で区切られ、また南北は「井神通」と「八条通」の二本の通りにそって発展した両側町からなる区域であったと推定される。さらにあえて大胆に推理すれば、もともとは「井神通」と「八条通」にそって六つの「在地」が存在し、それらを総称して六箇条と呼んだのではなかろうか。

むすび

図1を見ればわかるように、上坂本には東西方向に北から、八条通・井神通・明良馬場の三本の道が走っている。このうち八条通と井神通がほぼ平行に一直線であるのに対して、明良馬場では微妙な湾曲がみられ、前者が人工的なまた後者が自然発生的な道であることは、一見してあきらかである。

この点からも六箇条は人工的に作られた八条通・井神通の二本の道にそって作られたきわめて計画的な居住地

区であったと理解される。この二本の道ぞいの六つの「在地」に加え、明良馬場にそって、あらたに明良・杉生・泉といった「在地」が出現してくるのは、坂本が延暦寺・日吉社の発展とともに大きく膨張する鎌倉時代以降のことと推定される。室町時代には、庄・蔵の辻といったさらにその外縁部にまで「在地」が拡がっていたことは、本文で見た通りである。

ちなみに応仁の乱の時、京都から坂本に逃れた日吉神人の酒屋・土倉のリストが残るが、それによれば、彼らの多くは「井神」「八条」に住みついている。(34) この時代にあっても、「井神通」と「八条通」が六箇条の中心であったことを示唆するものといえよう。

坂本の発展は、応仁の乱後めざましく、発掘調査の成果によれば、「松の馬場」ぞいには十五世紀後半から十六世紀前半に、京都と同じような間口が狭く、奥行きの長い町屋が軒を連ねていたという。(35) その京都の町屋に勝るとも劣らぬ町屋の規模は、坂本とりわけ三津浜が港としてさらなる発展を遂げつつあったことを指し示している。のちにこの地に坂本城が築かれることをふくめ、戦国時代における坂本の都市としての実態究明が今後の大きな課題となろう。

（1）辻博之「中世における近江坂本の発展と都市景観」（『ヒストリア』八八、一九八〇年九月）。発掘調査の成果をもとに中世坂本の都市景観を論じた研究としては、吉水眞彦「中世坂本の都市的景観」（吉井敏幸・百瀬正恒編『中世の都市と寺院』、高志書院、二〇〇五年）がある。

（2）『新修大津市史』三（大津市、一九八〇年）

（3）『日吉社室町殿御社参記』（『続群書類従』五四）。

（4）「執当房辻」については、「梶井水」（図1）のあたりに執当家である堀池家に由来すると推定される「堀池」という地名が残されている（国立公文書館蔵「山門三塔坂本惣絵図」）。したがって「執当房辻」もこのあたりにあったものと推定される。「小坂」「小唐崎」の位置については図1参照。なお、「清水浜」の位置は定かではないが、比叡辻の北の「清水崎」にあてる説もある（『新修大津市史』二、大津市、一九七九年）。

（5）　本稿の初出では、「猿馬場」を京都から坂本にいたる「穴太道」に比定した。しかし、村上紀夫氏より八王子山への参道の途中にその地が存在するとの御指摘を受け訂正した。記して謝意を表するものである。

なお、『日吉山王祭』（サンライズ出版、二〇一〇年）の著者・山口幸次氏によれば、昭和四十八年（一九七三）に神輿が新しく造営されるまでは、「八王子山奥宮への参道の途中、申の馬場（さるのばんば）という場所に、二基の神輿が奉安され、そこから山を下って〝午ノ神事〟を行っていた」という（ウエブサイト「京都ずんずん」ギャラリー「山王祭・日吉大社」より）。また、昭和二十七年（一九五二）度の「山王祭次第」には、「神輿上カ儀（午前九時、場所猿馬場迄）」「神輿（猿馬場奉遷中）番人　小坂中人夫二名」と記されている（大津市歴史資料館の和田光生氏の御教示による）。

（6）　『日吉社室町殿御社参記』応永元年（一三九四）九月十一日条に「次御社参、申剋有御行水、大宮御奉幣、御浄衣（中略）次御経供養」と、また、翌十二日条に「六社御巡礼、御輿、无御蓋、御浄衣、月卿雲客引列歩行」と見える。

（7）　都市における「在地人」については、鎌倉時代の京都で「初期町人に先行する地縁関係として存在し、地縁的組織として「町」形成への出発点となった」とする高橋慎一朗氏の指摘がある（『日本史研究』四八一、二〇〇二年）。

（8）　『園太暦』貞和元年七月十九日条。

（9）　『園太暦』貞和元年七月十九日条。

（10）　『続正法論』応安元年八月。

（11）　馬借を初めとする、坂本の「在地人」のすべてが日吉社の神々を産土神としていたと考えられることについては、本篇第二章参照。

（12）　『日吉社室町殿御社参記』。

（13）　三和尚が仰木庄・堅田庄に存在したことについては、小栗栖健治『宮座祭祀の史的研究』（岩田書院、二〇〇五年）参照。これらの荘園では三和尚は宮座の臈次として登場してくるが、当然、彼らは荘・村の責任者としても役割も果たしていたものと考えられる。なお、このほか、近江では今堀（『今堀日吉神社文書』五七九号）、山城では市原野庄

（『大徳寺文書別集』「真珠庵文書之三」三〇〇号）等でも三和尚の職制を確認することができる。
(14)　『日吉社室町殿御社参記』。
(15)　『言国卿記』文明八年六月二十三日条。
(16)　『山科家礼記』文明四年六月二十二日条。
(17)　前掲註(4)『新修大津市史』二。
(18)　日吉祭の神幸道を示すにあたり「古里井・明良《アキラ》上テ、作道ニ出給、長辻堂之前河原口ヨリ富津登《トツノホリ》下リ、大道ヨリ唐崎エ神幸」と、また両社の前にあった鳥居の説明として「富津登（北若宮・南若宮）両社之間在之」と記す。
(19)　前掲註(1)辻論文、および前掲註(4)『新修大津市史』二。
(20)　山科言国の坂本在住中の生活については、拙稿「坂本の「寺家御坊」と山科家」（『中世寺院社会の研究』、思文閣出版、二〇〇一年）参照。
(21)　『山科家礼記』文明二年十月二十九日条に「一、坂本泉梶井寺家之南家小家一間御かい候、代七貫五百文、面二間、奥五間也、先代弐百疋被遣也」とある。
(22)　『山科家礼記（重胤記）』文明三年十月二十二日条に「本所御座所やねふかれ候」とあるほか、同月二十六日条に「東家西へよせ候、こと〳〵くこほし候て作なをし候」など、作事にかかわる記載がこの前後に散見する。
(23)　『八瀬童子会文書』補遺二七号。なお、文中に見える「御坊」「執当御坊」が寺家の執当真全を指すことについては前掲註(20)拙稿参照。またこの他、「庄湯」については、『山科家礼記』文明四年正月二十三日、六月五・十三・十七・二十四日、九月二十四日条にその呼称が見える。
(24)　この「庄湯」については、かつて「その名からすれば、惣庄が管理したいわゆる郷風呂」であったかもしれないとの解釈を示したが（前掲註20拙稿）、訂正する。なお、「庄之辻」の位置について、『歴史と伝説の坂本』（叡山学院学友会記念図書出版会、一九四〇年）は「大和ノ荘へ上る路角」と簡潔に解説する。現在、頬焼地蔵が祀られるその場所には「庄之辻」の石碑が立てられている。
(25)　「蔵の辻」の位置について、『歴史と伝説の坂本』（前掲註24）は「大和荘の上の方の路角」と記す。現在、その位置には「蔵之辻」の石碑が立つ。

(26)「此方在所ノ風呂」についてはこれ以外にも、『言国卿記』文明六年閏五月十七日、六月十・十五日条にその呼称が見える。
(27)『山科家礼記（久守記）』文明三年十一月三十日条に「今朝本所を予宿所へ申」と、また文明四年十月十九日条に「今夕本所予所御出」とあり、山科言国が大沢氏の坂本の「宿所」を訪れている。
(28)『大津の祭』（大津市、一九九二年）。
(29)『歴史と伝説の坂本』（前掲註24）は、「大将軍社」について、「祭神は大山祇命で、生源寺の西にある。伝教大師の産土神で坂本の社外の惣社だと云ふ」と解説する。
(30) 和田光生「坂本における山王曼荼羅の諸相」、寺島典人「山王曼荼羅の形式分類について」（ともに『天台を護る神々―山王曼荼羅の諸相―』、大津市歴史博物館、二〇〇六年）。
(31)『新修大津市史』二（前掲註2）。『坂本里坊庭園調査報告書』（大津市教育委員会、一九八九年）。
(32) 応永元年八月三日付「延暦寺衆徒評定条々」（『日吉社室町殿御社参記』）。
(33) 里坊は近世以降は、延暦寺僧の隠居所として用いられているが、中世には「坂本衆徒」と呼ばれた武装した山徒たちの住坊として存在していたものと推定される。「坂本衆徒」については、拙稿「中世寺院における大衆と「惣寺」」（前掲註20『中世寺院社会の研究』）参照。
(34) 応仁三年五月付「坂本中土倉・酒屋等在所注文」（『八瀬童子会文書』補遺二六号）。なお、このリストと同時に作成された文明元年五月三日付「政所方所望馬上合力神人所々散在々所注進状案」（『八瀬童子会文書』補遺二七号）によれば、「坂本中」には日吉神人の酒屋十三か所、味噌屋四か所、その他の「質計在所」五か所が京都から避難していたという。
(35)『坂本遺跡群発掘調査報告書』（大津市教育委員会、二〇〇三年）。

第二章　堅田大責と坂本の馬借

はじめに

近江堅田の真宗門徒の研究は、すでに先学によって多方面より検討が加えられており、その実体は細部にあたり明確になりつつある。(1)ただ、従来の研究では、堅田の真宗門徒そのものに焦点が絞られ、彼らが常に仰ぎみなければならなかった背後の権門としての比叡山延暦寺については、あまり関心が払われなかったように思えてならない。堅田の真宗門徒は、その当初から彼らが好むと好まざるとにかかわらず、延暦寺（山門衆徒）との間断なき緊張関係のもとに存在し続けており、その両者の緊張関係の有り様を少しでも明確にしない限り、堅田の真宗門徒の実像はあきらかにならないといっても過言ではあるまい。

もとより、この小論では、堅田の真宗門徒と山門衆徒の緊張関係を正面から総体的に論ずるだけの準備もないし力量もない。ただ、堅田の真宗門徒が時として、直接、軍事的にも対峙しなければならなかった山門衆徒と、彼らに指揮され堅田を襲った坂本の馬借をとりあげ、これらの課題に答えるための一作業としたい。(2)

一　延暦寺の堅田大責

室町幕府が、「公方ノ御蔵奉行籾井方財物ニ海賊《カイゾク》」行為を働いた堅田の討伐を、山門衆徒に命じたのは、応仁二年（一四六八）のことであった。[3] 世に堅田大責と呼ばれる事件である。『本福寺跡書』は、この事件の発端と経過を次のように記す。

応仁二年、花ノ御所ノ御材木上ル、年余《ねん》ヲ南タマハル、幷《ならびに》公方ノ御蔵奉行籾井方財物ニ海賊《カイゾク》ヲカクル、ソノ罪科《ザイクワ》故《ユヘ》、延暦寺《エンリヤクジ》ヘ憤リアリテ、山門ヨリ成敗《セイバイ》ニヨテ関上乗《セキウハノリ》ヲ途津《トヅ》・三浜馬借等《ミハマバシヤクラ》、陰隣堂《トンリンダウ》ニタテヲキタリ、其已後《ソノイゴ》又三院ヨリ途《（戸）》津《ヅ》・三浜《ミハマ》ヲ発向《ハツカウ》ノ時、堅田《カタヽ》衆手《テ》ヲ砕キ退治《タイヂ》ヲ 加《クワウ》ベキ一義有《ヰチギアル》レ之間《コレアヒダ》、堅田四方ノ兵 船《ヒヤウセン》手遣ヲモテ、命《イノチ》ヲ塵芥ニ軽ンジテ、責入《イリ》、込崩シ、焼《ヤキ》払イ、本意ニ落居《ラクキヨ》ス、仍《よつて》関上乗ヲ取 返 処《トリカヘストコロ》也、殿原モ全人衆《マタウドシユ》モ、双方切限《サウハウキリカギリ》ニ、一切《ヰチキリ》々々ノ水兵、一艘《いつソウ》々々ニ取乗リ〳〵、ソノ戦イ、「名《ナ》ヲ末代《マチダイ》ニ 残《ノコサン》」ト鑓《ヤリ》ノ潮頸ヲニギツテ、会稽ヲ 雪 訖《キヨメヲハリヌ》、

『本福寺跡書』の記事により、堅田大責が、室町幕府の命をうけた山門衆徒によって実施されたこと、その山門衆徒の軍勢の主要な部分として「途津・三浜馬借等」という、いわゆる坂本の馬借が存在したことがわかるが[4]、まず、この間の経過を改めて今一度見ておこう。

室町幕府は早く足利義満の治政下より、近江国内の延暦寺領については、同寺独自の軍事指揮権・裁判権を認めており[5]、堅田の討伐にみずから軍勢を指しむけることなく、山門衆徒にその討伐を命じたのもこのためと考えられる。堅田大責という事件を理解するにあたっては、なによりもまず堅田が延暦寺領であったことを再確認しておく必要があろう。そして、堅田大責をこのような山門衆徒独自の権限にもとづく軍事行動として規定した上で、彼らが坂本の馬借を、その主要な戦力として用いていたという事実をみる時、坂本の馬借とは山門衆徒にとって何であったのかという疑問が当然わきあがってくる。

『本福寺跡書』は、坂本の馬借が、堅田大責でどのような働きをしたかを具体的に記してはいない。かの記録はただ「(堅田)関上乗」が、この事件を契機に堅田の手から坂本の馬借の手に移り、さらにのち再び堅田に戻っ

たことを記すのみである[6]。しかし、同記は堅田が「関上乗」をとり戻すにあたって、山門衆徒が「途津・三浜」に発向するという出来事があり、そこで堅田の者たちが奮戦、その結果として、山門衆徒より「関上乗」を再び与えられたことを誇らしげに記録しており、かつて坂本の馬借が堅田大責における戦功をもってその権限を山門衆徒から附与されたことはまちがいない。のちの山門衆徒による「途津・三浜」への発向がいつのことであったかは別に考えるとして、ここでは山門衆徒が堅田大責には坂本の馬借を、また「途津・三浜」攻めには逆に堅田の人びとを、それぞれ戦力として用いることがあったことをとりあえず確認しておきたい。

では、堅田大責において、攻撃側の延暦寺の戦力として、大きな役割を果たした坂本の馬借、またのちには逆に山門衆徒からの攻撃をうけなければならなかった坂本の馬借とはいかなる存在であったのであろうか。次節では、坂本の馬借の蜂起をみるなかで、山門衆徒と坂本の馬借との関係について、考えていくこととしよう。

二　延暦寺と坂本の馬借

坂本の馬借（以下、馬借とのみ記す）が蜂起し、何らかの軍事的行動を起こした事件を、まず年表として掲げる。年表の「事項」は、できるだけ山門衆徒との関係に留意し記した。

この年表を一覧しただけでも、山門衆徒と馬借の関係が、決して単純な支配者と被支配者、領主と領民の関係でなかったことが容易にうかがえると思うが、ここでは両者の関係を、主として馬借蜂起の主体・目的がどのへんにあったかに焦点を絞って考えていきたい。年表でみる限り、馬借蜂起は、まず次の二つに大きく分類することができるようである。

A　馬借がみずからの意志で山門衆徒もしくは同寺内の特定の人物に対する抗議・示威行動として蜂起したもの

坂本の馬借蜂起略年表

分類	西暦	年　月	事　　項	出　　典
A―①	1379	康暦元年６月	坂本の馬借、山門衆徒円明坊の新関停止を訴え、祇園社に乱入	八坂神社記録
A―①	1418	応永25年６月	大津(坂本)の馬借、山門衆徒円明坊の「堅田之関等事」を訴え、祇園社に閉籠	同　上
B	1426	応永33年６月	坂本の馬借、北野社の京中麴業の独占を訴え、同社公文所を破却せんとする	兼宣公記
B	1428	正長元年８月	山門衆徒、北野社の京中麴業の独占に抗議し、犬神人・馬借をもって、同社の破却を予告する	北野社社家条々
B	1433	永享５年７月	坂本の馬借、京都に乱入しようとし、鴨河原で幕府勢と合戦	看聞御記
B		永享５年閏７月	坂本の馬借、北白河の在家に放火	同　上
B	1434	永享６年11月	坂本の馬借、坂本において山徒杉生坊らと合戦	同　上
B		永享６年12月	坂本の馬借、坂本より撤退する幕府勢を討つ	同　上
B	1437	永享９年７月	杉生坊の代官来迎坊、馬借をもって音羽庄の百姓らを討つ	伊藤家文書
B	1441	嘉吉元年９月	山門衆徒の意をうけ(坂本の)馬借、近江守護六角満網の京中宿所におしよせ放火	建内記
B	1452	享徳元年10月	山門衆徒、祇園社に閉籠。馬借、同社近辺を掠奪する	師郷記
A―②	1456	康正２年９月	坂本の土一揆(馬借)、徳政と号し、日吉社に閉籠、自焼する	師郷記
B	1466	文正元年12月	山門衆徒の意をうけ坂本の馬借、祇園社に閉籠し、京極持清・多賀高忠の京中宿所を襲う	後法興院記
B	1468	応仁２年月	「途津・三浜馬借等」、山門衆徒の命により、堅田を攻め、その関上乗を同寺より与えられる	本福寺跡書
A―②	1472	文明４年９月	坂本の土一揆(馬借)蜂起、十禅師社焼失	山科家礼記
A―②	1493	明応２年11月	滋賀郡において土一揆蜂起し、日吉社に閉籠、同社炎上	北野社家日記

註：出典は代表的なもの１つだけをあげた

Ｂ　馬借が山門衆徒もしくは特定の衆徒の命をうけ、その尖兵として蜂起・行動したもの[7]

史料の制約上、判定がむずかしいものも少なくないが、馬借蜂起はこの二つのタイプにまず分類できよう。年表の左端に明記したＡ・Ｂは、この分類を示したものである。また、さらにこのＡ・Ｂ二つの分類を細かく分けるとすれば、Ａではその抗議・示威行動の対象・目標を、またＢでは馬借蜂起をその背後にあって煽動・指揮したものを、それぞれ山門衆徒と特定の衆徒（山徒）に分けることも不可能ではない。ただ、Ａの場合はともかく、Ｂでは、馬借蜂起を具体的に計画・実施した主体を判定することは極めてむずかしく、年表では、Ａに限って、馬借の目標が惣寺としての延暦寺であったか（Ａ―②）、特定の衆徒であったか（Ａ―①）をとりあえず示しておいた[8]。

さて、馬借の蜂起が、右のように分類できるとすれば、まず何よりも第一に指摘しなければならないのは、彼ら馬借が多かれ少なかれ、山門衆徒のいわば手の内で蜂起をくり返していたということである。馬借がその独自の意志で蜂起した時、彼らが抗議・示威の目標としたのほ、ほとんどの場合、山門衆徒でありまた特定衆徒であったし、彼らが延暦寺以外にその目標を設定して蜂起した時には、必ずといっていいほどその背後には、延暦寺、もしくは同寺内の特定個人の意志が働いていた。馬借の蜂起は、延暦寺の存在を抜きにしては考えられないといえる。この点を最初に指摘しておきたい。

その上で改めて、年表をもとに山門衆徒と馬借との関係を概観していくと、両者の関係の歴史的な流れが、漠然とではあるが浮かびあがってくるようである。すなわち、まずＡ―①からＢへの変化は、南北朝末期から室町時代の初めにかけて、馬借がみずからの意志で蜂起することが時としてあり、山門衆徒ではその力を正長の頃より巧みに自分たちの軍事力として用いていこうとし始めた結果と読みとることができよう。そののち、Ａ―①がなくなり、ＢとＡ―②が混在してあらわれてくるのは、山門衆徒が馬借をその軍事力として駆使する傾向に拍車がかかったことを示すと同時に、両者の間の矛盾が表面化し、馬借が山門衆徒に時として敵対するようになりつつあったことを示している。

なお、馬借が山門衆徒への抗議・示威行動として蜂起したA—②で、とくに留意されなければならないのは、その鎮圧に山門衆徒みずからが当たっている点である。康正二年（一四五六）の場合は、「山門使節幷山徒等」がその鎮圧に「八王子社頭」におしよせているし[9]、明応二年（一四九三）の時も山門衆徒がやはり日吉社に出むきこれを鎮圧しているのである[10]。このことは、逆にみれば、これらの馬借の蜂起が、とりもなおさず山門衆徒をこそ、その抗議・示威行動の直接の目標・対象としていたことを何よりも如実に示している。この点から山門衆徒と馬借の関係を考える上で、この二度にわたる馬借の「徳政一揆」の経過は、充分に考慮される必要があろう。また、それとともに、馬借が蜂起の拠点としてしばしば日吉社の末社としての祇園社に閉籠しているという点も、留意しておく必要がある。日吉社と馬借との結びつきは、山門衆徒と馬借の関係を考えるさいの大きなポイントとなるものと推定されるからである。

以上は、かの年表を概観して推定されることを列挙しただけではあるが、山門衆徒と馬借の関係のあり方を考えていく手がかりは、これらのなかに不充分ながら用意されていると思われる。次節以降では、日吉社・祇園社、なかでも日吉社と山門衆徒・馬借の結びつきを中心に、山門衆徒と馬借の関係を考えていくこととしよう。

三　山門衆徒と神輿振り

馬借の蜂起を年代を追ってみていくと、すでにみたように、その蜂起がもともとは馬借みずからの意志にもとづいて行われたところにその源初があったらしいことがわかる。山門衆徒が馬借をその軍事力として用いようとしたのは、正長元年（一四二八）八月が史料の上では最初の例であり、それも結果的には威嚇だけに終わり、実際には馬借を動員するにはいたってはいない(11)。これらのことから、あくまで限定された史料からではあるが、馬借が山門衆徒の戦力として機能し始めるのは、実際には永享五年（一四三三）の永享の山門騒乱以後のことであったとみていいと思われる。すなわち、山門衆徒の側からすれば、幾度かの馬借みずからの意志による蜂起をみることによって、それが戦力として有効なことを充分認識するにいたり、その結果、彼らをその軍事力として用いるにいたったと推定できるのである。そして、このように馬借蜂起が、本来、馬借の集団がその意志で行ったところにその源初があったとすれば、問題は二つある。一つはその集団の意志の結節点は何であったかであり、今一つは、その集団を、なぜ山門衆徒があれほどまで巧みにその下に組み込み、自分たちの軍事力として用いることが可能であったかという点である。この二つの問題点は密接に結びついており、どちらか一方を切り離して考えていくことはできない。本節では、まず山門衆徒の立場から、これらの問題に迫る手がかりを考えていきたい。

馬借を軍事力として用いるはるか以前より山門衆徒がその敵対勢力を威嚇するのに、しばしば用いた手段としては、かの有名な「神輿振り《みこしぶ》」がある。ここでは馬借蜂起にさきだつ嗷訴の手段としての神輿振りからみていくこととしよう。

いうまでもなく、神輿振りは、延暦寺の鎮守としての日吉社の神輿を山門衆徒が移動させ、京都の為政者のもとに振り捨てることによって、為政者を威嚇したものであるが、神輿振りそのものの有り様についてはかなり具体的に紹介されているにもかかわらず、なぜこのような行動が為政者を威嚇するにあれほど効果的であったかについては、これまであまり検討が加えられていないように思える(12)。もちろん、ここでただちに神輿振りの歴史的な考察・検討を行うことはできないが、神輿振りの最初といわれる嘉保二年（一〇九五）の出来事を中心に、その本来もつ意味について簡単に考えてみたい。

嘉保二年の事件は、美濃国において源義綱が山門衆徒を殺害したことに端を発した。義綱の処分を求めて陣頭に申状を捧げようとした延暦寺の衆徒らに、時の関白藤原師通の命をうけた軍兵が矢を射かけたことから事件は拡大する(13)。負傷者のなかに八王子社の禰宜友実なる者がおり、山門衆徒は同社の神輿を根本中堂にまで振りあげ、師通を呪咀することとなったのであった。この時の有り様を延慶本『延慶本平家物語』一は、次のように記す(14)。

大衆憤情ノ余、同廿五日、神輿ヲ中堂ヘ振上奉リ、禰宜ヲハ八王子ノ拝殿ニ昇入テ、静信・定季二人ヲ以テ、関白殿ヲ呪咀シ奉ル、其啓白詞云、菁種《吾等カ》ノ竹馬ヨリオ、シ立タマフ七社ノ神達、左右モカノ耳フリ立テ聞給ヘ、□山王神人・宮仕射殺給ツル、生々世々口惜、願ハ八童（王）子権現、後二条関白殿ヘ鐃矢一放ヲ当給ヘ、第八王子権現トタカラカニコソ祈請シケレ、

嘉保二年の事件は、こののち八王子社の祟《たた》りで師通が死ぬことによって終わるのであるが、日吉社の神威の偉大さを物語る出来事として、この事件は、以後、延暦寺の神輿振りの歴史の第一頁に位置づけられることとなる。なお、念のために指摘しておけば、この時、八王子社の神輿は根本中堂にいたっただけで、京都にまでは入ってきていない。

さて、この嘉保二年の出来事でなによりも、まず注目されなければならない点は、山門衆徒が、わざわざ神輿を根本中堂にまで振りあげ、そこで師通を呪咀している点である。彼らはなぜ八王子社までみずから降りていきそこで呪咀せずに、神輿をことさら根本中堂にまで振りあげて呪咀を行ったのであろうか。ここで想起されるのが、さきの『延慶本平家物語』一にみえる衆徒らの師通呪咀の言葉である。静信・定李の二人の僧は、その呪咀を「菁種《吾等カ》ノ竹馬ヨリオ、シ立タマフ七社ノ神達、左右モカノ耳フリ立テ聞給ヘ」という言葉で始めている。『山王霊験絵巻』では、この部分は「八王子にて、なたねの二葉よりはくくみたてしわれら……」となっているが(15)、

いずれにしても、日吉の神々（もしくは八王子権現）を延暦寺の衆徒らが、自分たちの産土神としてうやまっていたことを、これらの言葉は物語っている。もちろん『平家物語』『山王霊験絵巻』という軍記物語・縁起の記述をもって、これをそのまま史実と理解することはできない。しかし山門衆徒と日吉の神々との基本的関係は、忠実にこれらの物語のなかに組み込まれていたとみてよい。そして、このような理解がうけ入れられるとすれば、一つには、山門衆徒は、何よりも自分たちの産土神としての日吉の神々からの神託をこそ待ち望んでおり、神託をより確実に得んとして、彼らは神仏双方に祈るため、わざわざ神輿を根本中堂にまで振りあげたと考えられるのである。

さらに神輿を根本中堂にまで振りあげたことを考えるにあたって忘れてはならないのは、延暦寺と日吉社との歴史的な関係であろう。日吉の神々がこの地に鎮座したのは、正確な時代はわからないものの、延暦寺の創草よりはるか以前であった[16]。のちに延暦寺はその先行する日吉の神々を地主神として祀ることにより、この地を寺地とする。そして延暦寺が衆人の崇敬を集めるのに平行して、日吉の神々も次第にその神威を増していったのであった。このため両者は、ともすれば一体のものとして考えられがちであるが、日吉社は一方でこの地の地主神としての性格を独自に長く保ち続けていたものと考えられる。山門衆徒が、日吉の神々を自分たちの産土神として祀ろうとした時、あえて神輿を根本中堂にまで振りあげなければならなかったことは、逆に日吉の神々がいまだ古来のこの地域の地主神としての性格を強固に保ち続けていたことを物語っている。つまり山門衆徒は、日吉の神々をいったん根本中堂にむかえ入れることで始めてそれをたんなるこの地域一帯の産土神としてではなく、自分たち固有の産土神として祀ることができたと考えられるのである[17]。このの ち神輿振りが、常に日吉社の神輿を根本中堂に振りあげることをもってその開始としたのも、その行為を右のように考えて始めて理解できる。

それにしても、まだ神輿振りには不明な点が少なくない。中世の人びとが、なぜあれほどまでに神輿振りを恐れたのか、といった点などはもっと真剣に考えられなければならない問題であろう。基本的には、日吉の神々の神罰に対する限りない畏怖感がその根底にあったことは認めるとしても[18]、その畏怖感の具体的な構造を解きあかさない限り、神輿振りのもつ本当の恐さは決してあきらかになるまい。ただ、ここで指摘できるのは、神輿振りの恐さの秘密は、一つには確かに神輿が移動するというそのこと自体のなかに秘められていたものと考えられる点である。現在のわれわれは、神輿が衆徒によって振られたという点に目をうばわれ、ややもすれば見逃しがちであるが、神輿は、本来、神の意志によって動くものであったはずである[19]。中世の人びとが、神輿振りをたんに山門衆徒の横暴と理解しなかったのも、それが神の意志によって動いていると考えていたからではなかろうか。そして、神輿が神の意志により根本中堂に登り、さらには京都の為政者のもとにまでやってくるからこそ、為政者のみならず一般の人びとも、これを極度に恐れるとともに敬ったと考えられるのである。その意味で神輿振りの本当の恐さは、ほかならぬ山門衆徒の産土神としての日吉の神々が、衆徒の敵対者にみずからの意志で抗議に出むいてくるところにあったといえよう。

簡単ではあるが、神輿振りの意味を考察することで、山門衆徒と日吉社との関係について考えてきた。では馬借と日吉社はどのような結びつきをもっていたのであろうか。次に節を改めこの点について考えていくこととしよう。

四　日吉社と「馬ノ衆」

日吉社と馬借の結びつきを知る手がかりは、決して多くない。そればかりか、むしろ両者の関係を具体的に示すのは、第二節でとりあげた康正二年・明応二年を初めとする馬借の日吉社閉籠事件（徳政一揆）のほかには、ほとんどないといったほうがいいかもしれない。しかし、あえて馬借が日吉社とどのようなかかわり合いをもっていたかをさぐっていくと、鎌倉時代に作られたといわれる日吉社の社記『耀天記』に「馬ノ衆」なる集団が登場してくることに気がつく。日吉社の神事（日吉祭）に、登場してくるこの「馬ノ衆」について、まずみていきたい。左に引用したのは、『耀天記』の一節である。[20]

一、祭日儀式事

（中略）先七社奉幣、次槁《カツラ》祝ト云テ、年行事出桂、次御輿馬ノ祝ト云、但鞍ヲヲカズ、其後一御馬引立、馬ノ衆取口ヲ諸綱、於余七疋加下八王子定、者不申祝、只当社御前ニ立之、此間大津人村人等参、次大榊祝詞、次読定文《サダメブミ》其声祝ユヱナリ、次御浦御哥三反、（中略）次御歌ノ祝重々ト申、次出御、（中略）次春日祭也、次其間御輿馬ヲ渡ス、其後下郎次第ニ渡ル、

毎年四月の午日に行われた日吉祭の式次第（午の神事）を記録した部分であるが、鎌倉時代、同祭が「七社奉幣」に始まり、「槁《カツラ》祝」「御輿馬ノ祝」「大榊祝詞」「読定文」「御浦御哥」「御歌ノ祝」「（神輿）出御」「春日祭」といった手順で執行されていたことが、これによってわかる。そして、ここでとくに問題としたいのは、いうまでもなく「馬ノ衆」が登場する「御輿馬ノ祝」という神事である。

では、「御輿馬ノ祝」とは、どのような意味をもつ神事であり、「馬ノ衆」はそのなかでどのような役割を果たしていたのであろうか。『耀天記』によれば、御輿馬とは、日吉七社に下八王子社の一社を加えた八社にそれぞれ用意された神馬のことで、「馬ノ衆」はその用意された神馬の口取を任務とする役職であった。そして、この御輿馬が神の乗り物としての神馬であったことは、後世になると、日吉祭で神々が還御するにあたり、それぞれの神が神馬に乗ることになっていることからも容易にうかがうことができる。時代ははるかに下るが、江戸時代の文化三年（一八〇六）刊の『年中行事大成』によれば、日吉祭で船渡御を終えた日吉七社の神々は、岸で待つ七頭の「神馬に騎給ひて、本社に還行すると云」と記録しているのである。[21]ここにいう七頭の神馬とは、一頭数

は減ってはいるものの、かつての「御輿馬」であったとみて、ほぼあやまりない。また「御輿馬」という名称の起源についてみても、その「御輿」はいうまでもなく神の乗り物としての神輿を指すと考えられ、これらの馬が神輿と同じく神々を運ぶための神馬であったらしいことが、ここからもうかがえるのである。これらのことから、「御輿馬ノ祝」とは日吉の神々の乗り物としての神馬を祝福するための神事であったとみてまず大過ない。そして「御輿馬ノ祝」をこのように理解することができるとすれば、その神馬の口をとる「馬ノ衆」が、日吉祭のなかでも神輿を舁く駕輿丁と同様に重要な役職であったろうことは容易に推測できる。

日吉社の神々は、本来、東本宮（二宮）系の地主神と、天智天皇七年（六六八）に大和三輪山の三輪明神を勧請した大宮を中心とする西本宮系の勧請神の二つのグループからなっていた。景山春樹氏によれば日吉祭における「午の神事」は、前者の東大宮系の二宮・八王子（牛尾宮）・三宮・十禅師（樹下宮）の四社の「創祀と鎮座の過程を示す祭祀」であるという(22)。同氏は「午の神事」の性格について、「もう少し詳しく言えば神体山の頂上に在る巨大な岩石を磐境として、ここに鎮座する大山咋神と玉依比畔の荒魂《あらみたま》を山口の地に迎え、山下の祭祀場において和魂《にぎみたま》としてこれを祀る、いわゆる『御生れまつり』の性格を有するものである(23)」とも述べておられる。「馬ノ衆」はこの「御生れまつり」に神の御し給う神馬の馬口をとるという重要な役割を務めた人びとであり、この点から彼らは日吉社と極めて強い結びつきを有していた集団であったとみなければならない。

ところで、実は『耀天記』には、「馬ノ衆」が、もう一か所登場する箇所がある。毎年正月十七日に行われた「大結鎮」と呼ばれた神事に関する記事がそれである。次にこの「大結鎮」における「馬ノ衆」の役割をみておく。左に引用したのは、「大結鎮」について記した『耀天記』の記述である。

　十七日（正月）。大結鎮《ヲホケツチ》。
皆参。馬場仮屋ニシテ、馬衆アヲズリ（青摺）着シテ、左右仮屋ニ着シテ、馬場へ下立テ武弓ヲ射也、昔ハ社司射之、

近来ハ不爾也、只皆参許也、弓会後ニ、弓ノハズニトミカツラヲ付テ、社家進之、

この「大結鎮」の神事が一般にその年の吉凶を占う歩射の神事にあたるものであったらしいことは、これが年頭に左右に分かれて執行されていることからも容易に想像できるが(24)、「馬ノ衆」はその歩射の神事に「アヲズリ」（青摺）を着て、参加しているのである。このような一年の吉凶を占う大事な儀式に、「馬ノ衆」が矢を射るというもっとも重要な役割を務めていることは、やはり彼らが日吉社にあって、それなりに中心的な位置にあったことを暗に物語っている。「御輿馬ノ祝」の神事と言い、「大結鎮」の神事と言い、彼らの日吉社の神事における役割をみるとき、彼らはあきらかに日吉の神々ときわめて密接な関係を持った人びとであったと推定されるのである。それでは、この両者の結びつきは、具体的にどのように理解することができるのであろうか。

限られた史料で、両者の関係を推測することはむずかしいが、あえて行うとすれば、「馬ノ衆」は、日吉の神々を産土神としたであろう在来の住人の存在をぬきにしては考えられないように思われる。すなわち、前節で山門衆徒と日吉社の関係をみたさいに、かの社の神々が山門衆徒の産土神としての性格をもつと同時に、はるかそれ以前よりこの地域一帯の地主神としての性格をもっていたと考えられる点を指摘した。「馬ノ衆」こそは、その古くからの地主神としての日吉の神々を産土神としてきた地域民（在地人）を代表する人びとであったと推定されるのである。そして、そのように「馬ノ衆」を考えて始めて、彼らが日吉社の神事で重要な役割を果たしていた理由も、無理なく説明できるものと思う。残念ながら、「馬ノ衆」については、これ以上の推測を許してくれる材料はない。ただ、その「馬ノ衆」という呼称について留意される点として、それがたんに「御輿馬ノ祝」という馬とかかわりのある神事のみならず、「大結鎮」という全く馬の関与しない神事にも登場してくることだけは改めて留意しておきたい。「馬ノ衆」の呼称が、馬に関与する神事に限定されたものではなく、日常的に馬と深いかかわりあいをもつ人びとをもって、その呼称の対象としていたらしいことがうかがえるからであ

る。

そして、以上の点からこの「馬ノ衆」こそが、のち馬借と呼ばれた人びとの前身であったと考えたい。むろん、たんにその呼称の類似性のみをもって、「馬ノ衆」をのちの馬借に結びつけることは危険なことではある。だが「馬ノ衆」の性格を上述のように考え、のちの馬借をその延長線上においた時、馬借のとった行動がきわめて無理なく理解できるとすれば、両者を一体のものとして位置づけることは、決して不合理なこととはいえなくなる。「馬ノ衆」の上述のような性格を念頭におきながら、馬借について今一度、延暦寺との関係を考えていくこととしよう。

五　神輿振りと馬借蜂起

山門衆徒・「馬ノ衆」と日吉社の結びつきをそれぞれみてきたわけであるが、彼ら双方がともに日吉の神々を産土神とするという点において共通点をもっていたらしいことが、不充分ではあるがあきらかになったものと思う。山門衆徒と馬借の関係を考える時、この両者の共通点は重大である。「馬ノ衆」イコール馬借とすれば、日吉の神々を媒介として山門衆徒と馬借は同じ絆で結ばれていたことになるからである。山門衆徒がのち嗷訴の時にしばしば馬借をその戦力として用いることが可能であった理由の本質も、ここに求められなければならないのではなかろうか。

山門衆徒による神輿振りは、その当初は確かに有効な嗷訴の手段であったが、これにはいくつかの弱点もあった。そのひとつは神罰が必ずしも明確にあらわれず、そのため時として神威を恐れず、神輿に供奉する衆徒らに攻撃を加えるものが出てきたことである。衆徒らは、産土神の庇護を獲得する前に、わが身の保全に苦慮しなければならなくなったのである(25)。室町時代に入り、神輿振りに先立って、馬借が蜂起するようになったのは、このような神輿振りにおける衆徒の立場の弱体化と無関係でないように思える。すなわち、衆徒は、自分たちが矢面に立つことを避け、そのかわりに同じ日吉の神々を産土神とする馬借（馬ノ衆）を嗷訴の前面に押し出したと考えられるのである。日吉の庇護という点では、衆徒も馬借もかわりなかった。また、嗷訴の対象となった側からすれば、神輿振りも馬借蜂起も、日吉の神威に恐懼しなければならなかった点において、どちらも同じであった。衆徒は、馬借を利用することで、ていよくその背後にかくれてしまったのではなかろうか。馬借と「馬ノ衆」が基本的に同じ人びとであったと考えることで、山門衆徒が馬借を戦力として用いるにいたった理由は、ほぼこのように説明できる。

また、以上のように馬借を「馬ノ衆」と同一のものと理解すれば、日吉社を舞台に展開された二度にわたる馬借の徳政一揆の経過も、容易に説明が可能となる。すなわち、康正二年・明応二年のいずれの場合においても、馬借は日吉社に閉籠し徳政を要求・蜂起し、これに対し山門衆徒がすぐに鎮圧するという経過をたどっているが、馬借が日吉社に閉籠したのは、いうまでもなくかの神々を自分たちの産土神としていたためで、一方、山門衆徒をもってその日吉社の馬借に攻撃をしかけたのも、彼らがまた同じ神々を産土神と信じていたがゆえに可能であったと考えられる。その意味で、かの二度にわたる徳政一揆は、同じ日吉の神々を産土神として仰ぐ二つの集団——山門衆徒と馬借——が、ほかならぬ日吉社でその支配者・被支配者間の矛盾から衝突した事件と意義づけることができるのである。

ただ、それにしても山門衆徒による神輿振りと馬借の蜂起を比較した場合、なぜ馬借の蜂起が前代の神輿振りと同じほどといわぬまでも、あれほどに効果をあげることができたかという点について改めて考えておく必要があろう。神輿振りの場合、日吉の神々がみずから移動するのであり、人びとがこれに強い畏怖の念を抱いたのはそれなりに理由のあることであった。しかし、馬借の場合は、その集団が決起するだけで、神々は何ら動くことはなく、馬借の力の源泉を、たんに彼らが日吉の神々を産土神とする人びとであったという点にだけ求めるとすれば、神輿振りに比して、馬借の蜂起はいかにも効果的ではなかったように思える。馬借の蜂起が、あれほど人びとを恐れさせた理由は、もっと他にも求める必要があろう。

結論を先に述べれば、馬借の力の根源は、やはり彼らが使役する馬にあったのではなかろうか。時代は少し下るが、永禄五年（一五六二）、日吉社で例年の通り御礼拝講が執行された時、同社には、上・中・下のそれぞれ七社に計二十一頭の神馬が奉納されることがあった。この時、日吉社の社家では、「悪敷馬者、取間敷之由」を、室町幕府の奉行を務めた円明坊のもとに伝えてきたという[26]。この時の日吉社の対応で考えられなければならないのは、古くより事あるごとに日吉社に奉納されたであろう数多くの神馬の行末である。今のところ奉納された神馬と馬借の使役した馬を直線的に結びつける根拠はむろんなにもない。しかし、日吉社の社家が「悪敷馬」の奉納を拒絶した背景には、やはりこれら神馬が神事の後には何らかのかたちで実務に使役されることになっていたという事情を想定しなければなるまい。そして、鎌倉時代の「馬ノ衆」が神馬にかかわっていたことや、彼らの本拠地が琵琶湖の水路から陸路への物資の中継基地として栄えた坂本であったことなどを考えあわせれば[27]、日吉社に奉納された神馬が、やがて馬借の使役するところになった可能性は充分にある。かつて日吉社に神馬として奉納された馬を、日吉の神々を産土神と仰ぐ馬借が使役していたとすれば、馬借はむろんたんなる運送業者の集団ではなかったことになる。それは神馬をもって荷駄を運ぶ人びととして、日吉の神々のもっとも厚い守護をうけるべき資格を有する集団であったといっても過言ではあるまい。衆徒における神輿の役割を、馬借において果たしていたのは、ほかならぬ彼らが使役する馬であったと考えたい。そして、このような考え方は、古くからこの地に住みつき日吉の神々を産土神としてきた人びとがその神々の乗り物としての神馬を、一方、のちにこの地に住みつき同じ神々を産土神とした山門衆徒らがあたらしい神の乗り物としての神輿を、それぞれに別個に毎年の祭礼のなかで保持し続けたことを思い起こせば、さらに無理なく首肯されるものと思う。

むすび

延暦寺と坂本の馬借の関係がたんなる支配者と被支配者という上下関係にとどまらず、日吉の神々を産土神とする二つの集団――山門衆徒と坂本馬借――という認識をぬきにしては理解できない関係にあったことを検証してきた。その結果、応仁二年（一四六八）、山門衆徒らとともに堅田を襲った「途津・三浜馬借等」とは、まさにこのように山門衆徒と密接なかたちで結びついた人びとであったことが確認できたと思う。山門衆徒と坂本の馬借は、日吉社を核とする宗教的・民俗的世界を重なりあってもっており、そのような共通の世界に生きていたがゆえに、坂本の馬借も堅田大責に加わり奮戦したものと考えられるのである。しかし、一方で支配者としての山門衆徒が被支配者としての坂本の馬借を駆使する立場にあったことも事実で、堅田大責の論功行賞として、堅田の「関上乗」を山門衆徒が坂本の馬借に与えているのはその一つのあらわれといえよう。

また、堅田の側からみれば、彼らがあらゆる意味において延暦寺という巨大な権威のなかから脱出しようとすれば、最初に遭遇しなければならなかったのが、日吉社を核として独自の宗教的・民俗的世界に生きていた山門衆徒であり坂本の馬借であったということができる。その意味で堅田の前に立ち塞がったのは、単に軍事力として強大であったというだけでなく、宗教的・民俗的にも強固な独自性をもつ集団であった。ただ、その山門衆徒と坂本の馬借という厚い壁も、すでに堅田大責以前より内部崩壊のきざしをみせつつあったことは、康正二年（一四五六）の馬借蜂起が何よりも如実に物語っている。山門衆徒と坂本の馬借の宗教的・民俗的世界は、日吉社を核に重なりあって存在しながらもどこまでいっても融合しあうことはなく、それぼかりか、やがては両者は現実世界における支配者と被支配者としての矛盾を露呈させ、対立・抗争へと向かっていくこととなるのである。康正二年の徳政一揆は、まさにその先駆をなす事件であったといえる。

すでに見た通り、『本福寺跡書』は堅田が堅田大責で一旦は「途津・三浜馬借等」に奪われた「関上乗」をとり返したことを記すが、その時期は、次章で詳述するように文明四年（一四七二）のことと考えられる。同記によれば、堅田は今度は逆に山門衆徒の命のもとに「途津・三浜」に発向し、その功によって「関上乗」をとり戻しており、現在知られるところでは、山門衆徒による「浜(三津浜)」への攻撃は、文明四年をもってその最大のものとするからである。いずれにしても『本福寺跡書』のこの記事は、戦国時代に入って山門衆徒と馬借の関係が完全に破綻をきたしつつあったことを物語っている点で重要である。山門衆徒は、坂本の馬借を封じ込めるため、あえて堅田の戦力をもってこれにあてなければならなくなっていたわけであり、ここにおいて前代までの日吉社を核とする山門衆徒と坂本の馬借の強固な結びつきが破綻の危機に瀕していたことが知られるからである。坂本の馬借蜂起が、以後姿を消していく理由もむろんこのあたりに求められなければなるまい。

堅田大責の前後に堅田が置かれていた環境を粗描するにとどまり、当初、目的とした延暦寺と堅田真宗門徒の緊張関係については、多くを今後の課題として残すこととなったが、最後に坂本の馬借蜂起に関連して、正長の土一揆、嘉吉の土一揆と、坂本の馬借蜂起との関係についてふれておきたい。すでに先の年表からもあきらかな通り、これら土一揆の直前には期せずして坂本の馬借が行動を起こす気配をみせており、また事実、嘉吉元年（一四四一）の場合には彼らの行動が土一揆の起爆剤の役割を果たしている。これらは全くの偶然であろうか。のちに『日葡辞典』は、馬借という項目を立てるにあたり、わざわざ二つの見出しをつくり、それぞれに次のような説明を行っている。

馬借—すなわち一揆、暴動。

馬借が起こる。この暴動が起こる。

馬借―馬子・馬方。

後者の「馬子・馬方」の定義はともかくとして、前者の馬借の定義づけは、『日葡辞典』が作られたころもまだ馬借が「一揆、暴動」と同意義に用いられていたことを示している。

いうまでもなくこのような『日葡辞典』の「馬借」イコール「一揆、暴動」という言葉の定義は、神輿振りの系譜をひく馬借の蜂起という歴史事実にもとづき、当時の人びとが作りあげるにいたっていた定義と考えられるが、馬借の蜂起、もしくはその兆候が土一揆の引き金となったことを思う時、この馬借の定義は、充分に考慮されなければならない。すなわち、馬借の蜂起を小論でみたように、多少なりとも日吉社の神の啓示として当時の人びとがうけとっていたとすれば、これを引き金とした土一揆もまさにその神の啓示とは無関係ではなかったと推定されるからである。正長・嘉吉の土一揆が、馬借の行動にうながされるようにして蜂起していること、さらには『日葡辞典』が馬借と一揆・暴動を同義に定義づけていること、これらの点を土一揆の歴史的性格を考えるにあたって、今一度、改めて深く考えてみる必要があろう。

(1)　堅田に関する先学の業績については、水戸英雄「湖の領主―中世の堅田衆―」(『歴史手帖』一二―九)が詳しい論文リストをあげている。

(2)　延暦寺と坂本の馬借の関係については、さきに「坂本の馬借蜂起と神輿振り」(『京都市史編さん通信』一七九・一八〇、一九八四年)において、その概略を述べたことがある。

(3)　『本福寺跡書』(日本思想大系一七『蓮如一向一揆』、岩波書店、一九七二年)。

(4)　「途津・三浜」とは、いわゆる戸津と三津浜のことと考えられる。坂本は、近世には、日吉社の門前町としての上坂本と、湖岸に面した下阪本(浜坂本)の二つの地域名称をもつようになるが、中世においては、下阪本はたんに三津浜と呼ばれていた。三津浜は、普通、戸津・今津・古津の三津を指すものと考えられており(大津市編『新修大津市史』

二）、「三浜」が三津浜だとすれば、戸津（途津）が、三津浜の外にはみ出してしまうが、この点については、本書第二篇第一章参照。なお、三津浜に隣接する北国街道（西近江路）ぞいの富崎・比叡辻に馬借の本拠地があったことは、『日吉社室町殿御社参記』に「富崎・比叡辻馬借・車借」とみえることからもあきらかである（大津市編『新修大津市史』三参照）。

（5）拙稿「山門使節制度の成立と展開」（『中世寺院社会の研究』、思文閣出版、二〇〇一年、初出一九七五年）。

（6）馬借であったかどうかは不明ではあるが、坂本の者が堅田大責で重要な役割を果したことは『本福寺跡書』が、この時の軍の模様を次のように記していることからもあきらかである。

何トカシタリケン、坂本《サカモト》ノモノ一人、西浦ノ白浜ノ乱杭ヲツタフテ、南《ミナミ》ヨリノ大風《ヲヽカゼ》ニ、法住ノ弟法西ノ大葛屋へ火《ヒ》ヲツケ、風ニマカセ焼キタテ、タマラズ、ソノ軍《イクサ》ニ取負《トリマケ》テ敗軍《ハイグン》ス、

（7）永享五年（一四三三）から翌六年にかけて坂本の馬借の行動は、いわゆる永享の山門騒乱時のもので、山門使節が室町幕府と武力抗争を行った時のものである（前掲註5拙稿参照）。また永享九年の出来事は、近世の写ではあるが、「鵜川幷郡堺相論目録」（『伊藤家文書』）なる表題をもつ近江国の小松庄と音川庄の堺相論の記録に収められたもので、必要部分だけを抄出するとその内容は次のようなものである。

一、沙汰畢而後、打下輩、鵜川山江乱入シテ、剰永享九年六月十二日ニ当庄之山人廿余人討取、則使節令参洛、此趣上意江伺申処ニ、忝忽護正院代官光蔵於被召上於京都、同十四日、被切腹畢、猶以御いきとほり頻シテ、同七月上旬、音羽庄於有御発向也、

一、於御勢々（者）、当国山徒中江被仰付者也、

堂社仏閣無残被焼失華。雖然彼百姓狼藉依不止、山徒杉生之代東連房、馬借ニ申付、打下之者馬大郎・兵衛四郎・衛門五郎、此三人於討取事在之、

引用中にみえる護正院・杉生坊は当時、山門使節を務めていた山徒であり（前掲註5拙稿参照）、この前後の記述も中世の出来事を忠実に記録しており、年表中に一事項として入れた。

このほか嘉吉元年の馬借による六角満綱の京中の宿所襲撃事件の背景に延暦寺と六角との長い確執があったことは、拙稿「嘉吉の土一揆と六角氏」（『歴史手帖』三―二）、「室町・戦国時代の六角氏」（『八日市市史』二）参照。

（8）　A—①に分類した康暦元年（一三七九）・応永二十五年（一四一八）の二つの例は、ともに馬借が円明坊の新関設置に抗議し蜂起した例である。事件の契機となった円明坊による新関設置の背景には、室町幕府の認可があったかとも思われるが、馬借の抗議の対象はあくまで円明坊個人であり、そのことは、応永二十五年の場合、祇園社での騒ぎに侍所は出動しながらも一切手出しせず、また京都の人びとも「如霞群集」（『看聞都記』同年六月二十五日条）し、遠まきにこの騒動を見物するだけであったことなどからうかがうことができる。なお『看聞御記』は、この騒ぎの主体を「大津馬借数千人」と記すが、大津にこれほど多くの馬借が存在したという明証はなく、康暦元年の出来事などから考えて、これはやはり坂本の馬借を主体としたものであったとみて誤りないものと考える。本篇第三章参照。

（9）　『師郷記』康正二年九月十九日条。「文安三年社中方記」（『祇園社記』一三）は、この事件を次のように記す。

一、坂本八王子御社焼失事、土一揆為ニ徳政興業之為、閉籠間、仰付使節仁有対治之間、懸火令打死畢、于時康正二年丙子

（10）　『北野社家日記』明応二年十一月十五日条は、この時の鎮圧軍について「為山上及勢遣」と記し、その他の記録も「自山門衆徒等発向」（『親長卿記』同月十六日条）「仍為山門令発向」（『後法興院記』同月十六日条）と、延暦寺より衆徒らが差しむけられたことを記す。

なお、明応二年の騒動の主体を明確に馬借とするのは『大乗院寺社雑事記』（十一月十八日条）『大乗院日記目録』（同月十五日条）だけで、『北野社家日記』はたんに「一揆衆」とし、『後法興院記』は「土一揆徒党」（ともに十一月十五日条）、『親長卿記』は「志賀郡之土民」（同月十八日条）とする。山門衆徒も志賀郡一帯をその掃討範囲としており、明応二年の土一揆は、康正二年のそれより、はるかに地域的な拡がりをもっていたようにみえる。しかし、その日吉社に閉籠するという闘争形態よりみて、土一揆の中核・主体はやはり坂本の馬借にあったとみるのが正しかろう。そしてこの事件からは、坂本の馬借と呼ばれるものの実体が、坂本を中心とする農民であったことを読みとるべきかもしれない。

（11）　正長元年八月二十七日付「山門西塔院閉籠衆々議事書」（『北野社家条々抜書』）は、北野社の公文所禅能の悪行五か条を列記したあと、その末尾を次のように結んでいる。

所詮此等条々存《シテ》如在《ヲ》令難渋者、犬神人幷差遣馬借等《ヲ》忽《ニ》可破却□□事、不可廻踵《ヲ》、其時定而《テ》可有後悔哉之旨、群議《クンキ》

了、

なお、この時の犬神人、馬借の発向を阻止するにあたり、竹内門跡は当時「馬借・犬神人年預」を務めていた上林房なる山徒の力を頼っている(同上)。

(12)山門衆徒の嗷訴を「僧兵」という観点から論じている勝野隆信『僧兵』(日本歴史新書、至文堂、一九五五年)、日置昌一『日本僧兵研究』(国書刊行会、一九七二年)においても、神輿振りの歴史は詳しく叙せられているものの、その宗教的・民俗的意味についてはほとんどふれられていない。

(13)『大日本史料』第三編之三、九三〇～五三頁参照。

(14)同右。

(15)同右。

(16)日吉の神が文献にみえるもっとも早い例は、『古事記』上巻の大国主命の国作りの最後の段、大年神の御子神の系譜のなかに「大山咋神、亦の名は山末之大主神、此の神は近淡海国の日枝の山に坐し」とある(大津市編『新修大津市史』一、景山春樹『比叡山寺』、同朋舎、一九七八年)。

(17)日吉の神々(山王)が、山門衆徒の産土神としての性格をもっていたことは、『日吉山王利生記』三(『続群書類従』二下)に収められた物語のなかで、後朱雀天皇に憑いた山王がみずからを「われはこれ、外には三千の僧侶を養て子とし、内には一乗の教法をなめて命とする根本叡岳の王也」と称している部分があることからも知ることができる。また同じ物語には「すべて山王の御託宣には、山徒一人も離山する時は、三尺の剣、胸のうちに入がことくなりとぞ侍るめる」といった文章もみえ、日吉の神々(山王)と山門衆徒の密接な関係のあり方がうかがえる。なお同記には、このほかにも同種の話が数多く収められている。

(18)たとえば、応安元年八月四日付「日吉十禅師彼岸所三塔集会事書」(『大日本史料』第六編二九所収『南禅寺対治訴訟』)は、日吉社の神罰を蒙った例として、藤原師通以下、佐々木高信・八幡別当宗清・富樫太郎・安達安盛・足利義詮・足利基氏らの名前を列挙する。

(19)柳田国男は、「祭礼と世間」(『定本柳田国男集』一〇、筑摩書房、一九六二年)という論文のなかで、当時、話題となっていた岩手県の帆手祭における神輿の乱暴について述べ、次のように記している。

そこで自分の言はんと欲する所は、もしそれ陸前塩竈神社の神輿にして、重いが為に通例は行き向ふまじき人家の門の内などにも入つたのだとするならば、至つて容易にそれが人間の意有つての所業で無かつたことを証し得る。何となれば、神輿は本来重くもなり軽くもなる性質の物であるのみならず、今迄軽かつたものが俄に重くなると云ふのは、即ち眼に見えぬ奇《く》しき力の、新たに来り加はることを意味すると解するのは、単に過去何千年の間の人の習癖であつたとも云はれぬほど、確乎とした論理学上の基礎ある事柄であるからである。別の語で言ふと、それは一つの信仰の結果では無くて、寧ろ其原因であつたからである。

柳田がここで鋭く指摘している通り、神輿が動くのは、あくまで「眼に見えぬ奇しき力」のためであった。さらにその言葉をかりれば、その「眼に見えぬ奇しき力」とは、信仰があって始めて存在するのではなく、それがあるがゆえに人びとの信仰を集めるという性格のものであった。神輿（神）とこれをかく人びとの関係を見事にあらわした言葉といえよう。

(20)　『続群書類従』二一。『耀天記』は、『日吉社貞応記』『山王耀天記』とも言い、その成立は貞応二年（一二二三）で、作者は不明ながら天台系の学僧の筆になるものであろうといわれている（『群書解題』二上）。

(21)　『古事類苑』神社部。日吉祭では近世まで神々の還幸に七頭の神馬が用いられていたことについては、拙稿「サントリー美術館蔵「日吉山王祭礼図屏風」に見る中世の日吉祭」（松本郁代・出光佐千子・彬子女王編『風俗絵画の文化学Ⅲ』、思文閣出版、二〇一四年）参照。

(22)　前掲註(16)『比叡山寺』二七九頁。

(23)　同右。

(24)　歩射が年占の目的で正月に行われることについては、柳田国男「濱弓考」（『定本柳田国男集』二一、筑摩書房、一九六二年）他参照。柳田は歩射などの占いが「保護神の啓示」のためであったこと（「木思石語」、同前五）、またその「背後に大いに頼む所の氏神、里の神の御威光があったこと」（「山の人生」、同前四、一九六三年）をも指摘している。

(25)　保安四年（一一二三）七月、鳥羽上皇が平忠盛・源為義を神輿振り鎮圧に用いて以降（『百錬抄』他）、時により程度の差こそあれ、衆徒らは常に武士との衝突を意識しなければならなくなった。

(26)　「御礼拝講之記」（『続群書類従』二二）。

(27) 中世、東国・北国から京都に運ばれる物資の大半は、琵琶湖の水運を利用し坂本に荷あげされ、今道越（山中越）を通って京都にまで運び込まれた。大津が坂本にかわって、いわば京都の西の外港となるのは、豊臣秀吉が大津百艘船の制度などを整え、その港としての整備をはかって以降のことである（大津市編『新修大津市史』二・三、一九七九・一九八〇年）。本書第二篇第一章参照。

第三章　坂本の馬借と土一揆――「王法仏法相依論」の呪縛からの解放――

はじめに

わが国の中世の社会と国家を考える上において、公家や武家の勢力だけでなく寺社勢力が必要不可欠の存在であることを黒田俊雄氏が指摘して以来、久しい(1)。その後、寺社勢力に関する研究の深化はめざましいものがあり、延暦寺・興福寺を初めとする大寺院はもとより、地方寺院に関してもその組織・運営の実態が具体的にあきらかとなりつつある。

そのようななか、現時点で共通認識となった寺社勢力にかかわる研究成果を一つあげるとすれば、寺社勢力の中核に位置する中世寺院が、衆徒（大衆）の「衆議（評議）」によるいわゆる「惣寺（満寺）」体制をもって維持されていたことが明確になった点があげられよう(2)。俗世の公家・武家が天皇・将軍を頂点にいただくピラミッド型の階層社会をもって構成されていたのに対して、中世寺院はそれとはいわば対極に位置する平等な人間関係を基盤として存在していたわけであり、中世社会の基本的な枠組みを考える上においてきわめて重要な研究成果といわなければならない。

また、彼ら衆徒が政治的に公家・武家と対峙するにあたって、いわゆる王法仏法相依論を巧みに利用していたことがより鮮明になった点も確認しておかなければなるまい。王法と仏法が互いに助け合うことによって現世の安寧が保たれるという王法仏法相依論によれば、仏法との共存なくして王法の存立はありえず、公家・武家が衆徒からの堂舎閉籠や嗷訴をもってする、この「相依」関係の一方的な解消宣言を何よりも恐れたのもこのためであった。(3) 衆徒は「王法仏法相依」の呪縛をもって公家・武家政権を威嚇し続けたわけであるが、その威力がいかに強大であったかは、公家・武家政権が衆徒の要求を常にほとんど無条件で受け入れ続けていたという事実がなによりもよくこれを物語っている。(4)

なかでも延暦寺（山門）の嗷訴（山訴）の力は絶大で、嘉保二年（一〇九五）に八王子社（日吉七社のうち）の祟《たた》りで関白藤原師通が悶死したのを皮切りに、(5) その訴えを無視した公家・武家が数多く非業の死を遂げたこともあり、(6) 平安時代末以降、同寺の主張する「仏法」は絶対的な権威となる。「山門訴訟、古今皆背理、然而此宗有事、必為不吉之徴、心中深恐歎、誰出口外乎」とは、建暦三年（一二一三）八月、山門衆徒が清水寺と争った時に藤原定家が洩らした感慨である。(7) 山門の掲げる「仏法」が現実のものとしていかに恐れられていたかがうかがえよう。このような山門の嗷訴の脅威は以後も衰えることなく、それればかりか室町時代になると、疫病を初めとする天変地異が山訴と連動するかのようにして頻発したこともあり、人びとの「仏法」への畏怖の念はかつてない高まりをみせる。

そのことをもっとも如実に示すのが幕府の山訴への対応である。第一篇第二章で見た通り、室町時代、応永二十一年（一四一四）から文正元年（一四六六）までの約五十年間に起こった山訴は二十八回を数えるが、将軍足利義教が武力で衆徒と争った永享の山門騒乱時の数回を除き、幕府はこれ以前の公家政権と同様、その要求のすべてを受諾している。幕府が山訴がもたらす「不吉」をいかに恐れていたかを示すものといえる。(8)

では、南北朝時代末以降、朝廷に代わり実質的な「王法」の執行者となっていた幕府が恐れたその「不吉」とは、具体的にいかなるものだったのであろうか。結論からいえば、それは山訴によって「王城守護」を担う祇園・北野両社の祭礼が執行不可能となり、その結果、災癘が京都を襲うことであった。この事実は、寺社勢力（仏法）と幕府（王法）、その両者の支配下にあった京都の民衆という三者の関係を考える上においてきわめて重要な意味をもつと考えられる。その展開を改めて確認すれば次のようになろう。

山訴が開始されると、延暦寺・日吉社における祈りはすべて停止され、これにともない末寺・末社における祈りもすべて停止となる。その結果、当時、日吉社の末社となっていた祇園社・北野社でも神事は停止となるが、問題は両社が「王城守護の二神」だったことである。日吉社と祇園・北野両社の関係を『応仁略記』は「祇園・北野の両神は本社山王権現の御代官とて、王城守護の二神、やんごとなき次第どもなり」と記している。

つまり、日吉社を支配する山門の嗷訴は、「王城守護の二神」の祭礼を止めさせる力をもっていたわけであり、幕府がもっとも危惧したのは、山訴によって祇園・北野の両祭が執行できなくなり、「王城」が災癘から無防備な状態におちいることであった。

幕府がそのような事態を何としても回避しようとしていたことは、山訴では山門の要求をすべて年末までに受け入れているという事実がよく物語っている。たとえば、宝徳元年（一四四九）の場合でいえば、山訴によって五月五日の日吉小五月会以降、六月の祇園会、八月の北野祭が延引となっていたが、十二月初めに幕府が山門の要求を全部受け入れ、その結果、同月六日に日吉小五月会が執行されたのを皮切りに、翌七日から十四日にかけて祇園会が、また同月十二日から十五日にかけて北野祭が執行されているのである。このような年末の祭礼執行は、応仁・文明の大乱以前の二十八回の山訴のうち確実なものだけで六回を数える(9)。

そして、より重要な点は、このような幕府の山訴を受け入れての年末の両祭執行の背景には、それを求めてやまない京都の民衆の存在があったという点である。時代は少し下るが、早島大祐氏によれば、応仁・文明の乱後の明応九年（一五〇〇）の祇園会の再興は、「火災・疫病の背景に祇園の祟り」があるとする「下京地下人」と、

「御霊信仰と権力の荘厳を意図」した幕府の二つの動向のなかで実現したものであったという。[10] 後者についてはともかく、前者がきわめて切実なものであったことは、祇園会の再興からさかのぼること八年、京都で疫病が大流行し人びとを悩ませていた明応元年六月の出来事が、なによりもよくそのことを示している。同月の祇園会の式日当日、祇園社は参詣者であふれ、その群集は「二条室町」から「四条祇園」までを「寸地」なく埋め尽くしたという。[11] 翌明応二年の六月の祭礼式日にも、同社は「雲霞」の如き多数の参詣者で埋まっており、災厲に悩む京都の民衆がいかに祇園会の再興を希求していたかがよくわかる。[12]

さらに、河内将芳氏によれば、明応九年の祇園会の再興は幕府が「山門大衆の意向を振り切って」強引に行ったものであったというが、[13] その直接の契機となったのはやはり疫病の退散を願う民衆の祈りであった。『後慈眼院殿御記』は、同年四月一日条に「世間疾病充満、以外也」と、この年の疫病の惨状を書きとめている。民衆のひたすらに災厲退散を願う思いが、幕府に「祇園会事、近年退転之条、且叵測神慮者歟」[14] という言葉を吐かせ、祇園会を再興させたとみてよい。

中世、山訴における「仏法」は決して抽象的な概念としてのみ存在したわけではなかった。それは「王城守護の二神」をコントロールする力を現実にもっており、「王法」の担い手となっていた幕府はもとより、「王城」の住人としての京都の民衆もその呪縛下にあったのである。

京都では、南北朝時代末以降、山門（仏法）と幕府（王法）は連携して、酒屋・土倉を初めとする富裕層から、それぞれ「神役」「公役」の名目で莫大な収益をあげる体制を確立していた。[15] 経済面でも「王法仏法相依」は厳然たる事実として存在していたわけであり、この点で京都の民衆は物心両面にわたって「王法仏法相依」の呪縛下に置かれていたといわなければならない。

しかし、京都の民衆がそのような過酷な支配状況に対してまったく無抵抗であったかといえば、決してそうではなかった。幕府を動かしての祇園会の再興は彼らの祇園社へのあつい信仰があって初めて実現したものであったし、より直接的な行動としては、正長元年（一四二八）に始まる土一揆の蜂起がある。京都における土一揆が、山訴という「王法仏法相依」関係が一時的に破綻状態におちいった時を見すかし蜂起していることについては、すでに第一篇第二章で指摘した通りである。(16)京都の民衆は、幕府と山門の「王法仏法相依」関係をいわば逆手にとることで、土一揆という抗議行動を実現させていたのである。では、そのような巧みな抵抗手段はどのような経緯のもとに獲得されたのであろうか。

それを知る上で大きな手がかりとなると思われるものに、南北朝時代末以降、頻発した近江坂本の馬借の嗷訴がある。ここでは京都の土一揆がなぜ山訴と連動して蜂起したのかを、坂本の馬借の嗷訴をとりあげ、その実態を解明するなかで考えていきたい。なお、本篇第一章で検証したように、坂本は山門が政治・経済活動の拠点とした都市であり、その住人（在地人）は京都の民衆以上に山門の標榜する「仏法」の強力な呪縛下にあった。むろん馬借もその例外ではなかったことをあらかじめ指摘しておきたい。

一　康暦元年と応永二十五年の坂本馬借の嗷訴

前章において、坂本の馬借が山門の支配下にあり、そのためしばしば山門の尖兵として活動していたこと、その一方で彼らがみずから独自の要求を掲げて蜂起することもあったが、その場合、彼らが日吉社の神威を帯びた存在（「馬ノ衆」）としてこれに臨んでいたことを指摘しておいた。それらの点を改めて確認した上で、最初に坂本の馬借が初めて歴史の舞台に登場する南北朝時代末から室町時代初めにかけての三度の蜂起について検討を加え、ついで彼らの坂本における存在形態、および彼らが主体となって蜂起した坂本の土一揆の実態について検討を加えていくこととする。

坂本の馬借が初めて蜂起した事件としては、管見の限りでは、康暦元年（一三七九）六月のものがもっとも古い。その後、応永二十五年（一四一八）にいたり、彼らは再び嗷訴を惹起する。

康暦元年六月、祇園社を舞台に展開した坂本の馬借の示威行動に関して、祇園社の『祇園社記』六（A）と『愚管記』（B）は次のように記す。

A『祇園社記』六・康暦元年六月十三日条

同十三日、夜中十四日、坂本より馬借惣党人等千余人打入当社濫妨ス、訴訟題目者、日野殿円明坊関所之事、(17)

B『愚管記』康暦元年六月十四日条

十四日戊寅、晴、（中略）自今暁山門公人・宮仕以下数百人群集祇園社、新関停廃、先日神輿帰坐之時、雖有裁許、無其実、今日祭礼抑留之上、不事行者、可焼払当社之由申之、武家令裁許之間、及晩退散云々、可振祇園神輿之由有其聞之間、武家少々馳向河原、然而無殊事、

Aによれば、この時、祇園社に「打入」り「濫妨」を働いたのは、「馬借惣党人等千余人」であったという。ただ、Aではその目的を「日野殿円明坊関所之事」とするだけで、彼らがなぜこのような行動に出たかは今一つよくわからない。この点について、彼らの目的が幕府に「新関停廃」の「裁許」を履行させることにあったと伝えるのがBである。

ただ、祇園社に押しかけた「群集」に関して、Aが「坂本より馬借惣党人」とするのに対して、Bは「山門公人・宮仕以下数百人」としている。結論からいえば、これはBはまちがっており、Aの方が正しいと考えられる。Aが直接の被害者となった祇園社に残された記録であり、かつこれ以後、同社に閉籠することが坂本の馬借の常套手段となっているからである。ちなみにBの伝える「先日神輿帰坐之時」とは、五日前の六月九日、七年

もの間、「空輿」のままで祇園社に安置されていた日吉七社の神輿が日吉社に帰座した事実を指す[18]。

次に坂本の馬借の蜂起として確認できるのは、応永二十五年（一四一八）六月の嗷訴である。このことを伝える『看聞御記』(C)の記事と、『八坂神社文書』所収の二点の文書(D・E)を左に引用する。

C『看聞御記』応永二十五年六月二十五日

抑祇薗(園)社ニ大津馬借数千人今暁閉籠、神輿奉餝、山徒円明坊へ可奉振云々、祇薗(園)修(執)行坊其外坊ニ悪党乱入、如追捕、近辺在家壊テ篝ニ焼、若訴詔(訟)不叶者、社頭可放火云々、侍所大勢馳向、悪党為追払云々、但不及合戦、河原ニ大勢相支、京中見物如雲霞群集云々、公方馬借ニ被成御教書落居云々、濫傷(觴)就米沽却事、開(関カ)通路確執云々、円明非拠之沙汰云々、

D「宝寿院顕縁申状案」応永二十五年十二月（『八坂神社文書』一二八〇号）

祇園執行権少僧都顕縁謹言上

右当社領国々諸庄園　勅裁・御判等、御教書・手続(継)証文等紛失之事、去六月廿五日山門之強訴、阿毛井水之事、馬借等訴訟付堅田之関等事、閉籠当社之刻、乱入顕縁之坊中、壊文庫、資財幷文書等悉運取畢目録別紙注進上之、而間、為後証預御下知、全神用、為致御祈禱之精誠、謹言上如件、

応永廿五年十二月　日

E「宝寿院顕縁請文」（『八坂神社文書』八七五号）

被仰下記録進上事

一、弘安六年顕尊日記

一、延文五年日顕詮記録一巻

右此外記録証文等、去応永廿五年六月廿五日、馬借乱人之時、紛失仕候、以此旨可有御披露状如件、

永享三年八月廿一日　　執行顕縁（花押）

御奉行所

この時、祇園社に「乱入」「閉籠」したのが「馬借」であったことは、三点の史料が記す通りである。ただ、その馬借の本拠地についてはD・Eは何も伝えず、Cだけが「大津馬借」とする。しかし、本篇前章でも指摘したように、Cの記載はあきらかな誤りで、彼らはやはり坂本の馬借であったと考えられる。そのことはこの時の「馬借」の訴えが、Dが「馬借等訴訟付堅田之関等事」と記すように、康暦元年と同様に関所に関するものだったことからも裏づけられる。

これらの点をふくめてこの応永二十五年の示威行動には、康暦元年の示威行動と共通する点が多い。それらを整理して示すと表1のようになる。

表1　康暦元年・応永二十五年の嗷訴

	嗷訴の主体	訴えの題目		閉籠場所	威嚇手段①	威嚇手段②
康暦元年	坂本の馬借	新関停廃	円明坊関所之事	祇園社	社殿への放火	（祇園）神輿振り
応永25年	馬借	堅田の関	円明坊非拠沙汰	祇園社	社殿への放火	（祇園）神輿振り

両者にはこの他にも看過できない共通点がある。それは彼らが山門を介することなく直接、幕府に訴えを起こしている点である。それだけでない。彼らの訴えを幕府がそれぞれ「武家令裁許之間、及晩退散」（B）、「公方馬借ニ被成御教書落居」（C）とあるように、ともに無条件で受け入れている点も共通する。

では、そもそも彼らはなぜ康暦元年六月という時点で、このようなかたちで歴史の舞台に登場し、幕府にみずからの要求を突きつけこれを認めさせることができたのであろうか。

康暦元年六月の嗷訴が、直前に実施された日吉社の神輿帰座の見返りに幕府が山門に与えた「裁許」の履行を求めたものであったことは先にふれたが、山門にその「裁許」を下したのは、同年閏四月のいわゆる康暦の政変によって管領細川頼之を幕政から放逐した将軍足利義満であった。その間の経緯を『日吉神輿御入洛見聞略記』は次のように伝える。

康暦元年己未閏四月十四日、武家執事武蔵守頼之、依諸大名訴訟自大樹被立御使之間、忽没落四国了、於不落命之条、偏大樹之芳恩、此間之旧好也云々、是則日吉神輿、数年雖有御在洛、造替事一切無沙汰之間、為神罰之由乗人口歟、仍同五月比、山門使節宿老数輩列参之時、大樹対面、造替事指定奉行日時等、厳密被下知之間、山僧等開眉頭、先於神輿者可奉帰入之由申之云々、

頼之の強硬な対山門政策によって長らく祇園社に安置されたままになっていた日吉神輿を帰座させるため、義満が応安元年（一三六八）以来、十年以上も放置されていた神輿造替を山門に約束したことがわかる。そして、それとともに彼が山門に約束したのが、「新関停廃」（B）だったのである。

神輿造替は約束通りすぐに実施され、翌年康暦二年六月には新造となった神輿が日吉社に奉送されている[19]。では、今一つの約束「新関停廃」は、なぜ実行されなかったのであろうか。理由は衆徒の円明坊の存在にあったと考えられる。

坂本の馬借が訴えた「新関廃止」とは、Aによれば「円明坊関所之事」であった。当時の円明坊の房主は康暦の政変直後、義満から山門使節に任じられた兼慶であるが[20]、彼はこれ以前より近江の所々に関所を保持していた。たとえば永和元年（一三七五）十月、彼は葛川行者より「下立関」で葛川への参詣者に濫妨を働いたかどで訴えられている[21]。また、兼慶は同四年六月、「今堅田関所事」の「無為落居」を祇園社に祈念している[22]。

Aにいう「円明坊関所之事」とは、それらをふくめ兼慶が近江の各所に保持していた関所を指すと推定される。義満が山門に神輿造替とともに約束した「新関停止」は、その兼慶の諸関所の権益を損なうものだったので

あろう。そのため幕府・山門使節はともに「新関停廃」を遵行せず、結果的に坂本の馬借の権益が大きく損なわれる事態が出現したものに違いない。彼らが山門を介することなく直接、幕府に約束の履行を迫ったのは、山門を主導する山門使節の行為が訴えの対象となっていたからと考えられるのである。

ただ、それにしても彼らがその訴えを祇園社への閉籠という、かつてないかたちで実行したという点に関しては、別に考えられなければならない。

抗議行動としての閉籠は、通常、閉籠主体が常日頃、祭祀・仏事を執行している堂舎において行われた。それは文暦二年（一二三五）七月の「藤原良平意見状」が、「如衆徒結構者、及裁許遅怠者、一山閉門戸、七社塞道路、禅侶去松房、聖教納苔厳之条、不可廻踵云々」というように[23]、本来、衆徒が抗議のために神仏への祈りを止める行為であり、そのために衆徒はみずからの日常的な祈りの場である堂舎をその場所として選んだのである。

しかし、坂本の馬借においては、彼らが祇園社を日常的な祈りの場としていたという形跡はない。それにもかかわらず彼らは康暦元年以降もしばしば祇園社に入り、同社を幕府への抗議行動の拠点としている。その理由をいますぐに明確にすることはできないが、一つには、中世、祇園社が日吉社の末社となっていたことが大きくかかわっていたと推定される。山門の支配下にあった坂本の馬借は、前章で見たように日吉社の氏子でもあった[24]。彼らはその本社の氏子の立場をもって、末社祇園社を活動拠点としていたのではなかろうか。

すでに述べたように、室町時代、山訴に対して幕府は基本的にその訴えをすべて受け入れていた。「仏法」の前には幕府は無力であったわけであり、とすれば、その同じ「仏法」のもと日吉社の神威を帯びた坂本の馬借の嗷訴に対して、幕府が同じ対応をとったとしても何ら不思議ではない。そして、まさに康暦元年・応永二十五年の嗷訴で、幕府が彼らの訴えを無条件で受けいれている事実が、坂本の馬借の嗷訴を幕府が山訴と同質のものとみなしていたことを如実に物語っている。

なお、応永二十五年の示威行動では「山門之強訴」(D)が同時進行している。このため坂本の馬借の行動は、その一環であったかのように見えないこともない。しかし、その収束は、Cが「公方馬借ニ被成御教書落居」と記すように、足利義持が坂本の馬借に「御教書」を付与することで実現している。坂本の馬借の嗷訴が、「山門之強訴」とは別に展開していたことを裏づけるものといえよう。

また、応永二十五年の示威行動は、表1からもあきらかなように、康暦元年とほぼ同じ展開をみせている。これは康暦元年の「武家」の「裁許」(B)が結局は履行されず、坂本の馬借が改めてその遵行を求めた結果と推測される。

二　応永三十三年の坂本馬借の嗷訴

坂本の馬借が三度目の嗷訴を惹起したのは、応永三十三年（一四二六）四月のことである。この嗷訴については、その前後の展開をふくめて、『薩戒記』『満済准后日記』『兼宣公記』の記事に詳しい(F・G・H)。

F『薩戒記』応永三十三年四月二十日条

今日日吉祭、馬借等致狼藉上卿幷内侍、令抑留内侍車、二三許町牽取之、仍公人等支之間、忽欲刄傷公人様々逃帰了、花山納言(持忠)参向歟如何者、先年蔵人弁俊国参向之時遇此事云々、凡日吉祭日、駕輿丁等之所行、更不応衆徒成敗之条、事旧畢、已雖然祭上卿以下如此儀未曾有事也、送書状於難波中将入道宗敦朝臣也許、問事趣、返答云、上卿参行毎事無為帰京已了者、内侍頗遅参、仍有違乱之事由、所伝承也者、

G『満済准后日記』応永三十三年六月七日条

祇園会如常云々、坂本馬借等去月日吉祭礼時、内侍車ヲ令抑留致嗷訴云々、雖爾使節三人杉生・乗蓮・金輪院等依相誘無為云々、此事以外嗷訴、希快(奇怪)至極由、内裏被仰出間、為室町殿被仰付山門使節三人令追出坂本、放火住宅

了、依之、馬借等弥隠居在々所々致狼籍(藉)、剰祇園・北野以下社頭ニ令閉籠、偏可致嗷訴其企在之云々、

（同月十三日）馬借此両三日前御免云々、

H『兼宣公記』応永三十三年六月八日条

抑坂本馬借、去四月、日吉祭礼之時、参向内侍車依抑留之罪科、被仰付山門使節、馬借居住之在所悉以令破却云々、為散此鬱憤、馬借一党族数百人乱入京都、不嫌貴賤不論上下、可令放火、殊者、北野社公文所禅能法印坊可令破却由依有其聞、（中略）

件馬借濫觴者、於酒屋所々致麴之業之処、去年以来依北野公文所禅能法印申請、於麴業者、雖(為)北野神領西京可致其沙汰之由被仰出、被止所々麴業了、依之江州八木売買依無其直、件馬借雖致訴訟、不達上□(聞)之間、日吉祭之時、上卿・弁等之内、雖為何云人欲令抑留之処、内侍車到来之間、雖令抑留、山門使節加制止、則雖無子細、已以及嗷訴之企、不可然之由自内裏被申室町殿厳密之御下知了、麴事、依禅能訴訟如此之間、可破却彼坊云々、

すでによく知られた出来事ではあるが[25]、この時の嗷訴の経過を簡単に見ておくと次のようになる。発端は北野社の酒麴業独占によって引き起こされた「江州八木」（H）の高騰にあった。これに抗議して坂本の馬借が日吉祭に参向した内侍車を「抑留」（F・G・H）。山門使節の「制止」（H）によって内侍車はなんとか解放される。しかし、朝廷からの報告をうけた足利義持はただちに坂本の馬借の処断を山門使節に命じ、これをうけて山門使節が坂本の馬借の「居住之在所」（H）「住宅」（G）に放火する。ところが坂本を追われた坂本の馬借が京都に「乱入」（H）し北野社松梅院を破却するといううわさが流れるにいたり、幕府は彼らの要求をすべて聞き入れ騒動はようやく収まったのであった。

前節で見た康暦元年、応永二十五年の嗷訴の経過を念頭に置き、この嗷訴における馬借の行動を検証していく

こととしよう。

まず、先に表1で掲げた「嗷訴の主体」「訴えの題目」「閉籠場所」「威嚇手段」等の項目順にこの嗷訴を検証していくと。「嗷訴の主体」が坂本の馬借であったことは、G・Hが「坂本馬借等」「馬借一党族」と明記している通りである。次に「訴えの題目」であるが、北野社による酒麹役独占の停廃という題目は、一見すると前二回とは全く異なるように見える。しかし、今回の嗷訴の直接の原因は、Hによれば、「江州八木売買依無其直」という状況にあった。先の応永二十五年の嗷訴の発端を、Cは「濫傷《(觴)》就米沽却事」と新関の設置にもたらされた「米沽却」のことにあったと伝えており、この点で両者は一致する。

三つ目の「閉籠場所」に関しては、実行にはいたらなかったものの、Gは「祇園・北野以下社頭ニ令閉籠、偏可致嗷訴其企在之」と、今回も祇園社がその場所に予定されていたことを伝える。最後の「威嚇手段」もそれが実施される前に訴えが認められているため詳細はわからないが、「乱入京都、不嫌貴賤不論上下、可令放火」(H)といううわさは、坂本の馬借が前二回同様に「放火予告」をもってこれにあてようとしていたことをうかがわせる。

これらの点から応永三十三年の嗷訴は、その内容において前二回と基本的に同じ性質のものであったといえる。ただ、今回の嗷訴が前二回の嗷訴と大きく異なるのは、なぜ坂本の馬借が嗷訴を起こさなければならなかったかが詳細にわかる点である。発端となった幕府による北野社への酒麹役独占権付与にまでさかのぼって、坂本の馬借がどうして山門を介することなく独自に嗷訴を起こすにいたったかを改めて確認しておくこととしよう。

そもそも発端となった北野社による酒麹役独占は、応永二十六年（一四一九）十月、足利義持が同社の松梅院禅能にその権利を付与したことに始まる。その時にあたり山門はこれに全く反対しなかったばかりか、次のような集会事書をもって積極的にこれを認可していた。(26)

応永廿七年潤(閏)正月十一日十禅師彼岸三塔集会議曰

　早可為寺家沙汰被触申北野社務辺事

右、天満天神者、円宗愛楽之神明、山門崇重之霊神也、然間日吉与北野本末之旧好異于他、山門与洛中敬信之尊卑超余、爰酒麹事、聖廟垂跡(迹)已前被定其業、降臨已後殊為神職依怙、而頒(頃)年東京動恣私曲、称麹室之間、神祭已下零落之条、無勿躰之次第也、幸為　公方任旧議(儀)御成敗之処、万一為山門得非拠之語、及余議者不可然者也、以一旦依怙被悩万年之神襟之条、末社之衰微也、本山争不歎之乎、仍向後於酒麹者、且任　公方御成敗之旨、且任往古之古(故)実、専西京麹業、被止東京麹室之上者、堅為山門不可有違乱之煩、将又於北野者、自往古被止公人乱入之旨、被定大法之上者、殊就此等篇目、万一雖有公人等罷向事、為社中堅相支不可被入立者也、仍為後証加使節暑(署)判并三塔谷々連暑(署)、所触送社家之状如件、

この事書の末尾には四人の山門使節と三塔の衆徒九十人、それに「在坂本人数」の衆徒二十一人と執当のあわせて百十六人が「暑(署)判」を加えており、山門使節の主導のもとに山門が北野社の「麹業」独占を積極的に認めていたことがわかる。

応永三十三年の嗷訴は、このように幕府と山門がともに認めた北野社の酒麹役独占に対して、坂本の馬借がその破棄を求めて立ちあがったものであった。康暦元年と応永二十五年の嗷訴とは最終目的とするところが大きく異なるとはいえ、幕府・山門の不当な行為に対して異議を唱えるという点で、応永三十三年の嗷訴はこれまでの嗷訴と共通する。

また、この点にかかわって注目すべきは、彼らが坂本において「(山門)公人」の制止をも聴くことなく内侍車を抑留しているという事実である(F)。それは「凡日吉祭日、駕輿丁等之所行、更不応衆徒成敗」という、日吉祭における非日常的な状況のなかでの出来事ではあったが、それだけにこの日を選んだ彼らの「内侍車抑留」と

いう行為は山門への抗議と抵抗を明確に意識したものであったとみなければならない。

幕府が山門使節に彼らの処断を命じているのは、当時、坂本の検断権は山門使節が保持していたからであり(27)、この点で坂本の馬借は幕府の手の届かないところに存在していたといえる。なお、坂本の馬借の威嚇に対して幕府がなす術もなく、すぐにその要求を「室町殿厳密之御下知」(H)をもって受け入れている点は、康暦元年、応永二十五年の時と全く同じである。

以上、康暦元年・応永二十五年・応永三十三年の三度にわたる坂本の馬借の嗷訴を検証することで判明した点を整理すれば次のようになろう。

①「米沽却事」にかかわって自分たちの権益が大きく侵される事態が惹起した時には、坂本の馬借は直接、幕府を相手に嗷訴を行った。

②嗷訴にあたっては日吉社の末社祇園社に閉籠し、社殿への放火予告・神輿振り等をもって、その威嚇手段とした。

③これに対して幕府は、山訴の場合と同様にこれを阻止する手段をもたず、最終的に彼らの要求をすべて受け入れた。

日常的には山門の支配下にありながら、坂本の馬借が、康暦元年以降、山門を介することなく直接、幕府に訴えを突きつけることができたのは、前章で見たように彼らが自分たちを日吉社の神威を帯びた存在と認識していたからと考えられる。Ｆの「日吉祭日」には「駕輿丁等」が衆徒の「成敗」に応じなかったという記述はこの点でも貴重である。日吉社の駕輿丁は馬借もその構成員であった坂本の「在地人」が勤仕するところであり(28)、日吉の神々の前では在地人も衆徒と同じ氏子と理解されていたことがわかるからである。

そこで次節においては、馬借が坂本においてどのようなかたちで存在していたかをまず確認し、その上で彼らが主体となって蜂起した室町時代の坂本の土一揆をとりあげその歴史的な意味について考察していくこととしたい。

三　坂本における馬借の存在形態

「坂本馬借」の居住地区に関して、『新修大津市史』二は「三津のうちの戸津に程近い富崎・比叡辻に集住」していたとする。(29) これは応永元年（一三九四）の足利義満の日吉社への参詣記録『日吉社室町殿御社参記』（『続群書類従』神祇部）の次のような記載にもとづく。

一、社頭沙汰　　　　奉行越前維那

二宮方　富崎・比叡辻馬借・車借点定、当浦之船、自唐崎付戸津・比叡辻了、毎日馬二百疋計、車廿両計、首尾廿四五日也、

「社頭沙汰」が具体的に何を意味するかはわからないが、唐崎から戸津・比叡辻への湖上輸送とそこから「二宮方」までの陸上輸送の負担を、それぞれ「富崎・比叡辻」の「馬借・車借」に課したという事実だけは確実に読みとれる。したがって馬借がこの琵琶湖岸ぞいの富崎と比叡辻の二つの在地をその活動拠点としていたことは、『新修大津市史』二の指摘通りであろう。

ただ、続群書類従本『日吉社室町殿御社参記』のこの部分の記載には、あきらかに欠落があると思われる。「社頭沙汰」に関しては、「二宮方」のみが記載され、これと併記されるべき「大宮方」の記載が見えないからである。本篇第一章で触れたように、これより先にあがる「社頭掃除」については在地への分担が明確に「大宮方」と「二宮方」の二つに分けて記されている。

そこで注目されるのが、当該の記載部分に次のような追記のある大谷大学図書館所蔵の『日吉社室町殿御社参

記』の存在である。

大宮方　戸津・坂井馬借・車借等懸之、

大谷大学本の『日吉社室町殿御社参記』は、筆跡から見て近代に入り書写されたものと推定される。しかし、「二宮方」云々の文章の右横に記されたこの一行は、本来あった文章を古写本によって補ったものと判定され、その内容は十分に信用できる。そして、とすれば、ここに新たに「坂本馬借」の居住地区として、戸津・坂井の二つの「在地」が浮かびあがってくることになる。

中世、都市としての坂本は六箇条と三津浜の二つの地域からなり、そのそれぞれが、「在地人」の住む「在地」と呼ばれる地区共同体の集まりから構成されていた(30)。富崎・比叡辻と戸津・坂井は、いずれも三津浜（「浜」ともいう）に所在した「在地」である(31)。馬借は港町でもあったこれらの琵琶湖岸ぞいの在地にそれぞれ分散して活動していたものと推定される。そのことは、文明七年（一四七五）十月、「山徒卿注記舜勝」なる山門衆徒が、静住坊憲舜なるやはり山門衆徒から買得した「江州東坂本比叡辻馬借年預職事」（傍点は下坂）の当知行安堵の奉書を幕府に申請していることからも裏づけられる(32)。

なお、馬借を統轄した職と推定される「年預職」については、すでに三枝暁子氏が正長元年（一四二八）八月、山門使節の上林坊が将軍足利義教より「馬借・犬神人年預」に任命されているという事実を紹介されているが(33)、現在のところこれ以外に馬借の年預職にかかわる史料は確認できず、その詳細は不明とせざるを得ない。ただ、年預（職）の保持者として名前があがるのが、いずれも衆徒であることからすれば、同職は衆徒専有の職であったと考えられる。

一方、在地ごとに分かれてその年預に統轄されていた馬借の存在形態であるが、彼らは遅くとも康正三年（一四五七）以前には、連合して一つの組織を作りあげており、同年四月二十日付「室町幕府禁制案等写」には「馬借中」という呼称が見える[34]。この「馬借中」がいつ成立したかに関しても正確にはわからない。ただ、康暦元年の嗷訴に始まる彼らの統制のとれた活動は、それが南北朝時代末期にまでさかのぼる可能性を示唆している。なお、馬借は時代を下るにしたがいその居住地を拡大しており、天文二十三年（一五五四）ころには、「浜」の最南端に位置する在地である四谷にも「四屋《谷》馬借中」の存在を確認できる[35]。

坂本における馬借の存在形態で最後に指摘しておきたいのは、住人の共同体としての「在地」と彼らとの関係である。山門の支配下にあった「在地」とその住人「在地人」は、「六人之党主」と「一二三和尚」といった山門の役職者の統制をうけていた[36]。それに対して在地を活動拠点としながら、馬借が山門から在地人とは異なる扱いをうけていたことは、先に見た応永元年の「社頭沙汰」が彼ら馬借にのみ賦課されていることからもあきらかである。山門は坂本において、住人の共同体としての在地を単位とした支配とは別に、馬借という職種による支配体制を確立していたものと考えられる。

とはいえこのことは馬借と在地人がまったく別個の人びとであったことを意味しない。戦国時代の日吉祭の風景を描いたサントリー美術館蔵の「日吉山王祭礼図屏風」には、浜に並び立つ在地人の家屋が描かれているが[37]、そのなかの一軒には屋内で飼われている馬の姿が見えている。むろんかの馬が馬借に使役された馬か否かを確かめる術はない。しかし、在地人のなかに馬借を営むものが少なからずいたことを連想させる画像とはいえよう。

四　坂本の土一揆と馬借

坂本における土一揆の蜂起は管見の限り、享徳元年（一四五二）以降、六度確認できる。表2はその内容を一覧として示したものである。なお、⑤の大永七年（一五二七）四月と、⑥の永禄六年（一五六三）十一月の事例は、ともに史料には「坂本徳政事」としか見えないものであり、時代もはるかに下ることから今回の検証からは除外した。[38]

表2　坂本における閉籠・土一揆(年表)

	蜂起主体	居住地区	要求	閉籠場所	参籠の結果	討伐主体	一揆の死者数
①	享徳元年8月	(不明)	(不明)	徳政令	八王子	徳政令発布	なし(退散)	なし
②	康正2年9月	馬借	(不明)	徳政令	八王子	放火・焼失	山門使節	数十人
③	文明4年9月	(馬借)	三津浜	(不明)	十禅師か	焼失	山門三院	(不明)
④	明応2年11月	悪党(馬借)	志賀里	徳政令	二宮・十禅師	放火・焼失	山門衆徒	二～四百人
⑤	大永7年4月	(不明)	(不明)	徳政令	(不明)	(不明)	(不明)	(不明)
⑥	永禄6年7月	(不明)	(三津)浜	徳政令	(不明)	在家焼失	(不明)	(不明)

そこで四度の土一揆の展開を見ていくと、①の享徳元年の土一揆は前年来の山訴中に起こったものである。『師郷記』同年八月十七日条に「是今日坂本土一揆、号徳政閉籠八王子社」と記録され、また、同記同月二十日条に「今日坂本辺土一揆退散云々、徳政如所存致沙汰之」とあって、その蜂起の時期と土一揆の要求がうけ入れられて徳政令が発布されたことがわかる。ただ、その発布主体が誰であったのか、坂本の馬借がこの土一揆にどのように関与していたかはわからない。

坂本で蜂起した土一揆で「馬借」の存在を最初に確認できるのは、②の康正二年（一四五六）九月の事例である。『師郷記』同年九月十九日条は、この土一揆の展開を次のように伝える。

坂本土一揆号馬借、此間、号徳政閉籠八王子社頭、仍被仰山門使節幷山徒等被対治之間、今日発向、取籠土一揆等欲討之間、放火社頭、三宮・八王子御社幷彼岸所等炎上了、土一揆数十人被討、或被搦取云々、彼等家々多以焼払云々、其首上京都云々、

なお、この時の「山門使節幷山徒等」による土一揆の討伐について、「文安三年社中方記」（『祇園社記』一三）は、

一、坂本八王子御社焼失事、土一揆為ニ徳政興行之、為閉籠間、被仰付使節仁有対治之間、懸火令打死畢、于時康正二年丙子

と記録しており、それが幕府の命をうけたものであったことがわかる。

③の文明四年（一四七二）の土一揆も「坂本馬借」が蜂起主体となったもので、そのありさまを、『大乗院寺社雑事記』文明四年九月九日条は次のように記録する。

一、坂本馬借蜂起、十禅師御殿悉以焼失畢、随而浜悉以焼払之間、清水以下帳（張）本之間如此、京衆迷惑中々無是非云々、

ここに「帳（張）本」として名前のあがる「清水」とは、当時坂本で三条西家の「苧公事代官」を勤めていた清水氏を指す[39]。この時、土一揆を討伐した山門勢について、『山科家礼記』文明四年九月八日条は、「今朝戸津山門東谷より発向也、浜各焼也」と「山門東谷」とし、『本福寺跡書』は「三院ヨリ途（戸）津・三浜ヲ発向」と、山門の「三院」であったと伝える。いずれにしても戸津・三津浜の「浜」が「坂本土一揆」（『山科家礼記』同年九月四日条）の本拠地として討伐の対象となり焼き払われたことだけはまちがいない。

最後の④の明応二年（一四九三）十一月の土一揆については数多くの史料が残されているが、ここでは坂本の西教寺に残される記録『真盛上人往生伝記』の明応二年十一月十五日条をあげておく。

明応二年癸丑十一月十五日、依土一揆退治、日吉社二宮幷十禅師ノ社、所々ノ彼岸所等一時ニ焼失、自山上寄手三十余リ人打死ス、手負余リ百人ニ、社頭ニ所籠ノ悪党四百余リ人大略焼死、被打捕、無慙ト云モ疎也、彼死骸共如シ山、為西教寺ノ衆僧ト、一所ニ土葬シ、有念仏廻向、

土一揆の主体を『真盛上人往生伝記』は「悪党」としか記さない。しかし『後法興院記』を初めとする他の史料は、「志賀辺土一揆徒党」(40)「志賀郡之土民」(41)「志賀里南北」(42)「志賀郷等」(43)と、異口同音に「志賀」の住人をあげる。①②③の土一揆が「坂本馬借」を主体としたものであったのに対して、この時の土一揆にはより広域の志賀郡全域から住人が参加していたのであろう。とはいえそこで主導的役割を果たしていたのはやはり「坂本馬借」であったと考えられ、二宮・十禅師への閉籠とその炎上を、『大乗院寺社雑事記』『大乗院日記目録』はそれぞれ「馬借共閉籠」「馬借沙汰」と伝える。

ちなみに土一揆の死者の人数について、『大乗院日記目録』は「二百人討死」とし、『北野社家日記』は「一揆衆三百人計当座被討云々」と記す。しかし、この点に関しては、死骸を「土葬」にした西教寺の記録である『真盛上人往生伝記』の伝える、「大略焼死」が「悪党四百余人」であったという数がはるかに高い信憑性を有する。

以上、室町時代の四度にわたる坂本における土一揆の展開を概観したところからその特徴等を総括すれば次のようになる。

まず、四度の土一揆の共通点として指摘できるのはその閉籠場所である。すべての土一揆は八王子・二宮・十禅師と、日吉社の社殿に閉籠している。これは先にみたように土一揆の主体であった坂本の馬借が日吉社の氏子であったことによると考えられる。とくに八王子への閉籠に関しては、三津浜の在地人が八王子山に鎮座する同社および三宮と密接な関係にあったことからすれば(44)、①②の土一揆の主体はやはり三津浜の馬借であったとみなければならない。

次の土一揆の要求に関しては、③の文明四年の土一揆だけがその内容を詳らかにし難いが、表2を一見すればあきらかかのように、「閉籠場所」「討伐主体」は、他の三度の土一揆とかわらず、かの時も土一揆は徳政令の発布を要求して蜂起したとみてまずまちがいない。

そして、とすれば坂本における四度の土一揆は、①の徳政令の発布された一例を除き、残りの三度は日吉社の社殿への閉籠、山門衆徒・山門使節による討伐、閉籠堂舎への放火という、ほぼ同じ経過をたどっていたことになる。むろん土一揆の討伐が常に山門衆徒・山門使節によって実施されているのは坂本が山門の検断権の下にあったことによる。

では、坂本の馬借はいったい誰にむけて徳政令の発布を訴えていたのであろうか。唯一、徳政令が発せられた享徳元年（一四五二）の場合、土一揆が蜂起した翌日の八月十八日に幕府が東寺の南大門に「徳政札」を打っており[45]、二日後の二十日、坂本では土一揆が退散している。

この展開からすれば、坂本の馬借が訴えを突きつけた相手は幕府であったかのように見えなくもない。しかし、いかに山訴中の土一揆とはいえ、幕府の徳政令の発布はあまりに早く、それに対して土一揆の退散はあまりにも遅い。また、なによりも彼らが幕府を動かそうとすれば、わざわざ坂本で蜂起する必要などなく、京都で嗷訴を実行すればよかった。これらの点から彼らが訴えを突きつけた先はやはり山門であったとみるべきであろう。坂本の土一揆が享徳元年の事例を除き、すべて山門によって制圧されているという事実もそのことを示唆している。享徳元年の場合は八月十八日の幕府の徳政令発布をうけて、その二日後に山門が坂本でも徳政令を発布したに違いない。

むすび

本稿であきらかとなった点を整理すれば、次のようになる。

①南北朝時代末から室町時代初めにかけて、山門が幕府と政治的な結びつきを強めるなか、坂本の馬借は山門を介することなく、直接、幕府にみずからの要求を突きつける嗷訴という手段をとるようになる。

②そのような手段がこの時期にいたり用いられるようになるのは、彼ら坂本の馬借が「在地人」「馬ノ衆」として神輿の駕輿丁や神馬の口取り役を勤仕することを通じて、自分たちが衆徒と同じ日吉社の神威を帯び、「仏法」に護られた存在であると自覚するにいたった結果と考えられる。

③正長元年以降の山訴の頻発とそれにともなう山門の尖兵としての彼らの活動が、その自覚をより明確なものとし、その結果、享徳元年（一四五二）以降になると、土一揆をもって山門に徳政令の発布を迫るようになる。

京都においては、正長元年（一四二八）の土一揆と嘉吉元年（一四四一）の土一揆が、山訴や坂本の馬借の蜂起とほぼ同時進行で展開する。しかし、両者の関係についてこれまでは必ずしもあきらかとはなっていない。ただ、京都の民衆が幕府に対して徳政令の発布を要求するという政治的行動を起こすには、既存の社会通念からの大きな飛躍が必要不可欠であったことはまちがいなく、それが山訴や坂本の馬借の蜂起を契機としてもたらされた可能性はきわめて高いといわなければならない。

むろん山訴ははるか以前より存在しており、それだけをもって土一揆蜂起の要因と見なすことはできない。京都の民衆が正長元年に初めて蜂起したのは、やはり康暦元年・応永二十五年・応永三十三年の三度にわたる坂本の馬借の嗷訴を見知した結果と考えられる。幕府（王法）が山門（仏法）と「相依」状況にあるなか、坂本の馬借が三度にわたって、山門を介することなく直接、嗷訴という手段をもって幕府に要求を認めさせたことは、京都の民衆にとって大きな驚きであったはずである。

彼らにはもちろん坂本の馬借のような日吉社の神威ひいては「仏法」の庇護は、期待できなかった。しかし、すでに三度にわたる坂本の馬借の嗷訴は、幕府と山門の「王法仏法相依」関係が盤石のものでないことを京都の民衆に教えていた。そして、山訴によって「王法」と「仏法」の「相依」関係が破綻の危機に瀕するなか、土一揆が蜂起するのであり、ここに京都の民衆は「王法仏法相依」の呪縛からの解放への第一歩を踏み出したといえる。

(1) 黒田俊雄「中世寺社勢力論」(『岩波講座日本歴史』六、岩波書店、一九七五年、のち『黒田俊雄著作集』三所収、法藏館、一九九五年)。
(2) 黒田俊雄「中世寺院史と社会生活史―研究の回顧と展望―」(中世寺院史研究会編『中世寺院史の研究』上、法藏館、一九八八年、のち『黒田俊雄著作集』三所収、法藏館、一九九五年)。拙稿「中世寺院における大衆と「惣寺」」(拙著『中世寺院社会の研究』、思文閣出版、二〇〇一年)。
(3) 黒田俊雄「王法と仏法」(『歴史公論』二―一一、一九七六年、のち『黒田俊雄著作集』二所収、法藏館、一九九四年)。
(4) 本書第一篇第二章参照。
(5) 『延慶本平家物語』一。『日吉山王利生記』四。
(6) 応安元年(一三六八)八月、延暦寺衆徒は、いわゆる南禅寺事件にあたり作成した「三塔集会事書」(『南禅寺退治訴訟』)において、藤原師通を初めとして山王の神罰によって死去した人びとを列記している。また、彼らは同じ事書のなかで「公家・武家」に「仏法」は「天台宗」をもってもっとも重んずべきことを要求している。
(7) 『明月記』建暦三年八月三日条。
(8) 本書第一篇第二章参照。
(9) 本書第一篇第二章参照。
(10) 早島大祐「応仁の乱後の復興過程―祇園会と町・寄町―」(『首都の経済と室町幕府』、吉川弘文館、二〇〇六年)。
(11) 『晴富宿禰記』延徳四年六月十四日条。前掲註(10)早島論文参照。
(12) 『晴富宿禰記』明応二年六月七日条。
(13) 河内将芳「戦後期祇園会と室町幕府―「見物」をめぐって―」(『中世京都の都市と宗教』、思文閣出版、二〇〇六年、初出二〇〇四年）。

(14) 明応九年五月十八日付「室町幕府奉行人連署奉書写」（『祇園社記』一六）。なお、これより先、幕府は応仁・文明の乱以後、中絶していた北野祭を「当社祭礼事、退転之条、天下弥不調」という理由で再興しようとしている（『北野社家日記』明応六年四月二十八日条）。この事実については西山剛氏よりお教えいただいた。

(15) 拙稿「延暦寺大衆と日吉小五月会」（前掲註2拙著『中世寺院社会の研究』）、拙著『京を支配する山法師たち』（吉川弘文館、二〇一一年）。

(16) 本書第一篇第二章参照。

(17) 刊本『祇園社記』六（『八坂神社記録』所収）は、末尾を「円明坊開《(関)》所々事」と読むが誤まり。原本にもとづき訂正・引用した。

(18) 松本郁代「神輿入洛の儀礼と「洛中洛外」—南北朝期から室町期の山門嗷訴をめぐって」（ルチア・ドルチェ、松本郁代編『儀礼の力　中世宗教の実践世界』、法藏館、二〇一〇年）。前掲註(15)拙著『京を支配する山法師たち』参照。

(19) 『日吉神輿御入洛見聞略記』。

(20) 円明坊兼慶については、拙稿「山門使節制度の成立と展開」（前掲註2拙著『中世寺院社会の研究』）参照。

(21) 永和元年十月付「葛川行者連署陳状」（『葛川明王院文書』四一五号）。

(22) 永和四年六月十四日付「円明坊兼慶寄進状写」（『祇園社記続録』七）。

(23) 『延暦寺護国縁起』。

(24) 本書第二篇第二章参照。

(25) 清水克行「正長の徳政一揆と山門・北野社相論」（『室町社会の騒擾と秩序』、吉川弘文館、二〇〇四年、初出二〇〇三年）。前掲註(15)拙著『京を支配する山法師たち』参照。

(26) 前掲註(25)清水論文、前掲註(15)拙著参照。

(27) 拙稿「山門使節制度の成立と展開」（前掲註15拙著）。

(28) 本書第二篇第一章参照。

(29) 川嶋将生「馬借と一揆」（『新修大津市史』二、大津市、一九七九年）

（30）本書第二篇第一章参照。

（31）本篇第一章参照。

（32）『政所賦銘引付』。

（33）三枝暁子「中世犬神人の存在形態」（『比叡山と室町幕府―寺社と武家の京都支配―』、東京大学出版会、二〇一一年、初出二〇〇二年）。

（34）『八瀬童子会文書』補遺八号。

（35）年未詳八月十二日付「四屋馬借中書状」（折紙、『纔拾集』天文廿三年紙背文書）。

（36）本書第二篇第一章参照。

（37）特別展『神仏います近江』（神仏います近江実行委員会編、二〇一一年）の掲載写真参照。

（38）表2の出典は次の通りである。
①『師郷記』享徳元年八月十七条日、『北野社家日記』同年十月十四日条。
②『師郷記』康正二年九月十九日条、『文安三年社中方記』。
③『山科家礼記』文明四年九月四日条、同月七日条、『大乗院寺社雑事記』同年九月九日条、『本福寺跡書』。
④『後法興院記』明応二年十一月十五日条、『言国卿記』同月十五日条、『大乗院日記目録』同月十五日条、『北野社家日記』同月十五日、『真盛上人往生伝記』同月十五日条、『親長卿記』同月十六・十七・十八日条、『大乗院寺社雑事記』同月十八日条。
⑤『言継卿記』大永七年四月十五日条。
⑥『厳助大僧正記』永禄六年条。
なお、③の出典の一つとして掲げた『本福寺跡書』は、堅田大責について「山門ヨリ成敗ニヨテ関上乗《セキウハノリ》ヲ途津《トツ》・三浜《ミハマ》馬借《バシヤク》等、陰憐堂《トンリンダウ》ニタテヲキタリ、其已後《ソノイゴ》又三院ヨリ途津・三浜ヲ発向ノ時」と記すのみであるが、このうち「其已後《ソノイゴ》又三院ヨリ途津・三浜ヲ発向」が文明四年の山門による「浜」への発向を指すと考え、ここに掲げた。山門が堅田の本願寺信徒と坂本の馬借を巧みに分断支配していたことを伝える点でも興味深い史料といえる。

（39）坂本の清水については、前掲註（29）川嶋論文参照。

(40)『後法興院記』明応二年十一月十六日条。
(41)『親長卿記』明応二年十一月十八日条。
(42)『大乗院寺社雑事記』明応二年十一月十八日条。
(43) 北野社家日記』明応二年十一月十五日。
(44) 前掲註(15)拙著参照。
(45)『東寺執行日記』享徳元年八月十八日条。

第三篇　山門と日吉社

第一章　大津神人と日吉祭——祭礼の司祭と舗設——

はじめに

中世における山門衆徒の活動において坂本の日吉社がきわめて重要な役割を果たしていたことはよく知られている。彼らが同社の神輿をもって為政者を威嚇する「神輿振り」はまさにそのことを象徴する出来事といえるが、では山門衆徒がいかなる理由でそれほど日吉社と密接な関係を取り結ぶにいたっていたかという点についていえば、その根拠はなんらあきらかになっていないように思われる。本篇では、山門衆徒と日吉社との関係を「大津神人」を始めとする日吉社神人の実態を検証するなかで考察していくこととしたい。

平安時代末、近江の日吉社に所属する大津在住の「大津神人」が「借上」「出挙」といったいわゆる金融活動に従事し、それで得た利益をもって日吉社の神役を負担してきたことを早く指摘されたのは豊田武氏である（1）。また、彼らの組織に関しては、「大津に根拠を置く神人」と「北陸道諸国に在国する神人」に分かれ、双方が左方・右方の両長者に統轄されていたとする網野善彦氏の研究がある。氏は大津神人の特権についても「単に神の権威のみならず山門全体の巨大な力によって擁護され、貫徹された」ものであったという独自の評価を提示されている（2）。

その一方、南北朝時代末以降、京都在住の「日吉神人」が「馬上一衆」と呼ばれた山門衆徒を成員とする土倉組織のもと、日吉社の小五月会の神役（日吉小五月会馬上役）を恒常的に負担するようになること、および将軍足利義満によってその活動を認可された馬上一衆がやがて土倉方一衆として幕府の公役（酒屋・土倉役）の徴収を行うようになるということについてはかつて論証したことがある(3)。

とすれば、平安時代に日吉社の神役を勤めるため「借上」「出挙」を営んでいた大津神人と、のちに馬上一衆＝土倉方一衆のもとで神役・公役を負担した日吉神人とはどのような関係にあったのであろうか。

さらに山門衆徒との関係でいえば、大津神人はある時期以降、網野氏のいわれるようにその「巨大な力」を頼って活動しており、両者はきわめて密接な関係にあった。しかし、山門衆徒が南北朝時代末、室町幕府と協力して確立した都市・京都の金融界を支配する体制を作りあげた時、その経済的な基盤となったのはいわゆる「日吉神人」であり、「大津神人」ではなかった。大津神人と日吉神人はそれぞれ山門衆徒といかなる関係にあったのであろうか。

これらの点についてこれまで検討が加えられることはほとんどなかった。その理由の一つは大津神人と日吉神人が漠然と同一視されてきたことにある。大津神人・日吉神人が具体的にどのような集団であったかを検討することなく、それぞれをたんに大津在住の神人、日吉社の神人と理解してその活動を論じてきた結果といえる。とくに日吉神人については、史料上に見える「日吉神人」の内実は時代によって大きく異なっており、この点に配慮することなくして、その実態は掌握できないものと考える。

なお、すでに山門衆徒と日吉神人については、鎌倉時代以降、山門衆徒が日吉神人を統轄下に組み込んでいったことを詳細に論証された拝原祥子氏の研究がある(4)。ただ、氏も大津神人と日吉神人との関係についてはとくにふれられていない。本章ではまず大津神人がいかなる歴史的な存在であったかを検証し、ついで次章以降で彼らと山門衆徒・日吉神人との関係について検証していくこととする。

一　日吉社の縁起と大津神人——船渡御と唐崎宿院——

大津神人がその日吉社の神人としての地位を保証されていたのは、日吉社の縁起においてであった。最初に日吉社の縁起において大津神人がいかなる存在として位置づけられており、またそれにもとづき大津神人が日吉社の祭礼（日吉祭）でどのような役割を果たしていたかを確認しておきたい。

日吉社の縁起に関しては、すでに佐藤眞人氏による詳細な研究があり(5)、それによれば、三種に分類される縁起群のなかで、大津神人が登場するのは「日吉大宮縁起」ともいうべき一群の縁起であるという。そのもっとも古い形態を伝えるといわれるのが鎌倉時代に作成された『耀天記』所載の「大宮御事」である。

欽明天皇御宇大和国垂跡、天智天皇御時此所渡御、先琴御舘宇志丸之住処唐崎、渡御、宇志丸ニ被仰云、汝為我氏人ト可令社務、於我宝殿者、自此西北ニ可卜勝地、結草之所ヲ以テ為其験、建立シテ宝殿ヲ、可致礼奠ヲ云々、仍宇志丸即随神勅ニ、指西北方ヲ尋之処、有枌楡之所、仍以件処為注（住）ト、奉造宝殿処所奉崇也、則是今大宮宝殿是也、昔宇志丸者、山末社是也、今社司等者、彼末葉也云々、自大和国、志賀浦唐崎浜へ渡御之時ハ、大津西浦田中恒世船ニ奉載、唐崎琴御舘宇志丸之住処へ奉送付畢、於其処、田中恒世奉備粟御飯之刻、被仰云、於汝等者、為我神人、毎年出御之時、必可奉供御云々、初依粟御料献、于今無改也、大津神人者、即彼恒世末胤也、其後恒世之船ハ罷帰畢、サテ宇志丸之船ニ令乗御テ、宇志丸之家ノ辺ナル大ナル樹ノ梢所ニ令顕給也、宇志丸見テ此奇異ヲ、始知明神ナリト矣、

已上、此日記在大宮御神殿内、成仲宿禰惣官之ノ時、初披閲之云々、成仲孫子親成之説也、重々子細奥注之、可見也、親成モ禰宜ニ成畢、

この縁起が大宮の鎮座伝承とともに日吉祭の唐崎神幸の由来をも語っていることはすでに先学により指摘され

ており、これまた佐藤氏によれば、後者に関しては十一世紀末に大津の住人が日吉社の神人として編成される過程で追加されたものという。というのはこの「日吉大宮縁起」よりさらに古い『続古事談』所載の大宮縁起伝承では、大宮の神は唐崎ではなく三津浜に出現しており、そこから直接、同地に居住する社司の先祖の手を借りて現在の比叡山麓の社地に鎮座したことになっているからである。つまり、日吉社大宮の祭祀は三津浜に居住した社司の先祖によって始まり、そこに十一世紀末になり大津神人が加わった結果、新たに作成されたのが「日吉大宮縁起」であったというのが佐藤氏のあきらかにされた点である。

大津神人が十一世紀末以降、現実に「日吉大宮縁起」をその根拠として日吉祭において「舗設」を担当していたことは、(6)永保元年（一〇八二）四月十四日付の「官宣旨案」に引用される次のような「日吉社奏状」の一節がこれをよく物語っている。

謹検案内、日吉大明神者、八嶋金刺朝廷大津宮御宇之時、初天下坐、自爾以来、毎年四月中申日、御輿奉振於唐崎、御供・舞楽之儲、大津浜住人所勤仕也、数百歳于今無怠、(7)

ここにいう「大津浜住人」とは大津神人を指すとみてよく、彼らが田中恒世の末葉としての資格で日吉祭の舗設を行っていたことが確認できる。では彼ら大津神人が十一世紀末頃よりその舗設を担当するようになった頃の日吉祭とは具体的にどのようなものだったのであろうか。

現在、「山王祭」と呼ばれる日吉社の祭礼は、山の神である小比叡神が山麓に下る姿を再現する東本宮系祭祀と、大和の三輪明神が大比叡神として山麓に鎮座する過程を再現する西本宮系祭祀の「二系統の祭祀」から構成される。(8)前者はもともと四月の中の未日を、また後者は中の申日を式日とするところから、かつてはそれぞれ「未日の神事」「申日の神事」と呼ばれていたものである。この日吉祭のなかで十一世紀末から大津神人が神役を勤仕していたのが、「申日の神事」における「御供・舞楽之儲」であったことは、先の永保元年の「日吉社奏状」

に見える通りである。ただ、この唐崎における「申日の神事」の中身は時代とともに変化しており、現在の姿は中近世のものとは異なる。

現代の山王祭では「申日の神事」は次のような順序で進行する。最初に日吉七社の神輿が社殿から日吉七社の湖岸の七本柳の浜（下阪本一丁目）まで下る。同所で神輿は船（神輿船）に乗せられ琵琶湖を南下し唐崎の沖にいたり、そこで粟津（現大津市膳所地区）から船で運ばれた「粟津の御供」の備進をうける。その後、神輿船は北上、若宮神社（下阪本六丁目）浦に着岸し神輿は社殿に還御して祭事は終わる。(9)

これに対して、かつての「申日の神事」では、唐崎における御供が粟津からではなく大津から備進されていた。また、現在「船渡御」と呼ばれる船を用いての神幸が史料で確認できるのは、延文（一三五六～六一）以降のことである。それ以前は永保元年の「日吉社奏状」に見えるように陸路を行く「陸祭」としてそれは執行されていた。とすれば、むろんかの時には「粟御料」も唐崎で備進されていたとみなければならない。

この「陸祭」から「船渡御」への変化についてもすでに佐藤氏が指摘されており、その時期に関しては、天正五年（一五七七）に祝部行丸（一五一二～九二）が撰述した『日吉社神道秘密記』の次のような記載等から鎌倉中期から南北朝時代の頃のことであろうと推定されている。(10)

一、御船祭之事、慈恵大師之時代、臨時之祭礼三箇度、御船龍頭鷁首御座舟、荘厳結構有之、常之祭礼ニハ御船祭无之、近代延文年中、大洪水、唐崎之浦水込、陸地无之、其時御船祭有、其後如此、近年者一円ニ御船祭也、上古ニハ無之、新儀也、

ちなみに船渡御以前の「陸祭」としての祭儀の有り様は、永保元年の「日吉社奏状」以外にもいくつかの史料によって確認できる。

たとえば、後世の記録であるが、『園城寺伝記』一は、天喜元年（一〇五三）四月にかの地で大津神人と日吉

社の宮仕・駕輿丁が争った事件を次のように伝える。

天喜元年四月、大津神人等、随日吉祭祀之処、聊依不義之子細、於大宮被刃傷、即時立帰、率数百人勢、於辛（唐）崎之松下、日吉宮仕（駕）輿丁等、数多或刃傷、或殺害之畢、

闘争の場所が「辛（唐）崎之松下」となっていることからすれば、「日吉祭祀」の場所も当然、唐崎であったと推定され、大津神人による「粟御料」備進もまた同所で勤仕されていたとみてよかろう。

また、鎌倉時代、天福元年（一二三三）四月の日吉祭で、延暦寺の寺官と日吉社の社司が争うという事件が惹起した時のありさまを『天台座主記』は、「四月廿二日日吉祭、於唐崎宿院、寺官与社司有闘諍事、是依社司馬打之無礼也云々」と伝え、その抗争場所を「唐崎宿院」であったとする。

この事件は約二か月後に天台座主妙法院尊性親王が社司等を解職し坂本の六箇条より追放することで終焉するが、その結末についても同記は「同六月十五日、社司在成幷宮仕三人得明律師、菊徳（応）々々、快実々々、解其職、可令追却六ケ條之由、被下令旨了、同月、専当徳千法師同解官、於唐崎刃傷宮仕法師之故也」と記しており、「唐崎」が抗争場所となっていたことがわかる。

なお、「唐崎宿院」とは、唐崎に所在した神輿を安置する建物で、「日吉大宮縁起」によれば、それは唐崎に所在した宇志丸の屋敷が小唐崎に移されたのちに、その跡に建てられたものであった。『日吉社神道秘密記』は、その由来と機能を「琴御館宿所小唐崎引エ之、唐崎神幸ハ宿院ヲ建之」「唐崎者卯月祭礼之宿院定之」と解説するが、天福元年の事件は、かの時点でまだ唐崎に「宿院」が存在しそこで日吉祭の祭儀が執行されていたこと、およびその祭場へは寺官と社司（社官）がともに陸路を乗馬で赴いていたことを物語っている。

遅くとも十一世紀後半以降、日吉祭（申日の神事）では大津神人が「粟御供」を日吉の神々に備進していたこと、その備進場所は南北朝時代以前は現在とは異なり神輿の渡御した唐崎の宿院（かつての琴御館跡）であった

ことがいくつかの史料によって確認できるわけであるが、[11]では今一つの相違点「粟御供」の備進は、いったいいつ大津神人の手を離れ、粟津の住人の役となったのであろうか。

二　「大津生得神人」と「京都の入神人」

大津神人がその名の通りもともとは大津の住人によって占められていたことは、先に見たように、永保元年(一〇八一)四月付の「官宣旨案」が引く「日吉社奏状」が、唐崎の御供の備進主体を「大津浜住人」と記しているところからもあきらかである。また、彼らが大津の東西両浦のうち東浦の住人であったことも、建保二年(一二一四)四月の日吉祭における「唐崎御供」の備進をめぐる騒動で、大津神人の行為を見とがめた山門衆徒が「大津東浦」に山門公人を派遣し「追捕」を実施していることからまずまちがいない。[12]さらにいえば、時代は前後するが、長寛元年(一一六三)六月、園城寺衆徒が山門衆徒と争った時、「東浦鳥居」を切り、[13]「大津東浦」の「神人」の首を切っているのも、[14]大津東浦が山門衆徒の統制下にあった大津神人の居所だったからであろう。

しかし、そのいっぽうで早くから大津に居住しない大津神人が出現していたことも事実で、天永三年(一一一二)四月、摂津国の「日吉神人」のなかには「大津神人」を称する者がおり、[15]保延二年(一一三六)の「明法博士勘文案」には白河院の「召次勾当」でかつ愛知郡「郡司」でもあった「大津神人」が登場する。[16]彼らは神役を勤めることを条件に「大津神人」となることを認められた人々であったと考えられる。そして、その人数が時代とともに急激に増加していったことを、逆説的にではあるが裏づけてくれるのが、「大津生得神人」と呼ばれる大津神人の出現である。

『天台座主記』によれば、文永五年(一二六八)八月、「山田矢橋渡相論」にかかわって日吉社検校(天台座主)が拘束した盛政・景範・範親等は「大津生得神人」であったという。[17]また、文永(一二六四〜七五)頃に成立した『日吉山王利生記』は、「恒世は田中の明神と成給、生得神人が先祖也」と記し「（大津）生得神人」こそが田中恒世の末裔であることを強調している。

その「大津生得神人」が、正安四年（乾元元年＝一三〇二）四月、日吉祭において駕輿丁との喧嘩で日吉社の神輿を傷つけ、その造替を彼らが行わなければならなくなった時のことを『日吉社幷叡山行幸記』は次のように伝える。

> 同四年四月の祭礼に大津生得の神人と駕輿丁の輩と喧嘩を引出て、神人神輿を射奉るによりて、その日の祭礼なし、神人の方人は頼存・憲猷なりければ、はやく衾の宣旨を下さる、神輿は狼藉の根本生得神人が所行なれば、神人にかけて造替せらるべきよし定られけり、山門申て云、臨時の珍事は天災力なし、而神人に懸てつくらせられん事、神慮はかりがたし、且其例なき由奏申けれども、御許容に及ばず、科人は無力の間、京都の入神人にかけて三のしな（品）をつくり、使庁の下部をもて譴責に及びければ、帝都の民多以侘傺し侍りき、

本来、「根本生得神人」の責任で執行されるべき神輿造替が、その「無力」の故をもって「京都の入神人」の財力に頼ることで実現したという、この『日吉社幷叡山行幸記』の記載は、経済的にはすでに「京都の入神人」が「大津生得神人」よりも大きな力を持つようになっていたことを物語っている。

「京都の入神人」が日吉祭において「粟御料」を備進していたか否かは定かではないが、「大津生得神人」はまちがいなくこの頃まではそれを備進していたとみてよい。では、その「粟御料」備進の役はこれ以降、いったいいつの時点で彼らの手を離れ、粟津の住人へと移っていったのであろうか。

三　「粟津の御供」の成立

現在、湖上で神輿に供せられるいわゆる「粟津の御供」は、先に見たように旧粟津（現大津市膳所地区）から調進される。その粟津地区からの「粟津の御供」備進の歴史が近世以前にさかのぼることは、貞享五年（一六八八）成立の『日吉山王祭礼新記』が次のように伝えるところからあきらかである(18)。

次粟津御供船湖上相対大宮船、隔東方半町許指留、次自粟津之幣帛載移小船、持参大宮船、々人着素襖袴掛赤色襷、船漕様故実有之由、粟津村代々年寄役也、

「粟津御供船」がその「漕様故実」を知る「粟津村代々年寄役」の手で運用されていたことがわかる。

この近世における御供の備進主体をより明確に「粟津七郷」と伝えるのは、寛延三年（一七五〇）頃に成立した山口幸充著『嘉良喜随筆』である(19)。同記は粟津の御供について「御供ハ粟津七郷ノ内、一郷ヨリ毎年替々アグルト也、粟津ハ膳所ノ内也、御供ノ御膳ヲ調進スル所ユヘ膳所ト云」と記している。「粟津の御供」は確実に近世以降は粟津から船で備進されていたことが知られよう。では、鎌倉時代末まで「大津生得神人」が勤めていたその役は、いつ粟津の住人へと移ったのであろうか。

この点を考えるにあたり、あらかじめ確認しておかなければならない点が二つある。その第一点は大津と粟津の地理的な位置関係である。両地区がもし地理的に多少なりとも重なっていたとすれば、粟津の住人が古くは「大津神人」と称した可能性もないではないからである。しかし、結論からいえば、中・近世を通じて両地区が重なりをもって存在したという事実はまったくない。そればかりか逆に多くの史料は、両者が完全に異なる地区として存在していたことを明確に指し示している。

たとえば建保二年（一二一四）四月、延暦寺が園城寺と争い、園城寺領の集落を焼き払った時のことである。

『天台座主記』はその被災地区を「三井又西浦所残之比屋、粟津御厩《（厨）》村等焼払之了」とし、園城寺領「（大津）西浦」と「粟津御厩《（厨）》村等」を分けて記録している[20]。

さらに時代ははるかに下るが、延徳三年（一四九一）七月、湖南の内蔵寮所属の供御人が「諸役御免」を山科家に願い出た時、彼らはみずからのことを「粟津・橋本・大津東西浦供御人」と称している[21]。供御人の居住地区が「粟津」「橋本」それに「大津東西浦」の三地区に明確に分かれていたことを示すものであり、粟津と「大津東西浦」があきらかに異なる地区と認識されていたことがわかる。

二点目は、「粟津」という地名の由来である。「粟津」は奈良時代以前から史料に見える地名であるが[22]、その由来については、江戸時代になると、日吉祭への「粟飯」の奉献と結びつけてこれを説明する説が行われるようになる。

たとえば、寒川清辰が著わした『近江輿地志略』三三は、「粟津」について、

> 粟津といへる名は日吉社の祭礼に粟飯を献ずるよりの名にして、田中恒世が事に始れりといふ、臣窃に按ずるに、粟津といへるは膳所あるによりてなる事は膳所の條下に記す、膳所ある上に日吉社に粟飯を献ずる事あれば、旁粟津と呼るなるべし、

と記している[23]。また、同記は文中に見える「膳所」の地名との関係については、

> 膳所は唯やすらかに古昔の御厨の地にて天子の御膳所と見る説是なるべし、粟津の名はいかにも田中恒世が日吉奉献の粟飯よりの名なるべし、

と解説する。

「天子の御膳所」が最初に存在し、のちに同地の住人が「日吉奉献の粟飯」を備進するようになってから「粟津」の地名は起こったという理解は卓見といえる。しかし、地名としての「膳所」が「粟津」に先行するという

説明は、「膳所（ぜぜ）」の地名の初見が『太平記』一四の「ゼヾガ瀬」にまで下るところから無理があり、[24]この点から「粟津」の地名由来を「日吉奉献の粟飯」に求める寒川の説は成立しない。

また、管見の限り、「粟津」の地名由来を日吉の神への「粟飯」備進と結びつけて説く縁起・伝承は室町時代以前には確認できず、この点からも後述するようにそれは江戸時代以降に行われるようになった地名由来と考えられる。

では、「粟津」の地名はどこから起こったのであろうか。この点を考えるにあたり注目すべきは、寒川が同意できないとして退けた次のような地元の伝承である。

土俗云ふ、天武天皇大津を出で吉野に赴き給ふ時、此地を過ぎ給ふに村民粟飯を供御とす、夫より天皇叡感の余、粟津庄膳所の名を賜ふと、

つまり地元には壬申の乱の時この地にいたった天武天皇（大海人皇子）に住人が「粟飯」を供御として進上したという言い伝えが残っていたというのである。そして、それによれば「粟津」の地名の起こりとなった「粟飯」の備進は、日吉の神（大宮）ではなく、天武天皇に対して行われたものだったことになる。

中世、粟津供御人がその供御人として身分の始まりを「天智天皇御宇」以来と称していたことはよく知られている。[25]彼ら粟津供御人が、天武と天智の違いはあれ供御を介しての天皇家との深い結びつきを誇るため、天皇への「粟飯」献上の伝承をもって「粟津」の地名由来としていたとしてもなんら不思議ではない。古くは「粟津」の地名由来は、天武天皇への「粟飯」の献上をもって語られることが多かったのではなかろうか。

粟津と大津が地理的に離れており両者を地域として混同する可能性は皆無であること、かつ「粟津」の地名の由来としては「日吉奉献の粟飯」説よりも天皇への「粟飯」献上伝承の方が妥当と考えられることは、粟津およびその住人が本来、大津神人・日吉祭とはなんらかかわりのない存在であったことを明確に物語っている。で

は、そのように本来、日吉の縁起とは無関係であった彼ら粟津の住人が、いつからどうして日吉祭で「御供」を備進するようになったのであろうか。

四　「粟御供」の備進主体の変化

粟津の人々が唐崎で「粟御料」を備進したことを確認できるもっとも古い例は、管見の限りでは享徳四年（一四五五）閏四月の日吉祭においてである。次に引用したのはその時に惹起した「松本神人」と「粟津神人」の争いを伝える『康富記』の記事である。

今朝粟津与松本、為隣郷有合戦、其子細者、日吉祭自松本宿大榊神人等捧榊参社頭之処、粟津神人有喧嘩事、射立矢於大榊之間、松本神人申子細不参祭庭之処、粟津神人不用之、於唐崎如例備進神供之間、今朝於松本宿内、召捕粟津商人三人者也、依之、自粟津押寄松本、致矢軍、両方有手負、(26)

日吉祭における「大榊の神事」において松本神人と粟津神人との間で喧嘩が惹起し、松本神人が祭祀を取りやめたのに対して、粟津神人が唐崎で「如例」神供を備進した結果、両者の対立が拡大したというのがその大意である。

比叡山内から伐り出した大榊を祭祀する「大榊の神事」は、江戸時代以降、現在にいたるまで「松本平野明神之神人」が執行するところであり(27)、この記事はそれが室町時代すでに松本神人によって行われていたことを示している。ただ、今ここで注目したいのは、いうまでもなくその「大榊の神事」が中止となったにもかかわらず「唐崎」において粟津神人が「神供」を「如例」に備進している点である。「如例」というからには、彼ら粟津神人はこれ以前より唐崎で「神供」すなわち「粟御料」を備進していたとみてよかろう。

この時の「神供」の備進が、陸上と湖上のどちらで執行されたかは、『康富記』の記載からはわからないが、この時点でその備進主体が大津生得神人ではなく粟津神人にすでに変化していたことだけは確かである。それでは粟津神人は具体的にいつ大津生得神人に代わり「粟御料」を備進するようになったのであろうか。それを明示する史料は残念ながら確認できない。ただ、手がかりになると思われる出来事が、応永二十年（一四一三）四月に起こっている。それは「近江国粟津・橋本五个庄并松下以下商人等」が「山門神人」と号して内膳司への「万雑公事」の納付を拒否した事件である。

次に引用したのは、翌応永二十一年七月、内膳司が「粟津・橋本五个庄并松下以下商人等」を訴えた申状の一節である。

而於今商人等称山門神人、不可随彼役之由、構新儀、自去年四月致奸訴、恣令抑留之條、猛悪之次第也、証文等少々備進之、今神人之段勿論也(28)、

これによれば「粟津・橋本五个庄并松下以下商人等」は内膳司から「万雑公事」を免れるために、応永二十年四月に初めて「山門神人」になったということになる。

彼らが「山門神人」として「粟御料」を備進し始めたのは、まさにこの応永二十年四月の日吉祭からのことだったのではなかろうか。

なお、江戸時代になると「粟津の御供」は膳所の粟津神社（田中山王社）から奉献されるが、その由来を元禄八年（一六九五）に天台僧覚深が著わした『山王権現略縁起』は、次のように記す。

かくて比叡辻に着給へは、恒世《つねよ》にいとまたまハり帰《かへ》し給ふとき、汝《いまし》か今日《けふ》の恩《おん》を報《ほう》わんため、毎《まい》年卯月中の申の日、辛崎《からさき》に影嚮《やうごう》すべし、汝も来り逢《おふ》べしとのたまひしかハ、かしこまり申て、又漁舟《またきよしう》に棹《さほ》さして恒世《つねよ》ハ帰《かへ》りぬ、後《のち》に神《かみ》とあらハれ給ふ、今の粟津《あわづ》の明神《めうじん》是なり、御礼は毎年《まいねん》の祭礼《さいれい》にから崎《さき》に渡御《とぎょ》なりて、粟《あハ》の御《ご》供《くう》をあハづより備《そな》へ奉ること、此縁よりはしまれり、

田中恒世が「粟津明神」として粟津神社（粟津明神）に祭られたという話は、「日吉大宮縁起」はもちろんのこと、祝部行丸が著わした『日吉社神道秘密記』にも見えない。長い間、縁起の裏づけのないままで継承されてきた粟津神人による「粟御供」備進が、江戸時代になってようやく独自の縁起を獲得するにいたったことを示すものといえよう。

むすび

本章で確認できた点を整理すれば次のようになろう。

①大津神人は、十一世紀後半以降、日吉祭（申日の神事）で日吉七社の神輿が陸路を唐崎の宿院（かつての琴御館跡）に渡御した時、そこで「粟御供」を備進していた。

②その後、延文（一三五六〜六一）頃から、神幸は陸路ではなく水路をとるいわゆる「船渡御」で執行されるようになった（「船渡御」開始以降、大津神人が「粟御供」を備進していたか否かは不明）。

③応永二十年（一四一三）四月以降、粟津の「商人」が「山門神人」として、大津神人に代わり「粟御料」を備進するようになった。

粟津神人が「粟御供」を備進する以前、いつの時点で大津神人が「粟御供」の備進をやめたかは定かではない。ただ、正安四年（一三〇二）の祭礼に彼らが参加していたことは先にふれた通りであり、その頃までは同役を勤仕していたものと推定される。ではなぜ彼らはそれ以後に同役の勤仕をやめたのであろうか。

その原因の一つは日吉祭のたびかさなる停止・延引にあったと考えられる。『日吉社幷叡山行幸記』は乾元元年以降の日吉祭について、「乾元元年より当年に至るまで八ヶ年、一度も式日の祭礼なくして」（延慶二年条）と記し、それ以後の状況についても「元応元年より又中絶五ヶ年」（正中元年条）、とその執行がしばしば停止・延引していたことを伝える。このような状況は南北朝時代以降も変わらず、建武三年（一三三六）から康暦二年（一三八〇）までの四十年余りの間で式日通りの執行を確認できるのはわずか十二回で、それに対して延引・停止はそのほぼ倍近い二十三回を数える。(29)ちなみに日吉祭が毎年、四月の式日に執行されるようになるのは、足利義満が幕政の実権を掌握した康暦元年のいわゆる康暦の政変から三年後の永徳二年（一三八二）以降のことである。(30)

とはいえ「粟御供」備進は大津神人にとってみずからの存在価値の核心をなす神役であり、日吉祭がいかに断続的になろうと、決してやめることのできない神役であったはずである。ではなぜ大津神人はその「粟御供」備進という、みずからの存在にかかわるもっとも重要な舗設の役を捨て去ったのか。

次章以下ではこの点について大津神人と日吉社、また山門衆徒と大津神人・日吉社の関係を検証するなかで改めて考察していきたい。また鎌倉時代以降になると登場してくる、あらたな日吉社の神人についてもあわせて考えていきたい。

（1）豊田武「延暦寺の山僧と日吉社神人の活動」（『豊田武著作集』三、吉川弘文館、一九九一年。初出一九七四・七五年）。

（2）網野善彦「北陸の日吉神人」（楠瀬勝編『日本の前近代と北陸社会』、思文閣出版、一九八九年）。網野氏は「在国する神人」をも「大津神人」としておられるが、いわゆる「在国神人」を「大津神人」と記した史料は一点もない。日吉祭の祭儀に直接舗設者として参加する「大津神人」と、それ以外の神人とは明確に区別されていたものと考えられる。厳密にいえば、「大津生得神人」と呼ばれた縁起に直接結びつく大津在住の日吉社の神人だけが「大津神人」であったと解すべきではなかろうか。

（3）拙稿「延暦寺大衆と日吉小五月会（その一・二）」（『中世寺院社会の研究』、思文閣出版、二〇〇一年）、拙著『京を支配する山法師たち―中世延暦寺の富と力―』（吉川弘文館、二〇一一年）。
（4）拝原祥子「鎌倉から南北朝期における日吉神人と延暦寺衆徒」（『大谷大学大学院研究紀要』二九、二〇一二年）。
（5）佐藤眞人「日吉社大宮縁起の考察」（『國學院大學日本文化研究所紀要』七四、一九九四年）。
（6）中世の神社と祭礼のあり方について解説した萩原龍夫氏によれば、神社において祭の中心にあった神主の役は、司祭と舗設に分けることができ、前者が神主の専任事項であったのに対して、後者は「他人に協力」してもらうことができたという（「律令体制の解体と神事頭体制」、『中世祭祀組織の研究』、吉川弘文館、一九六三年）。大津神人による「唐崎御供」の備進は、まさにその祭礼における舗設の役にあたる。
（7）永保元年（一〇八一）四月十四日付「官宣旨案」（『桂林集』）。全文は次章に引用する（一九三～四頁参照）。
（8）景山春樹『比叡山』（角川書店、一九七五年）。『新修大津市史』一・七（大津市、一九七八・八四年）。
（9）『新修大津市史』七（大津市、一九八四年）。
（10）前掲註（5）佐藤論文。
（11）宿院は厳密にいえば、唐崎社・唐崎の松の所在する「唐崎」の南のいわゆる「南浜」（『日吉山王祭礼新記』）に所在した（拙稿「サントリー美術館蔵「日吉山王祭礼図屏風」に見る中世の日吉祭」参照、松本郁代・出光佐千子・彬子女王編『風俗絵画の文化学Ⅲ』、思文閣出版、二〇一四年）。
（12）『天台座主記』建保二年四月十五日条。同事件については、この他、『後鳥羽院宸記』建保二年四月十五・十六日条、『吾妻鏡』建保二年四月二十三日条に詳しい。
（13）『園城寺伝記』長寛元年六月九日条。
（14）『百練抄』長寛元年六月九日条。
（15）『中右記』天永三年四月十四日条。
（16）保延二年九月付「明法博士勘文案」（『書陵部所蔵壬生文書』）。かの愛知郡司の大津神人については、戸田芳美「王朝都市論の問題点」（『初期中世社会史の研究』、東京大学出版会、一九九一年。初出一九七四年）参照。
（17）『天台座主記』文永五年八月十七日条。
（18）『日吉山王祭礼新記』（『神道体系』神社編二九・日吉）。

(19)『嘉良喜随筆』（『日本随筆大成』一―一二）。
(20)『天台座主記』建保二年四月十五日条。
(21)延徳三年七月付「粟津・橋本・大津東西浦供御人等言上状案」（『山科家礼記』延徳三年七月十一日条）。
(22)『新修大津市史』一・八（大津市、一九七八・八五年）。
(23)『近江輿地志略』は膳所藩に仕えた儒者寒川清辰（一六九七～一七三九）が著わした近江の地誌。享保十九年（一七三四）三月の自序がある。
(24)『滋賀県の地名』（平凡社、一九九一年）。
(25)粟津供御人については、網野善彦「中世における天皇支配権の一考察―供御人・作手を中心として―」（『史学雑誌』八一―八、一九七二年）参照。
(26)『康富記』享徳四年閏四月二十八日条。
(27)「大榊の神事」とは、四月三日に日吉社の境内から切り出された大榊を、大宮から大津の四宮社（現、天孫神社）へ奉持する神事で、江戸時代、これを「四宮生得神人」と「松本平野明神之神人」が勤めていたことは、『日吉山王祭礼新記』が次のように記すところからあきらかである。

　同刻、自大津四宮為大榊御迎参着、四宮生得神人一人、松本平野明神之神人一人、各着布衣、路次之間騎馬、楼門之外下馬、

「松本平野明神」は松本に所在した神社で、境内には「恒世神社」が所在した（『近江輿地志略』二二）。
(28)応永二十一年七月付「内膳司清宣申状」（『京都御所東山御文庫所蔵地下文書』一〇号）。なお、年月日未詳「某支状」（同前）には、朝廷による諸公事免除の一例として、「日吉供御人」としての資格で「粟津保」がその特権を保持していた事実があげられている。粟津が地域として、日吉社の御供を備進することで、「山門神人」「日吉供御人」と称するにいたっていたことがわかる。
(29)『大日本史料』『史料綜覧』の「史料綱文」をもとに算出した。
(30)康暦の政変までは、応安元年（一三六八）に始まるいわゆる南禅寺事件によって日吉祭は十一年間にわたり「停止」しており、それが再び執行されるようになるのは、康暦二年（一三八〇）のことである（前掲註3拙著参照）。ただ、

神輿の造替が完了したのは同年六月のことで（『日吉神輿御入洛見聞略記』）、同年の日吉祭は年末の十二月にいたりようやく執行されている（『続史愚抄』同月十五日条）。翌永徳元年（一三八一）の執行状況については史料を欠くためわからないが、永徳二年は四月の式日に執行されたことが、『実冬卿記』同年四月十七日条によって確認できる。以降、応永二十二年（一四一五）まで延引・停止があったという事実は確認できない。なお、応永二十二年以降の日吉祭については、本編第二章参照。

第二章　大津神人と山門衆徒

はじめに

萩原龍夫氏によれば、「官社の祠官」の職掌は「祭祀と社務」の二つに分けられるという。[1]祭祀が現実社会を遮断したところに展開する行為であったのに対して、「社務」はそれとは対照的に、施設（宝殿）を管理するという現実世界での行為であり、その二つの世界にまたがって根を下ろしていたのが祠官であった。

このような「祠官」の有り様は、日吉社においても確認できる。すなわち、同社の祭祀については、そのうちの「司祭」を社司が担当していたことは前章でいくどかふれた。また、「社務」については、前章で引用した『耀天記』所載の「大宮御事」に大宮神が宇志丸（社司の祖）に与えた「汝為我氏人ト可令社務」という言葉が見えており（一七五頁参照）、これより社司の「社務」権は完全に保証されていた。

一方、これに対して、大津神人が本来、日吉社において社司に較べてきわめて限定的な権限しか保持していなかったことはあきらかである。彼らは同社の「社務」には何らのかかわりもなく、「祭祀」についてもその「舗設」部門のみを職掌とした存在にすぎなかったからである。縁起が彼らに認めていたのは、田中恒世の末裔として日吉祭で「粟御供」を備進することだけであり、この点で宇志丸の末裔である社司との違いは歴然たるものがあったといえる。

本章では日吉社において、そのような限定的な権限しか保持しなかった大津神人が、どのようにその日吉社の神人としての立場を活用し、みずからの活動領域を確保・拡大していったかを、社司および山門衆徒との関係を検証するなかで考察していくこととしたい。また、山門衆徒は大津神人をその「擁護」下に置いていたといわれるが、彼らがなぜそのような行動をとったかについても合わせ考察していきたい。

一　大津神人と日吉社——田中恒世と宇志丸の末裔——

まず大津神人と日吉社司が祭祀の場においていかなる関係にあったかを具体例をもとに検証していくことから始めよう。

前章で天喜元年（一〇五三）の日吉祭場で、大津神人が宮仕・駕輿丁と争った出来事についてふれたが（一七七～八頁参照）、この争いは翌年まで尾を引き、天喜二年になると大津神人は自分たちの居住地である大津に独自に日吉の神々を祭る。

> 翌年天喜二年造畢新宮社廿一社、里民等遂供養、導師円満院（観）明尊僧正也、委細之旨、天台両門之事書見之、

『園城寺伝記』の伝えるところである。[2]

ここに登場する新宮社とは山王新宮・新日吉社とも呼ばれた神社で、草創は古く近江大津宮の鎮守として長等山の岩座の霊地に須佐之男大神が祀られたのに始まる。その新宮社が円珍によって園城寺に勧請され同寺の守護神となったのは、『寺門伝記補録』によれば貞観二年（八六〇）のことである。[3] つまり新宮社は園城寺衆徒が日吉の神々を祭祀する神社であったわけであり、天喜二年、大津神人はその新宮社を「造畢」し「供養」を遂げたというのである。ちなみに『天台座主記』はこの出来事を「四月十五日、日吉祭延引、三井寺法師唐崎御供抑留之故」と記しており、大津神人が「唐崎御供（粟御供）」を新宮社に備進していたことがわかる。いうまでもな

く大津神人による「唐崎御供」の備進は日吉祭における舗設の役にあたる。

そして、とすれば天喜二年の出来事は、かの時点で大津神人の同祭における舗設権が、司祭を担当する日吉社司からの容喙を一切許さないほど自立したものとなっていたことを物語っている。大津神人がいかなる歴史的な経緯のもとで、そのような強力な舗設権を保持するにいたったかについては改めて検討されなければならないが、彼らが祭礼の場においては、祭司を担当する日吉社司と対等な立場にあったことだけはまちがいない。

日吉祭において、大津神人がみずからの舗設権を行使できれば、司祭者が日吉社と新宮社いずれの社司であろうと構わないと考えていたことは、前章でとりあげた永保元年（一〇八一）四月の大津神人による新宮社への「唐崎御供」備進という出来事からも確認できる（一七六頁参照）。

発端は同年正月、日吉社の「踏歌」を勤仕していた大津神人と「山上法師原」との抗争にあった。山門衆徒の対応に抗議した大津神人は四月の日吉祭における「唐崎御供」の備進を拒否、またもや新宮社に御供を備進しようとする。

次に引用したのは、既出の部分もあるが、その時にあたり日吉社の訴えを受けて発せられた永保元年四月十四日付の「官宣旨(案)」である。

右弁官下　日吉社

応任先例、令大津住人勤行来十五日祭事

右、得社去十日奏状偁、謹検案内、日吉大明神者、八嶋金刺朝廷大津宮御宇之時、初天下坐、自爾以来、毎年四月中申日、御輿奉振於唐崎、御供・舞楽之儲、大津浜住人所勤仕也、数百歳于今無怠、然彼浜住人等止来十五日御祭唐崎御供、仕於園城寺之新宮事、元者以去正月十五日、件大津住人等、勤仕踏歌之間、有一人之男、門楼内向宝殿濫行小便不浄事、神罰令然、宮仕等両三人見之、加禁制間、彼浜男共猛悪為宗、搦取制法師一人、是刻大社正禰宜散位祝部頼永乞請事再三、遂不承引、擬将行大津浜、于時踏歌夜故、山上法師原為崇神威、下集千万也、奪還所取籠之法師原間、互騒動不可勝計、以之為愁、止唐崎之時御供所、欲参向三井之新宮也、爰数百年神事、将以擬絶、抑日吉本宮、是託宣之地也、三井新宮、只大衆押所祝也、忘本与末、爰闕怠数百年之勤仕、神事違例何過之哉、望請　天恩、被賜下任先例早可勤仕唐崎御供之由宣旨者、将仰道理之貴者、権中納言源朝臣経信宣、奉　勅、任先例、令大津浜住人等勤行件祭者、下知近江国已畢、

永保元年四月十四日　　大史小槻宿禰

右少弁藤原朝臣伊家(4)

ここでも天喜二年と同様、大津神人が「唐崎御供」を新宮社に備進し、それに対して祭司者である日吉社司が、わずかに「抑日吉本宮、是託宣之地也、三井新宮、只大衆押所祝也」という非難をもってしか対応できなかったことがわかる。

むろん日吉祭は大津神人による舗設（「唐崎御供（粟御供）の備進」）を抜きにして成立せず、この点において祭礼の舗設者である大津神人と司祭者である日吉社司はやはり対等な関係を保っていたとみなければならない。日吉祭は平安時代には縁起にもとづき、田中恒世をその祖と仰ぐ大津神人と、宇志丸をもってその祖とする日吉社司が平等な関係のもとに執行されていたことになる。では、祭事を離れた現実社会において、この両者の関係はどのように機能していたのであろうか。

二　大津神人の官への訴え

訴訟時における両者の関係をよく示すものに、保延二年（一一三六）四月、日吉社司が大津神人の「解状」を受けて官に提出した次の解状がある。

保延二年四月三日日吉社司等解状云、

請特蒙　天裁、任契状、被裁下大津神人等訴申上下諸人借請上□依不弁償、季節御祭欲及闕怠子細状

副進上分米注文一通

右、彼津神人等解状偁、当津神人者、雖無一分之相募、供奉数度之祭場、其間労績不可勝計、□或往反諸国事廻成、或以上分米企借上、是則非顧私之方計、偏為継欲絶之神事也、而近年以降、上下諸人借請神物之後、更無弁償之□、因茲任彼契状、加催□□人申云、自非院宣者、不可□弁者、借請之日、雖出丁寧之契状、催促之時、既背□請文、検之、道理頗乖穏便、縦雖非神物、縦非祭料、借請他物、何無其弁哉、為訴之甚、莫過于斯、若非蒙裁許者、争勤仕神事哉者、就此状歴　院奏之□、仰云、於院中祗候輩者、可有御沙汰、至于自餘人者、可奏達公家者、望請　天裁、早任契状、可糺返件上分米之由、被宣下者、将勤仕数度之神事、弥奉祈無窮之宝算、仍勒事状、謹解、社司廿人加署判、[5]

「上下諸人」に貸し付けた「神物」「祭物」の返済を求める大津神人の訴えが、大津神人の「解状」に始まり、日吉社司による「院奏」、その結果をうけての日吉社司の「解状」提出（上申）という手続きを踏んで官にまでいたっていたことが知られよう。

　このような大津神人が日吉社を介してみずからの訴えを官に上申するというやりかたは、鎌倉時代に入っても確認できる。すなわち、建仁二年（一二〇二）六月、「大津左右方神人等」は越後国豊田庄の地頭開瀬五郎義盛なる武士の濫妨を官に訴えるが、その時、彼らが作成した「解」は、「請殊蒙社恩、令言上貫首政所、経上奏、召上其身、与神人遂対問、任犯科軽重、被糺狼藉真偽」という書き出しで始まり、「望請社恩、令言上貫首政所、経院奏、召上義盛之身、被遂一決者、仰明時之厳旨、勤将断之神事等、仍勒子細、言上以解」という書き留め文言で終わっている[6]。最初に見える「貫首政所」とは、日吉社検校の政所を指し、ここでも大津神人が日吉社（こ

の場合は検校）に「上奏」「院奏」を願い出ていたことがわかる。

わずか二例にすぎないものの、平安時代末から鎌倉時代にかけて、大津神人の官への訴訟には、日吉社（検校・社司）による「公家」への「奏達」あるいは「上奏」「院奏」が必要不可欠となっていたとみてよかろう。

のみならず官衙との交渉においても、大津神人が常に日吉社を頼んでいたことは、後述（本章第四節）する正治二年（一二〇〇）の利正なる大津神人が検非違使の下部と争い、「禁獄」された時の顛末からもうかがわれる。かの時、利正の釈放を求める大津神人たちは、あらかじめ日吉社検校（座主）の「書札」を入手し、社司をともなって検非違使別当との折衝に臨んでいる。

これは「はじめに」でふれたように、縁起にしかその存在基盤を持たない大津神人には、現実世界との接点がなかったことによると考えられる。それに対して、検校・社司は「社務」権という確固たる現実世界との繋がりが存在していた。すなわち、たんなる祭祀の舗設者にすぎない大津神人が官に訴えを起こすには、検校・社司に頼るしか道はなかったのであり、訴訟において大津神人が社司を仰ぐかたちでしか手続きを進めることができなかった最大の原因はここにあった(7)。

祭礼の場では田中恒世の末裔として日吉祭の舗設を担当し、司祭を担当する日吉社の社司（宇志丸の末裔）と対等の立場を保持していた大津神人ではあったが、官への訴えにあたっては日吉社の社司を仰がざるを得なかったといえる。では上述のような関係にあった日吉社の社司と大津神人は、それぞれが山門衆徒とはどのような関係にあったのであろうか。次にこの点を考察していくこととしよう。

三　日吉社司と山門衆徒

日吉社に「僧官」の職としての検校・別当職が設置されたのは、延久三年（一〇七一）十月、後三条天皇の日吉社行幸時のことであったと伝える。行幸の勧賞として官から認可されたものと言い、初代の日吉社検校には天台座主権大僧都勝範が補されている(8)。以降、同職は天台座主が兼帯するところとなる。ただ、先でふれたように神社における「祠官」の職掌は大きく分けて「祭祀」と「社務」の二つからなるが、日吉社検校が日吉社の「祭祀」にかかわったという事実は確認できず、同職の権限は、あくまでも「社務」に限定されたものであったと考えられる。

延暦寺にあって天台座主よりも古くから日吉社と深いかかわり合いを有していたのは堂衆であった。比叡山の山上においては衆徒（学生）の指揮に従うしかなかった彼らは、山下の日吉社の彼岸所を活動拠点とすることで平安時代末には強大な富と武力を得るようになる(9)。しかし、その堂衆も同社の「祭祀」「社務」に関与した形跡は全くない。堂衆にとっては日吉社の彼岸所が衆徒の拘束のおよばない活動拠点としてのみ機能していたことを物語るものといえよう。また、その堂衆を、治承二年（一一七八）・建仁三年（一二〇三）の二度にわたる抗争を経て惣山から放逐することに成功した衆徒も、平安時代以前には、日吉社の「祭祀」「社務」に直接かかわった形跡は全く認められない(10)。

これは前節でみたように、十一世紀末以降、日吉社においては宇志丸の末裔としての社司と田中恒世の末裔としての大津神人がそれぞれ祭礼の司祭者・舗設者としての地位を確立していたことによると考えられる。縁起とは無縁であった衆徒・堂衆には、日吉社の「祭祀」「社務」に参与する足がかりがなかったとみてよい(11)。

これらの点をあらかじめ確認した上で、最初に平安時代後期に日吉社司が山門衆徒を頼りに起こしたいくつかの官への訴えをとりあげ、両者の関係を検証することから始めよう。

表1は、平安時代、日吉社司が山門衆徒を頼り惹起した訴えを一覧としたものである。

①の寛治六年（一〇九二）は、加賀国で国司藤原為房が「日吉神人」を殺害したことを訴えた事件で(12)、「神人

表1　日吉社司の「群参」と「大衆蜂起」

	年月	発端	抗議の対象	抗議行動	出典
①	寛治六年（一〇九二）九月	日吉神人殺害	藤原為房・藤原仲実	社司群参、大衆蜂起	後二条師通記、他
②	嘉保二年（一〇九五）十月	山僧殺害、日吉社司・神人殺害	藤原師通	社司群参、大衆蜂起	中右記、他
③	長治二年（一一〇五）六月	祇園神人傷害	検非違使中原範政	社司群参、大衆蜂起	殿暦、他

等」は摂政藤原師実の高陽院北門下に参集し為房等の処罰を要求する。この時、彼らは「不蒙裁許不可罷帰、若無裁許大衆等参之由」を述べたという[13]。その結果、衆徒の「蜂起」を恐れた官がすぐに為房を遠流等に処すなどの措置を講じ、事件は収束している[14]。

②は美濃における国司源義綱による「山僧」殺害事件に端を発し、義綱の処分を求める「申状」を捧げて入洛しようとした「日吉社神民幷諸司之下僧六七人許」を武士が鴨河原で殺傷[15]、最後までその訴えを認めなかった関白藤原師通を山門衆徒が呪詛したというものである。四年後の承徳三年（一〇九九）六月、師通は夭折するが、その死は「日吉」の「タ、リ」によるとうわさされた[16]。

③の長治二年（一一〇五）の事件は、六月に祇園会で「祇園神人」を傷つけた検非違使範政の郎等を「公家」に訴えるために「日吉社幷祇園神人」が陽明門下に群参したことに始まる[17]。範政の処断を求める「日吉神人」は、八月末と十月初旬にも「陣頭」に「群参」[18]、最後は数千の山門衆徒が「祇園神輿」をともなって陽明門下まで押しかけるという事態にまで発展し、官が範政を解官することで事件は収束している[19]。

これら三件の出来事について最初に確認しておかなければならないのはここに登場する日吉社司が、史料上ではしばしば「日吉神人」「日吉神民」とも表記されている点である。

たとえば、①で『中右記』の筆者中御門宗忠は、高陽院に「群参」した日吉社司を「日吉神民」とも「（日吉）

神人」とも呼び、[20] ②③でも彼らを「日吉社神民」「日吉神民」と呼んでいる。[21] ところが宗忠はその「神民」「神人」の「群参」について、「日吉社司等群参陣頭」[22] とも記しており、彼のいう「日吉神民」「日吉神人」がいわゆる「日吉社社司等」であったことがわかる。

このことは彼らがとった行動からも裏づけられる。すなわち、①において関白藤原師実の御所高陽院の門前に「群参」した彼らはそこで「振桙榊立」という行為におよんでいるのである。[23] 大津神人を初めとする日吉社の神人が、「群参」や「振桙榊立」という祠祭行為を行った事例は管見の限り確認できない。

このほかにも②において武士によって殺傷された「日吉社神民幷諸司之下僧六七人許」のうち「神民等」の内訳を宗忠は「僧三人、禰宜一人」と記しており、[24] 彼が常に社司（禰宜）をもって「日吉社神民」と表記していたことがわかる。さらにいえば、『延慶本平家物語』一もかの時の死傷者を「神人六人、死者二人」として、八王子社の禰宜をそのなかに数えており、これらの点からも①②③の事件で為政者のもとに「群参」した「神民」「神人」とは、いわゆる日吉社の社司であったことはあきらかと考えられる。

なお、時代は鎌倉時代まで下がるが、建保二年（一二一四）四月、日吉祭で大津神人の「左方長者方人」と「寺家・社家」が争うことがあった時、[25] 後鳥羽上皇はその闘争の様子を「大津東浦長者丸与日吉神人、於韓崎闘諍、仍神人多以為長者丸被刃傷」と日記に記している。[26] ここにいう「大津東浦長者丸」は大津神人の「左方長者」を指しており、後鳥羽上皇もまた日吉社の社司を初めとする社官を「日吉神人」と呼んでいたことがわかる。

そこで表1にもどれば、そこからは三件の事件が、日吉社司の「群参」に始まり、「大衆蜂起」を経て官の裁許によって終わるという、ほぼ同じ経過をたどって収束にいたっていたことが容易に見てとれる。

これはかの時代、日吉社では所属の神人が殺傷された時には、まず最初に社司が「群参」をもって官に加害者の処分を訴えることになっていたことを示している。彼らがこのように通常の訴訟手続きを踏むことなく「群参」という方法で官に臨んだのは、神威を冒す行為に対しては、神々の代理として直接俗世の権力に処分を求める資格をみずからが有していると考えていたからであろう。①の「神人群参」時の高陽院の門前における「振榊立」はまさにそのことを如実に物語っている。

では、その「群参」が効果を発揮しなかった場合、彼らがただちに山門衆徒に「大衆蜂起」を求めている点は、どのように解すればよいのであろうか。

結論をさきどりしていえば、それは彼らが山門衆徒を理念的な庇護者と仰いでいたからと考えられる。そのことをよく物語るのが、①で「大衆蜂起」に屈して官が藤原為房等を厳罰に処した時の藤原宗忠の言葉である。彼はこの処分が「山王之威光」という日吉の神々の神意と「仏法之霊験」という仏意を受けてのやむを得ないものであったとし、「為思山王之威光、仏法之霊験、重所被行也」との感慨を日記に記している。(27) この言葉は、日吉社の祠祭者である社司による「山王之威光」の発現（群参）に加えて、山門衆徒による「仏法之霊験」の発現（蜂起）が惹起した時には、為政者は無条件でその前に膝を屈しなければならなかったことを示している。言葉を変えていえば、神威を押し立てての社司の「群参」には耐えうる俗世の権力（官）も、それに山門衆徒の「蜂起」という「仏法」の発現が加わった時には、もはやなす術がなかったということになろう。

拝原祥子氏によれば、「仏教が山王神（日吉神）を教理的に包摂する、という明確な神仏習合の思想」は、早く仁和四年（八八八）の天台座主円珍の三か条の遺誡のなかに見いだせるという。(28) 日吉社司はそのような「仏法（衆徒）」と「山王（日吉社）」の理念的な上下関係にもとづき山門衆徒を頼ったのであり、それが現実の政治世界において大きな効果を発揮したのが、十一世紀末から十二世紀初頭に起こったこの三件の事件であったといえる。

それでは日吉社の社司が平安時代から鎌倉時代にかけて理念的に仏法の庇護を受けるというかたちで山門衆徒との関係を維持していたとすれば、日吉社における今一つの勢力である大津神人は山門衆徒とどのような関係にあったのであろうか。

四　大津神人と山門衆徒

先に大津神人と日吉社との関係を考察し、大津神人が官への訴えにあたっては、日吉社を介するしかなかったこと、それにもかかわらずその日吉社を介しての訴えが多くの場合、必ずしも好結果をもたらさなかったことを確認した。そのようななか鎌倉時代になると、大津神人は日吉社を介することなく直接、山門衆徒を頼るようになる。先述した正治二年（一二〇〇）の利正なる大津神人の「禁獄」をめぐる大津神人と検非違使の争いのその後のことである。検非違使別当から追い返されたのちの大津神人の行動を『天台座主記』同年正月十六日条は次のように伝える。

大津神人等申賜座主書札、相伴社司、雖触訴大理、不及裁許被追返畢、神人等相触山門之間、依衆徒之訴訟、所被遂其科也、所被召置公家之神人、依衆徒訴訟、同被放免了、

大津神人が山門衆徒を頼り、衆徒の起こした「訴訟」によって、彼らの訴えがたちどころに受け入れられたことが知られよう。大津神人のこの時の「相触山門」という行為が、具体的にどのような手続きを踏んで行われたかは定かではないが、その結果、衆徒の起こした「訴訟」が絶大な効果を発揮したことだけはまちがいなく、大津神人にここには日吉社を介することなく直接、山門衆徒に頼ることでみずからの要求を貫徹するという新たな訴訟手法を獲得するにいたったとみてよい。そして、事実、以降、大津神人は官への訴えにはもはや一切日吉社司を介在させることなく山門衆徒を直接頼っている。

たとえば、次に引用したのは、建暦三年（一二一三）、大津神人が越前守護の「狼藉」を官に訴えた時の経緯を記した『天台座主記』同年五月四日条の記載である。

四日、寅刻衆徒奉振上客人宮神輿於中堂、是依大津神人之訴訟事也、件根元者、大津神人於越前国有出挙事、当国守護惟義朝臣代官重頼致狼藉之由、自去三月之頃、彼神人等触訴于山門衆徒、経奏聞之処、如守護人之陳状者、守制符可停止神人数徒呵責之由欲施行之間、自然及此訴云々、公家召上重頼、与神人遂一決之後、欲被裁断之処、神人等抑四月朔日神事依訴申、三月廿九日、於重頼者不及糺断、推而被処罪科畢、然間五月三日、神人等触訴衆徒云、神人已解其職、可被処罪科之由公家有御沙汰云々、依之東塔大衆蜂起渡西塔、大衆下社頭欲奉動神輿、於二宮方者通夜大衆抑留之間、舁客人宮神輿安置中堂、神人解職之条無其実之由、被下院宣之上、横川大衆渡東塔、雖欲被奉下神輿、一類大衆猶以抑留、雖然於四日内競神事者令遂行了、

大津神人が「奏聞」を経るために当初から「山門衆徒」を頼っていたこと、さらにはいったん下った「（大津）神人解職」の裁定を覆すために「東塔大衆」を頼り、それに応じて「東塔大衆」が客人の神輿を根本中堂に動座させるという行為に出ていたことなどが確認できよう。

では、大津神人はどうして正治二年以降、それまでの日吉社ではなく山門衆徒を直接頼るようになったのであろうか。

実は大津神人もまた古くより日吉社司と同様に衆徒を自分たちの庇護者として仰いでいた。そのことは本章第一節でとりあげた永保元年（一〇八一）の事件がこれをよく物語っている。すなわち、かの時の大津神人の日吉祭からの離脱を『扶桑略記』は次のように伝える。

四月十五日、三井寺大衆率数百兵、打停比叡（日吉）神社祭使御供並奉雑人等、移祭新宮、訪其事発、是去正月彼社

踏歌之□、大津下人供奉之間、聊有小事、稍被凌辱、雖訴山家、全无裁許、仍大津下人等触愁於三井寺大衆云、自今以後、永停彼御社之所役、偏欲勤仕此新宮之所課者、為休此訴、押留彼祭云々、是以山上大衆殊致忿怨、乱逆騒動、

大津神人の日吉社からの離脱の直接の原因が山門衆徒（「山家」）の「全无裁許」といった対応にあったことが知られるが、これは「山王（日吉神）」が仏法の庇護下にあるという考え方からすれば当然のことで、大津神人にとっても日吉社と同様に理念的に最終的に頼りとするのは、仏法の体現者としての山門衆徒をおいてなかったといえる。

ただ、前章で詳述したように、大津神人は現実世界においては日吉社司を介することなくして行動できず、山門衆徒との関係もその例外ではなかった。正治二年まで彼らは一度として、日吉社司を介することなく、直接、山門衆徒を頼ろうとはしていないという事実がそのことを如実に物語っている。ではなぜ正治二年にいたり、彼らは直接、山門衆徒を頼ったのか。

その原因の一つは、本章第一節で指摘した大津に在住しない大津神人の出現にあったと考えられる。商業権を確保する目的で大津神人となった彼らにとって、祭事における舗設はもはやそれまでのような権利ではなく義務にすぎなくなっていた。彼らが縁起に拘泥することなく、日吉社から離れ強力な政治力を持つ山門衆徒を直接頼むようになったとしてもなんら不思議ではない。大津神人の質的な変質、それが彼らを山門衆徒のもとへ走らせた大きな要因の一つであったと考えられる。ちなみに大津神人が鎌倉時代後期になると日吉祭の舗設（「粟御供」の備進）をやめて縁起と決別することを前章で見たが、その端緒は正治二年に始まる彼らのこの縁起からの遊離に始まると見てよい。では、鎌倉時代以降、その神人としての性格を大きく変化させ最後には縁起までをも捨て去った大津神人はどこへ行ってしまったのであろうか。その行方については、次章であらためて検証することと

し、ここではその大津神人が姿を消すのと相前後して登場してくる新たな日吉社の神人について考察し本章をむすびたい。

むすび——新たな日吉社神人の登場——

山門衆徒が日吉社の「祭祀」「社務」については、本来ともにその埒外に置かれていたことは先述した通りである。彼らはあくまでも仏法の体現者として理念的に「山王（日吉神）」を庇護するという立場にあったわけであり、縁起に裏づけられた日吉社の祭事には基本的に近づけなかったといってよい。ただ、それにもかかわらず、鎌倉時代になると山門衆徒の日吉社に対する支配は急激に強固なものとなっていく。前節で確認した大津神人との新たな関係の構築という事態は、まさにそのことを示す一例といえるが、山門衆徒がそれとともに講じたのが、これまでにない新たな種類の日吉社神人の創出であったと考えられる。いわゆる「日吉社諸社名を冠した神人」と「山門神人」という二種類の神人の山門衆徒による補任である。

山門衆徒と日吉神人の関係を考察された拝原氏によれば、山門衆徒は鎌倉時代になると日吉神人をみずから補任し始めるが、その多くは「日吉社聖真子神人」「日吉十禅師神人」「日吉社大宮御油神人」といった「日吉社諸社名を冠した神人」によって占められているという(29)。

この新たな神人が山門衆徒の強力な統制下にあったことは、彼らが他者との争いにあたり、当初から日吉社ではなく山門衆徒を頼っていることからも容易に看取することができる。たとえば、嘉元三年（一三〇五）八月、「日吉八王子宮兼二宮神人」となっていた菅浦住人は、大浦庄による「神人刃傷」を山門衆徒に訴えた時、次のように述べている。

凡神人刃傷者、罪科異他、重科非一、然者任先規傍例、於刃傷人等者、被断罪其身、至彼等在所者、被付山

門、以公人等被致沙汰之条、尤旧例也、[30]

山門衆徒の衆議によって発動する山門公人の検断行為をもって「旧例」とする主張からは、「日吉八王子宮兼二宮神人」がいかに山門衆徒の権威を利用してみずからの訴えを貫徹させようとしていたかがうかがえよう。

両者の強い結びつきは、時代はさらに下るが文安五年（一四四八）四月、京都の「五条町」で「日吉八王子神人」が殺害されるという事件が起こった時、八王子社を管轄する東塔西谷の衆徒がとった行動からも読みとることができる。彼らはただちに神人の殺害現場周辺の「高辻町五条与間西頬之四丁町、已上前後八町分」を同谷領とすべきことを幕府に訴え、最終的に同地を手に入れることに成功しているのである[31]。山門衆徒はこれ以前より一類（院々谷々）の衆徒が寺外で殺害された時、その殺害現場周辺を「墓地」の名目で自領化するということを行っていたが[32]、文安五年の事件はその慣行を統制下の神人の殺害現場にまで敷衍したものであり、両者の関係が時代とともにより濃密なものとなっていたことを示している。

このような日吉社における新たな神人の出現は、元久元年（一二〇四）二月の堂衆の一山からの放逐によってもたらされたものと推定される。すなわち、かの事件ののちそれまで堂衆の活動拠点となっていた日吉七社を初めとする各社殿の彼岸所はすべて山門衆徒（学生）の手に移るが[33]、山門衆徒はこれを契機に掌握した社殿ごとに、独自の権限で神人を補任し始めたものと考えられるのである。彼らを社名を冠した神人名で呼んだのは、いうまでもなく、いずれの社殿に奉仕する神人かを示すことで、それを統治する「院々谷々」を識別しようとしたものであろう。では彼ら新たな神人は、それまでの大津神人と何が異なるのであろうか。

結論からいえば、それは彼らが日吉社の縁起とは全くかかわりなく、応分の神役上納という経済的な負担だけを条件に、山門衆徒からその神人身分を認められた人びとであった点にある。先の「日吉八王子宮兼二宮神人」でいえば、彼らは「為山門御油弁備之地、備進八王子宮長日燈油幷二宮二季彼岸御油等」と述べており、その神人としての身分があくまでも「御油弁備」を条件に山門衆徒から認められたものであったことがわかる。(34) それまでの大津神人がその存在基盤を日吉社の縁起に置いていたのとの大きな違いがここにある。

彼ら「日吉社諸社名を冠した神人」とともに、山門衆徒の日吉社支配に大きな役割を果したと考えられるのが、いま一つの新たな神人「山門神人」である。「山門神人」は前章でふれた、応永二十一年（一四一四）に内膳司から訴えられた「粟津・橋本五ケ庄幷松下（本）以下商人等」がそう呼ばれているほか、(35) さかのぼっては正和三年（一三一四）から同四年にかけて、日吉小五月会馬上役を忌避した成仏なる「山門神人」が『公衡公記』に見えている。(36) では、「山門神人」とはいかなる性格の日吉社の神人で　彼らはなぜはこう呼ばれたのであろうか。

「山門神人」の呼称からは、彼らが神人でありながら山門衆徒の直接の支配下にあったであろうこと、および「日吉社諸社名を冠した神人」のように個別の社殿に所属する神人ではなかったろうことが推理されるが、そこで注目されるのが「粟津・橋本五ケ庄幷松下以下（本）商人等」の存在形態である。管見の限り、彼らが日吉社の特定の社殿に所属していたことを伝える史料はない。また、彼らが山門衆徒を頼り内膳司の支配からの脱出を計っていたことは前章で見た通りであり、まさしく「山門神人」と呼ぶにふさわしい存在であったといえる。そして、とすれば、山門衆徒は元久元年（一二〇四）に日吉社の彼岸所を掌握して以降、各社殿単位で「日吉社諸社名を冠した神人」を補任する一方、日吉小五月会という日吉社の祭礼についてもその祭祀にかかわる神人として「山門神人」をみずからの手で補任し始めていたことになる。(37) 彼らに共通するのは、日吉社の縁起とは全く関係なく、古来の「祭司」「舗設」とも一切かかわりがなかった点であるが、これは山門衆徒が日吉社の縁起と基本的に無関係であったことからすれば、当然のことともいえる。

それにしても最後まで残る課題は、鎌倉時代後半まではまちがいなく縁起にもとづき日吉社司とともに祭礼の「舗設」を担当していた大津神人の行方である。山門衆徒の「庇護」下にあった彼らは、どこへいってしまったのであろうか。章を改めこの課題について考察していくこととしたい。

（1）萩原龍夫「律令体制の解体と神事頭体制」（『中世祭祀組織の研究』、吉川弘文館、一九六二年）。
（2）この天喜元年から同二年にかけての出来事を、佐藤氏は「永保元年の延暦寺・園城寺の闘争事件と内容が酷似しており、永保の事件を誤って天喜二年の山王新宮造立の記事に結びつけてしまった可能性もある」（佐藤眞人「日吉社大宮縁起の考察」、『國學院大學日本文化研究所紀要』七四、一九九四年）とされている。
（3）『新修大津市史』二（大津市、一九七八年）。『寺門伝記補録』の著者志晃は園城寺慶恩院の三世。応永元年（一三九四）の生まれで、正長元年（一四二八）の頃に生存が確認できるという（『大日本仏教全書』解題）。『寺門伝記補録』は、円珍による山王の勧請を次のように記す。
貞観二年庚辰、大師請山王三聖于唐坊、此神者為天台擁護神、特厚大師、嘉祥年中告大師勧入唐求法、約其冥助、或臨叡峯山王院、受菩薩大戒、以結師資芳契、勧請因由正在之歟。大師所居之処神必影嚮、山王院大師棲院也、神常降臨、故有神座、因名山王院、又在三井唐坊、是大師本院、不可無神座、仍今設座請神、又立三井、院号曰山王院、来由亦是在之而已
これによれば、正確には円珍が貞観二年（八六〇）に「山王三聖」を勧請したのは比叡山東塔の唐院（後唐院）においてであり、園城寺の唐院（三井唐坊）への勧請はそれより後のこととなる。
（4）永保元年四月十四日付「官宣旨案」（『桂林集』所載）。
（5）保延二年九月付「明法博士勘文案」（『平安遺文』二三五〇号）中に見える「日吉社司解状」を改行等を一部復原し引用した。
（6）建仁二年（一二〇二）六月「大津左右方神人等解案」（『江藤文書』）。
（7）保延二年（一一三六）・建仁二年（一二〇二）の大津神人の訴訟手続きをもって、拝原祥子氏は日吉社司による大津神人の支配がなされている「証左」とされ、また、正治二年（一二〇〇）の座主（日吉検校）の「書札」を得ての検非違使別当との交渉とその後の山門衆徒を頼っての訴えについては、「座主を通しての訴訟がうまくいかなかった場合は、

衆徒を通しての強訴へ持ち込むという事が常習化していたとみられる」と評価されている（「鎌倉から南北朝期における日吉神人と延暦寺衆徒」、『大谷大学大学院研究紀要』二九、二〇一二年）。しかし、前者に関してはこれだけで社司が大津神人を支配していたとは言い難いことについては次章で改めて検討したい。また後者については大津神人の山門衆徒を頼っての訴訟が「常習化」していくのはむしろこれ以降のことと考えられる。この点についても次章で検討を加えたい。

(8)『天台座主記』延久三年十月二十八日条。

(9)『厳神鈔』（『続群書類従』四九）。彼岸所については拙稿「中世寺院における大衆と「惣寺」」（『中世寺院社会の研究』、思文閣出版、二〇〇一年）参照。

(10) 衆徒が日吉祭の神事そのものに参与していたことを示す史料は管見の限り確認できない。後世の『日吉山王祭礼新記』（貞享五＝一六八八年成立）においても、天台座主が日吉社検校として祭礼の開始を宣言し、それにもとづき三塔（三院）の執行代（横川は別当代）が祭礼役人に神事の執行を命じてはいるが、神事そのものにはまったく関与していない。

(11) 前掲註(2)佐藤論文参照。佐藤氏は日吉社大宮の鎮座伝承に「延暦寺を開創した最澄が勧請したとする説」があることを指摘され、永保元年（一〇八一）四月付「官宣旨案」所引の「日吉社解状」中の「伝教大師大和ノ三輪ノ明神ヲ勧請シテ山王申ス」という一文を紹介されている。延暦寺が日吉社の縁起に入り込もうとしていたことを示すものといえるが、その試みは成功しなかったとみてよい。

(12)『後二条師通記』寛治六年九月十一・十七〜二十六・二十八日、十月二十一日条。『中右記』同年九月十八・二十・二十二・二十八日条。

(13)『後二条師通記』寛治六年九月十八日条。

(14)『中右記』寛治六年九月二十八日条。

(15)『中右記』嘉保二年十月二十四日条。

(16)『愚管抄』四。『今鏡』四も藤原師通の死について、「かきりある御命と申なから、御にきみのほと、人の申侍しは、つねの事と申なから、山の大衆のおとろ〱しく申けるもむつかしく、世中心よからぬつもりにやありけんとも申侍き」と記す。

(17)『中右記』長治二年六月二十三日条。
(18)『殿暦』長治二年八月三十日条。『中右記』長治二年八月三十日条。
(19)『殿暦』長治二年十月三十日条。『中右記』長治二年十月三十日条。
(20)『中右記』寛治六年九月十八・二十日条。
(21)『中右記』嘉保二年十月二十四日条・長治二年七月一日条。
(22)『中右記』長治二年十月十日条。
(23)『中右記』寛治六年九月十八日条。
(24)『中右記』嘉保二年十月二十四日条。
(25)『天台座主記』『吾妻鏡』。両記録はともに同年四月十五日条で、事件の発端は「唐崎御供」の備進で「不法」を働いた大津神人を「寺家・社家」が責めたところ、「(大津)左方長者方人」が「公人」に矢を放ったことにあったと伝える。
(26)『後鳥羽院宸記』建保二年四月十五日条。
(27)『中右記』寛治六年九月二十八日条。
(28)前掲註(7)拝原論文。
(29)前掲註(7)拝原論文。
(30)嘉元三年八月付「菅浦日吉社神人等訴状案」(『菅浦文書』六三五号)。
(31)文安五年四月十九日付「雑色衛門五郎満長打渡状案」(『八坂神社文書』二〇六五号)、年月日未詳「延暦寺東塔西谷学頭代折紙」(同二〇六六号)。この事件については、本書第四篇第一章参照。
(32)『日吉社幷叡山行幸記』によれば、元亨二年(一三二二)二月、衆徒の殺害をうけて横川の大衆が洛北「養父里(藪里)・一乗寺以下の在家」を焼き払った上で「墓所」に点じたという。なお殺害場所を「墓所」として点じる行為については、前掲註(9)拙稿ならびに拙著『京を支配する山法師たち』(吉川弘文館、二〇一一年)参照。
(33)元久元年(一二〇四)に始まる衆徒の彼岸所の分割支配については、前掲註(9)拙稿参照。

（34）　前掲註(30)史料。

（35）　応永二十一年三月付「内膳司清宣申状」（『京都御所東山御文庫所蔵地下文書』一〇号）。

（36）　『公衡公記』正和四年五月二十三日条に、持明院における最勝講が山門の抑留によって延引となった理由を次のように記す。

是山門神人成仏法師、去年被差日吉小五月会馬上役之処、称八幡神人申不可勤仕之由、山門誡沙汰之間、及闘乱珍事了、今日又為雪会稽、重欲差定成仏法師之処、八幡神人得成仏語、忽以閉籠社壇、

また、『日吉社幷叡山行幸記』は、正和三年の日吉祭について、「四月廿六日に遷宮なる、延慶以来爾如の祭礼、当年適可被行之、依有其沙汰、左方の馬上役は点七条室町、成仏法師の象駒形神人と号して、差符の榊を新日吉社に送り捨る」とあり、成仏が石清水八幡宮の「象駒形神人」であることを理由に日吉社小五月会の馬上役を忌避していたことがわかる。

（37）　時代は下がるが、室町時代、粟津では日吉小五月会において「大榊」なる神事を勤仕している。その「粟津大榊」（『八瀬童子会文書』三三・三四号）とも「粟津四位宮大榊」（同文書三三五号・補遺七八号）とも呼ばれた神事には、馬上一衆が日吉神人から徴収した馬上役から多い時で百二十貫文もの費用が支出されている。神事の内容はわからないが、粟津が山門衆徒の祭である日吉小五月会と特別な結びつきをもっていたことを示すものであり、あるいは「粟津・橋本五个庄幷松下以下商人等」は「山門神人」となる以前より、日吉小五月会を通じて山門衆徒と結びついていたのかもしれない。とすれば、応永二十一年（一四一四）、山門衆徒は彼らを「山門神人」に補任することで、初めて日吉社の祭祀に対して間接的ではあるが強い影響力を行使できるようになったともいえる。なお、正和三年（一三一四）に「山門神人」の成仏法師がその納付を拒否したのは「日吉小五月会馬上役」であり、「山門神人」とはもともとは日吉小五月会の神事を勤仕する神人だったのかもしれない。

第三章　衆徒の金融と神人の金融

はじめに

平安時代後期、延暦寺では寺僧（衆徒・堂衆）が、また日吉社では大津神人がさかんに金融活動を行っていたことはよく知られている(1)。しかし、この二つの金融がいかなる関係にあったかについては、なぜかほとんどあきらかとなっていない。これは延暦寺と日吉社の歴史的な関係を明確にしないままに両者を漠然と一体のものと理解してきたことによると思われるが、かくいう筆者もこの点については同様でこれまで両者をとくに区別することなく考証の対象としてきた(2)。

だが、この二つの金融はその運営主体を明確に異にしており、それぞれが独立したものであったことはあきらかであり、もしそうだとすれば、それが、これまで見てきた山門衆徒と日吉社・大津神人との関係のなかで、どのような役割を果たしてきたかが改めて問われなければならないものと考える。

とくに南北朝時代末に山門衆徒が幕府と一体となって創出するにいたる「馬上一衆(土倉方一衆)体制」ともいうべき神役・公役徴収体制が、日吉神人の金融業者（酒屋・土倉）を基盤としたものであったことからすれば、かの体制がどのような歴史的経緯のもとに出現してきたかを考える上においても、この二つの金融と山門衆徒との関係の究明は不可欠の作業といえる(3)。

本章では、最初に堂衆と大津神人の金融がそれぞれいかなる歴史的経緯のもとに出現してきたかをさまざまな観点から検証するとともに、鎌倉時代以降、それがどのように変質していったかを検証し、ついで山門衆徒とこの二つの金融の関係を、乾元元年（正安四年＝一三〇二）、正和四年（一三一五）の二度にわたる日吉社の神輿造替にあたっての用途徴集の実態をさぐるなかで考察していきたい。

なお、大津神人がなぜある時期を境に史料の上から姿を消すかについては、これらの考察過程を通じておのずからあきらかになるはずである。

一　「悪僧」の金融

平安時代後期、堂衆が延暦寺においては営んでいた金融の実態をよく伝えるものに、保元元年（一一五六）閏九月に発布された「公家法」中の次の一か条がある。

一、可令仰本寺幷国司、停止諸寺諸山悪僧濫行事

　興福寺　延暦寺　園城寺　熊野山　金峯山

仰、悪僧凶暴、禁遏惟重、而彼三寺両山夏衆、彼岸衆、先達、寄人等、或号僧供料、加増出挙利、或称会頭料、掠取公私物、若斯之類、寔蕃有徒、国之損害、莫大於此、慥加懲粛、勿令違犯、不拘制法之輩、遣本寺所司、注進父母、師主及所縁等、知不録与同罪、但、愁緒不可黙止者、宜付本司経奏聞、(4)

興福寺以下の「三寺両山」の「夏衆、彼岸衆、先達、寄人等」による違法な金融活動を禁止したものであるが、延暦寺に限っていえば、この法令の適用対象として堂衆が想定されていたことはあきらかである。なぜなら同寺にあっては「夏衆」「彼岸衆」はともに堂衆が勤めた役だからである。(5)残りの「先達」「寄人」もまた通常は堂衆と同様、寺社の成員（衆徒・社司）のもとに所役に従事した人びとであったことも、このことを裏づけてく

れる。すなわちこの法令は「三寺両山」にあって成員（衆徒）より身分の低い人びと（下僧）の営んだ金融のあり方を規定したものであり、延暦寺では「夏衆」「彼岸衆」とも呼ばれた堂衆がその適用対象となっていたことを示している。

では、彼らのいかなる行為が違法とされたのであろうか。法令では「或号僧供料、加増出挙利、或称会頭料、掠取公私物」という部分がその違法行為を指摘した箇所にあたり、「僧供料」「会頭料」を詐称しての「出挙利」の「加増」と、「公私物」を「掠取」るという行為の二つがそれに該当することになろう。

ここで留意されなければならないのは、本法令では「僧供料」「会頭料」の貸し付けそのものはなんら違法ではなく、あくまでもそれを原資とした「出挙利」の「加増」と「公私物」の「掠取」が違法とされている点である。このことは「三寺両山」においては「夏衆、彼岸衆、先達、寄人」こそが、「僧供料」「会頭料」を原資とした寺の金融の運営主体であったことを物語っている。延暦寺においては、堂衆が同寺の金融を一手に握っていたとみてよい。

また、違法とされた「出挙利」の「加増」と「公私物」の「掠取」に関しては、前者が法定利率以上の金利の取得を指すことはあきらかであるが、後者については、この条文からだけではよくわからない。それがいかなる行為であったかを具体的に示してくれるのが、堂衆の金融活動を伝えて有名な『延慶本平家物語』六の次の一節である。

堂衆ト申ハ、学生ノ所従ニテ、足駄・尻切ナムト、ル童部ノ法師ニ成タル中間《ちゅうげん》法師共也、借上・出挙シツヽ、切物・寄物沙汰シテ得付、ケサ衣キヨケニ成テ、行人トテハテニハ公号ヲ付テ学生ヲモ物トモセス、大湯屋ニモ申時ハ堂衆トコソ被定タリケルニ、午時ヨリ下テ、学生ノ後ニ居テ指ヲサシテ咲ヒケレハ、カクヤハ有ヘキトテ、学生共是ヲトカメケレハ、堂衆、我等カナカラム山ハ山ニテモ有マシ、学生トテ、トモス

レハ聞モ不知論議ト云ハナムソ、穴ヲカシナムトソ云ケル、近比金剛寿院ノ座主覚尋権僧正治山ノ時ヨリ、
三塔ニ結番シテ、夏衆トテ仏ニ花ヲ献リシ輩也、

文中に見える覚尋が天台座主であったのは承保四年（一〇七七）から永保元年（一〇八一）まで(6)、これを信じれば、堂衆は先の法令が発布されるはるか以前より金融を営むことで蓄財に成功していたことになる。

それはともかくここで注目されるのは、「借上・出挙」とならびあげられている「切物・寄物沙汰」という行為である。保立道久氏によれば、「「切物」は「切符」（支払命令書あるいは為替）を根拠とした徴収代行行為を意味」する(7)。また「寄物沙汰」とは「寄沙汰」のことと考えられるが、「寄沙汰」とは、笠松宏至氏によれば、「訴因をもつものが自ら当事者となることなく、訴を第三者に委託し（沙汰を寄せる）、委託を受けた者がこれを受託し（沙汰を請取る）、爾後該訴権の実現につとめる行為」を意味する(8)。ともに強力な政治力なしに実行できない行為であり、堂衆が延暦寺の権威を背景にこれら強引な金融活動を展開していたらしいことがうかがえる。したがって、本法令にいう「公私物」の「掠取」とは、具体的には「切物・寄物沙汰」を指すと理解してよい。

以上、保元元年の法令からは、次の二点を確認しておきたい。その第一点はすでにふれたように本法令があくまでも寺院の下僧が行っていた違法な金融活動に限りこれを禁止したものであり、寺院の金融そのものについてはなんら規制を加えるものではなかったという点である。すなわち、違法とされたのは、あくまでも「僧供料」「会頭料」と詐称して「出挙利」を「加増」したり「公私物」を「掠取」という行為であり、「僧供料」「会頭料」の貸し付けが違法とされたわけではなかった。延暦寺でいえば、直接の取り締まり対象となったのは、堂衆（夏衆・彼岸衆）がいわば私的に行っていた「切物・寄物沙汰」であり、公的な「僧供料」「会頭料」の貸し付けはその対象外であったということになる。

また、第二点目は本法令の適用対象が「三寺両山」に限定されているという点である。

延暦寺の堂衆を始めとする寺院における「悪僧」の不法な金融活動がそれだけ広範に展開していたことを示すものといえる。

では、日吉社で大津神人が営んでいたような神社の金融については、官はどのような態度で臨んでいたのであろうか。次にこの点について見ていくこととしよう。

二　「神人」の金融

次に引用したのは、先の一か条とともに保元元年（一一五六）閏九月に発布された「公家法」の一か条である。

一、可令且下知本社、且諸国司停止諸社神人濫行事

伊勢　石清水　加茂　春日　住吉　日吉　祇園

仰、恒例神事、所役惟同、往古神人、員数有限、而頃年以降、社司等偏誇神眷、不顧皇猷、恣耽賄賂、猥補神人、或号正員、或称其掖、所部公民、蔑爾国威、先格後苻、厳制稠畳、神不享非礼、豈叶神慮哉、早可注進本神人夾名幷証文、至于新加神人、永俾停止、社司若致懈緩、改補他人[9]、

本条は伊勢神宮以下の七社における神人の増加に対処することを定めたもので、神人が営んでいた金融に関してはなんらふれるところはない。しかし、本法令が現実には神人による金融活動の規制をもその目的としていたことは、三十五年後の建久二年（一一九一）三月に発布された次のような「公家法」の一か条がこれをよく物語っている。

一、可令且下知本社、仰京畿、諸国所部官司、停止諸社神人濫行事

仰、伊勢已下神民、濫行人数加増、格条所制、罪科不軽、而近年諸社司等、云本神人、云新加輩、為先賄

略、多以加任、然間、横行洛中、致出挙違法之責、経廻城外、招濫妨不拘之科、或振榁立榊、或質券懸札、民之受弊、無甚於此、各仰其社総官等、於本神人者、令注進交名幷証文、至于新加輩者、慥解其職、宜加禁遏、兼亦社司等若有違犯者、改補其人、処以重科、(10)

適用対象が先の七社からすべての神社に拡大している点、および「諸社神人濫行」の内容が、「横行洛中、致出挙違法之責、経廻城外、招濫妨不拘之科、或振榁立榊、或質券懸札、民之受弊」と詳しく記されている点が保元元年の法令とは異なる。しかし、後半の違反者に対する規定がほぼ同内容となっていることは一読してあきらかであろう。すなわち保元元年の一か条が「本神人」には「夾名幷証文」の提出と「新加神人」には「停止」を定めるのに対して、建久二年の本条も前者には同様の「交名幷証文」の提出を求め、後者に関してもその「禁遏」を定めているのである。

これによって保元元年の法令が抽象的に「猥補神人、或号正員、或称其掖、所部公民、蔑爾国威」としか記さない「諸社神人」の「濫行」が、現実には「為先賄賂、多以加任、然間、横行洛中、致出挙違法之責、経廻城外、招濫妨不拘之科、或振榁立榊、或質券懸札」という行為であったろうことは容易に推測できる。とすれば、保元元年の時点で、官は「諸寺諸山悪僧」とともに「諸社神人」に対しても不法な金融を禁止する法令を発していたことになる。

ちなみに建久二年の場合も「諸社神人濫行」を禁じた一か条についで、「諸寺諸山之悪僧」が「称出挙利分、催徴国郡、号仏僧供料、責煩人庶」を禁じた一か条が見えており、(11)「諸寺諸山悪僧」と「諸社神人」の双方に対して、官は保元元年と建久二年の二度にわたり不法な金融行為を禁止していたことが確認できる。そして、このような「諸寺諸山悪僧」と「諸社神人」の不法行為を禁じる二つの法令の存在は、官が寺院で下僧が営む金融と神社で神人が営む金融をあきらかに異なるものと認識していたことを示している。

これは金融の原資が全く異なるものであったことからすれば当然のことともいえるが、延暦寺の金融と日吉社の金融が、法的にも全く異なるものと理解されていたことは改めて確認しておく必要があろう。両者は本来、名実ともに別の金融として存在していたのである。なお時代は前後するが、長寛元年（一一六三）七月、官は「延暦寺僧徒」と「日吉社神民」に対して京中において「出挙物」を「譴責」することを禁じている（『百練抄』）(12)。やはり延暦寺（堂衆）の金融と日吉社（大津神人）の金融が峻別されていたことを示す出来事といえる。

ではこの二つの金融は、元久元年（一二〇四）に堂衆が延暦寺を去ってのち、それぞれどのような展開を見せたのであろうか。

三　乾元元年の神輿造替――「大津生得の神人」と「京都の入神人」――

元久元年以降、堂衆がそれまで営んでいた金融は、基本的に衆徒が引き継いだものと考えられる。藤原定家が延暦寺で「出挙」で富を蓄える衆徒の多いことを嘆いて「帯妻子出挙富有者、張行悪事、充満山門」とその日記『明月記』に記したのは、寛喜元年（一二二九）六月二日のことである。堂衆から引き継いだ寺の金融を衆徒がさらに発展させていたことを示唆するものといえる。

時代はさらに下り、貞和元年（一三四五）山門衆徒の嗷訴で神輿造替の怖れが生じた時、足利尊氏はその造替費用を「京中ニアル山法師ノ土蔵」に点じることを提案したと『太平記』二四は伝える。これまた衆徒の金融の発展をうかがわせるものといえる。

一方、これに対し日吉社では元久元年以降も大津神人が金融を担当し続けていたことは、乾元元年（正安四年＝一三〇二）に起こった日吉社の神輿造替にかかわる出来事がこれをよく物語っている。

事件の発端は日吉祭で「大津生得の神人」が駕輿丁と争い、その放った矢が誤って神輿に命中したことにあった。莫大な神輿造替費用の負担を迫られた「大津生得の神人」ではあったが、彼らは「京都の入神人」の協力を得てようやくその義務を果たしたという。その間の経緯を『元徳二年三月日吉社幷叡山行幸記』（以下、『日吉社幷叡山行幸記』と略記）は次のように記す。

同四年四月の祭礼に大津生得の神人と駕輿丁の輩と喧嘩を引出て、神人神輿を射奉るによりて、その日の祭礼なし、（中略）神輿は狼藉の根本生得神人が所行なれば、神人にかけて造替せらるべきよし定られけり、山門申て云、臨時の珍事は天災力なし、而神人に懸てつくらせられん事、神慮はかりがたし、且其例なき由奏申けれども、御許容に及ばず、科人は無力の間、京都の入神人にかけて三のしな《品》をつくり、使庁の下部をもて譴責に及びければ、帝都の民多以侘傺し侍りき、

この『日吉社幷叡山行幸記』の記事がほぼ正確に事実を伝えていることは、『吉続記』乾元元年十二月十三日条の記載によって確かめることができる。

今日日吉祭也、今度神輿七基造替用途、生得神人沙汰也、無山務之間、執当兼覚法印幷使庁景文・景敏等奉行也、下部等付神人等奔走、出用途也、七千余貫神人等出之、上中下相分致沙汰云々、

同日に執行された日吉祭について記したものである。いうまでもなく文中に見える「生得神人」とは大津生得神人を指す(13)。『日吉社幷叡山行幸記』の記事の正しさが裏づけられるのみならず、この時の神輿造替費用の徴収が山門衆徒の執行機関である寺家（執当兼覚(14)）と検非違使庁によって行われたことがこれによって確認できる(15)。

そこでこの二点の史料から読みとれる大津神人にかかわる事実を整理すれば、次の三点に絞られよう。

①神輿造替の用途は総額七千貫文余りで、そのすべてを大津在住の「大津生得の神人」と京都に拠点を置く「京都の入神人」が負担した(16)。

②彼らからの用途の徴収はその財力（経営規模）に応じて「上中下」の「三のしな《品》」に分けて実施された

③「大津生得の神人」からの用途徴収には延暦寺の寺家（執当）があたり、「京都の入神人」からの用途の徴収には検非違使庁の「下部等」があたった

このうち②の用途負担者を財力によって三ランクに分けるというやり方によって、この時に造替費用を負担した大津神人（「大津生得の神人」と「京都の入神人」）が、基本的に金融を営む人びとによって占められていたであろうことが判明する。というのは、用途負担者を「上中下」の「三のしな」に分けるという方法は、後代に馬上一衆が日吉神人の土倉からの神役（馬上役）徴収にこれを引き継いでいるからである[17]。馬上一衆はこの時の用途の徴収方法を踏襲していたと見てよく、したがってここにいう大津神人の生業は、基本的に土倉であったとみてまずまちがいない。

また③の「京都の入神人」からの用途の徴収は、当時いかに多くの大津神人が大津を去りその拠点を京都に移していたかを示しており、前代以来の大津に居住しない大津神人がさらなる増加傾向にあったことがうかがわれる。さらに、この点にかかわって何よりも注目されるのが、大津在住の「大津生得の神人」と京都在住の「京都の入神人」からの用途徴収を、検非違使庁と山門衆徒の執行機関としての寺家が分担しているという事実である。

このうち寺家についていえば、山門衆徒が大津神人（大津生得神人）から直接、用途を徴収した事実はこれ以前には確認できない。山門衆徒はこの乾元元年の時点で初めて大津神人からの用途徴収という権限を手にしたと考えられるわけであるが、それは『日吉社并叡山行幸記』が伝えるように、彼らが「臨時の珍事は天災力なし、而神人に懸てつくらせられん事、神慮はかりがたし、且其例なき由」を奏上したことによって官から認められたものであろう。つまり何らの政治的な力を持たない日吉社に代わり山門衆徒が官との交渉の矢面に立った結果、用途の免除は認められなかったものの、大津在住の大津神人（大津生得の神人）から直接用途を徴収する権限が

彼らに付与されたと推定されるのである。

一方、検非違使庁による京都在住の大津神人（京都の入神人）からの用途徴収については、同庁が平安時代後期以降、保持していた京都市中の検断権にもとづくものであったことはあきらかである。ただ、検非違使庁がその京都市中における領域的支配権だけをもって、延暦寺・日吉社の人的支配下にあった大津神人から用途を徴収できたとはとうてい思えず、その実施は事前に山門衆徒の了解あってのものと考えられる(18)。

そして、もしそうだとすれば、この時の山門衆徒と検非違使庁による大津神人からの用途徴集は、双方がみずからの権限の一部を相手方に割譲することで実現したことになる。では、なぜ山門衆徒と検非違使庁は、ともにその権限の一部を割譲してまで大津神人から用途を徴収しなければならなかったのであろうか。

それは七千貫文という高額の神輿造替費用を短期間で捻出するにはそれ以外に手段がなかったからであろう。大津神人が金融によって莫大な利益をあげているかは誰もが知っていた。しかし、大津神人の多くが大津を離れ京都に拠点を移すという状況のなか、山門衆徒は検非違使庁の領域支配権に、また検非違使庁は山門衆徒の人的支配権に阻まれて彼らに課役できないという状況が現出していた。そのような両者の身動きならない緊張関係を打ち破ることとなったのが乾元元年の大津神人による神輿損傷事件であり、これを契機に両者は互いに権限の一部を委譲し合うことで、大津神人からの用途徴収に漕ぎ着けたと考えられるのである。

なお、繰り返しふれてきたように、「大津神人」の呼称は以後、史料上では確認できなくなる。上述のところからすれば、これは大津神人の多くが大津を離れ、京都に移住した結果と考えられる。『日吉社幷叡山行幸記』が、京都に本拠を移していた大津神人を「大津」の二字を冠することなく、たんに「京都の入神人」と呼んでいる事実そのものがそのことをよく象徴している。では、その多くが「京都の入神人」となった大津神人はこののちどのような活動を展開していったのであろうか。次にこの点について考察していくこととしたい。

四　正和四年の神輿造替――「山門気風の土倉」――

乾元元年に神輿造替用途の大半を負担したと推定される「京都の入神人」のその後の行方を知る重要な手がかりとなるのが、正和四年（一三一五）の神輿造替である。

延慶二年（一三〇九）の嗷訴によって穢れた日吉七社の神輿造替事業が、後伏見天皇主導のもと、ようやく動き始めたのは正和二年末のことである。官では初めその費用を「京都の土倉」に賦課しようとするが、山門衆徒の反対によってそれは沙汰止みとなる。

ところがよく知られているように「山門気風の土倉」はその「御喜」として、進んで「一宇別七百五十疋」を官に納めたと『日吉社幷叡山行幸記』は伝える。

同二年には新院御治世わたらせ給ひて、大宮幷神輿造替の御沙汰あり、神殿の料足は戸津升米、神輿の功程は京都の土倉かけられけり、山門子細を申ければ、山門気風の土蔵には件課役を被除之由仰下されけれども、其御喜とて一宇別七百五十疋の沙汰をいたしつゝ、終造畢して本社に奉送、朝議の委細なるも執申衆徒の沙汰もいさぎよき心地ぞせざりける、

この時、初めてすべての「京都の土倉」に造替費用が課役されたこと、およびその課役が「山門気風の土倉」だけは免除（結果的には軽減）されたことは、造替後の『公衡公記』正和四年四月二十五日条所載の神輿造替料「惣用」からもあきらかである。

一、惣用

六十五万疋内

三門跡御訪

梶井　五万疋　青蓮院　三万四千疋此内十楽院万疋、常寿院三千疋、

妙法院　五万疋

土倉課役

神人沙汰二十一万疋一所別七百五十疋云々、一定庁納五百疋

庁沙汰五万五千疋一所別千疋

金輪院澄春已講沙汰之、　法勝寺執行

越前国公用二十一万千疋　浄仙法印万疋　行尋法印万疋可進之由被仰下　武家公事用途万疋可被付之由被仰下

万疋若可被付之由被仰下

「惣用六十五万疋」のおよそ四一％にあたる二十六万五千疋の「土倉課役」が「京都の土倉」が負担した総額で、そのうち「神人沙汰二十一万疋」が「山門気風の土倉」の負担分、「庁沙汰」がそれ以外の土倉の負担分となる。(19)『日吉社幷叡山行幸記』が「山門気風の土倉」の「御喜」の負担額として記録する「一宇別七百五十疋」という金額を『公衡公記』は「神人沙汰」の「一所別七百五拾疋」と記録しており、両史料の伝えるところは一致する。

すべて周知の史料をことさらのように引用したのはほかでもない。ここからは「京都の入神人」の行方にかかわっていくつかの重要な事実を導き出すことができるからである。

その第一は課役対象となった「神人」の土倉の呼称である。『公衡公記』が彼らを明確に「神人」と呼ぶのに対して、『日吉社幷叡山行幸記』は「山門気風の土倉」なる言葉で彼らを表現している。これまで見てきたように、「京都の入神人」はあくまでも日吉社の「大津神人」であり、山門衆徒とは本来は無関係の人びとであった。ただ、その一方、彼らが山門衆徒の理念的な支配下にあったことも前章で見た通りである。そのような山門衆徒と「京都の入神人」の微妙な関係をあらわすには、「山門気風の土倉」という言葉はいかにも言い得て妙という

ほかなく、この点でこの言葉は正和四年の時点における両者のいまだ微妙な関係をよく表現したものといえる。

第二点として指摘できるのは、この時に用途を負担したのが、『公衡公記』が「土倉課役」「神人沙汰」と記し、『日吉社幷叡山行幸記』が「山門気風の土倉」と記すように、「京都の入神人」として土倉を営む大津神人であったという点である。先の乾元元年の神輿造替でもその用途を負担したのが「大津生得神人」「京都の入神人」の土倉（金融業者）であったろうことを指摘しておいたが、今回はまちがいなくそのうちの「山門気風の土倉」＝「京都の入神人」が負担者となっていたことがこれにより確認できる。

さらに第三点として注目すべきは、その「山門気風の土倉」からの用途徴収（「神人沙汰」）にほかならぬ山門衆徒があたっていることである。『日吉社幷叡山行幸記』がいう「執申衆徒の沙汰」の存在である。この時の「沙汰」が具体的にどのような山門衆徒によって実施されたかはわからない。ただ、これ以前の山門衆徒の土倉と大津神人の土倉のあり方からすれば、彼らは山門衆徒の土倉であった可能性が高い。

すでにふれたように、元久元年（一二〇四）以降、堂衆の金融を継承した衆徒の多くは「京中ニアル山法師ノ土蔵」として京都で活動していた。先に足利尊氏が彼らからの神輿造替用途の徴収を提案したという逸話を紹介したが、現実には乾元元年・正和四年の出来事をふくめて、彼らが朝廷・幕府から用途を徴収された形跡はまったくない。この点で山門衆徒の土倉は、従前通り大津神人の土倉とは一切かかわりなく活動していたものと考えられ、彼らが「山門気風の土倉」の上に立ち神輿の造替用途を「沙汰」したとしても何ら不思議ではない。

そして、正和四年の「執申衆徒の沙汰」の意味するところをこのように理解すれば、この時の神輿造替用途の徴収が、延暦寺の金融と日吉社の金融の二つの金融にとって画期的な意味をもつものであったことはあきらかであろう。のちの山門衆徒の土倉が日吉社の神人の土倉から神役・公役を徴収するという、いわゆる「馬上一衆（土倉方一衆）制度」は、まさにこの「執申衆徒の沙汰」に源泉を求められることになるからである。

むすび

平安時代に延暦寺と日吉社で個別に営まれていた二つの金融がいかなる過程を経て、鎌倉時代後半にいたり重なり合う構造を呈するようにいたったかが不十分ながらあきらかとなったものと考える。最後に本篇で三章にわたり考察してきた山門衆徒と日吉社・大津神人との関係を総括して本章の「むすび」としたい。

山門衆徒は仏法の体現者として、早くから日吉社・大津神人を理念的に「庇護」する立場にあった。ただ、彼らは日吉社の縁起とは本来無縁の存在であり、そのため日吉社の祭祀に直接関与することはなかった。

そのような状況が大きく変わるきっかけとなったのが、元久元年（一二〇四）の堂衆の延暦寺からの退去である。堂衆が寺を去ってのち、山門衆徒はそれまで堂衆の活動拠点としていた日吉各社の彼岸所を接収するとともに、彼らが営んでいた寺の金融事業をも手中に収める。と同時に日吉各社において、その社殿の維持を名目として独自の権限で神人（「日吉社諸社名を冠した神人」）を補任し、また、日吉小五月会のための神人（「山門神人」）をも補任し始める。これら新たな二種類の神人の登場は、山門衆徒が日吉社・大津神人との関係をそれまでの理念的な「庇護」から、実質的な「支配」へと転化させていこうとしていたことを物語っている。ただ、山門衆徒が補任した新たな神人はあくまでも応分の神役上納を条件にその身分を得たにすぎず、日吉社の縁起・祭礼とは何ら関係ない人びとであった。そのためこれ以降も日吉社とその経済を支える大津神人は依然として、山門衆徒の手のおよばないところにあった。

一方、日吉社においては、鎌倉時代に入っても、大津神人の金融が日吉祭の「舗設」を支えるという体制に変わりはなく、元久元年以降も日吉社の金融はその自立性を保持していた。堂衆に始まり衆徒に引き継がれた延暦寺の金融と、大津神人が営む日吉社の金融が並立して存在するという状況が継続していたわけであるが、そのようななか、鎌倉時代後期にいたり惹起したのが乾元元年（一三〇二）の大津神人による日吉社の神輿破損事件である。これにより莫大な神輿造替費用の負担を余儀なくされた大津神人は、山門衆徒に「庇護」を求め、ここに山門衆徒は初めて合法的に大津神人から用途を徴収する機会を得る。それは検非違使庁との協力のもとにようやく実現した用途徴収ではあったが、これを機に山門衆徒は一気に大津神人への実質的「支配」を強化していく。

そのことは十数年後の正和四年（一三一五）の神輿造替費用の徴収が、「大津神人」や「京都の入神人」からではなく「山門気風の土倉」から行われているという事実が何よりもよく象徴している。そこには日吉社の金融を担当していた「大津神人（「京都の入神人」を含む）」の姿はもはやなく、彼らが「山門気風の土倉」と呼ばれ一括して山門衆徒の統制下に組み込まれるにいたっていたことがわかるからである。

また、この時の「山門気風の土倉」からの用途徴収において、今一つ注目すべきは、それが「執中衆徒」といわれる一部の衆徒の土倉の手に委ねられたという点である。衆徒の土倉による日吉社の神人から用途徴収という行為は、南北朝時代末に始まる馬上一衆による日吉神人からの馬上役（日吉小五月会）徴収という行為と基本的に同じものであり、山門衆徒はこの正和四年の用途徴収をもってようやく日吉社の金融をみずからの「支配」下に組み込むことに成功したといえる。

（1）豊田武「延暦寺の山僧と日吉社神人の活動」（『豊田武著作集』三、吉川弘文館、一九九一年。初出一九七四・七五年）。網野善彦「北陸の日吉神人」（楠瀬勝編『日本の前近代と北陸社会』、思文閣出版、一九八九年）。

（2）前稿では「山法師ノ土倉」（『太平記』二四）と呼ばれた衆徒の土倉と、大津神人の系譜を引く「山門気風の土倉」（『元徳二年三月日吉社幷叡山行幸記』）を同じものと理解してその活動の歴史的評価を行ったが（拙稿「延暦寺大衆と日吉小五月会（その二）」、『中世寺院社会の研究』、思文閣出版、二〇〇一年）、本稿で論じるように両者はあきらかに異なるものと考えられる。ここに訂正する。

（3）　拙稿「延暦寺大衆と日吉小五月会（その二）」（前掲註2拙著所収）、拙著『京を支配する山法師たち』（吉川弘文館、二〇一一年）参照。

（4）「公家法」三（『中世法制史料集』六、岩波書店、二〇〇五年。以下「公家法」については同史料集所載の番号をもって示す）。

（5）『延慶本平家物語』六は、後述するように「堂衆」を説明して「三塔ニ結番シテ、夏衆トテ仏ニ花ヲ献リシ輩也」と説明する。また、日吉社の彼岸会が元久元年（一二〇四）まで「堂衆」の勤仕するところとなっていたことについては、拙稿「中世寺院における大衆と「惣寺」」（前掲註2拙著所収）参照。

（6）『天台座主記』によれば、承保四年（一〇七七）二月に座主補任の宣命を受け、永保元年（一〇八一）十月に死去するまで同職にあった。

（7）保立道久「切物と切銭」（『三浦古文化』、三浦古文化研究会、一九九三年）参照。

（8）笠松宏至「中世の政治社会思想」（『日本中世法史論』、東京大学出版会、一九七九年。初出一九七六年）参照。

（9）「公家法」四。

（10）「公家法」三七。この法令は「諸社神人濫行」の一つとして「振桙立榊」という行為をあげている。これは前章で見たように、社司が実施した抗議行動であり、したがって本法令の規制対象は、神人のみならず社司にまでおよんでいたとみなければならない。

（11）「公家法」三八。

（12）『百練抄』長寛元年六月九日条に「延暦寺僧徒・日吉社神民等、京中猥入、出挙物譴責之輩、可搦進之由宣下」と見える。

（13）正和四年（一三一五）にそれまでの神輿造替の事例を書きあげた「日吉神輿造替例事」（『公衡公記』正和四年四月二十五日条所載）も、この乾元元年（一三〇二）の神輿造替費用については「生得神人沙汰」と記録する。しかし、厳密にいえば、その「沙汰」に大津在住の狭義の「大津生得の神人」だけでなく、京都に拠点をもついわゆる「京都の入神人」が加わっていたことは、検非違使庁の下部が用途の徴収にあたっているところからもあきらかである。「京都の入神人」がいまだ広義の「大津神人」と考えられていたことを示すものといえる。

(14)『吉続記』乾元元年十二月十三日条に見える「執当兼覚法印」が、同時期に寺家の執当を勤めていたことは、拙稿「延暦寺における「寺家」の構造」(前掲註2拙著所収)参照。また、同記にいう「無山務」とは、座主職がこの年の十一月から翌年四月まで空位となっていたことを指す(妙法院蔵「天台座主記」、前掲註2拙著所収)。なお、兼覚は、正和四年(一三一五)の神輿造替時も執当職にあり延暦寺の実務担当者として活躍している(『公衡公記』正和四年四月二十五・二十六日条)。

(15)「日吉神輿造替例事」(前掲註13参照)は、この時の神輿造替について「七社神輿新造奉献生得神人沙汰、仲良奉行、」とし、源仲良なる者が「奉行」を勤めたと伝える。院政下での神輿造替は原則として院司が奉行を勤めたことは、「日吉神輿造替例事」が列記する先例に見える通りであり、源仲良もまた後宇多院の院司であったと考えられる。ちなみに「日吉神輿造替例事」によれば、仲良の祖父仲遠(法名賢阿)は正嘉二年(一二五八)・正元元年(一二五九)・文永元年(一二六四)の三度、父仲秋も文永六年に同職を勤めており、さかのぼっては、曾祖父の仲兼が後鳥羽院のもとで延暦寺講堂の造営の「造国司」を勤めている。仲良の家が院司として山門の堂舎・神輿造営を奉行する家となっていたことを物語るものといえよう。

ただ、彼らが勤めた「奉行」とはあくまで「神輿奉献」を差配する役で、「奉行」が直接用途を徴収していなかったことは、たとえば「日吉神輿造替例事」が「仲遠法師奉行、諸国用途不分明」、「以諸国用途、仲遠法師奉行」と記しているところからあきらかである。乾元元年の場合でいえば、源仲良はその奉行を勤めただけで、用途は「生得神人」が「沙汰」したことは「日吉神輿造替例事」が記す通りである。

なお仲良の祖父仲遠にかかわっては、かつて『日吉山王利生記』(『続群書類従』五一)の内容について論じたさい、同記が文永年間(一二六四~七五)に彼の遺族もしくは一族によって制作されたであろうことを指摘したが(「『山王霊験記』の成立と改変」、『描かれた日本の中世』、法藏館、二〇〇三年)、「日吉神輿造替例事」によれば、「仲遠法師」が最後に「新造奉献」の奉行を勤めたのは文永元年のことで、これに続く同六年の神輿新造は息子の仲秋が同役を勤めている。これにより推定される仲遠の死亡時期は、文永元年から同六年の間にまで縮まり、『日吉山王利生記』の成立時期も同様に絞り込めることとなった点を確認しておきたい。

（16）乾元元年以前の日吉社の神輿造替費用は、すべて朝廷（天皇・上皇）がその費用を国役等をもって負担している（『公衡公記』正和四年四月二十五日条所載の「日吉神輿造替例事」）。

（17）年月日未詳「日吉小五月会馬上一衆算用状断簡」（『八瀬童子会文書』補遺一二、二三九・二四一号）は、馬上一衆の頭人がその配下の酒屋・土倉・味噌屋・風呂屋から役銭を徴収したさいの算用状であるが、その記載は次のようになっており、土倉からの役銭のみが上中下の三ランクに分けて徴収されていたことがわかる。

一、禅住房下
酒卅八　四百玖拾四文　一所別拾参貫□（文宛）
土上二　弐拾五貫文　一所別拾弐貫五百文宛
土中二　拾参貫文　一所別六貫五百文□（宛）
土下十二　四拾弐貫文　一所別参貫五百文宛
此内一所無質云々　三条油少路東頬
味七　参拾弐貫弐百卅文
公役ノ外ニ一所ニ五百文宛加増
風一　弐貫文

なお、馬上一衆による神役（日吉小五月会馬上役）の徴収については、本書第四篇第一章参照。

（18）脇田晴子氏はこの時の検非違使庁による用途の徴収を「朝廷の土倉に対する課役」と表現されるが（「領主経済の変質と問屋的支配」、『日本中世商業発達史の研究』、お茶の水書房、一九六九年）、使庁が徴収したのは京都の「生得神人」すなわち「京都の入神人」に限定されていたことは改めて確認しておきたい。彼らが拠出した銭は、仲間が破損した神輿を弁償するためのものであり、厳密にいえば、延暦寺の寺家と検非違使庁はその集金に当たったにすぎないともいえる。

また、検非違使庁と山門衆徒との権限の割譲については、南北朝時代初期、数度にわたり、京都の酒屋への課税について事前に両者が折衝を行っているという事実があり、当然、乾元元年時も行われていたものと考えられる（前掲註2拙著参照）。

(19)　この時の「庁沙汰」を院庁の沙汰と理解する意見もある（五味文彦「使庁の構成と幕府―十二～十四世紀の洛中支配―」、『歴史学研究』三九二号、一九七三年）。しかし、先にもふれたように院司は「神輿奉献」の「奉行」を勤めたが、彼らが「課役」の「沙汰」を行った例はない。また、この時期の院司に土倉から「一所別千疋」の用途を徴収する実務能力が備わっていたとはとうてい思えず、乾元元年の出来事と合わせ考えても、『公衡公記』に見える「庁沙汰」は検非違使庁による用途徴収を示したものとみてまちがいない。
　なお、乾元元年の用途徴収と正和四年の土倉課役の違い、および正和四年の「神人沙汰」が「一所別七百五十疋」と「一定懸納五百疋」の二つからなることについては前掲註(3)拙稿参照。

第四篇　中世都市・京都の変容

第一章　応仁の乱と京都――室町幕府の役銭と山門の馬上役の変質をめぐって――

はじめに

中世、京都がわが国最大の商業都市であったことはよく知られている。しかし、それがどの程度の規模のものであったかを、客観的なデータにもとづいて提示することは意外にむずかしい。ただ、確実にいえるのは、そこで生み出されていた富がなみたいていのものではなかったろうということだけである。そのことは、室町時代、幕府が京都の酒屋・土倉を初めとする「諸商売」から収奪していた「役銭」が毎年六千貫文以上の高額におよんでいたという事実がこれを如実に物語っている(1)。それだけではない。彼らの多くは「日吉小五月会馬上役」として延暦寺衆徒（山門）に多額の銭を上納しており、本稿で見るように、その額は年間二千貫文を越えていた。それらを合わせ考えれば、商業都市・京都がいかに莫大な富を生み出していたかはきわめて容易に予想されよう。

そして、その富の恩恵をもっともよく被っていたのが、幕府と山門であったということになる。この両者が商業都市・京都の富をいわば分け合うかたちで獲得していたことをよく示してくれるものの一つに、そのいわば下部に位置して「諸商売」「日吉神人」から直接「役銭」「馬上役」を徴収していた土倉方一衆・馬上一衆の存在がある。土倉方一衆と馬上一衆は組織的にはほとんど重なり合っており(2)、幕府と山門はまさに協力して京都の「諸商売」から銭を徴収していたといっても過言ではなかった。

このような幕府と山門の関係に大きな変化が生じるのは、応仁の乱以降のことである。本稿の目的は、乱によってそれまでの両者の協力関係がどのように変化していったかを検証することにある。そのためまず乱が京都の「諸商売」「日吉神人」におよぼした影響を確認することから始める。通説によれば、京都の町は乱によって焦土と化しその都市としての機能を停止した、ということになっている。しかし、京都では東西両軍が十年にわたり対峙し続けており、彼らが焼け野原のなかで合戦だけを繰り返していたなどということはとうてい考えられない。東西両軍がこの都市をどのように支配していたかを初め、乱中の京都の状況をできるだけ具体的に見ていくこととする。

ついで山門が幕府の全面的な支援のもとに実施していた馬上役の徴収をとりあげ、それが乱の勃発によってどう変わったか、また乱中にはどのような状況におかれていたかを、主として『八瀬童子会文書』を用いて考証していきたい。それにより幕府と山門の関係が乱を通じてどのように変化したかがあきらかとなるはずである。

一　東軍の「御構」——幕府の限定された統治区域——

京都における応仁の乱は当初、東軍（幕府）の優勢で推移する。しかし、応仁元年（一四六七）八月、大内政弘が大軍を率いて入京するや形勢は一気に逆転、西軍が圧倒的優位に立つ。その結果、東軍はこれ以前応仁元年五月ころより花の御所を中心に築いていた「御構」に追い込められ、以降、文明九年（一四七七）十一月に西軍が京都から撤退するまでの約十年をそこで過ごすことを余儀なくされる(3)。東軍が乱の初めにこのように窮地に立ちながらも最後まで西軍と渡り合うことができたのは、山門が東軍についたことによる。とくに「御構」の南と西を完全に西軍によって制圧されていた東軍にとって、開かれた通路は山門の支配する京都の東北方面をおいてなく、その補給は山門によってかろうじて保たれていたのである。西軍になかば包囲された「御構」の東軍がいかに通路の確保に苦慮していたかはさまざまな事実によって裏づけることができる。次に引用したのは『経覚私要鈔』応仁二年正月条の記事である。

一、細川右京大夫《(勝元)》陣事ハ、丑寅口一方ナラテハ不閇、其余ハ、悉山名《(持豊)》・大内《(政弘)》介以下取巻云々、仍自九条蔵人参時ハ、三日ニ山ヘ廻テ鞍馬口ヘ出テ入城云々、公□《(方)》御座同所也、成身院《(光宣)》者ハ五日廻テ入城云々、

奈良方面から「御構」に入ろうとした蔵人・成身院光宣らはいったん比叡山に登り、そこから鞍馬口を経由するという迂回路をとっていたわけであり、その通路がきわめて限定されたものになっていたことが知られよう(4)。

ちなみに乱中に近江の坂本に疎開先を求め、そこと「御構」との間を行き来していた公家の山科言国は、その往還には常に山門支配下の鷺森越・西塔越を用いており、西軍の支配下にあった逢坂越・志賀越は一度も用いていない(5)。

表1　甘露寺親長の訪問先

寺社名・地名	初　　出	前半	後半
誓願寺	文明2年9月18日	13回	2回
聖寿寺(御寺)	3年1月1日	10回	0回
悲田院	3年1月4日	5回	0回
尊體寺	3年3月23日	25回	0回
二尊院	5年10月14日	1回	0回
法恩寺	4年5月9日	1回	0回
清水寺	3年2月26日	2回	0回
大原(御墓)	文明3年4月11日	4回	2回
鞍馬寺	2年11月11日	12回	0回
岩倉・長谷	3年2月22日	3回	0回
賀茂(上賀茂)	3年3月29日	2回	0回
北野社	文明6年4月21日	0回	2回
仁和寺	6年7月13日	0回	1回
千本釈迦堂	7年2月14日	0回	2回
廬山寺	8年9月16日	0回	1回
行願寺	8年9月16日	0回	1回
市原野(墓所)	8年7月14日	0回	1回
仏陀寺	9年4月20日	0回	1回

註1：前半は文明2年9月から文明6年4月まで。また後半はそれから以降、文明9年11月まで。
2：寺社への訪問回数は「代官」「女房」による参詣等をもふくむ。
3：坂本・大津・石山寺への訪問については表2参照。

このような外界との行き来が自由にできない「御構」での生活がいかに不便なものであったかは、そのなかで乱中をすごした甘露寺親長の日記を一読すれば容易に理解される。文明二年八月五日以降、乱中を通じて「御構」の「陣屋」で生活していた親長は、言国と同様にこの間、一度として一条以南のいわ

註１：［二重枠］は文明６年４月以前の訪問先、［一重枠］は、それ以降の訪問先を示す。
２：紙面の都合上、「御構」の周辺に限定し洛北・洛西地域については省略した。
３：地図は京都市編『京都の歴史』３（学芸書林、1968年）の別添地図をもとに作成した。

図１　乱中の甘露寺親長の訪問先

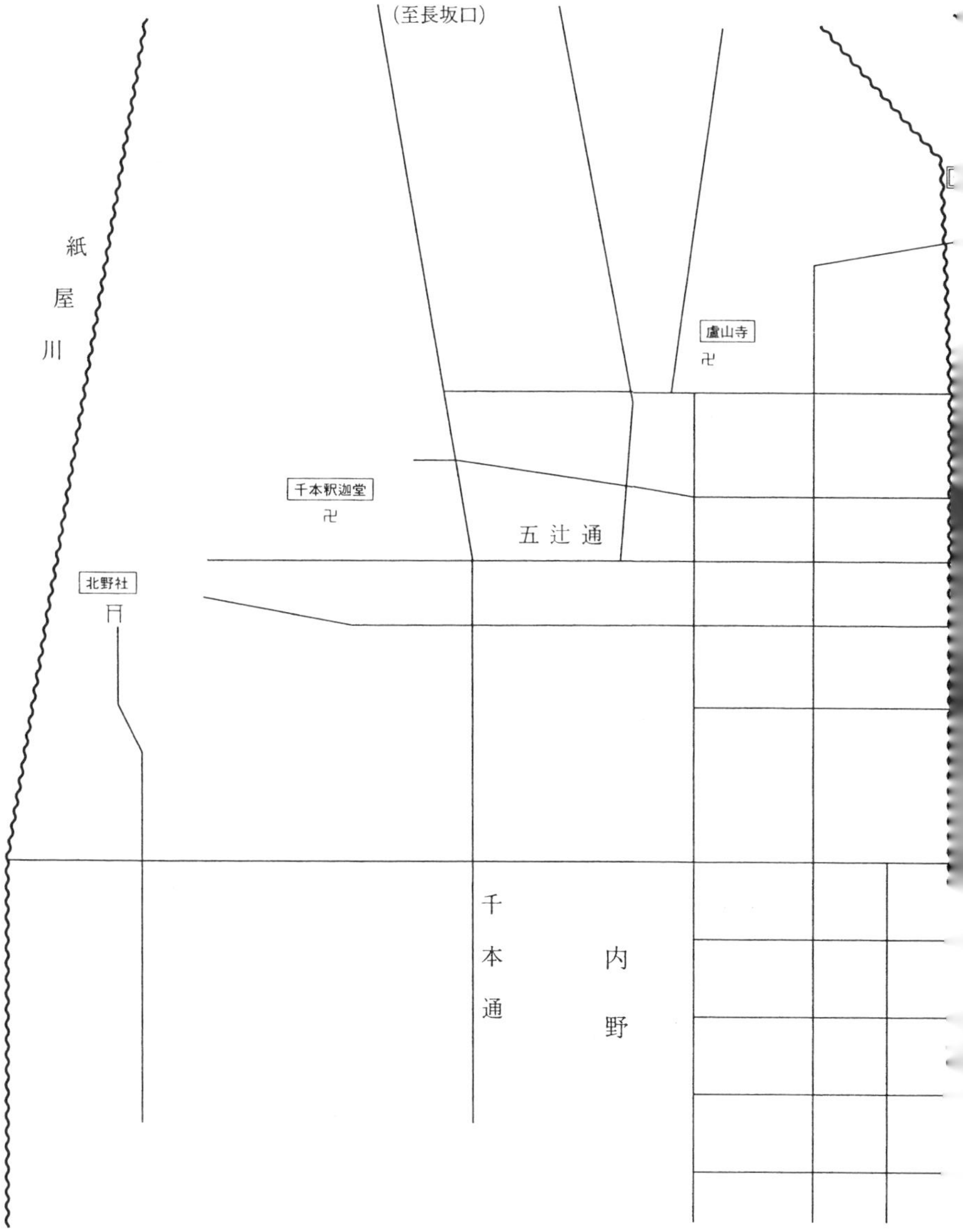

表２　甘露寺親長の石山寺参詣ルート

No.	出発日と帰着日	所要日数	ル　ー　ト
1	文明４年３月17日～19日	３日	(御構)→坂本→石山寺⇒坂本→(御構)
2	５年４月６日～９日	４日	(御構)→一乗寺鷺杜→今道越→大津→(上大路)→石山寺→山中→一乗寺→(御構)
3	６年３月２日～５日	４日	(御構)→大津→石山寺→淡津(粟津)→大津→(御構)
4	７年８月28日～９月１日	３日	(御構)→一乗寺→坂本⇒石山寺→昇大路(上大路)→(御構)
5	８年４月11日～15日	５日	(御構)→坂本⇒石山寺⇒(坂本)→(御構)
6	９年10月９日～12日	４日	(御構)→坂本⇒石山寺⇒坂本→(御構)
7	10年３月８日～９日	２日	[ルートの記載なし]
8	３月29日～30日	２日	[ルートの記載なし]
9	11年４月21日～24日	４日	(京都)→坂本⇒石山寺→関寺宿→(京都)
10	12年３月８日～９日	２日	[ルートの記載なし]
11	13年３月17日～18日	２日	[ルートの記載なし]

註１：⇒は水路を示す（水路であることを明記してある場合にのみ表示した）。
　２：「ルート」に見える「上大路(昇大路)」が現在のどこに当たるかは不詳。

ゆる「洛中」には足を踏み入れていない(6)。

とはいえ「御構」が完全に外部との連絡を絶った世界であったわけではない。表１の「前半」は文明二年九月から文明六年四月までの間に親長が訪れた場所を寺社を中心に整理し一覧としたものである(7)。また、図１はその場所を地図上におとしたものである。前半部を文明六年四月までとしたのは、この月、山名政豊が西軍から東軍につき、その結果、彼が占領していた堀川以西の地区が、西軍から東軍の統治下に入ったことによる。これら表１と図１によって親長が「御構」およびその北辺に関しては比較的自由に行き来していたことが確認できよう。そして、このような親長の限定された行動範囲はそのまま、当時、東軍が京都で権力を行使できた範囲を示していると考えられる。

親長の事例で、乱中、東軍がいかに限定された範囲しか統治し得ていなかったかをより具体的に示すものとして今一つ彼の石山寺参詣をあげておきたい（表２）。親長は毎年一度は同寺に参詣するのを恒例としていたが、そのルートは一貫して今道越（山中越）を選んでいる。すなわち親長は「御構」から北白川・山中経由で近江の坂本まで行き、そこから大津を経て石山寺にいたるという実に大回りの道程をとっているのである。むろん帰路も同じルートを利用しており、一条以南が西軍の完全な制圧下にあった結果、粟田口はもちろんのこと志賀越の道も利用できなかったことがよくわかる(8)。

このようにきわめて限定されていた東軍の統治区域が、大きく拡がるのは、先にふれた山名政豊が東軍となった文明六年四月以降のことである。この時期を境として「御構」と「西陣」の通行が可能になったことは、これまた親長が伝える次の出来事がこれをよく示している。

四日、晴、北野参詣人有之云々、自山名陣参詣誓願寺云々、自他往反勿論也、

「御構」からは北野社へ、「山名陣」からは誓願寺へと参詣者が殺到したというのである。親長本人もこののち二十一日に久しぶりに北野社への参詣を果たしており、その感想を「参詣北野社本社、乱後依無通達、各人々不参詣、自去六日通達」と日記に書き留めている(9)。

この文明六年（一四七四）四月以降、乱が終了する文明九年十一月までの親長の訪問先を一覧としたのが表1の「後半」である。表1の「前半」と較べれば、彼の行動範囲が北野・北山方面にまで一気に拡大していたことが知られよう。乱勃発直後からほぼ固定していた東西両軍の統治地区に大きな変化が生じたわけである。

さて、そこで乱中、一貫して「御構」に所在した幕府であるが、その京都における権力行使が地域的にきわめて限定的なものとなっていたであろうことは、上述のところから容易に推定できる。そして、事実、この点を明確に裏づけてくれる史料も存在する。『政所賦銘引付』である。すなわち同記には、文明五年以降、同十六年にいたる十一年間に幕府に訴え出のあった五百二十四件の訴訟が記録されているが、そのうち文明五年から同九年の百三十八件について見れば、そこには「下京」の家・屋地に関するものは一件もふくまれていない。これに対

して乱後の文明九年十一月から同十三年の五か年間になると、それは一気に二十件の多くを数える。(10) 乱中、こと「下京」の家・屋地については幕府がなんらの権力行使能力を有しなかったこと、より正確にいえば人びとが幕府にその能力を認めていなかったことをこれほど明快に示す事実はない。

これは当然といえば当然のことで、京都の一画、それも「洛外」の一角を占拠するにすぎない「御構」の幕府が、西軍の支配する「西陣」「下陣」にいかなるかたちでも権力を行使できるはずがなかった。そして、この点をより具体的に伝えてくれるのが、乱後になって、幕府に提出された洛中の家・屋地に関する次のようないくつかの訴えである。

一、岡田太郎左衛門尉吉久　―（文明十一年）閏九　廿九
三条町北東之角家幷屋地事、買得之処、依一乱捨置之、御構ヘ参、静謐已後可立帰之処、櫛曳三郎及違乱云々、(11)

一、下笠三河入道元秀　―（文明十六年）八　廿三
綾少路室町北頬
京都大乱初、元秀御構ヘ参之処、納所新左衛門尉（秀次、）○元秀之家倉臓物已下押領之、於于今者、買得之由申之、被召出納所、可預御糺明之由云々、(12)

ともに乱中に「御構」内に避難していた住人が、乱後になって「下京」の家・屋地の復活を求めたものであり、「御構」が乱中には京都の他地区と断絶させられていたこと、その結果として幕府の威令が「下京」にはおよばなくなっていたことが、これによってより現実味をもって確認できる。(13)

では、乱中の「御構」内での幕府の役銭、および山門の馬上役の徴収はどうなっていたのであろうか。文明二年の馬上一衆の算用状に「東御陣中　五拾一貫文納之　如形躰也」といった記載があるところからすれば、(14) 馬上役は基本的には従来通り「御構」内でも徴収されていたものと推定される。また、幕府の役銭も時期はやや下が

るが文明八年十一月、「御構」でその三分の一が焼けるという大火災があった時、「至酒屋・土倉者依為厳重之御料所」という理由で出火元の土倉が三万疋の「過怠銭」で「還住」を許されており[15]、これまた乱前と同様に徴収されていたようである。賦課対象とする範囲は大きく狭まったとはいえ、幕府の統治地区では、役銭・馬上役はともに乱前同様に幕府・山門によって徴収されていたのである。それでは、東軍（幕府）の統治外の地区、西軍が統治していた「下京」ではそれらはどのような状況にあったのであろうか。

二　西軍の「下京」――「五条町前後八町」の状況を中心に――

文明六年（一四七四）四月、山名政豊が東軍と和した直後、久しぶりに開いた「一条橋」を通って「下京以下商人」が東軍の「御陣」に参賀したという[16]。乱中も「下京」で人びとの日々の営みが続いていたことをうかがわせて興味深い出来事であるが、その実相を伝える史料は決して多くない。そのようななかにあってきわめて貴重なのが、宇野日出夫氏によって紹介された、八坂神社伝来の文正元年（一四六六）五月付「五条町前後八町地検帳」（A）と文明九年（一四七七）十二月付「五条町前後八町地検新帳」（B）の二冊の地検帳である[17]。同氏がすでに指摘されている通り、乱の前後に作成されたこの二冊の地検帳からは、乱中を通じて「下京」の「五条町前後八町」（以下「八町」と略記する）がいかに荒廃していったかがよく読みとれる。しかし、ここから看取できる事実はそれだけにとどまらない。幕府・山門からすると「敵陣」となっていた「下京」が乱中にいかなる状況にあったかを、この二冊の地検帳を用いて考察していくこととしよう。

宇野氏の史料紹介ではなぜかこの史料の性格を論じる上でもっとも重要な点が抜け落ちている。それは次のような表題および奥書である。

（A）

「（表題）
文正元年丙戌五月　日
五条町前後八町地検帳
西谷　」

（奥書）
「一、此本帳一本在之、千手堂文庫納畢、
文正元丙戌九月廿日　奉行朝慶」

（B）
（表題）
「文明九年丁酉十二月十六日
五条町前後八町地検新帳
西谷
上使中　」

（奥書）
「文明九年丁酉十二月十六日
学頭代（花押）
月行事（花押）
墨付紙数八枚在之
教　豪（花押）」

これにより本史料の作成主体がともに「西谷」と称する地域（集団）であったことがわかる。そして、ここにいう「西谷」が延暦寺東塔の西谷であったことは、Aの奥書にこの「地検帳」の「本帳」を「千手堂文庫」に納めたことが明記されていることから容易に判明する。なぜなら、千手堂（山王院）こそが同谷が本堂としていた堂舎だったからである。(18) また、後述するようにBの奥書に署名する学頭代は、「西谷学頭代」であった明証があり、この点からもこの二冊の地検帳の作成主体が延暦寺東塔西谷衆徒（以下、「西谷」と略記）であったことはまちがいない。

なお、この二冊の地検帳の表題で今一つ指摘しておきたいのは、その表記方法の類似性である。年紀、主題、作成主体はいずれもほぼ同じ配置で記されており、Ｂが先行するＡをきわめてつよく意識して作成されたことがうかがえる。では、Ａ・Ｂはそれぞれいかなる経過のもとに西谷によって作成されたのであろうか。この点をよく物語ってくれるのが次の三点の史料である。

①雑色衛門五郎打渡状（折紙）

被仰出地事、右在所者、高辻町五条与間西頬之四丁町、已上前後八町分、打渡申所如件、

文安五年
卯月十九日　　御雑色衛門五郎
満長判

山門
雑掌御中(19)

②延暦寺東塔西谷学頭代折紙（折紙）

五条町高辻間東西八町地事、依日吉八王子神人殺害、山門企大訴、御成敗申下、年来当谷令知行之処仁、近年右衛門佐方（畠山義就）殿雖被押領候、天下乱勢之上者、沙汰之限候、雖然御敵等既令没落、御静謐候上者、為山門加成敗候処ニ、自其方号地主被相触由、町人等注進候、如何様子細候哉、事実候者、希代次第候、自公方様御成敗候哉、又左衛門督方（畠山政長）之成敗候哉、事子細懇注進候者、可申達候、所詮、当谷為本領主之間、段、度々任御成敗之旨、堅加下知候上者、速可被止其方競望候、仍折帋如件、

山門西谷
十二月十六日　　学頭代（花押）

木沢殿(20)

③瑞勝院瑞吉書状

建仁寺瑞勝院領高辻室町西頬内、同五条面北頬内、同高辻面南頬内目録在別帋等事、去文正元年五月比雖為山門押妨、同十一月十九日、畠山左衛門督（政長）殿職之時、如元被成返寺家之、以同摂津守（摂津之親）打渡、于今当知行之処、依一乱右衛門佐（畠山義就）殿雖為押領、御敵退散之上者、為上意、寺社本所領如元可全知行之旨、被仰出之上者、為山門違乱之条、驚存候、所詮、（云脱カ）御下知、云当知行、旁以被止其妨候者、可為大慶候、恐々謹言、

十二月十七日　　瑞吉（花押）

山門西谷
奉行所[21]

①は文安五年（一四四八）四月に幕府の雑色が「八町」を「山門雑掌」に付与した時の打渡状で、[22]②は乱後、延暦寺東塔西谷学頭代が「木沢」なるものに「八町」への干渉を止めるよう求めた折紙。また③はそれとは逆に建仁寺の瑞勝院瑞吉が西谷に「八町」内の同院領への「押妨」停止を求めた書状である。[23]

これらの三点の史料からはA・Bの二冊の地検帳が西谷によって作成されるにいたった経緯がかなり明確に浮かびあがってくる。まず、西谷が「八町」を領有するにいたった契機であるが、これについては②の「五条町高辻間東西八町地事、依日吉八王子神人殺害、山門企大訴、御成敗申下、年来当谷令知行」なる一文がすべてを物語っている。すなわち「八町」は「日吉八王子神人」の殺害を契機として、西谷が幕府から与えられた地だったのである。山門は同寺所属の僧侶・神人が殺害された時、その殺害現場を中心とした一定範囲の領有権付与をしばしば朝廷・幕府に要求、貫徹しており、この時も西谷は「日吉八王子神人」の殺害現場として「八町」を手に入れたものであろう。なお、当時、西谷が八王子社を管轄していたことは、別稿で詳述した通りである。[24]

そして②にいう「御成敗」が下された時期を正確に示してくれるのが①の打渡状案である。この時、「山門雑

掌」に打渡された「高辻町五条与間西頬之四丁町、巳上前後八町分」こそが二冊の地検帳が記す「八町」にあたり、とすれば、西谷が同地を直接手にしたのは、文安五年四月十九日だったということになる。ちなみにこの打渡しが行われる二日前のこととして、『康富記』同月十七日条には次のような出来事が記録されている。

　日吉祭事、兼日有神訴、去月比斯波被官人織田内者殺害日吉神人有名無実云々、依之今月五日、五条町辺日吉神人等発向之、其事未散憤之間、訴申也、先為祭礼無為、有一途成敗歟云々、如何、

「日吉神人等発向」が「五条町辺」を対象としていることからして、これが②にいう「五条町高辻間東西八町地事、依日吉八王子神人殺害、山門企大訴」という事件そのものであろう。そして、その結果として①をもって西谷に打渡されたのが、そこにいう「前後八町」だったのである。では、その後、Aが文正元年五月に作成されるにいたった経緯はどのように理解すればよいのであろうか。それを知る手がかりが『祇園社記続録』五に残されている。Bと同じ文明九年十二月十六日付の「五条八丁町重書案文七通」の目録である。[25]それによると、「八町」の「重書」は「最初証文」と「第二度目証文」の二種類あり、前者は文安五年発給の「右京大夫《（細川勝元）》殿御教書」以下の四通から、また後者は文正元年発給の「尾張守《（畠山政長）》御教書」「高忠《（多賀）》折紙」「貞基《（布施）》・之種《（飯尾）》両奉行奉書」の三通からそれぞれ構成されていたことが知られる。つまり幕府は文正元年にいたって西谷に「八町」への領有権をなぜか再認定し、これを受けて同谷が作成したのがBだったのである。そして、そのBの作成が結果的に西谷の「八町」への支配強化をもたらしたであろうことは、③に見える「去文正元年五月比雖為山門押妨」という一文から十分に読みとることができる。

「八町」の領有権を西谷が手に入れたのが文安五年四月であったこと、その直接のきっかけとなったのが「斯波被官人織田内者」による「日吉八王子神人」の殺害にあったこと、さらには文正元年五月に幕府の再認定を契機として、西谷がAを作成して当該地区の支配強化に乗り出したことなどがあきらかになった。では、乱前のこ

れらの推移を念頭において、次に応仁の乱中および乱後の「八町」の状況を見ていくこととしよう。

とはいえ、乱中の「八町」の状況をさぐる手がかりは、わずかに②③に見える「近年右衛門佐方殿雖被押領候、天下乱勢之上者、沙汰之限候」、「依一乱右衛門佐殿雖為押領」といった文章しかない。ただ、ここで西谷学頭代・瑞勝院の双方がともに乱中の「押領」主体として「右衛門佐殿」すなわち畠山義就の名をあげている点は注目される。つまり、乱中、「八町」を中心とした一帯は畠山義就の支配下にあり、彼はたんに当該地区を占領していただけでなく、そこから地子銭を徴収していたことがこれによってわかるからである。

西軍で畠山義就と大内政弘が「地子論」で合戦し双方に死者が出るという事件を起こしたのは、文明六年九月のことであった[26]。西軍の諸大名が占領地区の地子銭を収入源の一つとしていたことを裏づける事件であり、観点を変えれば、彼らの占領地区すなわち「下京」にはいまだ地子銭を納める能力をもった「町人」の生活が厳然として存在していたことになる。

乱後、「八町」がすぐに旧「地主」の領有下に復したことは、②③にそれぞれ「雖然御敵等既令没落、御静謐候上者、為山門加成敗候」「御敵退散之上者、為上意、寺社本所領如元可全知行之旨、被仰出」とあるところからもあきらかである。②の宛所の「木沢」がいかなる人物であったかはわからないが、③の瑞勝院瑞吉の書状といい、乱後ただちに「八町」の領有をめぐって西谷と各「地主」との間では激しい相論が展開されていたのである。そして、そのような状況のなかで西谷がみずからの権利を確保する目的で作成したのが、他ならぬBの地検帳であったと考えられる。

より明確にそのことを示してくれる事実もある。Bの奥に連署する「学頭代」と②の発給者「西谷学頭代」の花押の一致である（図2）。二つの花押は完全に一致する。また、この点からすれば、②が発給された「十二月十六日」とは、Bが作成された文明九年十二月十六日その日であった可能性が高く、とすれば、応仁の乱の終了

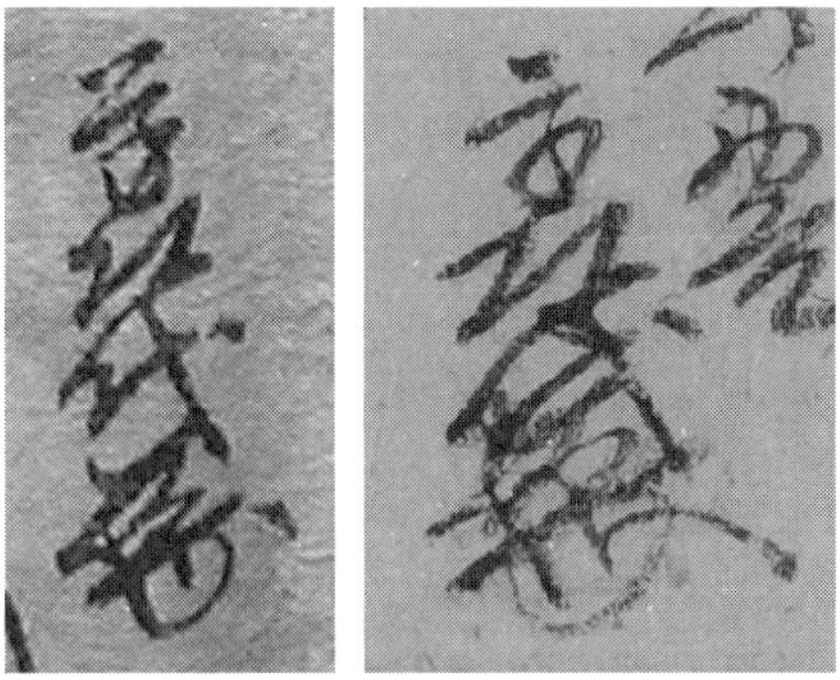

折紙（②）　新地検帳（Ｂ）

図２　学頭代の署判

直後に西谷が他の「地主」との争いに備えて作成したのがＢの地検帳であり、その完成にあわせて彼らは「木沢」への抗議も行っていたということになる。なおＢの表題がＡのそれを強く意識したものとなっているのも、Ｂが乱前の状況を念頭においた上で作成されたであろうことからすれば当然のことであったといえる。

限られた史料で推論に終始した観がないでもないが、「八町」に限っていえば、乱前・乱後の状況を合わせて見ることで、乱中の特異な状況が不十分ながら検証できた。そこでは占領中の諸大名が地子銭を徴収するという戦時下特有の地子銭支配が行われていたのであり、幕府の限定的な京都支配の対局には、西軍による軍事力をもってする強権的な「下京」統治が存在していたのである。

そして、このような西軍統治下の「下京」には、当然のことながら幕府（東軍）の役銭徴収権はおよばなかったものと考えられる。ただ、注目すべきは、その一方で馬上役は後述するようにある時点まで確実にこの「下京」の日吉神人からも徴収されていたという点である。敵対する西軍の統治地域でなぜ山門の馬上役に限って徴収が可能であったかはのちに改めて考えることとし、ここでは乱中の京都が東西両軍の完全な分割統治下にあったことを再確認し、次に山門がどのようにしてそのような「御構」「下京」および京都外に分散した日吉神人から馬上役を徴収していたかを見ていくこととしよう。

三　馬上役徴収主体の変化――応仁二年から文明二年まで――

乱中の馬上役徴収状況を検討するに先立ち、乱前にその徴収にあたっていた馬上一衆について、改めて現在、判明している範囲で簡単に整理しておきたい[27]。

馬上一衆は日吉小五月会の馬上役を京都の日吉神人から徴収するために、至徳年間（一三八四〜八七）、幕府の支援のもとに創設された機関であった。その「一頭」と呼ばれた構成員はいわゆる衆徒の土倉によって占められており、その数は時期によって若干変動するもののほぼ十二人前後で推移している。

一頭の下には、数名から三十数名におよぶ日吉神人の「諸商売」（酒屋・土倉・風呂屋・味噌屋・紺屋）が組織されており、一頭は彼らから日吉小五月会の費用を神役として徴収することをもってその主たる役務としていた。応仁の乱前の一頭がどの程度の人数の日吉神人をその「下」に置いていたかを示すため、馬上一衆の算用状をもとに作成したのが表3である[28]。いずれも断片的なものであり全体を掌握するにはいたらないが、これによって一頭が統括していた日吉神人のおおよそを知ることは可能であろう。

ちなみにこれら算用状の作成時期についていえば、作成年代のはっきりするⅠの文正元年の算用状が一つの手がかりとなる。すなわち三点の算用状には、定泉坊・宝聚坊・宝蔵坊の三人の一頭のデータが共通して残るが、乱直前には一頭による日吉神人統制が弛緩する傾向にあったとすれば[29]、Ⅰよりも多い人数を数えるⅡ・Ⅲは文正元年以前の状況を伝えるものと判定されるからである。

またⅡとⅢの前後関係であるが、これも三人が配下に置く酒屋・土倉の数を較べれば、全体としてⅢよりⅡのほうが多いことから、Ⅱが先行してあり、Ⅲがのちに作られたものらしいことがうかがえる。なおⅣに関しては欠損部分が大きく前後関係はまったくわからない。

表３　一頭統制下の土倉・酒屋等の軒数

	（年月日）	Ⅰ（文正元年）			Ⅱ（年月日未詳）				Ⅲ（年月日未詳）				Ⅳ（年月日未詳）			
№.	一頭名	酒屋	味噌	小計	土倉	酒屋	他	小計	土倉	酒屋	他	小計	土倉	酒屋	他	小計
1	正実坊	24	2	26	?	36	2	38								
2	小林坊				1	2	4	7								
3	定泉坊	9	7	16	4	16	1	21	8	14	8	30				
4	正蔵坊				4	18	?	22								
5	禅住坊	26	2	28					14	38	8	60				
6	宝聚坊	0	1	1	1	4	2	7	0	1	1	2				
7	定光坊	12	0	12												
8	龍泉坊	4	0	4										4	1	5
9	長寿坊	6	0	6												
10	光林坊	3	?	3												
11	安養坊	2	1	3									3	4	1	8
12	宝蔵坊	1	2	3	3	10	2	15	1	5	3	9				
13	惣　持				0	1	0	1								
	合計（仮）	87	15	102	13	87	11	111	23	58	20	101	3	8	2	13

註１：出典は以下の通りである。
　Ⅰ　文正元年12月８日付「馬上一衆大嘗会懸引方算用状案」（『八瀬童子会文書』238号・補遺11号）
　Ⅱ　年月日未詳「日吉小五月会馬上一衆算用状断簡」（『八瀬童子会文書』補遺76号）
　Ⅲ　年月日未詳「日吉小五月会馬上一衆算用状断簡」（『八瀬童子会文書』239・241号・補遺12号）
　Ⅳ　年月日未詳「日吉小五月会馬上一衆算用状断簡」（『八瀬童子会文書』補遺14号）
２：日銭屋、風呂屋、味噌屋、紺屋の業種は一括して「他」でその軒数を示した（Ⅰを除く）。

表４　土倉・酒屋一軒当たりの賦課額

出典＼業種	Ⅰ	Ⅱ	Ⅲ
土倉　上		23,500	
土倉　中		6,500	
土倉　下		3,500	5,000
酒屋	1,200	13,000	15,000

註：出典は表３の註１参照

表4はこれら算用状に記された一軒当たりの神役を整理したものである。表3・4からは神役が一定していなかったという事実とともに、その課役対象が酒屋・土倉・日銭屋にとどまらず、紺屋・風呂屋にまでおよんでいたこと、土倉に上・中・下の三ランクの格づけが行われていたことが知られる。また、これら「諸商売」の日吉神人から徴収された馬上役が、どのように使われたかを知るために、馬上一衆の算用状をもとに作成したのが表5である。いずれも破損が著しくこれまたその支出（下行）の全貌を掌握するにはいたらないが、馬上一衆の手によって徴収される馬上役が毎年二千貫文以上におよんでいたこと、そのなかから「祇園功程」の名で呼ばれるいわゆる祇園会の馬上役が支出されていたことなど、これまでまったく知られていなかったいくつかの事実がこれによって確認できよう(30)。一頭によって構成される馬上一衆の活動は想像以上に複雑な内容を持つものであったといえる。では、そのような彼らの活動は応仁の乱の勃発とともにどのように変化していったのであろうか。

乱が起こった時、馬上役を徴収される日吉神人の側からすれば、選択できる道は大きく分けて三つしかなかった。東軍（幕府）の「御構」もしくは西軍の「下京」のどちらかに住むか、あるいは地方に移住するかの三つである。「下京」の住人でわざわざ「御構」に入るものが少なくなかったことは、先に見た通りである。もちろん「御構」には当初よりそこに住んでいた日吉神人もいたが、乱の勃発によって彼らもまた改めてその去就の決断を迫られたものと考えられる。そして、その結果、馬上一衆も彼らの動きに応じた三様の対応を余儀なくされることとなる。

乱中の馬上一衆による馬上役の徴収状況、およびその結果としての日吉小五月会の執行状況を年次を追って検証していくこととしたい。なお、乱が始まった応仁元年（一四六七）には馬上役は従前通りに徴収されており、また日吉小五月会も執行されたようである(31)。したがって、以下では応仁二年以降の状況を順を追って見ていくこととする。

表5　「馬上役」の下行細目

下行項目	定額	Ⅰ	Ⅱ	Ⅲ	Ⅳ	Ⅴ	Ⅵ
外御供	140.0				84.0	140.0	100.0
内御供差定本功程	55.0	55.0					15.0
外御供榊本	40.0				35.0		30.0
内御供榊本	40.0	40.0			35.0		30.0
方人御訪	170.0	170.0	170.0	170.0	33.0		170.0
外護分(円明坊)		100.0		100.0	63.0		
方執行	100.0	100.0	100.0		78.0		20.0
馬衆							25.0
小神事	57.6	28.8		28.0		28.6	10.0
所司十官	65.0						25.0
男本人	50.0						50.0
本馬上惣功程	730.0	480.0			197.0	318.5	
本馬上榊本訪	100.0	100.0			93.0		70.0
本馬上扶持人訪					6.9		
差符大夫		10.0					
公後見							10.0
円幸	50.0	(50.0)	50.0	50.0		2.4	
獅子王		7.5	7.5		7.5		
田楽両座		5.0	5.0		2.5		
粟津大榊下行物		20.0	20.0		20.0	20.0	
未日神供		38.8	37.0		38.8	16.0	
年行事訪		20.0	20.0				
雑掌給	20.0	20.0	20.0		10.0	10.0	
職士給		15.0	15.0		15.0	15.0	
毎年雑用		100.0	100.0				
祇園功程	300.0	300.0	300.0	300.0	40.0	40.0	
合　　計		2100.0	2128.0				

註：出典は以下の通りである。銭の単位は貫文。Ⅵ以外はすべて断簡で年紀はない。
　Ⅰ　『八瀬童子会文書』335・336号・補遺78号。
　Ⅱ　『八瀬童子会文書』補遺79号。
　Ⅲ　『八瀬童子会文書』補遺80号。
　Ⅳ　『八瀬童子会文書』338号・補遺34号。
　Ⅴ　『八瀬童子会文書』339号・補遺33号(第二紙・紙背)。「定額」の記載あり。
　Ⅵ　『八瀬童子会文書』284号。文明5年(1473)の年紀、「定額」の記載あり。

応仁二年

馬上一衆が護正院との間で「外御供差符職」の「本功程」を百四十貫文の定額で請け負う契約を結んだのは応仁二年四月のことであった(32)。彼らが馬上役についてはこれまで通りの徴収が可能と判断していたことを示すものであるが、この点は幕府も同様で、同月、「園城寺雑掌」に宛てた次のような「室町幕府奉行人連署奉書案」が残る。

就今度忩劇、日吉馬上合力神人等事、令散在辺土所々之間、小五月会以下神事既可退転云々、太不可然、所詮松本上□居住輩駆加之、任先例可専神用之旨□（被）仰付一衆中訖、此分可被加下知之由、被仰□　□仍執達如件、

応仁二
四月廿三日　之種（飯尾）
貞基（布施）

園城寺雑掌(33)

京都の日吉神人がどこに「散在」しようとも、馬上役は変わることなく馬上一衆によって徴収されるべきであるとも幕府は考えていたのである。

しかし、現実には戦火が拡大していたこの年の馬上役の徴収は困難をきわめる。とくに京都の二つの地区のうち、「御構」では、幕府はより多くの酒屋・土倉をそのなかに移住させようとしてであろう、当初は馬上役を免除する政策をとっていた。たとえば、少し後のこととなるが、文明四年（一四七二）四月十四日付「馬上一衆雑掌申状案」によれば、「五条町北東頬」の「ひかき・柳」酒屋は、「今ハ御構ニ候」ことを理由に馬上役を免除されていたという(34)。一方、西軍の「下京」では六月十一日の時点で「馬上出銭」百十九貫文という数字が残されており、その徴収は従来通り実行されていたようである(35)。先にあげた文明二年の「東御陣中」での馬上役の徴収総額五十一貫文が後述するように同年の「西陣中」のそれの約六分の一にしか当たらないのは、このような幕府の

政策を反映したものと推定される。なお、文明元年の時点で「下京」では酒屋九軒、風呂屋二軒という数が記録されている[36]。

　このほか京都を脱出した日吉神人の多くは山門膝下の東西坂本に「散在」していたが、そこからの馬上役徴収も意外なことに難航している。原因は彼らを被官としていた「山上」の「院々谷々」の反対にあった。西塔では早く五月二十三日に幕府から「坂本中」「京都没落酒屋・土倉」への馬上役「免許」の奉書を獲得しており[37]、また東塔西谷も同谷領「西坂」に「散在」する日吉神人からの馬上役徴収に異議を唱えている[38]。この地域では、馬上役徴収が日吉小五月会の執行主体である「山上」の衆徒の反対にあうという思いがけない事態が惹起していたのである。

　山門の膝下がこの有り様であった。他領に「散在」した日吉神人からの馬上役徴収が順調に行くはずがなかった。六月になると、西塔は「新熊野公文所」以下の他領の管理者にその徴収への協力を求める集会事書を発している[39]。しかし、時すでに遅く十二月になってなんとか「注連上」だけは執行されたものの[40]、祭礼が年内に執行されることはついになかった。

文明元年

　それでも年末から翌文明元年（応仁三＝一四六九）初頭にかけて断続的に馬上役の徴収は続行されており「御構」での徴収状況はわからないが、「下京」ではそれなりの成果をあげている[41]。また「山上」でも文明元年二月に東塔が「三院衆儀（議）口入」を受け入れて洛外の「当坊被官」酒屋への馬上役賦課を認めるなど[42]、ようやく三塔が一致団結して祭礼の実現をめざす動きが活発化してくる。ただ、東塔西谷は依然として「西坂」の「京都神人」からの馬上役徴収を認めず[43]、結局は文明元年も五月を迎え、前年（応仁二年）分の日吉小五月会はついに中止のやむなきにいたる。

　のみならず、このころになると、この年（文明元年）の日吉小五月会すらその執行が危ぶまれる状況が現出しており、五月三日に幕府からの要請にもとづいて馬上一衆が提出した「馬上合力神人所々散在々所注進状案」によれば、「西坂」所在の二十二か所の「散在々所」のうちいまだ十四か所が「号西谷支未納」となっている(44)。また、五月五日付の注進状が「下京」の酒屋十二か所を「有名無実在所」と記録していたことは先に見た通りである。

二年続けての祭礼中止という事態だけは避けたい「山上」が、馬上一衆に「功程銭未納」在所の注進を命じ、みずから「催促」に乗り出したのは五月十二日のことである(45)。前年の他領主への協力要請から一歩進んで「山上」はみずからの手で「催促」を行うことを決意したのである。その甲斐あってであろう、日吉小五月会は五月に入りなんとか執行されている(46)。

文明二年　翌文明二年の状況もきわめてきびしいものがあった。祭日をはるかに越えた六月末になっても、「山上」が山門使節をもって馬上一衆に日吉小五月会の下行料足の納付を督促しなければならない有り様で(47)、事態はさらに悪化していく。それでもこの年はまだ「西陣中」からは三百二十九貫二百文が収納されている(48)。「酒屋一所別」二十五貫文とすれば、十数軒の酒屋がいまだ「下京」で健在だったということになる。

東塔西谷が三塔の説得を受入れ、ようやく西坂本からの馬上役徴収が実現したのはこの年の六月のことで(49)、式日から遅れること約四か月、八月二十五日に文明二年の日吉小五月会は執行されている(50)。ちなみにこの年の算用状には「俄ニ祭礼依有之」とあり、それは突然に行われたらしい(51)。また、「本馬上榊本」への差定は大幅に遅れて翌年文明三年の六月に執行されている(52)。のちに「日吉馬上役事、文明三年より無沙汰」とか(53)、あるいは「一乱中小五月会両度候」といわれるように(54)、結果的にこれが同会が完遂された最後となる。ただ、厳密にいえば、これ以降、日吉小五月会が完全に廃絶してしまったわけではなかった。同会は規模を大幅に縮小しながら以後もしばらく執行され続けている。次にそのような文明三年以降の状況を見ておくこととしよう。

四　乱中の馬上役の実態――文明三年から文明六年まで――

応仁二年以降、馬上役徴収になんら有効な手を打てなくなっていた幕府に代わって、その代役を努めたのは、これまで見てきたように「山上」であった。そして、それにともない、馬上役徴収のシステムもおのずから前代までとは大きく変化している。

文明三年

文明元年（一四六九）五月三日付「馬上合力神人散在々所注進状案」によれば、はやく文明元年の時点で、「下京」では馬上役は配符をもって徴収する方法が採用されている。[55]「山上」が日吉神人から直接馬上役を徴収するにあたり用いたのが「配符」であったことは、「左方馬上合力年行事記録」の記載からあきらかである。同記によれば、文明三年十二月十二日、「配符」を「入」れるために「職司二人、当社宮仕、方人房より中方一人」が「西坂」に派遣されている。彼らはこの後「志賀」にも派遣される予定であったという。[56]そこには一頭の姿はまったくなく、乱中に「山上」が従来の「一頭」制にかわって、新たな「配符」制をもって馬上役徴収を実現していこうとしていたことがよくわかる。

文明四年

そして、さらにこの点をより明確なかたちで物語ってくれるのが、文明四年四月、馬上一衆雑掌が山門の「三院公文所」に宛てて発した数通の注進状である。馬上役納入を拒否する日吉神人を訴えたその注進状は「不日罷下於坂本可申明候由、御下知可為肝要候」という文言で結ばれている。[57]つまりこれまた馬上一衆が馬上役徴収についてその大半を「坂本」つまり山門衆徒の手に委ねようとしていたことを示すものであり、もはや馬上役に関しては「山上」が名実ともにその実務の大半を統括するにいたっていたことをこの文言はよく物語っている。

さらにこの注進状で今一つ注目されるのは、「下京」居住の日吉神人を在陣中の諸大名・武将との被官関係で

表6　西軍占領地区(西陣・下陣)の日吉神人

	所在地	神人名	大名・武将名	神役拒否理由	一頭名
西　陣	五辻櫛笥西北頬	(不明)	あんせいゐん	八幡神人	正実坊
	五辻大宮東頬	木　下	高田方(陣屋)	無力・陣屋	(不明)
	北小路大宮北頬	堀	山名政豊(少弼殿)	無商売	禅住坊
下　京(下陣)	四条猪熊西北頬	沢　村	山名教之(相模殿)	八幡神人	定泉坊
	四条西洞院北西頬	泉　屋	大内政弘(大内殿)	八幡神人	(不明)
	錦小路西洞院東南頬	林	大内政弘(大内殿)	八幡神人他	正実坊

分類している点である。そこに見える日吉神人と諸大名・武将との被官関係を馬上役拒否の理由とともに一覧とすれば、表6のようになる。

このなかでとりわけ着目したいのは、「北小路大宮北頬」の「堀」の事例である。「北小路大宮北頬」は当時山名政豊が占領していたいわゆる「西陣」地区にふくまれており、「堀」がその山名政豊の「被官」となっていたことがこれにより判明するからである。西軍の占領地区では、日吉神人はその地区を占領する大名と被官関係を結ぶようになっていたのであろう。乱中、「堀」に限らず、日吉神人は彼ら大名の被官となることを余儀なくされていたものと推定される。

そして、とすれば、表6からは当時、大内政弘・山名教之ら西軍の諸大名が「下京」のいかなる地区を占領していたかがある程度読みとれることになる。たとえば大内政弘は、山名政豊が東軍についた直後の文明六年七月の総攻撃では、六角油小路に「要害」を構築しており(58)、その占領地区としては、堀川以東、三条から四条あたりを想定することも可能であろう。

また、それとともに諸大名と日吉神人との関係で留意されなければならないのは、それが一般の武家における主従関係ほど強力な人的結び付きを意味していなかったであろう、という点である。そのことは、表6の「神役拒否理由」の項を見ればあきらかである。彼らが馬上役納付拒否の理由としたのは八幡神人であることであり、大名の「被官」であることではなかった(59)。つまりここにいう「被官」とは、占領地区の「町人」であることを示す程度の意味で用いられていたものと考えられる。

文明五年

文明五年については、馬上一衆の一人である安養坊が「執沙汰」した「下行物」の注文が残されており[60]、六百五十貫文が馬上役として日吉小五月会に下行されていたことが確認できる。彼がどのようなかたちで馬上役を徴収したかは定かではないが、その下行の内訳は表5―Ⅵに示した通りである。方執行への下行が定額の五分の一の二十貫文にとどまっているのに対して、外御供・方人といった山徒への下行がそれぞれ百貫文、百七十貫文を確保している点が目を引く。

文明六年

翌文明六年になると、一頭から配下の日吉神人を再度掌握しようとする動きも出てきている。『華頂要略』「門主伝」の同年閏六月条には、正実坊泰運が青蓮院庁務に宛てた次のような書状と、それに添えられた注進状が収められている[61]。

A　正実坊泰運書状案

就左方馬上□之事、私下在所今別紙注進候、然者、此趣、方執行・護正院両所如元被仰付□可□入候、如何□罷下御礼可申候、

閏五月十一日　　泰運判

庁務御坊中

B　正実坊泰運左方馬上在所下注進状案

左方馬上在所下事

西大路町西北頬

柳原室町南東頬

木下西南頬

長谷東頬
白雲前西北頬
犬馬場口東頬
御霊辻子北角
　以上
右、所注進申状如件、
文明六年閏五月十一日　正玄（実）泰運判

正実坊泰運が「私下在所」の復活に乗り出していたことが知られよう。ちなみにBに見える在所は、判明する限りでいえば、すべて東軍の統治地区内であり[62]、泰運の動きがあくまでも東軍内でのものであったらしいことがわかる。なお、この年の祭礼は五月五日から遅れること約半年、十二月の末になって「小五月御ユキ（幸）」だけが執行されている[63]。

乱中も「山上」主導のもとに馬上役が文明五年まで京都およびその周辺部からまがりなりにも徴収されていたこと、およびそれと同時に日吉小五月会も縮小されたかたちとはいえ、同じ頃まで執行されていたことが確認できた。では、幕府の役銭が乱の勃発とともに「御構」内に限定されてしまったのに対して、山門の馬上役はなぜそうはならなかったのであろうか。その理由はただ一つ、馬上役が神役であったことによると考えられる。

思えば、日吉小五月会の馬上役は、もともとは幕府とはなんらかかわりのない日吉社の神役であった。乱の勃発によって幕府権力が大幅に縮小した時、山門は馬上役をそのもとの姿に返すことによって維持しようとしたのであった。乱中にいち早く、馬上役の本来の賦課主体である「山上」すなわち延暦寺の衆徒がその徴収に乗り出してきたのは、この点からいえばむしろ当然の成り行きであったともいえる。そして、それは再び純粋な神役となることで、敵対する西軍の「下京」からも徴収可能となったのであり、たんなる商業税にすぎなかった幕府の役銭との本質的な違いがここにあった。

ただ、とはいっても幕府の後ろ盾を失った馬上役が現実には次第に先細りとなっていかざるを得なかったのも事実である。純粋な神役にいわば先祖返りさせることで一時的な延命には成功したものの、武力行使をともなわない「山上」からの圧力だけでは、その徴収は結局はきわめて困難であったということになろう。

むすびにかえて――乱後の馬上役――

文明九年（一四七七）十一月、大内政弘以下の西軍の諸大名の京都からの撤退は、いかにも唐突であった。

> 十一月十一日、晴、（中略）爰亥剋計敵陣有火事、驚見之処、畠山修理大夫（義統）自焼云々、自去九月比、大内左京大夫政弘、去月任左京大夫叙四品云々、可参御方之由頻申之、有御間（免脱カ）、今夜已俄引退、仍土岐美濃守（成頼）、畠山修理大夫等令自焼、全没落、仍諸陣皆同炎上□□物忩已及十一ケ年、洛中自敵並陣隔堀之処、適及如此之儀、珍重々々、旧院御所炎上、禁裏御留守御所相残、珍重々々、

『親長卿記』の伝えるところである。西軍の「下陣」は焼き払われ、「洛中自敵並陣隔堀」といった状況にようやく終止符が打たれる時が訪れる。東西両軍の占領地区のちょうど狭間にあって乱中放置されていた土御門内裏に「越堀人々」が「参入」し物品を略奪するといった混乱もあったものの（『親長卿記』十一月十二日条）、ここに「御構」と「下京」は実に十年の歳月を経て連結、京都は再び一つとなる。そして、その結果、京都の日吉神人を賦課対象とした馬上役に関しても、乱前の状況を復活させようとする動きが当然のように出てくる。

その最初の動きは、乱の終焉からおよそ一年半前の文明九年四月にさかのぼる。『結番日記』同年四月条には、次のような記事が見えている(64)。

（四月七日条）

一、飯加州（飯尾元連）被申日吉馬上役事、文明三年より無沙汰候、以事書連署申候、日野殿（勝光）へ申候へハ、土倉方之事候間、貴殿（伊勢貞宗）へ可申由候、御返事、土倉方之事候へ共、馬上役之事ハ、自先々不存候事候、乍去小五月など候ハぬニ、馬上役事計ハ不便次第候歟、能々御糺明候て可然存候、如何にも御祈禱事候間、能様可被仰付候、

（四月十九日条）

一、飯尾大和守被参申候、就馬上銭儀、自山門以書状申候、御返事可為　上意候、

（四月二十日条）

一、飯尾大和方参被申、先度内々得御意候つる小五月会馬上役事、日野殿へ申候処、御祈禱ニ候之間、御神事あるへき事可然おほしめし候、土倉幷山上辺時宜事成候様可致談合之由被仰候、御返事、かやう時宜更不存候、先々有来候様ニ御談合可然候、

実はここに見える「土倉方」はこれより先、すでに復活を果たしていた。文明七年正月付の定泉坊の「懸納下注文」によれば、幕府の「懸納」と呼ばれた役銭の徴収対象は、東軍の「当構」だけでなく「西陣」「下陣」にまでおよんでいる(65)。西軍がいつ自分たちの占領地区での幕府の役銭徴収を認めたかは正確にはわからないが、大内政弘が日野勝光を仲介として東軍と和平をはかった文明六年九月以降のことであろう。文明八年になると、政弘は幕府に礼銭を献上しており、両者の間で乱は実質的に終わっていた。幕府の「西陣」「下陣」からの役銭徴収は、そのような政治状況の大きな変化を背景として実現したものと考えられる。そして、いまだ乱中にもかかわらず、山門衆徒が「馬上役」の復興を幕府に願い出た理由もここにあった。つまり、彼らは「西陣」「下陣」までをも賦課対象地域とした「土倉方」の復活を確認した上で、「馬上役」の復興も可能と判断し、その実現を幕府に願い出たのである。

しかし、それに対する政所執事伊勢貞宗の返答は、山門衆徒にとって実に思いがけないものであった。彼は「土倉方之事候共、馬上役之事ハ、自先々不存候事候」と、「土倉方」と「馬上役」を切り離し、「馬上役」にはまったく関与しない旨を明言したのである。「土倉方之事」であっても「馬上役」は「不存」というその言葉は、幕府が乱前のように「土倉役」と「馬上役」を重ね合わせる意志をもはやまったく持っていなかったことを物語っている。つまり、幕府は乱後は「土倉役」をあくまで純粋な商業税としてみずからの力でのみ徴収しようとしていたのであり、そこに馬上一衆が入り込む余地は残されていなかった。

そして、この点にかかわってさらに象徴的なのが日野勝光の述べたという「御祈禱ニ候之間、御神事あるへき事可然おほしめし候、土倉幷山上辺時宜事成候様可致談合」という言葉である。大乱を経ることにより、幕府にとって日吉小五月会がたんなる一個の「御祈禱」「御神事」にすぎなくなっていたことがこれによりよくわかる。

そのようななか幕府が「日吉馬上一衆」の再興をようやく正式に認可したのは、乱が終息して一年、文明十年十一月のことであった。

日吉社小五月会左方馬上合力神人等事、寄事於一乱、相交他社之条、御紕明之処、八幡宮神人・貫首等雖申子細、無其理之上者、不能許容、所詮任至徳以来度々御下知之旨、至彼神人者、被返付当社也、早如元令支配合力銭、可被遂神事無為之節、若猶有及異儀之輩者、速為被処罪科、云在所、云交名、可被註申之由、被仰下也、仍執達如件、

文明十年十一月十六日

(布施英基)下野守
(飯尾元連)大和前司

馬上一衆中(66)

同日付でほぼ同文の奉書が「山門三院執行代」「使節中」に宛てても発せられている。[67] 神事としての小五月会の復興に馬上役ひいては馬上一衆の復活が必要なことは幕府も認めざるを得ないところであり、このような奉書が発せられたのであろう。しかし、復活した馬上役が乱前のそれとは似て非なるものであったことは、この奉書からさらに八年後、奈良の大乗院尋尊が同役について記した次のような一文がこれをよく示している。[68]

一、春日住京神人事、京中へ坂本小五月馬上之頭を自山申、千余貫大儀也云々、春日神人ハ此頭を遁也、今ハ京中倉・酒屋・風呂・各味曾(ママ)屋、各毎年十貫分出之、春日神人ハ毎年月伯(迫)ニ二百卅文南都社家へ出之、

馬上役は「京中倉・酒屋・風呂」が毎年一律に十貫文を納入するだけの一種の課役と化していたのであり、乱前の差定手続きを踏んで課せられる神役としての馬上役の姿はそこにはなかった。

応仁の乱は幕府と山門衆徒が京都の商業的な利潤を協力して収奪・分配するというそれまでの体制を完全に破綻に導いたといってよい。乱後、袂を分かった幕府と山門衆徒がそれぞれ京都の「諸商売」にどのように臨み、またこれに対して「諸商売」側がどう対応したか、いずれも今後の検証課題として、本稿をひとまず結びたい。

（1）「追加法」一四八条（『中世法制史料集』）。明徳四年十一月二十六日付で発せられた「洛中辺土散在土倉幷酒屋役条々」の第三条で、そこには「一、政所方年中行事要脚内、六千貫文支配事」とある。「日吉小五月会馬上役」の二千余貫文については、拙稿「延暦寺大衆と日吉小五月会　その二」（『中世寺院社会の研究』、思文閣出版、二〇〇一年）参照。

（2）「日吉小五月会馬上役」および幕府の「役銭」に関しては、拙稿「延暦寺大衆と日吉小五月会　その一・二」（前掲註1拙著所収）参照。なお、「役銭」の徴収はのち土倉方一衆のなかから撰ばれた納銭方一衆がこれにあたるようになる（同前拙稿参照）。

（3）乱中の京都の概要については、「応仁・文明の大乱」（京都市編『京都の歴史』三、一九六八年）、拙稿「古都炎上」

（『京都ルネッサンス』、河出書房新社、一九九四年）参照。また「御構」の範囲・構造等については、高橋康夫「応仁の乱と都市空間の変容」（『京都中世都市史研究』、思文閣出版、一九八三年）参照。なお、高橋氏は「御構」の範囲を「小川以東・烏丸以西・寺の内以南、一条以北の地域のほとんど」とされている。後述する公家甘露寺親長の行動範囲などから判断すれば、東軍はこれよりもやや広い地区、西は堀川あたりまでを統治していたものと推定される。また、南も一部、一条を超えて支配していたものと考えられる。この他、乱中に防御施設としての「構」が洛中洛外に数多く設けられていたことについては、川嶋將生「「洛中洛外」と応仁の乱後の京都」（『中世京都文化の周縁』、思文閣出版、一九九二年）参照。

（4）　乱中、京都と地方を結ぶ通行はしばしば断絶しており、たとえば文明五年に摂津で合戦があった時には、奈良との往来に「上下六个日」もの日数を要するような状況が生まれている（『大乗院寺社雑事記』同年十一月三日条）。

（5）　拙稿「坂本の「寺家御坊」と山科家」（前掲註1拙著所収）。

（6）　甘露寺親長は文明四年、延暦寺の六月会への下向にあたって本来の「四方輿」ではなく「手輿」を用いた理由に「当時構為洛外」ことをあげている（『親長卿記』同年四月六日条）。つまり、「洛中」からの参向であれば厳格に「四方輿」を用いなければならないが、「構」は「洛外」であり「手輿」でもかまわないというのが、親長の一貫した考えであった（『親長卿記』文明十年九月十一日条参照）。

（7）　表1の前半部に見える親長の訪問先で「御構」の南および西に所在する寺院が二か所ある。清水寺と二尊院である。親長は乱中、清水寺には文明三年二月二十六日と同三年五月十八日の二回参詣している。清水寺は文明元年七月に兵火に罹り伽藍は焼失しており、この時期、かろうじて本尊だけが「五条東洞院」に避難していた（清水寺編『清水寺史』二、一九九九年）。後述するように乱中、親長は三条から東に延びる粟田口すら避けており、彼がそのさらに南に所在する清水寺に参詣したとはどうしても考えられない。ましてや敵陣のまっただ中の「五条東洞院」に行けるはずがなく、親長が参詣したのは「御構」のなかに避難してきていた清水寺の何らかの施設あるいは人物であったと推定される。ちなみに二度の「清水（寺）」参詣は、「五霊殿」「五霊辻子」での談議聴聞および誓願寺への参詣といっしょに行われており（図1参照）、とすればやはりその場所は「御構」のなかにあった可能性が高い。

また、二尊院は、高橋大樹氏によれば、応仁二年（一四六八）九月に嵯峨の堂舎が焼失したのち、住持の善空は「洛城之傍」に「小坊」を構え「勤行」の所としていたという（高橋大樹「室町・戦国期二尊院の再興と「勧進」」（『仏教史学研究』五五―二、二〇一三年）。親長が訪れたのは、その「小坊」であろう。なお、二尊院の「堂舎」が嵯峨に復興するのは、やはり高橋氏によれば、はるかに時代の下った永正十七年（一五二〇）のことである。

（8）京都から石山寺へ行くには、粟田口から逢坂越で大津を経由する道程がもっとも便利であった。この点、事例3は行きも帰りも大津を経由しており、一見したところ、逢坂越を用いたかのように見える。しかし、坂本経由の場合でも事例2のようにいったん大津にいたりそこから石山寺に赴くことがあり、四日という所用日数からして、この場合もそうしたものと推定される。なお、乱後（文明九年十一月以降）の逢坂越を利用したと推定される参詣では所用日数はすべて二日となっている。事例9が唯一、乱後で坂本を経由しているのは、日吉祭参向の帰路を利用したことによる。

ちなみに親長が年に一度、石山寺に参詣し続けたのは亡き母の遺言があったからで、この点について親長は次のように述べている（『親長卿記』文明十八年九月十九日条）。

毎年宿順（願）也、亡母遺命也、仍毎度参詣之時、為祈二親之善所之外無他事、

乱中に彼が危険を省みず石山寺に参詣し続けた理由が知られよう。表2では略したが、文明十四年以降も彼はこの石山寺参詣を続けている。

（9）『親長卿記』文明六年四月二十一日条。彼は七月になると「女房」の「父母之墓所」参詣につきあい仁和寺あたりへ出かけ、その時に久しぶりに目にした、かのあたりの風景を次のように日記に書きとめている（『親長卿記』文明六年七月十三日条）。

詣仁和寺、女房参詣父母之墓所之間、徳大寺旧跡為見廻令同導（道）了、一向如荒野、近辺無寺庵・小家等、不便之體也、分荒野墓所、及夜雨下、

乱中の「洛外辺土」の荒廃ぶりがうかがえる。

（10）桑山浩然校訂『室町幕府史料集成』（日本史料選書二〇、近藤出版社、一九八〇年）所収の『政所賦銘引付』の史料番号で示せば次のようになる。

150・162・163・166・177・184・186・194・206・269・288・303・307・311・317・327・343・357・359・378号

なお、ここでいう「下京」というのは、一条以南を中心とした西軍の占領地区を指す。「御構」のなかにいた公家ら

は、「去夜京都焼亡云々、下京云々」（『後知足院房嗣記』応仁二年三月十七日条）、「東寺衆令放火下京云々」（『後法興院政家記』同日条）のように、西軍の占領地区を漠然と「下京」と呼んでいた。ただ、このあと見るように、西軍の占領地区は厳密にいえば、一条以南のいわゆる「下陣」と、堀川以西の「西陣」の二つからなっていた。一般に西軍占領地区をいう場合には「下京」という言葉が用いられていたのは、「西陣」には民家が少なかったからであろうか。ここでも当面「下京」を西軍の占領地区全体を指す言葉として用いていくこととする。

（11）『政所賦銘引付』269号。

（12）『政所賦銘引付』505号。

（13）乱中、一条以南、堀川以西の地区については、東軍（幕府）の威令がまったく行われなくなっていたことはすでに見た通りであるが、唯一東軍がかろうじて「御構」の東北方面を掌握できていたのは、いうまでもなくこの地区が山門の支配下にあったことによる。

乱中、山門の支配地域が幕府の執政のなかでいかに大きなウェイトを占めていたかは『政所賦銘引付』に収録されている訴訟のうち、いわゆる山門衆徒および「院々谷々」にかかわるものが全体の二十二%を占めていることがこれをよく示している（件数で二十九件）。ちなみに乱後になると、それはわずか七%（十五件）に減少している。その内訳は次の通りである（番号は前掲註10『室町幕府史料集成』の史料番号）。

A＝乱中（文明五年九月～同九年十一月）

〔山門衆徒関係〕1・4～7・9・16・21・23・35・41・44・46・48・49・64・66・68・70・78・86・106・107・110・120・134号

〔院々谷々関係〕8・33・45号

B＝乱後（文明九年十一月～同十八年二月）

〔山門衆徒関係〕165・253・256・294・298・318・323・347・360・369・373・382号

〔院々谷々関係〕204・222・271号

（14）『八瀬童子会文書』三三九号。『八瀬童子会文書』は、三三九号文書の「紙背」として文明三年六月二十二日付の記録（もと袋綴）の表紙を収録する。しかし、これは誤りで、内容・形状などから見て、現在「紙背」と名づけられている方が後から書かれたもので、したがって、現在、表となっている方が紙背となる。その本来の紙背文書の内容を文明二年のものと判定した根拠については後出の註(46)参照。

(15)「幕府室町亭火災記」(『蜷川家文書』八八号)。

(16)『東寺執行日記』は東西の通行が自由になった様子を「上下万民、自一条橋知人ヲ尋入ト申テ、人々事外出入仕也、珍重々々」(文明六年四月五日条)と記す。また、『大乗院寺社雑事記』は、「下京以下商人等」が「御陣」に参上した様子を次のように伝えている(文明六年四月八日条)。

京都儀者、去三日、山名・細川対面、両方ニ大慶之由云々、披官人等申合故歟、仍下京以下商人等参御陣、泰平儀也云々、

(17)宇野日出生「中世京都町屋の景観―八坂神社文書を中心に―」(『京都市歴史資料館紀要』一三、一九九六年)。宇野氏は、ここに記録されている「八町」を祇園社領と解釈されている。しかし、以下に詳述するように、これが延暦寺東塔西谷領であったことは表題などからしてあきらかである。新出史料の紹介にあたっては、できるだけその全貌をありのままに伝えることが重要であるが、宇野氏の場合、たんに「地検帳」のデータのみを列記するという、きわめて変則的な手法をとられたことが、このような誤りをおかす原因となったものと考えられる。ただ、表題・奥書を無視した史料紹介はやはり論外といわざるを得ない。史料本文は『新修八坂神社文書　中世篇』(臨川書店、二〇〇二年)に収録されている(一二二四・一二二九号)。

(18)武覚超『比叡山諸堂史の研究』(法藏館、二〇〇八年)。

(19)『八坂神社文書』二〇六五号。

(20)『八坂神社文書』二〇六六号。

(21)『八坂神社文書』二〇六七号。刊本は文中の「五条面」を誤まって「五条西」と読む。訂正して引用した。

(22)ここに見える「御雑色」とは幕府の雑色で、より具体的には地方頭人配下の雑色を指すものと考えられる。この前後、京中の家・屋地にかかわる訴訟には地方頭人が当たっており、③の「瑞勝院瑞吉書状」にも「打渡」を地方頭人摂津之親(摂津守)が執行したことが見えている。なお、地方頭人の役務等に関しては小林保夫「地方頭人考」(『史林』五八―五、一九七五年)参照。

（23）瑞勝院は建仁寺の塔頭。同院の来歴について、『京都府寺誌稿』の「建仁寺」の項は「建仁寺第百二世叔芳和尚諱周仲ノ開基ナリ、趾ノミヲ存ス」と記す。叔芳周仲は絶海中津の法嗣で、永享四年（一四三二）十一月晦日に没している。

（24）殺害現場の領有権付与の要求、および東塔西谷の八王子社の管轄については、拙稿「中世寺院における大衆と「惣寺」」（前掲註1）参照。

（25）全文を左に引用する。

紙面ニ云

仏乗坊
三位注記御房

五条八丁町重書案文七通

右京大夫(細川勝元)殿御教書　一通、立紙、文安五年四月十六日、

教親(一色)之状　一通、立帋、年号同上、

信家(羽太)折紙　一通、年号同上、

御雑色渡折紙　一通、年号同上、

以上最初証文

尾張守(畠山政長)御教書　一通、立帋、文正元年四月十七日、

高忠(多賀)折紙　一通、文正元年五月八日、

貞基(布施)・之種(飯尾)両奉行奉書　一通、折帋、文正元年四月十七日、

以上第二度目証文

都合七通

文明九年

十二月十六日　　上使中

この文書目録からは次のような三点の事実が確認できる。

①乱前、幕府は文安五年と文正元年の二度にわたって東塔西谷に「八町」を安堵していたこと。
②その遵行には、管領奉書を受けた侍所が当たっていたこと。
③文明九年の「地検帳」(B)の作成は、それら乱前の幕府の安堵を根拠として実地されたものであったこと。
京中の家・屋地に関して幕府がいかなる権限を有し、かつそれらをどのように統治していたかを知る上でも貴重な事例の一つといえよう。

(26)『東寺執行日記』文明六年九月二十六日条に「同日、畠山方与大内方、依地子論弓矢有之、両方ニ死人有之」と見える。

(27)馬上一衆に関しては、前掲註(1)拙稿参照。なお、「馬上一衆」なる呼称について、改めて簡単に定義しておきたい。史料上には、「馬上一衆」「一衆(中)」という言葉が頻発するが、それらは厳密にいうと、二通りの意味をもって用いられている。一つは馬上役を負担する集団すなわち在京の日吉神人全体を、また今一つはその代表としての一頭の集まった機関を指す言葉としてである。たとえば、応仁二年六月六日付「延暦寺横川別当代衆議下知状案」(『八瀬童子会文書』補遺一六号)に見える次のような「一衆」の使われ方は前者にあたる。

小五月会□功程銭事、寄□(緈於左)右、号在坂本不可懃(勤)其役之由、□段、希代次第、以外造意也、神事錯乱招其咎歟、太以不可然、既為一衆之上者、如先規可有其沙汰、来五日可被執行云々、致難渋、神事猶令延引者、懸其親類等、諸職諸得分以下、可結入神領之由、社中諸役者可加下知者也、仍衆儀折紙如件、

楞厳院別当代
応仁二
六月六日　延芸
一衆中

また、文明二年六月十一日付「延暦寺横川政所集会事書案」(『八瀬童子会文書』二七六号)の「右当社左方之馬上役事、在京之酒屋・土倉結一衆、毎年致勤役処」という表現も、在京の日吉神人全体を意味すると解する他はない。

これに対して「為当院沙汰、撰器用□譜代被結一衆已来」(宝徳三年六年三日付「延暦寺西塔政所集会事書案」、『同文書』二五一号)や、「当年戊子歳差符職者、一衆中ニ契約申候処也」(応仁二年四月付「実乗坊紹慶契約状案」、『同文書』三四八号)のようにあきらかに「一衆(中)」を一頭によって構成された機関を指す言葉として用いている例も数多

くある。初出の本稿では両者を区別するために、後者すなわち一頭の集団としての「馬上一衆」「一衆(中)」を「馬上方一衆」と表記した。「馬上方」なる表現は、少いながら「馬上方一頭」(寛正四年七月十七日付「小林坊範運書状」、『同文書』二五六号)「馬上方大嘗会懸引方案」(文正元年十二月八日付「馬上方一衆大嘗会懸引方算用状案」、『同文書』補遺一一号)といった使用例があり、また、なによりも一頭の集団の創設・運営には、幕府が深く関与しており、土倉方一衆や納銭方一衆と同様に「方」の一文字をつけるのがこの集団にはふさわしいと考えたからである。

しかし、本書では史料に頻出する「馬上一衆」を組織の正式名称と理解し、すべて「馬上一衆」の呼称を用いることにした。

なお、ここまで馬上一衆が日吉神人から徴収する神役を一括して「馬上役」と総称してきたが、厳密にいえば、彼らがいわゆる「馬上役」だけでなく「外御供」「内御供」といった他の神役をも請け負い徴収していたことは、拙稿「日吉小五月会と延暦寺大衆　その一」(前掲註2)で詳しく見た通りである。ただ、本稿では行論の都合上、それらをとくに厳密に区別せず、日吉小五月会の神役を一括して「馬上役」の総称で呼ぶこととした。

(28) 初版の『八瀬童子会文書』にはこれら四点の算用状を初めとして、多数の未収録の文書があった。そこでそれらを読解し、本来収録すべき箇所を考証して、京都市歴史資料館に提出したところ、二〇〇三年に同館よりその内容を加えた増補版が出版された(補遺四五・四六号は京都市歴史資料館が原稿を作成)。その後に発刊された増補版にもこの間の補遺分の読解・考証の経緯がなぜか一切記されていないので、ここに明記しておく。

なお、四点の算用状のうちⅠに関しては、拙稿「延暦寺大衆と日吉小五月会　その一」(前掲註2)の註(38)参照。また、Ⅱの『八瀬童子会文書』二三九号・二四一号は、別々に収録されているがもともと一具のもので、合わせれば全五紙からなる。

(29) 康正二年(一四五六)から長禄二年(一四五八)にかけて馬上一衆が一時期その活動を停止し、寛正年中には「役銭」の徴収が正実坊一人に命じられるなど、乱直前にはそれまでには見られなかった新たな動きが起こっている。これらは直接には幕府の政策によるものであるが(前掲註1拙稿参照)、その根底には嘉吉元年の土一揆・徳政令による京都の土倉・酒屋、ひいては京都の商業界全体におよぶ凋落傾向があったものと推定される。

(30) 馬上一衆が祇園会馬上役を請け負っていたことについては、拙稿「延暦寺大衆と日吉小五月会　その二」(前掲註1)

参照。

(31) 応仁元年に日吉小五月会が執行されたことを伝えるものとしては、「左方馬上合力年行事記録」（『八瀬童子会文書』二五七号）がある。同記録によれば、「本馬上」「外御供」「内御供」の差定は、この年も例年通り行われている。神事も執行されたものと推定される。

(32) 応仁二年四月付「実乗坊紹慶契約状案」（『八瀬童子会文書』三四八号）。

(33) 「馬上方一衆文書引付」（『八瀬童子会文書』補遺一六号）所収。

(34) 『八瀬童子会文書』二〇九号。文章の途中を欠くが、最初に「今度掠給候御奉書案出帯申候」の文言があり、「御構」にいることを理由に「御奉書」を「掠給」ったことを訴えた申状であることがわかる。

(35) 応仁二年六月十一日付「馬上出銭在所納分算用状」（『八瀬童子会文書』補遺一八号・二三七号）。

(36) 文明元年五月三日付「馬上合力神人所々散在々所注進状案」（『八瀬童子会文書』二〇六号。後半部分は補遺二七号）。

(37) （応仁二年）五月二十三日付「室町幕府奉行人連署奉書案」（前掲註33『八瀬童子会文書』補遺一六号に記載される）。宛所は「西塔院衆徒」。

(38) 応仁二年閏十月四日付「室町幕府奉行人連署奉書案」（前掲註33『八瀬童子会文書』補遺一六号に記載される）。宛所は「本院西谷雑掌」。

(39) 『八瀬童子会文書』二六一・三〇六号。この二点の史料は本来一通のものである。文書名は内容からして「延暦寺西塔政所集会事書案」とするのが正しい。

(40) 『八瀬童子会文書』三〇六号の紙背に次のような一文がある。

　　応仁二年十二月十八日上
就注連上於京都納下行分事
　本馬上榊本
　　五条坊門烏丸東頬

(41) 『八瀬童子会文書』二〇六号（前掲註36参照）。この文書の後半部（補遺二七号）の末尾には次のような記載がある。

一、下京 西陣内

酒屋　十二　雖入配符之（本在所）、依為有名無実
在所、如形宛出之畢、出銭不同
風呂　二
右、注進如件
文明元年五月三日　　雑掌（浄有カ）□

(42) 応仁三年二月六日付「延暦寺東塔執行代下知状案」（『八瀬童子会文書』三一九号）。

(43) 応仁三年四月二日付「延暦寺三院執行代連署書状案」（『八瀬童子会文書』二六七号）。

(44) 前掲註(36)史料。

(45) 文明元年五月十二日付「馬上一衆連署書状案」（『八瀬童子会文書』二七一号）。文中に「□（依）無神事余日、不限此在所、山上江注進□（交）名候之間、為山上催促事」とある。

(46) 『八瀬童子会文書』三三九号（本来の紙背。前掲註14参照）の後に続く一紙（補遺三三号）には次のような記載がある。

於志賀ノ在所出銭直物
四拾貫　文　上様御借用御奉書在□（之）
祇園功程内云々
二貫四百文　円幸法橋御恩五十貫文内
度々ニ借用
拾貫　文　雑掌給分二千疋内
且下行
於年行事御訪分者、光林坊不被取之
拾五貫　文　職士給分皆済
去年祭礼ノ時
弐拾貫　文　粟津大榊下行
同前
三十八貫八百文　未日神供下行

当年祭礼ノ時 弐十貫　文　粟津大榊下行
同前 拾六貫　文　未神供下行、俄ニ祭礼
依有之、如形ニテ神事在□
然間下行如此、減少□
祭礼ノ前日於四至内宿所
職士以下仁有之畢
百四十九貫八百文方々契約
注文在之
八十七貫六百文　公人宮仕日別下行□

なお、この文書は文明二年に作成されたものと推定される。とすれば文中に見える「去年祭礼」とは文明元年の「祭礼」を指すこととなる。なお、この文書の作成年次を文明二年と判定したのは、前々年の「下行分」について、「雖然依方人護正院違乱、其年ハ終ニ小五月会無之」「於年行事御訪分者、光林坊不被取之」などの記載があることによる。日吉小五月会が乱前後で中止となったのは応仁二年が初めてであり、この年の年行事は光林坊であった徴証がある。（前掲註33史料参照）。したがってここにいう「当年」とは、応仁二年から二年後すなわち文明二年となる。

(47)　文明二年付「山門使節代連署折紙」（『八瀬童子会文書』二七九号）、（文明二年）八月二十七日付「山門使節代連署折紙」（同文書三〇一号）、（文明二年）九月八日付「山門使節代連署書状」（同文書三〇二号）。これら山門使節(代)発給の文書に関しては前掲註(2)拙稿参照。

(48)　前掲註(45)史料。

(49)　文明二年六月付「延暦寺閉籠衆衆議下知状」（『八瀬童子会文書』二七七号）。

(50)　『山科家礼記』文明二年八月二十五日条。

(51)　前掲註(46)史料。

(52)　『八瀬童子会文書』三三九号の紙背に、

文明三年六月廿二日
在所帳
西陣功程納所帳
但去年寅歳分差定、卯六月廿二日ニ在之、
本馬上榊本ハ四条町北西頬　中西子
とある。また、文明四年四月十日付「馬上方一衆雑掌申状案」（『同文書』二〇九号）には「四条町北西頬ニテ去年本馬上懃（勤）仕候正実坊下の者にて候」と見える。

(53)『結番日記』文明九年四月七日条。

(54) 年月日未詳「護正院申状断簡」（『八瀬童子会文書』補遺六一号）。補遺五三号の文明十年十二月付「馬上一衆申状案断簡」にかかわる申状案であり、内容から見て同じ頃に作成されたものと推定される。

(55) 前掲註(36)史料。

(56)「左方馬上合力年行事記録」（『八瀬童子会文書』一八二号）文明三年十二月十四日条。

(57)『八瀬童子会文書』一三四・一四五号。この二点の史料は、紙質・筆跡から判定してもともとは一連のものであったと考えられる。このほか以下の三紙が補遺三六号として残る。

Ⅰ　断簡（1）

（前欠）
□次郎殿御被□新□ニテ候、但於□
法事□東北頬ニ居住之時□多年馬上役懃仕仁躰也、就乱□ウツル刻、八幡神人之由掠申候間、於□
□依其謂、既如元可加催促之由被成御奉書□仍案文進之、早被任御奉書之旨、可被仰付候、
（一）
□五辻大宮東頬木下酒屋如申状者、一向無商売云々、
虚言也、無力之由雖風聞、本在所事候間、難捨置候て配符ヲ入候之処、号高田方陣屋不取入配符、対神人・宮仕致雑言、不足之時宜ニテ罷帰候由、神人共訴申事候、於于今者、在所之不運候、堅被仰付候ハてハ不可叶者也、
右、太略承及之趣、注進如此候、此上ニ尚とかく申仁候者、急罷下於坂本被申明候へと、可為御成敗肝要候、仍注進

如件、

文明四
六月三日　　雑掌

三公文所御房

（後欠）

Ⅱ　断簡（2）

（前欠）

仍御教書案三通、壁書案一通同進之、

文明四
六月三日　　雑掌

三院公文所御房

Ⅲ　断簡（3）

（前欠）

（二）□　□ヘウツリ候刻ニ為道□　□申事候、於子細ハ同前ニ候、

□北少路大宮北頬堀　少弼殿御ひくわん

此二三年無商売云々、以外虚言也、其謂□文明二年未進十六貫ト見ヘタリ、且納段一定也、商売如形之由雖有其聞、本在所ニ候之間、配符入置候、一向無商売由申候事虚言上ハ、堅可被仰付候、禅住房下ニテ多年馬上役懃仕候、

一、五辻くしけ西北頬□あんせいゐんの御ひくわん

此在所久正実房下ニテ、文明二年まで納候て、至同三年分、八幡神人之由申候、言語道断所行候、早被任出座停止御教書之旨、厳密可被仰付候、如此在所共候間、神事于今延引候、堅可被加御成敗候、

（後欠）

なお、一二三五号の（前略）部分に関しては前掲註（2）拙稿参照。

（58）『東寺執行日記』文明六年七月七日条に「卯剋ニ大内新助油小路式堂場方四条坊門、大宮ノ法花堂本能寺ヨリ猪熊堀川油小路辺マ

テ陣取之」と見える。また、同年八月十九日付「大内政弘書下案」（『萩藩閥閲録』所収）には、「去月七日以来、於六角油小路構要害畢」の一文がある。この時、大内政弘が要害とした「六角油小路」の「要害」は、『晴富宿禰記』文明十年二月六日条に「六角油小路城墎所司代浦上（政則）招引赤松侍所、観世絶芸能、鼓吹音曲聞之」とあるところから、乱後は赤松の被官浦上政則の占拠するところとなっていたことがわかる。

(59)　康正三年四月二十日付「室町幕府禁制案」（『八瀬童子会文書』二〇三号）によれば、「根本他社神人」であることを裏づける「証状」を出帯しない限り、「日吉神人」となりその「諸役等」を勤仕しなければならないことになっていた。ここにいう「根本他社神人」とは、具体的には八幡神人と春日神人を指す。なお、二〇三号文書（補遺八号）も史料集には全文が収録されておらず、読み間違いもあるので、次にその全文を引用しておく。

（前欠）

山門使節御中

禁制　日吉神人諸役等

洛中洛外諸在所、或号他社神人、或称当時之預所、寄綺（綷）於左右掠申之条、太無其謂事、

一、為根本他社神人者、可令出帯証状、万一無支証於申之族者、可有其科事、

一、於代官在所者、可准本宅之役事、

□（一）、於向後興業在所者、可為日吉神人事、

一、以近日吹挙、号往古証状、於為異儀在所□（者カ）、速可有差定事、

右、条々被定置訖、若有令違犯之輩者、堅可被処罪科之由、所被仰下也、仍下知如件、

康正三年四月廿日

下野前司三善朝□（臣）

散位三善朝臣在判

馬上一衆中

以此支証、何方へ御返事可然候哉、此一本馬借中ニモ可在、

（後欠）

(60) 文明五年付「小五月会下行注文」(『八瀬童子会文書』二八四号)。端裏に「文明五年　安養坊執沙汰之時注文」の一文がある。
(61) 『華頂要略』が「正玄」と記すのは、「正実」の誤記。この前後、正実坊泰運の名は『政所賦銘引付』文明十三年九月五日条(369号)に「正実泰運」と見える。
(62) たとえば、「西大路町」は現西大路町、「木下」は現上木下町・下木下町、「長谷」は現長谷町、「御霊辻子」は現中御霊図子町に相当する。また、「柳原室町」は現在の上柳原町・下柳原北半町・下柳原南半町、「白雲」は元新在家町あたりを指すと推定されるが、これらはいずれも一条以北で「御構」内に所在する町である(『京都市の地名』、平凡社、一九七九年)。なお「犬馬場口」については不詳。
(63) 『言国卿記』文明六年十二月十四日条。
(64) 『結番日記』が書かれた年次については『増補続史料大成』(臨川書店、一九七八年)解題参照。
(65) 「幕府政所納銭算用状」(『蜷川家文書』七五号)。
(66) 『生源寺文書』。
(67) 『八坂神社文書』二二三九号。
(68) 『大乗院寺社雑事記』文明十八年二月十一日条。

第二章　中世京都・東山の風景――祇園社境内の景観とその変貌をめぐって――

はじめに

十六世紀後半から十七世紀初頭にかけて、都市・京都（洛中洛外）は大きくその景観を変える。その要因となったのが、織田信長の二条城建造に始まり豊臣秀吉による五条橋の付け替え、三条橋・御土居の構築、大仏殿の建立へと続く、かつてない権力者による大規模な普請事業であったことはよく知られている。

平安京以来、京都でこれほど大規模な都市改造が行われたことは一度としてなかった。確かに中世には大内裏の跡は内野となり、大路・小路の多くが宅地・耕地と化すなど、かつての都の面影はほとんど跡形もなくなっていた。しかし、それは人びとの日々の営みのなかでゆるやかに進行していった変化の結果であり、条坊の付け替えや条坊を無視した施設の構築といった大胆な都市改造にもとづくものではなかった。

その意味でこの時期の京都の景観の変貌は、平安京造営以来、初めて政治的にもたらされたものであったということができる(1)。本稿はそのようなかつてない政治的な大変革がどうして可能となったかを絵画史料に見える京都の景観変化をもとに考えようとするものである。対象としては、洛外ではあるが、この時期その景観がもっとも劇的な変貌を呈した祇園社（現、八坂神社）の境内をとりあげる。

一　路傍の石塔と堂舎

（1）　石塔と堂舎

十六世紀半ばの京都・東山の風景を描いた数少ない絵画の一つに、法観寺蔵「八坂法観寺塔参詣曼荼羅」（重要文化財）がある。[2]法観寺の五重塔を主観としたこの参詣曼荼羅には同寺に隣接する祇園社とその境内も描き込まれているが、そこには他の絵画では確認できない変わった地物の図像が一つ存在する。祇園社の南大門の南、鴨川にそそぐ谷川に架かる橋の袂に見える地物の図像である（図1―①②）。図中の鴨川に流れ込む谷川は「菊水川」でそこに架かる橋は「菊水橋」と考えられるが、[3]当該地区にこのような地物を描く絵画は他にない。これは何を描いているのであろうか。

それを知る手がかりは、時代をはるかにさのぼった絵図のなかに求められる。南北朝時代初めに作成された「祇園社絵図」（重要文化財／八坂神社蔵）がそれである。[4]祇園社の境内を描いた同絵図には、南大門の南に図1とよく似た地物が描かれている（図2―①②）。もしこれが「八坂法観寺塔参詣曼荼羅」中の地物と同じものであるとすれば、約二百年にわたりそれは同じ場所に存在し続けていたことになる。二つの図像を比較検討することから始めよう。

まず「祇園社絵図」の地物であるが、図中では祇園社の南大門を南に走る道の西頬に配される。「菊水橋」は図外となるためこれが同橋の北詰めに所在したか否かはわからないものの、その姿・形は「八坂法観寺塔参詣曼荼羅」のそれに酷似する。すなわち、かの地物は側面を石垣で固められた南北方向に長い長方形の基壇と、その上に置かれた石塔群と社殿風の建物から構成される。石塔は大きい五重石塔と小さな三重石塔の二種類がそれぞれ三基ずつ交互に並び、建物は檜皮葺《ひわだぶき》で柱等の木組みは朱に塗られている。

図１―①　祇園社とその境内
（八坂法観寺塔参詣曼荼羅）

図１―②
菊水橋詰めの地物（同右）

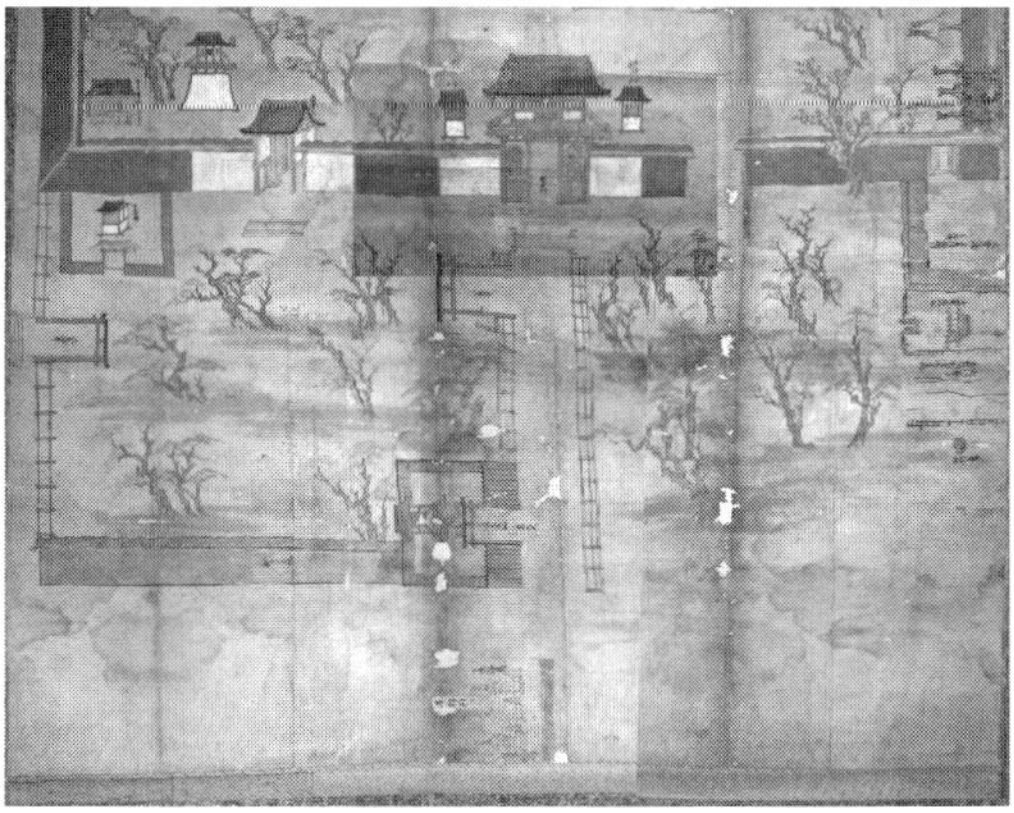

図２―①　南大門前の風景（祇園社絵図）

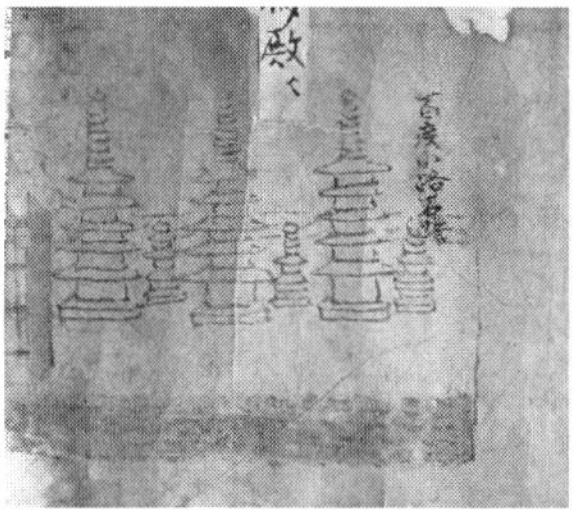

図２―②
「百度小路石塔」（同右）

一方、「八坂法観寺塔参詣曼荼羅」の地物はといえば、やはり側面を石垣で固めた南北方向に長い方形の基壇と、その上に据えられた石塔群と建物から構成される。石塔の数は「祇園社絵図」より少なく三基で、形も宝塔（一基）と三重石塔（二基）と異なるが、建物が檜皮葺で柱等が朱に塗られている点は「祇園社絵図」とよく似る。ただ、こちらの建物には鳥居が付属しており、あきらかに社殿として描かれているようにみえる。さらに石塔・建物の北方には「祇園社絵図」には見えない桜と松の木が繁茂する。

以上、細かな点で違いはあるものの、ともに祇園社の南大門を起点として南に延びる道の南端の西頬に所在し、かつ南北方向に長い基壇上に複数の石塔と社殿風の堂舎が建つ姿はほぼ共通しており、両者は同じ地物を描いていたとみてまずまちがいなかろう。

では、これはいったい何だったのであろうか。それをさぐる糸口は「祇園社絵図」中のこの地物に施されている「百度小《（大）》路石塔」という注記にある。

（2）百度大路の石塔と辻堂

祇園社の南大門の南には平安時代から室町時代まで「百度大路」と呼ばれた道が存在していた。注記の「百度小《（大）》路」とはこの「百度大路」のことで、結論からいえば、かの地物のうちの石塔群はその南端に所在していた、いわゆる「百度大路石塔」とも呼ばれていた石塔群を描いたものと考えられる。

中世、百度大路にかかわる史料を年次を追って整理し年表としたものが表1である。これをもって最初に確認しておきたいのは、百度大路がまちがいなく南北方向に走る道であったという点である。同路ぞいの地所の地点表示がすべて「東頬」か「西頬」のいずれかで示されていることが、そのことを明確に指し示している。

また、その北の出発点が祇園社の南大門であったことは、表1の⑤の「祇園南大門百度大路石塔」、⑯の「き

表1　百度大路関係史料

	年月日	西暦	史料(抄出)	備考	出典
①	久安4年3月15日	一一四八	被始行一切経会(中略)次百度大路南石塔帳幄	石塔	社家条々記録
②	貞永2年正月3日	一二三三	社僧仁増・頼祐・慶円百度大路住宅、依殺害咎検封之	社僧、住宅	八坂神社文書一二七四号
③	弘安9年4月	一二八六	社領百度大路、西大門、車大路等之神立辺	神立辺	八坂神社文書一二七〇号
④	康永2年7月7日	一三四三	きおんの百と大うちにしのつらなからのほとほんはうのみなみ	本房?	八坂神社文書一三七五号
⑤	貞和2年8月29日	一三四六	祇園南大門百度大路石塔西頬	石塔	新修八坂神社文書九号
⑥	観応元年5月23日	一三五〇	百度大路石堂塔九輪落砕了	石堂塔	祇園執行日記
⑦	6月3日		百度大路西頬地	西頬地	祇園社記雑纂一
⑧	正平7年3月14日	一三五二	百度大路東頬土倉為社家神供所	土倉	祇園執行日記
⑨	3月15日		軍勢少々宿百度大路在家等	在家	祇園執行日記
⑩	4月7日		子刻自百度大路釘貫脇西頬自権別当若狭法眼幸兼坊火出、(中略)社僧坊四宇(中略)炎上	釘貫、社僧坊	祇園執行日記
⑪	8月10日		芝百大夫社未申角樗木、去四月百度大路南西角炎上時、彼木大略焼了	芝百大夫社、樗木	祇園執行日記
⑫	9月10日		随而去年七月、百度大路西頬屋致等分沙汰了	西頬	祇園執行日記
⑬	11月22日		百度大路大鳥居南柱依大風顛倒	大鳥居	祇園執行日記
⑭	文和4年12月28日	一三五五	此百度詣大路敷地者、先師坊地也	百度詣、先師坊地	祇園社記続録四
⑮	貞治4年6月11日	一三六五	百度大路、今路、裏築地、四条面在地人等	在地人	三鳥居建立記
⑯	閏9月22日		きおんのみなみの大もん百とおほしいしのたうのにしのつら、(中略)みなみハつしとうをかきる	石塔、辻堂	祇園社記続録四
⑰	永和元年12月15日	一三七五	祇園百度大路石塔西頬橋爪堂北地	石塔、橋爪堂	新修八坂神社文書一七号
⑱	康暦元年6月1日	一三七九	祇園百度大路西頬坊舎并敷地事	坊舎并敷地	八坂神社文書一三七四号
⑲	至徳2年12月	一三八五	百度大路東頬(中略)百度大路西頬(中略)百度大路坊加地子	東頬、西頬、坊	社家記録六
⑳	応永5年8月18日	一三九八	祇園百度大路末橋南西頬	末橋	山城名勝志一四
㉑	応永16年4月28日	一四〇九	祇園百度大路西頬宝寿院山荘給孤庵事	山荘給孤庵	八坂神社文書一三七六号
㉒	嘉吉2年10月	一四四二	祇園社領百度大路西頬御地子	御地子	八坂神社文書一三七七号
㉓	宝徳3年2月15日	一四五一	祇園百渡(度)大路西頬敷地	西頬敷地	八坂神社文書一三七八号
㉔	寛正7年2月17日	一四六六	百度小路　但馬方		八坂神社文書二三六号

おんのみなみ《南》の大もん《門》百とおほし《度大路》いし《石》のたう《塔》」という表現から容易に推定できる。さらに⑳に「百度大路末橋」とあることからすれば、その南端はいわゆる「菊水橋」で終わっていたとみてよい。そして、これらの点から、かの図像中の石塔こそが百度大路の南端「菊水橋」の北詰めに所在し、中世には人びとから「百度大路石塔」と呼ばれていた石塔群であったということになる。

「百度大路石塔」に関するもっとも古い史料は久安四年（一一四八）三月、祇園社での一切経会にあたりここに「帳幄」を設置したことを伝える『社家条々記録』の記載である（表1の①）。残念ながら、これらの石塔が何の目的でここに置かれていたかは史料を欠きわからないが、それが平安時代末にすでに存在し、鎌倉時代から戦国時代にいたるまで同所に変わることなくあり続けたことを「祇園社絵図」「八坂法観寺塔参詣曼荼羅」の図像は物語っている。ではその「百度大路石塔」とともに基壇上に描かれた社殿風の堂舎とはいかなる性格の建物だったのであろうか。

中世の史料でこの堂舎を指すと思われるのが表1の⑯に見える「辻堂（つしとう）」である。これは⑰に見える「橋爪《詰》堂」と同じ堂を示すと推定され、とすれば橋詰めというその位置からしても、⑯の「辻堂」が図中の社殿風の堂舎と同じものであった可能性はより高くなる。

近世になるとかつて、「辻堂」（「橋爪堂」）が所在した菊水橋の北詰には、「牛王寺殿」と呼ばれた堂舎が存在していた。その牛王寺殿について『雍州府志』二は次のように解説する。(5)

牛王寺殿　同上、在祇園南下河原、祇園神始降臨之地也、故建社、凡有所願之人、先詣祇園社、然後詣斯社、如此千度、是謂千度参、然則所祈如願云、

これまた結論からいえば、中世の「辻堂」とはこの近世の牛王寺殿そのものを指すと考えられる。理由は二つある。一つ目はいうまでもなくその所在地で、いうところの牛王寺殿の堂舎は近世の絵図では、道の西頬、菊水

図3—①　南大門前の風景（『扁額規範』）

図3—②　「牛王地」（同右）

橋の北詰めに位置している。[6] のみならず、延宝四年（一六七六）六月の奉納銘を持つ「祇園社幷旅所之図」（文政四＝一八二一年刊『扁額規範』所収）は、[7] かの堂舎を一本の松とともに小さな土盛りの上に描いており（図3—①②）、それは基壇上に桜・松とともに描かれた「八坂法観寺塔参詣曼荼羅」の「辻堂」の姿を彷彿とさせる。

二つ目は百度大路において「辻堂」が果たしていたある機能である。「百度大路」の呼称は南北朝時代には「百度詣大路」（表1の⑭）とも見え、「百度詣」の道であったことに由来すると推定される。中世の「百度詣」がどこを起点とし、また折り返し点としていたかを具体的に伝える史料はない。しかし、百度大路の南端に位置する「辻堂」がそのいずれかの役割を果たしていたことはまずまちがいなかろう。そして、近世の「千度参」が牛王寺殿と祇園社との間で行われていることからすれば、[8] やはり牛王寺殿こそがかつての「辻堂」そのものであったと考えられるのである。

（3）「神立辺」の住人——社僧と在地人——

中世、祇園社にとって百度大路にそって広がる区域は特別な意味をもつ地区として存在していた。そのことをもっともよく物語るのが、弘安九年（一二八六）四月付の「感神院所司等申状案」である（表1の③）。

感神院所司等謹解申
欲早申入　座主宮（尊助法親王）被達関東、定制法被停止諸国当社領幷祇園社辺四至内沽地、（却脱）致神領興復、輝神威間事
右、近年為躰、以所々之神領、依令沽却　公家・武家権門之倫、社領已失墜、神役忽退転、一社今古之欝訴、向後堅可被停止之者哉、将又、以社領百度大路・西大門・車大路等之神立辺、禅律僧尼・念仏者・武士・甲乙人等、恣号買領令領知居住之間、触穢職而由斯、冥慮難測、無勿躰次第也、凡当社辺者、三門跡被管之類幷山徒・社僧・神人・宮仕以下止住之在所也、雖然、号買得相承之地、汗穢不浄之輩令乱住、穢社中之段、不恐冥瞻、不憚神慮者哉、此段代々　公家之裁許・武家之制禁、先蹤非一、不遑筆端、動背規式、被乱定法云云、以此等之子細、雖訴六波羅、遵行不事行者、可達山門歟、其時者、定為一山之衆命、以公人・宮仕・犬神人等、及徹（撤）却之衆議者、公私之煩費、縡不可穏便者哉、所詮、申関東、被経正理之御沙汰、云売人、云買人、被處科条、於所々神領者、如元被返当社、全神役、至社辺四至傍（牓）示内者、被退雑人之居住、専神領之再興、仰憲法之政徳、弥為致天下安泰武運長久之精祈、粗謹言上如件、

弘安九年四月　日　　所司等上

これによって、百度大路が本来「三門跡被管之類幷山徒・社僧・神人・宮仕」にのみ居住が許された地区となっていたこと、およびその根拠が「西大門・車大路等」とともに「神立辺」だった点にあったことが知られる（傍線部参照、傍線は下坂）。

ここにいう「神立辺」とは、『雍州府志』二が記す「祇園南下河原」すなわち中世の百度大路の辺りをもって「祇園神始降臨之地」とする伝承をいうのであろう。百度大路を「神立辺」とする伝承は古くからあり、元亨三年（一三二三）二月に社司晴顕が著わした『社家条々記録』はそれを次のように伝える。[9]

別記云、貞観十八年南都円如先建立堂宇、奉安置薬師千手等像、則令（今）年夏六月十四日、天神東山之麓祇園林

令垂跡御坐、

文中にいう「天神」がのちの牛王寺殿にあたる。「祇園林」とは祇園社の南、百度大路のあたりを指す。ちなみに貞観十八年（八七六）六月十四日、祇園林に「垂跡」したこの「天神」は、江戸時代になると「牛頭天王《ごずてんのう》」とも解されており、元禄二年（一六八九）の序文をもつ『京羽二重織留』二は、その点について次のように記す[10]。

牛王寺殿《ごわうじとの》　祇園の南、下河原に有、此所も又牛頭天王始て降臨の地也、依之、小社を立ツ、凡諸願ある人、先祇園の社へまうで、次に此小社へまうで、かくのごとく千度に及ぶ、是を千度参りと云、然る時は祈願《きぐわん》成就すと云、

「祇園神」「天神」「牛頭天王」と呼び名はさまざまながら、百度大路に降り立ったその神を祀ったのが、中世の「辻堂」であり近世の牛王寺殿だったのである[11]。

そして、その意味で、中世の「辻堂」はまさにこの地区の神性を象徴する地物ということができ、「祇園社絵図」「八坂法観寺塔参詣曼荼羅」がともにその姿を鮮やかに描いているのもこのためと理解される。なお、「辻堂」とともに描かれる石塔群については、すでにふれたようにその由来を伝える史料はなく、これが何のための石塔群かはよくわからない。ただ、「辻堂」と同じ基壇に建っていることからすれば、降臨した「天神」（「祇園神」「牛頭天王」）を供養する目的で建立されたものかとも推定され、いずれにしても中世を通じて「辻堂」とともにこの地の神性を象徴する重要な標識となっていたことだけはまちがいない。

ところで中世には先の弘安九年の申状がいうように、百度大路は祇園社「社僧」の居住地区となっていた。たとえば、のち祇園社の執行となる顕詮は、康永二年（一三四三）ころ百度大路に房舎を保持していたし[12]、また、正平七年（一三五二）四月七日、この地で起こった火災では、四宇の「社僧坊」が焼失している（表1の⑪）。

一、子刻、自百度大路釘貫脇西頬、自権別当若狭法眼幸兼坊火出子息元社僧大輔房幸円物□放火云々、北者限（至于）治部都維那仙舜坊焼失、南者至于権大別当因幡阿闍梨玄親坊南小屋焼畢、社僧坊四宇仙舜・幸兼・円範法眼跡、権別当下野房定尊、（中略）炎上畢、此辺数十年間無火災之処、今度或社家衰微、歎入外無他、

このほかにも百度大路に「社僧坊」が数多く存在していたことは、表1の②④⑭⑱⑲に見える通りである。また宮仕など下役もこの通りぞいに住んでおり、寛正七年（一四六六）二月には、延暦寺横川（楞厳院）の閉籠衆から「百度小（大）路」の「但馬」なる者が、「黒癩」でありながら「神供之役」を勤めた疑いで「登山」を求められている（表1の㉔）。

ただ、とはいっても百度大路が「社僧坊」や宮仕の住まいによって埋め尽くされていたわけでは決してなかった。同地には一般の人びとの「在家」（表1の⑨）も軒を連ねていた。貞治四年（一三六五）六月、南大門前の鳥居造立にあたり、祇園社の命によって四条河原から「大木」を運びあげている「百度大路」の「在地人」（表1の⑮）とは、それら「在家」の住人であったと推定される。

一、笠木雨覆大木両支、自尼崎今日付四条河原間、社僧坊下人幷専当・宮仕・宮籠、百度大路・今路・裏築地・四条面在地人等可引進之由、自此坊相触之間、無偏執之儀、悉引大物而運上芝了、

この時、祇園社は「在地人」を「杜僧坊下人幷専当・宮仕・宮籠」と明確に区分しており、百度大路の「在地人」が「今路・裏築地・四条面」の「在地人」とともに、「社辺」の住人として祇園社に一括して支配される一般の人びとであったことがわかる[13]。ちなみに、祇園社は百度大路の検断権を中世を通じて保持しており（表1の②）、その意味でも彼らは祇園社の完全な支配下にあったとみなければならない[14]。

二　本殿と四条橋の「杓ふり」

（1）本殿の「杓ふり」

祇園社の風景として次にとりあげたいのは、「杓《しやく》ふり」である。中世から近世初頭にかけて、寺社で資金集めのために行われた勧進では、人びとからの喜捨の銭を受けとる道具として柄杓が用いられていた。勧進行為を時として「杓ふり」と呼ぶ由縁であるが[15]、現実にその「杓ふり」が祇園社でも行われていたことを物語る図像が一つ残る。東京国立博物館蔵の舟木本「洛中洛外図」の祇園社本殿の場面である[16]（図4）。この「杓ふり」の意味するところについて考えていくこととしよう。

図4　「本殿」横の「杓ふり」
（舟木本「洛中洛外図」）

表2—①は、応仁の乱以降の祇園社における勧進の推移を年次を追ってまとめたものである。また、これにもとづき歴代の祇園社の勧進を一覧としたのが表2—②である[17]。

祇園社の本殿は文正元年（一四六六）二月に焼失したのち、応仁の乱の影響もあって長く再興されないままとなっていた。それが勧進によってようやく本殿の立柱にまでこぎつけたのは、乱後まもない文明十三年（一四八一）六月のことである[18]。しかし、以後も再建は遅々として進まず、遷宮はそれから十年以上たった明応元年（一四九二）十一月になってようやく執行されている（表2—①の1）。

再建遅引の原因は資金不足にあったと推定されるが、この時、勧進事業に従事していたのが「十穀徳阿ミ」なる勧進聖であった。彼の活

表2―①　祇園社の「本願」関係年表

歴代		年月日	西暦	本願の名前	活動内容等	出典
①	1	明応元年11月18日	一四九二	十穀徳阿ミ	勧進による社殿造営	祇園社記一四
	2	明応5年閏2月13日	一四九六	縁実房（十穀）	大政所の修造と祇園会の再興	八坂神社文書七〇九号
	3	文亀2年9月6日	一五〇二	徳阿弥（祇園社本願）	幕府からの同宿弥阿弥の成敗命令	新修八坂神社文書一四二号
	4	文亀2年12月23日	一五〇二	徳阿弥（大勧進）	祇園社の営作	八坂神社文書七一三号
	5	永正元年6月4日	一五〇四	徳阿	勧進による太鼓の製作	祇園社記一一
②	6	永正5年12月8日	一五〇八	万蔵（大勧進）	幕府による徳阿弥跡の勧進の認可	早稲田大学所蔵文書
	7	永正6年2月28日	一五〇九	万蔵（本願職）	御神用造功	祇園社記二二
	8	大永3年2月6日	一五二三	祇園勧進聖上人号事	実隆、頭中将と談ず	実隆公記
	9	大永3年6月21日	一五二三	万蔵上人	祇園社造営許可の綸旨を請取る	祇園社記二三
	10	（年未詳）10月11日		満蔵上人（本願）	本願職の譲渡	祇園社記二三
③	11	弘治4年2月27日	一五五八	朝覚	本願坊地の請取	八坂神社文書一〇八七号
	12	天正7年12月9日	一五七九	祇園本願房	回国の禁止命令	祇園社記二三
④	13	天正17年10月27日	一五八九	秀仙（本願）	補任料の上納	八坂神社文書一〇八八号
	14	天正17年12月27日	一五八九	秀仙（本願）	本願職の請文	祇園社記二三
	15	文禄3年2月24日	一五九四	祇園本願	社頭修理許可の朱印状を請取る	祇園社記二三
	16	慶長8年9月4日	一六〇三	秀仙（本願上人）	本願上人号披露を願い出る	祇園社記二三
	17	慶長12年10月23日	一六〇七	秀仙（本願上人）	弟子譲りの禁止請文	祇園社記二三
⑤	18	慶長16年11月11日	一六一一	秀貞（本願）	本願職の請文	祇園社記二二
	19	慶長18年7月24日	一六一三	（祇園本願某、朱印状の下賜を望む）		本光国師日記
⑥	20	慶安元年5月22日	一六四八	円真（祇園本願）	勧進柄杓を置く	八坂神社文書一〇九〇号

躍を『祇園社記』十四は「十穀諸人ノ以勧進造営」と記録している[19]（表2―①の1）。四年後の明応五年閏二月、室町幕府から「祇園社左方大政所」の修造を賞され、勧進での「神輿」の造立を命じられた「十穀縁実房」とは（表2―①の2）、この「十穀徳阿ミ」を指すと考えられる。彼の祇園社における勧進としての活動は永正元年（一五〇四）まで確認できる[20]（表2―①の5）。

その「徳阿」の跡をうけて祇園社の「大勧進」となったのは万蔵で（表2―①の6）、彼は大永三年（一五二三）、朝廷から「上人」号を許されるとともに次のような綸旨を後柏原天皇から下されている[21]（表2―①の9）。

祇園社造営事、弥可成其功之由、天気所候也、悉之以状、

大永三年六月廿一日　　右中将判

万蔵上人御房

万蔵がいつまで祇園社の「大勧進」の職にあったかは定かではないが、弘治四年（一五五八）になると朝覚なる者が祇園社から「本願坊地」の使用を許可されており（表2―①の11[22]）、以降、秀仙・秀貞・円真と祇園社の勧進職が継承されていったことは表2―②に見える通りである。舟木本「洛中洛外図」に見える「杓ふり」の図

表2―②　祇園社の「本願」

歴代	名前	職名・呼称等	在任期間（明証のある期間）
①	徳阿弥	縁実房、十穀聖、大勧進	明応元年（一四九二）～永正元年（一五〇四）
②	万　蔵	大勧進、上人	永正5年（一五〇八）～大永3年（一五二三）
③	朝　覚	本願	弘治4年（一五五八）
④	秀　仙	本願、上人	天正17年（一五八九）～慶長12年（一六〇七）
⑤	秀　貞	本願	慶長16年（一六一一）
⑥	円　真	本願	慶安元年（一六四八）

像は、彼ら祇園社の勧進僧の活動風景を描いたものとみてよい。

そこで舟木本「洛中洛外図」に見える本堂の階横の小屋からの「杓ふり」であるが、応仁の乱後、「中門」再興のために万蔵が行った勧進の有り様を、近世の『祇園本縁雑実記』（八坂神社蔵）は次のように伝えている。

応仁炎焼以後、文明年中、本殿・拝殿等ハ建立有トイヘ共、中門・廻廊建立ナシ、爰ニ万蔵上人ト云僧有、中門建立之為ニ、本殿ノ坤ノ角ニ一間四方之仮屋ヲ立、柄杓ヲ振テ勧進ノ功成、大永二年十一月四日、中門上棟セシヨリ、当社修理本願職トナル、

万蔵の勧進としての活動時期は表2―①6～10に見るように永正から大永年間（一五二一～二八）にかけてのことであり、この『祇園本縁雑実記』の記事はほぼ信用できる。また、注目すべきは彼が勧進のためのいわゆる「杓ふり」を「本殿ノ坤ノ角」に建てた「一間四方之仮屋」で行っていたという記述である。本堂の坤（南西）という位置からして、これが舟木本「洛中洛外図」に見える「杓ふり」の小屋を指すであろうことはほぼまちがいなかろう。とすれば、この点でも『祇園本縁雑実記』はそれなりの真実を伝えているとみてよく、舟木本の描く小屋からの「杓ふり」が万蔵あるいは徳阿弥の時代にまでさかのぼる可能性がここに浮かびあがってくる。

そして、この可能性をより確実なものにしてくれるのが、舟木本「洛中洛外図」より少なくとも半世紀以上さかのぼる十六世紀前半の景観を描いた東京国立博物館蔵の模本「洛中洛外図」（以下、東博模本「洛中洛外図」という）に見える、図5のような祇園社本殿の景観である。そこには「杓ふり」の姿はないものの、やはり本堂階の南西に同様の建物がみえており、その位置、縦長の独特の形状などからして、これが舟木本「洛中洛外図」と同じ小屋を描いたものであることは容易に判別できる。舟木本「洛中洛外図」に見える小屋での「杓ふり」は、古く万蔵あるいは徳阿弥の生きた戦国時代すでに行われていたとみてよい。ちなみにこの小屋は舟木本「洛中洛外図」の時代以降も存続しており、元和（一六一五～二四）初頭の景観を描く池田本「洛中洛外図」のほ

図５　「本殿」横の小屋
（東博模本「洛中洛外図」）

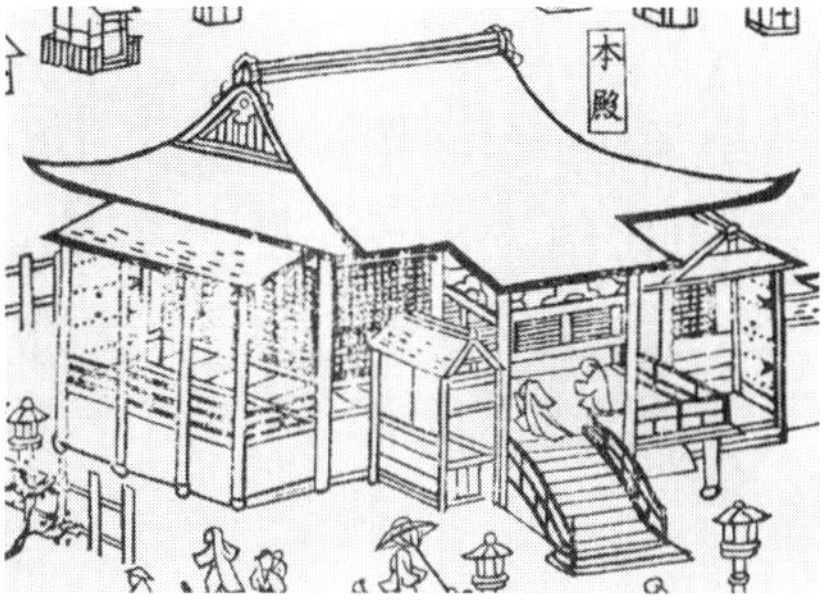

図６　「本殿」横の小屋（『扁額規範』）

か、いくつかの江戸時代の「洛中洛外図」にその姿が描かれている。(23)

さらにこの小屋でかつてまちがいなく「杓ふり」が行われていたことを伝えてくれるのが、先に「牛王寺殿」の近世の有り様を伝えるものとして引用した、文政四年（一八二一）刊行の『扁額規範』である。(24) 古い扁額を集めその図様を紹介・解説した同書には延宝四年（一六七六）六月の奉納銘を持つ「祇園社幷旅所之図」が収録されるが、同図には祇園社の本殿の階横にほぼ同じ姿《すがた》・形《かたち》の小屋が描かれており（図６）、『扁額規範』の著者はそれについて次のように解説する。

○扁額《ゑま》に図《づ》する所《ところ》、祇園社《ぎをんのやしろ》より西《にし》は四《し》条京極《でうきやうごく》の旅所《たびしよ》までを写《うつ》す、延《ゑん》宝《ほう》四年より今《いま》に至《いたつ》て百四十余《よ》年、祇園社は今と違《たがふ》ことゝなし、図《づ》中《ちう》本殿の南表《みなみおもて》、西《にし》の方《かた》、階《かい》の傍《かたはら》に舎《やとり》見《み》ゆ、古《いにし》へ此舎《このやどり》にて大なる杓《しやく》を出《いだ》して詣人《けいじん》の賽物《さんもつ》を入《いれ》しむ、此舎後《やのち》にハ古牘《ふるふだ》を納《おさむ》る所になして久《ひさ》しく本殿《ほんでん》の傍に有《あり》しが、後《のち》東北《ぼく》の方に移《うつ》す、今のインノコの舎是《いへこれ》なり、

本殿の「南表、西の方、階の傍の舎」がかつて「杓ふり」のために用いられていたこと、それがのちには「古牘」を納めるところとなり、さらには『扁額規範』が刊行された文政四年ころには場所を移して「インノコの舎」として用いられていたことが知られよう。ちなみに「インノコ」とは「犬の子」「印の子」とも書き、祇園社が配布していた書いた守り札のこと

である。[25]「杓ふり」の小屋は江戸時代にはめぐりめぐって守り札の発売所になっていたことになる。

ちなみに、祇園社の社殿は正保三年（一六四六）十一月に火災で焼失しており、[26]延宝四年奉納の「祇園社幷旅所之図」に描かれた社殿の姿は、承応三年（一六五四）の再建後のものである。とすれば、かの小屋での「杓ふり」は、再建された社殿でも延宝四年ころまで続いていた可能性が高い。

寺社における「勧進」が、戦国時代以降、既存の組織（寺家・社家）から強い反発を受けながらも、次第に内部に定着するいわゆる「本願」化の傾向を強めていったことについて、かつて清水寺の事例をもとに論証したことがある。[27]その清水寺においても、願阿弥に始まる勧進活動は長い間、本堂に入ることを許されず、「杓ふり」は本堂入り口（轟門）の外に構えた小屋（勧進所）で実施されていた。この点で、祇園社における「勧進」の立場は基本的に清水寺のそれと同じであったとみてよい。

ただ、両者が大きく異なるのは、清水寺では江戸時代に入り「勧進」が「本願」として寺内に定着化していくにともない、かの小屋が消滅するのに対して、祇園社では以降も存続している点である。祇園社の「勧進」が神社の強い規制をうけて容易に「本願」化の道をたどれなかったことを象徴するものといえよう。そして、祇園社においてはやがてその「杓ふり」も境内から完全に姿を消す。

（2）　四条橋の「杓ふり」

中世、祇園社では「杓ふり」が本堂以外、今一か所で行われていた。それは四条橋の東詰めの北である。その橋詰めの「杓ふり」を描いた絵画は現在、二点確認できる。その一点は先にもあげた「八坂法観寺塔参詣曼荼羅」であり（図7）、今一点は奈良県立美術館蔵の「洛中洛外図帖」（奈良県美本「洛中洛外図帖」）である（図8）。奈良県美本「洛中洛外図帖」が描く景観は、「八坂法観寺塔参詣曼荼羅」とほぼ同じ十六世紀半ばから後半

図8　四条橋東詰めの「杓ふり」
（洛中洛外図帖）

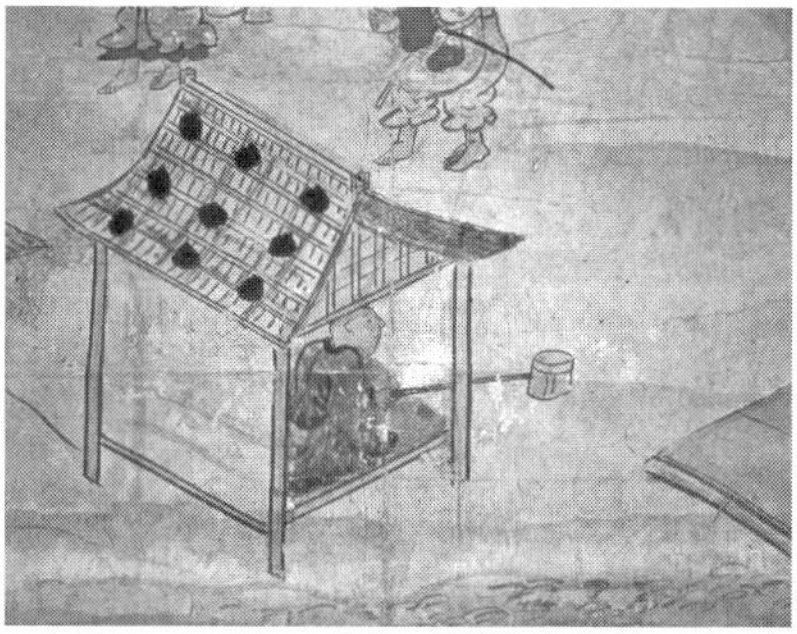

図7　四条橋東詰めの「杓ふり」
（八坂法観寺塔参詣曼荼羅）

にかけてのものといわれ(28)、両者は同じ橋詰めの「杓ふり」を描いているものと考えられる。次にこの四条橋東詰めの「杓ふり」をみていくこととしよう。

鴨川に架かる四条橋が中世、勧進によって架橋されてきたことはよく知られている。南北朝時代以降、四条橋の架橋がどのようなかたちで行われてきたかを整理し一覧としたのが表3―①②である。四条橋・五条橋の流失と、五条橋の架橋に関しても合わせて示しておいた。

そこで十六世紀における四条橋の状況であるが、この時代も前代までと同様に洪水でしばしば流出、そのつど勧進による架橋が繰り返されていた。たとえば、永正十四年（一五一七）八月、室町幕府が智源なる「勧進聖」に勧進にもとづく四条橋の架橋を認可した奉行人連署奉書には、次のように、「洛陽四条橋」が当時、断絶状態にあったことが明記されている（表3―①の6）。

洛陽四条橋事、令断絶之処、進一紙半銭、結縁ニ奉加、有再興志之旨、言上之段、被　聞食訖、然□以勧進可遂其節之由、所被仰下也、仍執達如件、

永正十四年八月廿四日　　斎藤基雄 美濃守
　　　　　　　　　　　　同時基 上野介

勧進聖智源

表3―①　四条橋架橋関係年表

	年月日	西暦	本願の名前（事項）	出典
1	貞和5年6月11日	一三四九	「抖擻ノ沙門」が四条橋の架橋のために田楽を興行する	太平記二七
2	応安7年2月16日	一三七四	「勧進僧」が「四条川原橋」を架ける	師守記
3	永徳3年7月13日	一三八三	四条・五条橋が流失する	吉田日次記
4	嘉吉元年5月5日	一四四一	四条・五条橋が流失する	管見記
5	宝徳2年6月4日	一四五〇	四条橋を九州の住人某が架ける	東寺執行日記
6	永正14年8月24日	一五一七	智源（勧進聖）が四条橋の勧進を幕府から認可される	都のにぎはひ
7	永正15年2月14日	一五一八	智源が「四条橋勧進本願職」を祇園社より請負う	祇園社記二二
8	永正16年8月6日	一五一九	祇園執行顕増が「四条橋材木」を丹波から運ぶ	祇園社記二二
9	大永4年5月13日	一五二四	四条・五条橋が流失する	実隆公記
10	天文13年6月21日	一五四四	四条・五条橋が流失する	鹿苑日録
11	天文13年7月9日	一五四四	四条・五条橋・祇園大鳥居が流失する	厳助大僧正記・言継卿記
12	永禄9年4月	一五六六	勧進沙門某が五条橋造営の勧進を行う	沙門某勧進帳
13	天正4年6月	一五七六	村井貞勝が四条橋を普請する	兼見卿記
14	天正6年5月12日	一五七八	四条橋が流失する	信長公記
15	天正9年5月20日	一五八一	四条橋が流失する	兼見卿記
16	天正12年正月15日	一五八四	玄以が五条橋造営料として「科人跡田畠職」を成就院に寄進する	玄以法印下知状
17	天正17年5月	一五八九	豊臣秀吉が五条大橋を現在の位置に架ける	五条大橋石柱銘
18	天正18年正月	一五九〇	豊臣秀吉が三条大橋を架ける	三条橋擬宝珠銘

この幕府の認可をうけた智源が祇園社から正式に「四条橋勧進本願職」に補任されたのは、翌永正十五年二月のことで、次に引用したのはその時にあたり智源が祇園社の社代山本氏に差し出した請文である（表3―①の7）。

四条橋勧進本願職之事、為　上意被仰付之条、涯分無如在可致建立者也、若無沙汰仕、対御社家様有緩怠之者、雖何時本願職可召放者也、仍請状如件、

永正十五年二月十四日　　智源

山本次郎左衛門殿

四条橋の勧進にあたっては、幕府（上意）の認可とは別に祇園社からの「四条橋勧進本願職」補任が必要であったことが知られよう。

のみならず、現実にも架橋が祇園社の事業として行われていたことは、翌永正十六年八月、智源の勧進によって実現したと推定される架橋工事では同社の執行が丹波山国からの用材の搬入を指揮していることからもあきらかである。[29] つまり、言葉を換えていえば、中世には四条橋は祇園社の橋として存在していたといえる。そして、こののちも表3—①に見えるように四条橋は流失と架橋を繰り返すが、祇園社と四条橋の関係は、基本的に変わることがなく推移したものと推定される。

それが大きく変化することとなったのは、天正四年（一五七六）六月のことである。この時の架橋は織田信長配下の村井貞勝が総指揮を執っており（表3—①の13）、祇園社がこれに関与した気配はない。[30] なお、祇園社はのちに再び勧進で四条橋を架けるようになるが、それら近世の架橋については、改めて考察したい。

表3—②　四条橋の「本願」

歴代	名前	職名・呼称等	在任期間（明証のある期間）
①	「抖擻の沙門」		貞和5年（一三四九）
②	「勧進僧」		応安7年（一三七四）
③	智源	勧進聖、四条橋勧進本願職	永正14年（一五一七）～永正15年（一五一八）
④	「勧進沙門某」		永禄9年（一五六六）

三　四条橋西詰めの鳥居

祇園社の風景として最後にとりあげたいのは、四条橋とのその西詰めに建つ鳥居である。この鳥居は古く鎌倉時代にはすでに存在しており、正安元年（一二九九）に作成された『一遍上人絵伝』七にはその姿がリアルに描かれている[31]。また、中世を通じてこれが同所にあり続けたことは、十六世紀に作られた「洛中洛外図」を初めとする各種の絵画にその姿が描かれていることからも容易に確認できる[32]。

この橋詰めの鳥居にかかわってまず注目されるのは、各種の絵画が多くの場合、ある出来事の舞台として描いているという点である。それは祇園会の三基の神輿（大宮・八王子・少将井）が祇園社を出て御旅所（大政所・少将井）に向かう六月七日の神幸である。十六世紀前半までの風景を描いた「洛中洛外図」に限っていえば、そのすべてが祇園祭の神幸をこの鳥居と四条橋近辺を舞台として描く[33]。たとえば歴博甲本では三基の神輿のうち一基が四条の仮橋上をまた残りの二基が鳥居の東西を行く（図9）。また、歴博乙本では二基の神輿が仮橋上を行き（図10）、東博模本「洛中洛外図」では三基の神輿がそれぞれ鳥居の西、仮橋の上、鴨川の西岸を進む（図11）。

同じ表現は奈良県立美術館蔵の「洛中洛外図帖」（図12）、個人蔵の「祇園社大政所絵図」にも見られるところであり、当時の人びとがこの鳥居と四条橋をもって、祇園会の神幸を表現するにもっともそれにふさわしい舞台と考えていたことがわかる。では、なぜそれはこの場所でなければならなかったのであろうか。

鳥居はいうまでもなく神社の境内を俗世から区切るための標識であり、四条橋西詰めの鳥居が祇園社の境内を結界する役割を果たしていたことは、これが「祇園大鳥居」とも、また「一鳥居」とも呼ばれていたことからもあきらかである[34]。つまり、「一鳥居」を舞台とする神輿の神幸風景は、三基の神輿がいままさに祇園社の境内を出て京都市中（洛中）に入らんとするその瞬間を描いていたことになる。

毎年、六月の祇園会が京都の住人にとってきわめて重要な意味をもつ祭礼であったことはよく知られている。また、それにもかかわらず、戦国時代、同会がしばしば延引のやむなきにいたっていたことも明らかとなっている。[35] それらの事実を考え合わせれば、「一鳥居」を行く神輿の風景には、毎年、無事に神輿を洛中に迎え入れたいという京都の住人のあつい思いが込められていたとみるべきであろう。でなければ、これほどまでに「一鳥

図９　四条橋詰めの鳥居と神幸（歴博甲本「洛中洛外図」）

図10　四条橋詰めの鳥居と神幸（歴博乙本「洛中洛外図」）

図11　四条橋詰めの鳥居と神幸（東博模本「洛中洛外図」）

図12　四条橋西詰めの鳥居と神幸（奈良県美本「洛中洛外図帖」）

居」を舞台にした神幸風景が定型化して繰り返し描き続けられるわけがなかった。

ところが十六世紀後半になると、この見慣れた神幸風景に大きな変化がもたらされる。十六世紀後半の景観年代をもつ上杉本「洛中洛外図」は、そこに「一鳥居」を描かず四条橋だけを描いているのである（図13）。むろんこれをもってただちに「一鳥居」が失われた結果といえないことはよくわかっている。しかし、この神幸風景において「一鳥居」が占めていた意味の大きさからすれば、この「一鳥居」の喪失にはやはりそれなりに現実的な理由が存在したと考えるべきであろう。

そして、その現実的な理由にあたると推察されるのが、天文十三年（一五四四）七月九日の「一鳥居」の流失である。次に引用したのは、その有り様を伝える『厳助大僧正記』の一節である[36]。

七月九日、大洪水、京中人馬数多流失、在家・町町釘抜・門戸悉流失、四条・五条橋、祇園大鳥井流失、

上杉本「洛中洛外図」の「一鳥居」抜きの風景は、この大洪水による「一鳥居」の流失という事実をうけて描かれたものであったと考えられる。ちなみにこののち四条橋・五条橋はまもなく復

図13　四条橋と神幸
（上杉本「洛中洛外図」）

興されているが（表3―①の12・13参照）、「一鳥居」が復興されることは二度となかった。

神幸風景にもたらされた変化はこれだけではなかった。というよりも上杉本「洛中洛外図」を最後としてその風景そのものが忽然として姿を消してしまうのである。これは一つには、十六世紀後半から十七世紀初頭にかけての景観をもった絵画史料が存在しないことによるが、もし、それらが存在したとしても、そこには上杉本と同様に流失した「一鳥居」の姿はなかったに違いない。

また、それが天正九年（一五八一）五月以降の神幸風景であれば、そこには四条橋すら見えなかったはずである。なぜなら同橋は同月十九日、洪水によって流失し、以後、しばらくは再建されることがなかったからである（表3―①の15）[37]。

そして、ついにはこの地点での神幸風景そのものが喪失する時がやってくる。それは天正十九年（一五九一）のことで、この年、豊臣秀吉による御土居の構築によって、神幸路としての四条通りは塞がれる。

祇園社の執行はその時にあたり、「みこし《神輿》ミゆき《御幸》のミち《道》」としての「四てう《条》とをり《通》のきおんくち《祇園口》」を開けたままにしておくことを願い出ている。しかし、その願いは却下され、以後、神幸路は三条通りへと変わる。[38]「一鳥居」と四条橋にとどまらず、本来の神幸路までもが失われた時点で、かつての神幸風景は完全に過去のものとなり、それは二度と描かれることがなかったのである。

なお、四条の「きおんくち《祇園口》」が神幸路として復活するのは、慶長七年（一六〇二）ころのことで、その間の推移は『祇園本縁雑実記』に詳しい。

同七年春、医師与庵法印、家康公へ申上ラル、去ル天正十八年、四条・五条之京極ノ道ヲ閉テ、六条坊門ニ大橋ヲ掛ラルヨリ、祇園会ノ渡御モ三条へ神幸シ奉ラル、四条通ヲ開テ往還アラシメ玉ハンコト《事》、衆人之願之由、言上セラレケレハ、四条筋ハカリ開玉ヒテ、当年ヨリ六月祭礼ニ四条ヲ直ニ御旅所へ渡御シ奉ラル、

天正十七年の五条橋の付け替えを御土居の構築と同年の出来事とするなど、一部正確さに欠ける点はあるものの、先の祇園社執行の願いと照らし合わせれば、天正十九年以降、慶長七年ころまで四条の「きおんくち《祇園口》」が塞がれていたことはまずまちがいなかろう。

ちなみに享保八年（一七二三）十一月、祇園御旅所棚守の藤井主膳が京都町奉行に提出した願書は、「きおんくち《祇園口》」の再開を『祇園本縁雑実記』よりも一年早く慶長六年の出来事と伝える。[39]

右御旅所之儀ハ、往古七百年程之間、東洞院高辻ニ御座候処、天正十九年ニ当地旅所江御引移被為成候御易《替》地ニ而、徳善院《前田玄以》様より松田勝右衛門殿御奉行にも御渡し被為成候旨、古キ留書ニ有之候、其後慶長六年ニ四条通之道を御明ケ被為成候ニ付、御旅所境内江道附キ申、

どちらが正しいかはともかくとして、「きおんくち《祇園口》」が十数年を経て再び開かれたという事実をここでも確認することができる。

むすび

十六世紀後半から十七世紀初めにかけて、祇園社境内で起こったかつての風景の喪失は、この時期を境とする祇園社の変容がいかに大きなものであったかを物語っている。そして、この変容でなによりも重要な点は、それらをもたらした要因が、祇園社にとどまらず広く一般の社会そのもののなかに根ざしていたという点である。

本殿横や四条橋東詰めの「杓ふり」の風景についていえば、他の寺社でも「杓ふり」はほぼ同時期を境として次第に失われていく。それは中世的な勧進の終焉を象徴する風景の喪失であり、その背後には寺社のあらたな経済基盤の確立という大きな時代の流れがあったとみなければならない。

一方、百度大路の石塔や四条橋西詰めの鳥居が画面の風景から喪失していくという事実は、「杓ふり」より以上に根源的なところで社会が変容しつつあったことを物語っている。それは人びとの神仏への信仰の変容を抜きにして理解することができない。むろん、その風景の変化は直接的には御土居構築にあたっての「きおんくち《祇園口》」の閉鎖などに象徴されるように、権力者による強引な都市改造等を契機としたものであった。しかし、それにしてもそれを簡単に許してしまうほどに、人びとの祇園社への信仰が弱体化していたことも事実であろう。でなければ、祇園社の境内を結界する橋詰めの鳥居が流失したまま再建されず、ましてや神幸路の変更という事態を人びとがあれほど簡単に受け入れるはずがなかった。

近世、百度大路は「下河原」と呼ばれ茶屋が建ち並ぶ遊興の地となる。また、鳥居のうちであった四条河原も芝居小屋などが軒を連ねる歓楽街と化していく。この祇園社境内で起こった変化を正確に理解するためには、中世と近世の間に横たわる人びとの心の断絶の大きさを今一度、改めて確認する必要があるものと考える。

（1）織田信長から豊臣秀吉の時代にかけての都市・京都の変貌に関する研究成果については日本史研究会編『豊臣秀吉と京都　聚楽第・御土居と伏見城』（文理閣、二〇〇一年）が詳しい。また、この前後の四条河原の急激な変貌に関して論究したものに、川嶋將生「四条河原の歴史的環境」（『室町文化論考』、法政大学出版局、二〇〇八年）がある。

（2）「八坂法観寺塔参詣曼荼羅」の描く五条橋から清水坂の風景が十六世紀半ばに作成された清水寺本「清水寺参詣曼荼羅」のそれとよく一致することについては拙稿「参詣曼荼羅の空間構成」「参詣曼荼羅考」（拙著『描かれた日本の中世』、法藏館、二〇〇三年）参照。

また四条橋から東の地区の景観年代については、天正三年（一五七五）五月五日にこの地を訪れた薩摩の島津家久の日記『中書家久公御上洛日記』（『鹿児島県史料　旧記雑録　後編一の一八二四号』所収）が参考となる。

　儅、未刻ニ紹巴同心にて先めやミの地蔵に参、さて祇園、其より八坂の塔ニ参ミれハ、正徳《（聖徳）》大師の御影とて拝見候ニ、御くしを打わりて玉眼をぬきけるとみえ侍るハ、いかなる者のしはさにや、おそろしくこそ、さて行て雲井《（居）》の寺とて岩屋の内ニ地蔵まします、今ハ寺の形なし、さて霊仙《（山）》ニ参、こく河《（国阿）》の御堂拝見、帰りニかつら《（桂）》の橋を打過、やかて双林寺、其次ニ長楽寺、本尊観世音、其寺の脇に一向宗の村有といへ共、今はなし、是ハおさか《（大坂）》より先に立し一向宗といへり、

家久は仲源寺（めやミの地蔵）を出発点として、祇園社、八坂の塔、雲居寺（雲井の寺）跡、正法寺（霊山）の順とめぐり、最後に桂橋（かつらの橋）をわたって双林寺と長楽寺を訪れているわけであるが、これらの寺社や橋のなかで「八坂法観寺塔参詣曼荼羅」が描かないのは仲源寺だけである。仲源寺は『京都坊目誌』下京第十五学区之部によれば、始め「四条橋辺東北の田間」にあり、現在地に移ったのは天正十三年のことという。これを信じれば、家久が参詣したのは移転前の仲源寺だったことになる。「八坂法観寺塔参詣曼荼羅」がなぜ同寺を描かなかったのかは定かではない。

一方、それとは逆に「八坂法観寺塔参詣曼荼羅」が描きながら家久が訪れた時にはすでに廃寺となっていたのが雲居寺である。「八坂法観寺塔参詣曼荼羅」の描く景観が天正三年以前のものであったことを示すものといえよう。

なお、「八坂法観寺塔参詣曼荼羅」には図中の寺社や橋にその名を示す注記が施されている。近代以降に加えられた注記ではあるがその内容は大旨正確である（大阪市立博物館編『社寺参詣曼荼羅』所収の福原敏男「解説」参照、平凡社、一九八七年）。

（3）「八坂法観寺塔参詣曼荼羅」には東山から鴨川に向かい流れる谷川が二本描かれる。地形や道のありようからみて、このうち北方（画面左方）の谷川は「菊水川」に、また南方の谷川は「轟川」に比定できる。「菊水川」には二本の橋が架かるが、このうち下流の祇園社の南大門から南下する道に架かる橋が「菊水橋」で、上流の雲居寺と双林寺・長楽寺を結ぶ橋は「桂橋」と考えられる。「菊水橋」の呼称は中世には確認できないが、行論の都合上、以下では「菊水橋」の名を用いた。

なお、菊水川について、『都名所図会』三（安永九＝一七八〇年序）は、菊水井とともに「菊水の井ハ同所東方にあり、瀴泉《えいせん》にして茶に可なり、菊渓《きくたに》の下流、此ほとりにあり、故に号《なづく》るとぞ」と記し、続けて「菊渓のながれに石橋をかくる、是より安井境内弁才天の社の前を通じ建仁寺を過て鴨川に入」と注記する。

（4）「祇園社絵図」については難波田徹「元徳本祇園社絵図考」（『日本考古美術と社会』、思文閣出版、一九九一年）参照。

（5）『新修京都叢書』一〇。

（6）たとえば正徳四年（一七一四）～享保六年（一七二一）の京都の状況を描いたとされる『京都明細大絵図』（伊東宗裕構成『京都古地図散歩』、別冊太陽、平凡社、一九九四年）では、菊水橋の北詰めの西頬に「古社」として描かれているのが牛王寺殿にあたる。

（7）『新修京都叢書』八。

（8）この地区での「千度参り」については『京羽二重織留』二が『雍州府志』二とほぼ同様の記事を載せる。また、それとは別に『山州名跡志』二（宝永八＝一七一一年序）は、祇園社の「神官」が「社拝順回」にあたっては、「其初在《ノショザイ》ノ社ナルノ謂《イヒ》」をもって最初に「牛王寺殿」に詣でたことを伝える。

○牛王地社《ゴワウチノ》　下河原路傍《シモガワラロバウ》ニアリ、一巷社《ニチマタヤシロ》トモ、此所《ノ》、祇園神最初鎮座所《サイショチンザノ》ナリ、此《コレ》ヨリ今社地《ノシャチ》ニ移サル、此故ニ神官社拝順回《ジンクハンシヤハイジユンクハイ》ニハ、先《ヅ》此社ニ詣《ケイ》ス、神《シン》ヲ牛頭《コツ》天王トナスヲ以テ、其初在《ノショザイ》ノ社ナルノ謂《イヒ》ニテ、牛王地ト称ス、

「牛王寺殿」が祇園社においてあつい崇敬を受けていたことを物語るものといえよう。

（9）『祇園社記』一。

（10）『新修京都叢書』二。

(11)　祇園社と牛頭天王の関係については、西田長男「『祇園牛頭天王縁起』の成立」（柴田實編『御霊信仰』民衆宗教史叢書五、雄山閣出版、一九八四年）参照。

(12)　『祇園執行日記』康永二年（一三四三）十二月二十六日条に「一、帰于坊門宿所、百度大路房今年為塞方之間帰了」、また同二十八日条に「一、行百度大路房了」と見える。

(13)　中世、祇園社境内の住人が、社僧坊に住む社僧と、「在家」に住む「在家人（在地人）」から構成されていたことは、次のような正平七年（一三五二）十二月、「社頭夜行」と呼ばれた境内の夜間警固のさいに起こった出来事がこれをよく物語っている（『祇園執行日記』）。

（十三日）社頭夜行事、可致厳密沙汰之由、先日自侍所申之間、任先例就相触在家幷社僧坊、両三夜致其沙汰之処、□□□申云、私混在家人合番沙汰難治之上者、各別ニ社僧坊計可致其沙汰□□□□□□近日盛改之、社僧坊ハ各別ニ五六人宛可沙汰之由相触了、

幕府の侍所からの命で、祇園社が「社頭夜行」を「在家」と「社僧坊」にさせたところ、「社僧坊」側から「私混在家人合番沙汰難治」という異議申し立てがあり、結局は別々にこれを行わせることになったというのである。

なお、近江の日吉社門前の坂本でも中世、一般の住人が「在地人」と呼ばれていたことについては、本書第二篇第一章参照。

(14)　祇園社が百度大路の検断権を保持していたことは、康永二年（一三四三）三月付「氏名未詳注進上案」（『八坂神社文書』一二七四号）に「一、貞永二年正月三日、社僧仁増・頼祐・慶円、百度大路住宅、依殺害咎、検封之」とあるところからも明らかである（表1の②）。祇園社の境内支配については、南北朝時代末以降、それまでの延暦寺の統制を離れ、祇園社の執行が独自の経営体制を築いていくという、三枝暁子の指摘がある（「室町幕府の成立と祇園社領主権」、『比叡山と室町幕府』、東京大学出版会、二〇一一年、初出二〇〇一年）。

(15)　祇園社においては、後述するように『祇園本縁雑実記』に「柄杓ヲ振テ勧進ノ功」を成したことが見える。勧進を雇用する寺社は、通常、彼らが行う「杓ふり」という行為を賤しい行為とみなしており、時代ははるかに下るが、宝暦十二年（一七六二）清水寺の寺家では勧進の系譜を引く成就院の来歴を述べて次のように記している（「南都江願出入控」、『清水寺史』三、法藏館、二〇〇〇年）。

一、古来より本堂外陣ニ本願勧化所御座候、右之場所へ平日罷出、参詣諸人へ杓をふり、一銭二銭之勧進銭を集メ、本堂幷諸伽藍之修理仕ル勧進役之者ニ而御座候、

(16) 舟木本「洛中洛外図」以外に祇園社における「杓ふり」を描くとされる図像としては、この他に泉万里氏が「祇園社図」とされた光円寺所蔵「月次風俗図扇面流し屏風」のなかの一点がある（泉万里『扇のなかの中世都市―光円寺所蔵「月次風俗図扇面流し屏風」』、大阪大学総合学術博物館叢書1、大阪大学出版会、二〇〇六年）。しかし、そこに描かれた「本殿の中では、台に乗った僧侶が、長い黒い柄杓を参詣人の前に突き出して喜捨を求めている」という「杓ふり」の姿は、後述する祇園社のそれと大きく異なる。したがってこれは祇園社ではなく他の寺社の「杓ふり」を描いたものと考えられる。断定はできないが、拝殿に鼓をもった巫女らしき女性の姿を見えることからすれば、拝殿に同様の女性の姿を数多く描く嵯峨の釈迦堂（太田記念美術館蔵「洛外名所図屏風」、開館記念展図録『美の国　日本』［九州国立博物館、二〇〇五年］の図版参照）あたりをこれにあてるのがもっとも妥当と思われる。
　描かれた寺社の比定には寺社名が確実な他の図像との比較が有効な手段となる。しかし、その作業が不十分なためにまちがった比定が行われることが時として起こっている。たとえば、奈良県立美術館蔵「洛中洛外図帖」中の「鞍馬寺」に比定される一画面は（稲垣ルミ子「「元信」印「洛中洛外図帖」」、『奈良県立美術館紀要』一〇、一九九八年／京都国立博物館編『洛中洛外図　都の形象―洛中洛外の世界』、淡交社、一九九六年）、あきらかに嵯峨の「法輪寺」を誤ってこう判定したものであろう。詳細は改めて論じたいが、一言でいえば、その図様は同寺への参詣風景を描いた法輪寺蔵「法輪寺参詣曼荼羅」と基本的に同じだからである。

(17) 応仁の乱以降の祇園社における勧進活動を検証対象とした研究としては、太田直之「室町後期の勧進と十穀物聖」（『中世の社寺と信仰』、弘文堂、二〇〇八年）がある。氏は幕府・管領との結びつきのもとに実施された勧進の一例として祇園社をとりあげ、十穀聖徳阿弥に始まるその活動が「本願職」として次代に継承されていったと結論づけている。

(18) 『長興宿禰記』文明十三年（一四八一）六月五・六日条、『東寺執行日記』同月六日条。

(19) 徳阿弥については、その死後の永正六年（一五〇九）十月、祇園社で千部経供養を執行した播磨の大山寺衆徒が、祇園建立、先十穀徳阿依為当寺有縁、常有申置之旨、其弟子当十穀願阿罷下、祇園御新殿御供養千部経事、堅望被

申付而、永正六年己巳九月廿七日仁参洛云々、

と（永正六年十月十二日付「大山寺衆徒祇園千部経注文」、『大山寺文書』）、大山寺と「有縁」の僧であったことを伝える。ここに見える弟子の「十穀願阿」とは、あるいは徳阿弥の跡を継いだ万蔵を指すのかもしれない。のちに万蔵が残した祇園社宛の遺言状には「徳阿ミ儀、私なとをも被仰付候事」という一文が見えている（年未詳十月十一日付「本願満《（万）》蔵上人置文案」、『祇園社記』二十二。表2―①の10）。

(20) この間、一時期、徳阿弥の「本願職」が同宿（弟子）の弥阿弥により侵害されかけたことについては（表2―①の3）、前掲註(17)太田論文参照。

(21) 『実隆公記』大永三年二月六日条に「右頭中将、祇園勧進聖上人号事、談之」と記される「祇園勧進聖」が万蔵のことと推定される。この四か月後には本文で引用した「万蔵上人」宛の「後柏原天皇綸旨」が下されている。

(22) 朝覚が祇園社に差し出した請文には「万一此坊地罷立之儀在之者、如元可為林候」（『八坂神社文書』一〇八七号。表2―①の11）とあり、その坊舎が「林」すなわち「祇園林」に所在したことがわかる。後述するように、近世初期にはかつての百度大路をふくめた南大門から南一帯を「祇園林」と総称しており、その房舎は百度大路にあったのかもしれない。

(23) 池田本のほかでは、正保三年（一六四六）に建て替えられた石造の鳥居（南門前）を描く個人蔵「洛中洛外図」、池田本の系列を引くといわれる京都国立博物館蔵「洛中洛外図」にこの小屋が描かれている（それぞれ前掲註16の京都国立博物館編『洛中洛外図』の図版169・255・264参照）。また、元和末・寛永初年の景観を描いた長円寺蔵「野外遊楽図（北野・祇園社遊楽図）」（『日本屏風絵集成』一四、講談社、一九七七年）や、寛永六年（一六二九）以前の景観年代（清水寺の朝倉堂が小台地の上に建つ姿に描かれている。この小台地が寛永六年の焼失以後、削られなくなることについては拙稿「参詣曼荼羅の空間構成」〔前掲註2『描かれた日本の中世』〕および清水寺編『清水寺史』二〔法藏館、一九九七年〕を参照）をもつ個人蔵「祇園祭礼・賀茂競馬図」にもこの小屋は見えている（同前図版359参照）。

(24) 前掲註(7)参照。

(25) 前掲註(11)西田長男「『祇園牛頭天王縁起』の成立」参照。同論文によれば、『遠碧軒記』一「神祇」に「祇園の感神院にて宝印を出す、印の子と云ふ、小児などに此印をさづくれば疫鬼をも侵さず、よつて印の子と云義にて、額に朱を

点ず」とあり、『神道名目類聚抄』六に「犬子、山州祇園ノ社ニ、赭《アカツチ》ヲ以小児ノ額ニ犬ノ字ヲ印ス、是ヲイムノコト云、祇園社ノ守ナリ」とある。

(26) 『祇園・八坂神社の名宝』（特別展覧図録、京都国立博物館、二〇〇二年）。

(27) 拙稿「中世的「勧進」の変質過程」（前掲註2『描かれた日本の中世』）参照。同論文では、「寺院・神社への定着性が稀薄で一過性の請負事業として存在した中世的『勧進』」が「中世末期から近世の穀屋坊・本願所を拠点とした定着性の強い『本願』」に変質していく過程を清水寺の事例をもとに実証した。本論でも同様の概念で「勧進」および「本願」という言葉を用いた。

なお、祇園社では慶安元年（一六四八）五月、「祇園本願」の円真が「勧進柄杓」を「礼堂へ指出し、ふらせ申間敷事」を執行に誓約している（表2—①の7）。

(28) 前掲註(16)稲畑ルミ子「「元信」印「洛中洛外図帖」」参照。

(29) 祇園社執行顕増からの申し出を受けて発せられた次のような「右京兆代」宛の「室町幕府奉行人連署奉書案」が『八坂神社文書』（八九五号）に残る。

祇園社執行顕増申四条橋材木筏廿鼻事、自山国可運送云々、丹波国中無其煩可勘過之旨、可被加下知之由、被仰出候也、仍執達如件、

永正十六

八月六日　　貞運在判

　　　　　　時基同

右京兆代

「右京兆」は細川高国。同日付でほぼ同文の奉行人連署奉書（案）が「役所中」宛にも発せられている（『八坂神社文書』八九六号）。

(30) この時の村井貞勝による四条橋の架橋普請については、『兼見卿記』天正四年五月三十日、六月一日・同月二日・同月二十五日、同七月十二日の各条にそれぞれ関連記事が見える。それによれば、祇園社がこの普請に関与した気配はまったくない。

(31)　『一遍上人絵伝』七（『日本の絵巻』二〇、中央公論社、一九八八年）には、四条橋西詰めに朱塗りの鳥居が描かれている。

(32)　サントリー美術館蔵「祇園祭礼図屛風」（榊原悟「日吉山王・祇園祭礼図屛風」、『国華』一二〇三号、一九九六年）、個人蔵「東山名所図屛風」（宮島新一「洛外名所図屛風」、『国華』一三三一号、二〇〇六年）、個人蔵「祇園社大政所絵図」（上野友愛「『東山名所図屛風』について」、『国華』一三三一号、二〇〇六年）参照。個人蔵の「祇園社大政所絵図」（前掲註26『祇園・八坂神社の名宝』）などにも、朱の「一鳥居」の図象が鮮やかに配されている。

(33)　歴博甲本は大永五年（一五二五）から天文五年（一五三六）ころの、東博模本は天文十年（一五四一）代の景観を描くとされる。また、同乙本の景観は東博模本よりやや遅れた時期のものといわれる（狩野博幸「洛中洛外図」と風俗図」、前掲註16の京都国立博物館編『洛中洛外図』所収）。

(34)　貞治四年（一三六五）、将軍足利義詮が神託によって、祇園社の「三鳥居」（南大門前の鳥居）を再建した時の記録『三鳥居建立記』（『八坂神社記録』二）は同社の三基の鳥居について「一鳥居□□朱、二□□十禅師前在玉垣、三百度大路面南門前、在左右埒、」と記載する。「一鳥居」の注記で失われている二文字のうち、最初の一字を『祇園社記』九に収められた写本は「四」と呼んでおり、おそらくここには「四条」と書かれていたものと思われる。

なお、「祇園社絵図」では『三鳥居建立記』のいう「二鳥居」に「二鳥居」の注記が、また「三鳥居」には「一鳥居」の注記が施されている。これは一つには四条橋詰めの本来の「一鳥居」が図外となったため、残る二基の鳥居にのみ順序をつけてそれぞれを「一鳥居」「二鳥居」と呼んだことによると思われる。ただ、この二基の鳥居に関しては狭義の祇園社境内を結界するものではなく、その築地塀の外の南西の一画に広がる聖域を結界するものであることは指摘しておきたい。この聖域もまた一種の「神立地」だったのであろう。

現在、南大門の南に建つ大鳥居は、四条橋西詰めの「一鳥居」がなくなってのち建立されたもので、その向きからしても「祇園社絵図」が描く「二鳥居」「三鳥居」とはまったく異なるものであることはあきらかである。橋詰めの「一鳥居」の喪失とともにあらたな「一鳥居」が必要となり、この地に建立されたものと推定される。今に見る石造の大鳥居は、正保三年（一六四六）の建立にかかる（『京都坊目誌』下京第十四学区之部）。

(35)　河内将芳『祇園祭と戦国京都』（角川学芸出版、二〇〇七年）参照。

(36)『厳助大僧正記』天文十三年（一五四四）七月九日条。この時の大洪水によって「祇園大鳥居」が流失したことは、『言継卿記』天文十三年七月九日条にも記されている。なお、同鳥居が以後、再建されなかったことについては、すでに榊原悟（前掲註32論文）の指摘がある。ただ、天正十六年には「大鳥居再興」が計画されているが（同年六月二十一日付「社務執行宝寿院常泉等願文案」、『八坂神社文書』一六八号）、結局は実現しなかった。ちなみにこのとき「二之鳥居」「三之鳥居」の再興も計画されており、当時、三基の鳥居がすべて失われていたことがわかる。

(37)「祇園会記録」（『京都坊目誌』下京第十四学区之部）は祇園会の神幸時に鴨川に架ける四条の仮橋について「天文頃より安政まで大橋なければ也」という。神幸のための仮橋が本来は四条橋の有無に関係するものでないことは、歴博甲本を初めとする「洛中洛外図」の図像などからもあきらかで、また天文年間（一五三二～五五）以降も天正四年（一五七六）に架橋があったことは表3―①に見える通りである。

(38)前掲註(35)河内著書参照。なお天正十九年（一五九一）二月付「祇園執行仮名消息」（『祇園社記』二十三）を左に掲げる。誰に宛てたものかは定かでないが、仮名書きであること、文中に豊臣秀頼を指すと思われる「御わかきみ（若君）」の文言が見えることなどからすれば、秀吉の正室北政所（高台院）あたりに宛てたものであろう。

おほえ

こんと御ふしんにつゐて、四てうとをりのきおんくちふさかせらるへきのよし、おほせいたさるゝと申のさた御入候、さやうに御入候へハ、きおんのみこしのしんかうのミちもなく、又ハ四てうくわんしやとのよりのミやめくりの御さんけいもなり申さす候あひた、かのみちをハあけをかせられ候やうに申あけたく候、ことさら四てうくちのミちハ、むかし大り様より天か様御おこなひ候とき、神のつけにて、やしろのうちより一つのくもいて、かのミちにいとを引申たるのしさひ御入候、ミやこのちんしゆ神にて候へハ、御わかきミさまのうち神にて候あひた、御きたうになりまいらせ候ハんまゝ、いくへにも四てうとをりきおんのくち、みこしミゆきのミちあけをかせられ候やうに、御とりなしたのミたてまつり申候、めてたくかしく、

きおん
しゆきやう　判

てん正十九ねん二月九日

(39)『祇園社記』一二三。

〔図版出典〕

図1―①　祇園社とその境内（八坂法観寺塔参詣曼荼羅／法観寺蔵）
図1―②　菊水橋詰めの地物（同右）
図7　四条橋東詰めの「杓ふり」（同右）
図2―①　南大門前の風景（祇園社絵図／八坂神社蔵）
図2―②　「百度小路石塔」（同右）
図4　「本殿」横の「杓ふり」（舟木本「洛中洛外図」右隻第四扇／東京国立博物館蔵）
図5　「本殿」横の小屋（東博模本「洛中洛外図」右隻第三扇／同右）
図11　四条橋西詰めの鳥居と神幸（同右）
図8　四条橋東詰めの「杓ふり」（洛中洛外図帖／奈良県立美術館）
図12　四条橋西詰めの鳥居と神幸（同右）
図9　四条橋西詰めの鳥居と神幸（歴博甲本「洛中洛外図」右隻第二・三扇／国立歴史民俗博物館蔵）
図10　四条橋西詰めの鳥居と神幸（歴博乙本「洛中洛外図」右隻第二・三扇／同右）
図13　四条橋と神幸（上杉本「洛中洛外図」右隻二・三扇／米沢市蔵）
図3―①　南大門前の風景（『扁額規範』）
図3―②　「牛王地」（同右）
図6　「本殿」横の小屋（同右）

第三章　中世「四条河原」考――描かれた「四てうのあおや」をめぐって――

はじめに

平安京の四条大路が京域を越えて東に延び鴨川と交わるあたりに拡がる「四条河原」。かの地が中世、河原者の住居地区として存在し、また近世に入ると芝居等の興行地となっていたことはよく知られている。とくにその中世から近世にかけての劇的な変化については、川嶋将生氏による精力的な研究があり、多くのことがすでにあきらかとなっている。(1) とはいえその一方で「四条河原」をめぐっては、いまだ多くの疑問が残されているのも事実である。

たとえば中世の「四条河原」に限ってみても、その場所は具体的にどこで、それはどのような広がり（領域）をもっていたのか、さらにはそこで営まれていた河原者の生活とはどのようなものであったのか、などである。川嶋氏によれば、十六世紀末、京都の川崎では河原者がみずからの「領内」「下地」を保持していたという。(2) とすれば、「四条河原」においても同様の事態は容易に想定されるところであり、当然、その広がり（領域）が大きな問題となる。

また、十五世紀後半、奈良では河原者が「父子間で継承される仮名と家業・家産を所持」する「家」を成立させていたことが山村雅史氏によってあきらかとなっている。(3) 京都の「四条河原」における河原者の「家」の状況はいかなるものであったのであろうか。

もとよりこれらの問題にすべていますぐ答える準備はないが、絵画史料をも援用し、中世の「四条河原」における河原者の有り様について考察していくこととしたい。

一　「河原者宿所」の位置

「四条河原」に河原者が居住していたことを示すもっとも古い史料は、鎌倉時代後期（十三世紀末）に作成された『天狗草紙』「伝三井寺巻」第五段の次のような詞書の一節である(4)。

如此天狗処々道場にいたりて異曲をわかし凶害をなす、これによりて人多邪見に住して悪儀をもはらにす、天狗ともしおほせたる心地して、こゝかしこに遊行し興宴しけるに、ある天狗酔狂のあまり四条河原辺にいて、肉食せむとしけるに、穢多、肉に針をさしておきたるをしらすしてにきてけるに、はりを手にたて、すてんとしけれとも、すてかねて、穢多童にとられてくひをねちころされにけり、

当該の場面には河原者（穢多）の住居とおぼしき家屋とその脇に広げて干される皮革が描かれている。

ちなみにやはり正安元年（一二九九）に制作された『一遍上人絵伝』七にも四条橋の上流（西畔）に皮革を干す風景が描かれており(5)、遅くとも鎌倉時代末には「四条河原」が皮革業を営む河原者の居住および生産の場となっていたことがわかる。

一方、文献に目を転じれば、「四条河原」に河原者が居住していたことを伝えるもっとも古い史料は、はるかに時代の下った『師郷記』宝徳三年（一四五一）六月十四日条の次の記事となる。

神幸還御、於四条道場前、駕与（輿）丁与河原者喧嘩、駕与（輿）丁等河原者家等令放火之間、忽以焼亡、（中略）駕与（輿）丁奉棄神輿於路次之間、侍所京極宿駕与（輿）丁等奉成神幸云々、希代事也、

ここからは厳密にいえば、駕輿丁によって「河原者家等」が焼かれたことが判明するだけで、それが「四条河原」に所在したという事実を直接、読みとることはできない。ただ、喧嘩の場所が「四条道場前」となっていることから、「河原者家等」が、京域を越えて東に延びた四条通りの南、鴨川の西辺りに所在していたであろうことは容易に推定できる。というのは、中世、鴨川の西畔、四条通りの北に所在した四条道場（金蓮寺）の四至は、嘉慶元年（一三八七）十月二十五日付「斯波義将下知状」によれば、[6]「四条以北、錦小路以南、京極以東、至于鴨川」であり（図1参照）、同寺の「前」といえば、寺の正門のあった四条通りをはさんだ南、鴨川の西畔を指すと考えるのが至当と考えられるからである。

そして、このことは時代はさらに下るが、『鹿苑日録』天文五年（一五三六）五月十三日条の左のような記述からも裏づけられる。

夜半火気浮空、四条道場之前河原者宿所云々、小児馬牛焼云々、

これまた焼失した「河原者宿所」の所在地を「四条道場之前」としており、先の『師郷記』の記事とともに、河原者の居住地が金蓮寺の南、鴨川の西畔に広がっていたらしいことを指し示している。

鎌倉時代の絵画史料『天狗草紙』『一遍上人絵伝』では特定できなかった「四条河原辺」の河原者の居住地が、室町・戦国時代になると『師郷記』『鹿苑日録』の記事によって、北を四条通り、東を鴨川に区切られた限られた地区に比定できるようになるわけであるが、ではその南と西はどの辺りにまで広がっていたのであろうか。

二　「余部屋敷」の領域

中世、四条河原に所在していた河原者の集落は、ある時期から一名「余部(天部)」とも呼ばれるようになる。[7]その余部の集落が豊臣秀吉によって、三条大橋の東に移転させられたのは天正十五年（一五八七）のことであっ

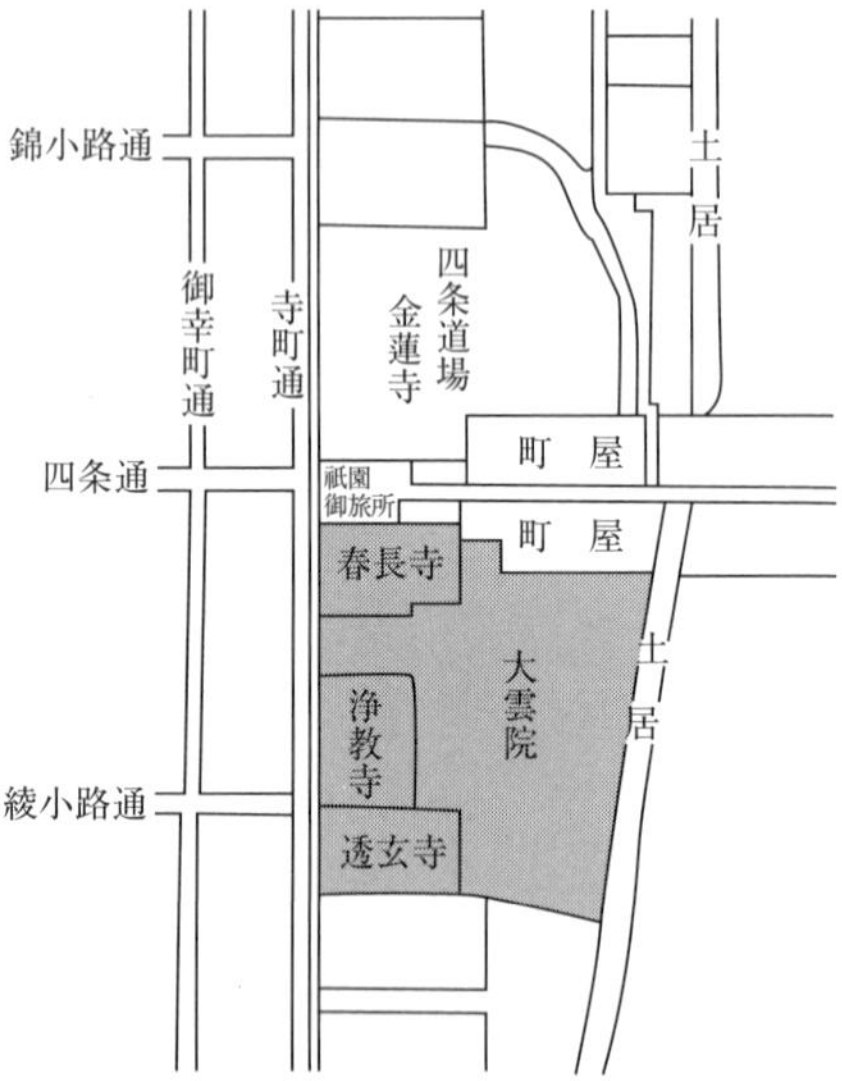

図１　「余部屋敷」の領域（『洛中絵図』より）

た。かの時の移転について享保二年（一七一七）三月に余部村の年寄が京都町奉行所に提出した由緒書は、

一、余部村之儀、往古より御公儀様御用相勤申候、先年居住仕候古地四条余部村所ハ、則大雲院屋敷ニ而御座候、此所天正十五丁亥年、太閤秀吉公様依御上意ニ、只今居住仕候余部村ニ而代地被為仰付候、

と伝える。(8)

ここにも記されているように、この時の移転は「東京極」ぞいに寺院を集めるいわゆる「寺町」の創出事業の一貫として実施されたもので、やがて「四条余部村」の跡地は浄土宗の大雲院に引き渡される。

余部屋敷之内、浄教寺、透玄寺、春長寺之事、末代共可為大雲院次第候、仍為後日状、如件、

天正拾九
八月二日　　　　民部卿法印
　　　　　　　　　玄以（花押）
大雲院

『大雲院文書』の伝えるところである。(9)この秀吉の京都奉行前田玄以の下知状によって、「四条余部村（余部屋敷）」の領域の大半が大雲院の領有に帰したこと、およびその敷地内には大雲院のみならず「浄教寺、透玄寺、春長寺」の三か寺が所在していたことがわかる。

そこでこの時、大雲院に譲渡された「余部屋敷」の領域を寛永十四年（一六三七）作成の宮内庁書陵部蔵『洛

中絵図』によって確認すると図1のようになる。(10)

その領域が東と西をそれぞれ御土居と寺町通り（東京極大路）、また北を四条通り、南を綾小路通りからさらに南の東西に走る線で区画された範囲におよんでいたことが看取できよう。この領域の広がりは基本的にそのまま「余部屋敷」の、また、さかのぼっては「河原者宿所」の所在した「四条河原」の領域であったとみてよい。

つまり中世、河原者が住んでいた「四条河原」とは四条と鴨川が交叉するあたりの河原といった漠然としたものではなく、四条通りの南、鴨川の西畔に拡がるかなり広大な領域として存在していたことがこれによって確認できる。

一方、近世になって興行地として出現する「四条河原」は、図1でいえば中世の河原者の居住地区のさらに東、「土居」の外で、両者はまったく重ならない。(11)同じように「四条河原」といわれながら、両者は基本的に別の空間として存在していたことがわかる。

では、中世末、「余部屋敷」とも呼ばれた河原者の居住地区としてのこの「四条河原」はいかなる環境にあり、ここで彼らはどのような生活を営んでいたのであろうか。

十六世紀になると、都市・京都の景観を描いた絵画が「洛中洛外図」を初めとして数多く作られるが、そこには「余部屋敷」とその近辺の風景がしばしば描かれる。それらを分析することによって、中世末の「余部屋敷」がいかなる環境にあったかをまず見ていくこととしよう。

三　描かれた「余部屋敷」

表1は、十六世紀に作成された九点の絵画に見える「余部屋敷」近辺の風景から、共通する地物の図像を抽出し整理・分類したものである。(12)

表1　十六世紀の絵画に見る「余部屋敷」近辺の風景

	作品名	第1場面			第2場面			第3場面		
		大鳥居	神輿渡御	四条道場	冠者殿社	鳥居	榎	河原の家	竹藪	垣
1	洛中洛外図(歴博甲本)	○	○	○	—	—	—	○	○	×
2	洛中洛外図(東博模本)	○	○	○	○	×	○	○	○	○
3	洛中洛外図(歴博乙本)	○	○	○	○	○	○	—	△	—
4	洛中洛外図(上杉本)	×	○	○	○	○	○	○	○	—
5	洛中洛外図帖	○	○	○	—	—	?	○	○	—
6	祇園祭礼図	○	×	○	○	○	○	○	△	△
7	洛外名所図	○	×	○	○	○	○	○	○	○
8	東山名所図	○	×	○	○	○	○	○	○	○
9	祇園社大政所絵図	○	○	△	○	○	○	—	—	—

註：○印は当該事物が描写されていることを、×印はそれが描写されていないことを示す。また、当該事物が不確定なものは△印で、霞などで隠されて見えないものは—印で示した。

九点の絵画が実に多くの共通する事物の図像をもって当該地区の景観を表現しようとしていたことが読みとれよう。むろんすべての図像が共通しているわけではない。しかし、くり返し採用されている事物の図像は、これらの事物がそれだけこの地区の風景表現に必要不可欠な標識であったことを物語っている。改めて各図像を検証していくこととしよう（図1～9参照）。

表1では、あらかじめ画面に頻出する九種類の事物の図像をとりあげ、それらを場面によって三つの場面に分類しておいた。

第1場面　祇園社の神輿渡御(その1)
①祇園社の大鳥居　②神輿の渡御　③四条道場(金蓮寺)
第2場面　祇園社の神輿渡御(その2)
①冠者殿社　②冠者殿社の鳥居　③榎
第3場面　鴨川西畔に所在する家々
①河原の家々　②集落を囲う竹藪　③竹藪の外の垣

このうち第1場面の②神輿の渡御が、祇園会の神輿渡御という特定の日（六月七日）の事象を描写しているのを除けば[13]、他はすべてこの地区に日常的に存在していた事物の図像であり、したがって、これらを分析することによって、往時の「余部屋敷」とその近辺の日常の有り様がかなり正確に浮かびあがってくるものと考えられる。

（1）第1場面

まず、第1場面の三種の図像であるが、①祇園社の大鳥居は鎌倉時代からその存在が確認できる鳥居で中世を通じてこの場所に存在していた。それが消失するのは天文十三年（一五四四）の大洪水による流失後のことで、「洛中洛外図（上杉本）」（図4）だけがこの大鳥居を描かないのは流失以後の景観を描いたためと考えられる[14]。②神輿の渡御はすべての「洛中洛外図」が描いており、歳事としてのこの神事が京都の人びとにとっていかに重要なものであったかがうかがえる。それにもかかわらず、「洛外名所図」（図7）「東山名所図」（図8）がこれを描かないのは、両絵画が四季絵の伝統に拘泥することなくあえて日常の風景を描写したためであろう。また「祇園祭礼図」（図6）では山鉾巡行の賑わいを主題とした結果、時間的にずれる神輿渡御の風景は意図的に省かれたものと考えられる。

なお、四条通りを行く神幸路は天正十九年（一五九一）の御土居構築により同路が塞がれるとともに断絶し[15]、当然のことながら第1場面に見える神幸風景は以後、消失する。③四条道場（金蓮寺）が南北朝時代以来、この地に存在したことについては先述した。

（2）第2場面

古くは万寿寺通御幸町西入ルの「官者殿町」に鎮座していた冠者殿社が鴨川西畔に遷座したのは『京都坊目誌』によれば、「慶長の初め」のことという。しかし、現実にはそれ以前より同社が鴨川西畔に鎮座していたこ

とは、御土居の構築による四条通りの断絶中止を訴えた天正十九年（一五九一）二月付「祇園執行仮名消息」に、

きおん《祇園》のみこし《御輿》のしんかう《神幸》のミち《道》もなく、又ハ四て《条》うくわんしやとの《冠者殿》よりのミやめくり《宮巡》の御さんけい《参詣》もなり

図１　洛中洛外図(歴博甲本)

図２　洛中洛外図(東博模本)

図３　洛中洛外図(歴博乙本)

申さす候あひた、（後略）

と見えているところからもあきらかである。(16)

①冠者殿社は、この天正十九年以前よりこの地に鎮座していた同社の社殿を描いたものと考えられる。

図４　洛中洛外図（上杉本）

図５　洛中洛外図帖（奈良県立美術館蔵）

図６　祇園祭礼図（サントリー美術館蔵）

また、同社の傍らにそびえる③榎も、時代は下るが『扁額軌範』三が、旅所を今の地に移す事ハ、秀吉公の命なり、図中旅所の前に大成榎あり、此木は旅所を此地に移す以前よりありて、枝葉繁茂し旅所の地を覆ふ、

図７　洛外名所図（太田記念美術館蔵）

図９　祇園社大政所絵図（個人蔵）

と記しており、御土居の構築にともなって祇園社の御旅所が四条寺町に移される以前よりこの地に存在していたという。それぱかりか東博模本にその姿が描かれていることからすれば、③榎は①冠者殿社とともにさらに古く十六世紀前半よりこの地に存在していたことになる。

図８　東山名所図①(国立歴史民俗博物館蔵)

図８　東山名所図②(国立歴史民俗博物館蔵)

②冠者殿社の鳥居についてはその出現時期はよくわからないが、「洛外名所図」（図7）「東山名所図」（図8）がともにこれを描いており、冠者殿社の鴨川西畔への遷座後まもなく建立されたものと推定される。

冠者殿社は明治四十五年（一九一二）の四条通りの拡張時にやや南方に遷座するが、現在にいたるまで近世とほぼ同じ四条寺町東入ルの地に鎮座する。また、かの榎は安永三年（一七七四）六月の大風で倒れるが、天明八年（一七八八）の「天明の大火」後にあらたな榎が植えられている。その二代目の榎が伐採されたのは、やはり明治四十五年の四条通りの拡張時のことである(17)。

（3）第3場面

当該場面には藁葺き・板葺きの家々が立ちならぶ姿が描かれる。①河原の家々に分類した図像であるが、鴨川の西畔、金蓮寺の南という位置からして、これこそが「余部屋敷」の河原者の住居と判定される。

その河原者の住居をとり囲むのが②集落を囲う竹藪と③竹藪の外の垣である。このうち②集落を囲う竹藪は四条通りぞいのものが大雲院の移転後も存続して「貞安のやふ《（藪）》」と呼ばれ、北の祇園御旅所との境界となっている(18)。

また、③竹藪の外の垣は「洛中洛外図」では東博模本（図2）が描くだけであるが、「祇園祭礼図」（図6）「洛外名所図」（図7）「東山名所図」（図8）の三種の絵画はこれを描いており、竹藪の外にはさらにそれをとりまく垣が存在したことはまずまちがいない。

以上、第1・2場面にはその領域を明確に確認できる四条道場・冠殿者社などの寺社が、またそれらとの位置関係から、第3場面には「余部屋敷」すなわち河原者の居住地としての「四条河原」が多くの絵画に描かれていることが確認できた。つまり、十六世紀にこの地に存在した河原者の生活を考察するため重要な手がかりがここに得られたことになる。

そして、第3場面に展開する風景を河原者の居住地区として改めて見る時、なによりも印象的なのはやはりこの地区をとりまく鬱蒼とした竹藪と高い垣であろう。河原者の集落が意図的に一般の社会から隔てられていたことを示唆するものであり、そこからは当時、河原者が置かれていた過酷な社会的な環境の一端を見てとることができる。のちに三条大橋の東に移転した天部（余部）村でも鬱蒼とした竹藪が集落を囲んでおり(19)、その風景は第3場面のそれと基本的に変わらない。

また、その第3場面のなかでも、河原者の生活実態を伝えるものとして、とりわけ貴重と考えられるのは「洛外名所図」（図7）と「東山名所図」（図8）のそれである。他の絵画がほとんど藁葺きの屋根だけでこの地区の住人の生活を暗示するにとどまるのに対して、この二点の絵画は南方の天空から見下ろす構図を採用することで、「四条河原」の内部にまで立ち入って彼らの生活を描いているからである。次にそこに展開する「四条河原」の住人の生活をみていくこととしよう。

四　「四てうのあおや」の図像

「洛外名所図」（図7）と「東山名所図」（図8）が描く「四条河原」の風景は酷似する。周囲に廻らされた竹藪・垣はもとより、藁葺き・板葺きの家屋の混在や、井戸とそれに隣接する石敷き、さらには高く干された布など、両図に共通する図像は少なくない。人物図像に限って見ても、四人の女性と乳飲み子・幼児がきわめてよく似た姿態で描かれている。それらを整理すると次のようになる。

①女性1　「いずめ（いじこ）」の乳飲み子をあやす

②女性2　頭に桶を載せる、前掛け姿

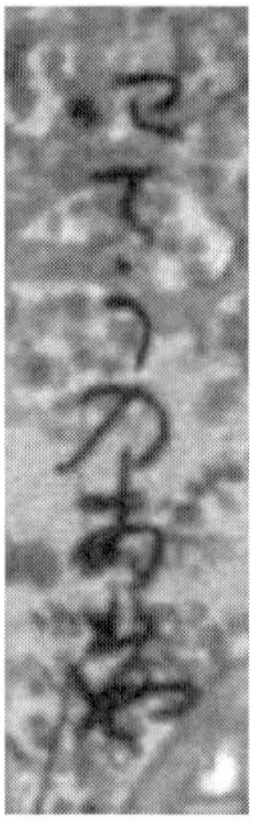

図10　図7の文字注記

③女性3　井戸から水をくみあげる、頭巾姿
④女性4　石敷き（石組み）の場所で桶のなかの布をあつかう
⑤乳飲み子　「いずめ（いじこ）」に入る
⑥幼児　裸体

これら人物図像のなかでとくに注目したいのは、あきらかに何らかの労働に従事していると思われる③④の女性である。彼女らはここで何をしていたのであろうか。

それを解く手がかりの一つは「洛外名所図」（図7）の図中、「四条河原」の上部に記された墨書にある。その文字はきわめて読みとりにくいが、丹念に観察すればそれは「四てう《（条）》のあおや《（青屋）》」と判読できる[20]（図10）。そこで改めて図中に目を転じれば、第3場面には藍色の布を木桶から引きあげる女性や、河原近くに高々と干された藍色に染められた布など、青屋の営みと覚しき図像をいくつか確認できる。

では、もしこれらが墨書のいうように「四条の青屋」の営みを描いたものであったとすれば、彼らはここでは青屋として具体的にいかなる作業に従事していたのであろうか。中世、青屋が河原者といかなる関係にあったかをみるなかで、次にこの点について考察していくこととしよう。

近世、青屋が穢多から刑吏役を賦課されていることから、彼らが中世より河原者（近世の穢多）となんらかの結びつきをもっていたであろうことは、すでに先学によって指摘されている[21]。ただ、両者の関係については、見解は大きく二つに分かれる。

すなわち、山本尚友氏が、中世、河原者が染色業に携わったという「史料上根拠」はまったくないところから、青屋への賤視は彼らが「公事について河原者の支配をうけ、河原者と同様刑吏役を勤めたという、河原者と関係を結んだそのもの」に起因するとされたのに対して[22]、そうではなく「藍染業」は「穢多＝河原者の生業のひ

とつ」であり、青屋への賤視は河原者への賤視そのものであったと主張されたのが丹生谷哲一氏である。(23)

一方、青屋への賤視にかかわって問題とされてきたものに、同じ藍染めを職分としながら賤視をまぬがれていた紺屋の存在がある。この点について青屋が紺屋と異なる業種であったことを最初に指摘されたのは辻ミチ子氏である。(24)また、それを受けて近世には藍染屋と呼ばれた青屋が「藍の無地染」を職分とし、それに対して紺屋が「藍の模様染」を職分としていたこと、さらには両者がそれぞれ別の仲間を結成していたことをあきらかにされたのは山本尚友氏であった。(25)両氏の研究によって青屋と紺屋が異なる業種であったことは明白になった。しかし、そこにはいまだに本質的な問題が解決されないまま残されている。それは「無地染」と「模様染」の違いがなぜ賤視の有無を左右したかという点である。

その点をふくめ青屋と河原者がいかなる関係にあり、また青屋と紺屋の違いが何に根ざしていたのかを改めて考えていこう。

まず、青屋と河原者の関係であるが、結論からいえば、両者は丹生谷氏が主張されたように中世には一体のものであったと考えられる。それは同氏が提示された『自戒集』（一休宗純の詩集）の次のような記載がゆるぎない証左となり得る。

穢字家有捘藍船　染作異高潤色禅　若踞小笠原殿砌　定有十文一疋銭

穢多ヲ穢字ト云ハ公家語也、エモシノ家ニモミアイノ船アリ、

河原者の家（穢字家）に「捘藍船」が常備されていたという事実は、河原者自身が藍染めに深く関与していたことを明確に物語っている。(26)のみならず「捘藍船」の存在は河原者がまさに青屋でもあったことをより直截に指し示しているが、この点については後述する。

次に紺屋と青屋の違いであるが、結論からいえば、その本質は藍染めを行うまでの作業工程の違いにあったも

のと推定される。

両者の作業工程の違いをもっともよく示すものに、天明二年（一七八二）、京都で藍玉問屋の創設をめざした河内屋又右衛門が町奉行所に提出した願書の一節がある。そこでは「藍染職」と「紺屋職」の「染職遣イ方」の違いを次のように記している[27]。

一、阿州ニ而作り立候藍玉之義、京都地廻り村々ニ而作り立候藍葉とハ、染職遣イ方相分有之、葉藍之義ハ藍染職ニ相用ヒ、藍玉之義ハ紺屋職ニ相用ヒ候義ニ御座候、

藍染屋では「葉藍」から、一方、紺屋は「藍玉」から藍染めを行っていたことが知られよう。では、「葉藍」からの染めと「藍玉」からの染めとでは、何がどう違っていたのであろうか。

五　紺屋と青屋

植物の藍を染料として用いるためには、「製藍」と呼ばれる染料化の工程が必要となる。植物の藍は「製藍」によって、始めて染料となるわけであるが、藍の栽培から「製藍」を経て染色にいたるまでの過程を、紺屋の場合を例に示すと、

①藍の栽培・収穫、②「蒅（すくも）」作り、③「藍玉」の製造、④藍建

となる[28]。

このうち最初の①藍の栽培・収穫とは、二月上旬の藍の種まきに始まり、五月の「藍植え」、七月の「藍刈り」から刈りとった葉藍の乾燥までの一連の作業を指す。②「蒅」作りとは乾燥・保管してあった葉藍を九月になって発酵させる工程のことで、攪拌と水の補給をくり返し「蒅」が完成するのは通常、十一月末になる。

中世にはこの「蒅」作りを「寝藍」と呼んでいた。たとえば、永享三年（一四三一）七月、東寺は「寺家境

内」での「寝藍」を禁止しており、[29]また、永正七年（一五一〇）六月には三条家から訴えを受けた幕府が「九条座中」以外の「寝藍」製造の禁止を「東寺」に命じている。[30]永正七年の「寝藍」の製造禁止は「当所（東寺）地下人等」を対象としたもので、東寺周辺の洛南ではすでに中世より藍の栽培がさかんであったことがうかがわれる。[31]

できた「蒅」を搗《つ》いて乾し固めるのが、③「藍玉」の製造である。「藍玉」はよく知られているように近世になると阿波が一大特産地となっている。[32]

最後の④「藍建」とは「水に溶けない藍玉をアルカリ性水溶液で還元し可溶性の白藍にする操作」（『日本国語大辞典』）のことで、藍玉を用いてこれを行うのが紺屋である。紺屋での「藍建」には通常、七日間から十日間かかり、その間、藍甕の温度は火壺などを用いて摂氏三六度から三七度に維持することが求められた。先の河内屋又右衛門の願書に見える「藍玉之義ハ紺屋職ニ相用ヒ候」とは、以上のような作業工程のもとに行われていた紺屋での藍染めを指す。

では今一方の「葉藍之義ハ藍染職ニ相用」という藍染屋の藍染めはどのようにして行われていたのであろうか。「葉藍」から直接、染めを行う方法は一つしかない。「生葉（なまは）染め」と呼ばれるもので、摘みとった葉を揉み水をやりながら植物性繊維を揉み込んで染めるという方法である。奈良・平安時代の藍染めはこの「生葉染め」であったとされる。[33]藍染屋が「藍玉」ではなく「葉藍」を求めているのは、彼らが「生葉染め」を行っていたことを示唆している。

また、「生葉染め」では保温を行わず、そのために紺屋のように甕（藍甕）を用いる必要はなく、木桶が用いられていた。[34]つまり、紺屋の甕に対して、青屋（藍染屋）では木桶で染めを行っていたことになる。

そこで再び「洛外名所図」（図7）「東山名所図」（図8）の「四条河原」の風景に目を転ずれば、女性4は木桶から藍色の布を引きあげようとしており、そこにはまさに「生葉染め」の作業風景が展開している。それだけではない。鴨河原に近いあたりには、染めた布を干すのに必要不可欠な施設である「もがり」[35]が大きく描かれている。

これらの点から、ここに展開する「四条河原」の風景は、まさに墨書にいう「四てうのあおや（四条の青屋）」の労働の姿を描いていると判定してよいものと考える。

さらに忘れてはならないのが、先に見た『自戒集』に見える「穢字家」の「挼藍船（モミアイノ船）」の存在である。「生葉染め」では葉藍を揉むことがそのすべてといってもよいくらい重要な作業となっており、「挼藍船」はいかにも青屋の道具にしてふさわしい。

以上、これまでほとんど知られることがなかった「四条河原」における河原者の青屋の実態が、二点の絵画史料から鮮明に浮かびあがってきた。最後に本稿であきらかとなった点を整理するとともに、残された課題を提示し「むすび」としたい。

むすび

本稿ではこれまで漠然と四条あたりの鴨川の河原を指すと理解されてきた河原者の居住地としての「四条河原」の領域が、現在の道路名でいえば、南北は四条通りと仏光寺通り、東西は寺町通りと河原町通りに囲まれた広大なものであったことが確定できた。そして、その「四条河原」においても川崎と同様に、河原者がこの地をみずからの領域として保持していたことは、のち権力によって「余部」が鴨川の東に移転させられたという事実そのものが、明確にこれを示唆している。

今後はこの「四条河原」がいかなる歴史的な経緯のもとに河原者の領域となってきたかを考察していくことが

大きな課題の一つとなろう。

この点にかかわって指摘しておきたいのは、その領域が、古く貞観二年（八六〇）に藤原良相が居宅のない一族の子女のために設置した「崇親院」の領有した「所領」の範囲（四至）と重なっているという事実である（吉住恭子氏のご教示による）。すなわち、昌泰四年（九〇一）四月五日付「太政官符」（『類聚三代格』八）によれば、それは「四条大路南、六条坊門小路北、鴨河堤西、京極大路東」の範囲におよんでいた。[36]崇親院については、承平元年（九三一）三月、西院、左右獄などとともに賑給の対象となったという『貞信公記』同年三月二十日付の記事を最後として杳としてその消息を絶つが、同院の「所領」と同じ領域に、中世、河原者の「四条河原」が存在したのは偶然とは思えない。両者の関係について考えていきたい。

次に絵画史料の検証を通じて、十六世紀、河原者（女性）が「四条河原」で青屋を営み、その施設として石敷きの作業場や巨大な「もがり」が存在したことを確認できた。これによって、これまで全くわからなかった「四条河原」における河原者の活動実態が部分的にせよあきらかになったことは大きな成果と考える。

ただ、その一方で彼らがなぜ青屋を営んでいたかという基本的な疑問点にはついては未解明のままとなった。この点についても今後の課題とせざるをえないが、河原者の保持していた藍にかかわる権益が大きな手がかりの一つとなろう。権益の具体的な内容は不明ながら、彼らは「藍公事」「藍課役」をめぐって訴訟・抗争をしばしば惹起している。[37]「四条河原」における藍栽培の可能性をも視野に入れて、[38]河原者と藍との結びつきをより明確にしていくことが、河原者と青屋の関係を解く鍵のように思われる。[39]

最後に残された課題として、河原者における女性と子供の問題をあげておきたい。「洛外名所図」「東山名所図」の「四条河原」の風景には男性の姿はなく、女性と子供だけが登場する。中世、紺屋が女性の仕事であったように、青屋が女性の職業であったことがその理由の一つと考えられるが、それにしても藍染めに直接かかわりのない人物までもがすべて女性と子供で占められているのはなぜであろうか。

さかのぼれば『天狗草紙』に描かれる「穢多童」とその両親（男性と女性）を初めとして、河原者の生活・活動を伝える史料にはしばしば女性（妻）と子供が登場する。(40)平安時代の崇親院が藤原氏の自立できない「子女」のための施設であったことをもふくめ、女性と子供の果たした歴史的な役割を見据えることで、「四条河原」の河原者の生活実態はより鮮明になるのではなかろうか。

（1）川嶋将生「川崎村の成立をめぐって」「天部村の組織と生業」「中世の庭者とその周辺」（『中世京都文化の周縁』、思文閣出版、一九九二年）、「鴨川の歴史的景観」（『「洛中洛外」の社会史』、思文閣出版、一九九九年）、「南区概説（中世）」（京都市編『史料　京都の歴史』一三「南区」、平凡社、一九九二年）、「四条河原の歴史的環境」（『室町文化論考』、法政大学出版局、二〇〇八年）。

（2）川嶋将生「移行期における河原者の動向──十六世紀後半から十七世紀前半にかけて──」（『室町文化論考』、法政大学出版局、二〇〇八年）。

（3）山村雅史「中世奈良の河原者一考──岩井川河原者を主題材として──」（奈良県立同和問題関係史料センター『研究紀要』九、二〇〇三年）。

（4）『天狗草紙』の同画面については、横井清「中世民衆史における「十五歳」の意味について」（『中世民衆の生活文化』、東京大学出版会、一九七五年）参照。

（5）黒田日出男『朝日百科・日本の歴史別冊　歴史を読みなおす一〇　中世を旅する人々──『一遍聖絵』とともに──』（朝日新聞社、一九九三年）、山村前掲註(3)論文参照。なお、黒田氏は同書のなかで、『魔物一如絵詞』（日本大学総合図書館蔵）が、「河原者」の小屋や干される皮革、さらには罠で鳥を捕まえる少年の姿など、『一遍上人絵伝』と酷似する風景を描いていることを紹介されている。

（6）「金蓮寺文書」二〇号（阿部征寛編「京都四条道場金蓮寺文書──中世編──」、『庶民信仰の源流　時宗と遊行聖』、名著

出版、一九八二年）。なお、これ以前は祇園社領であったこの「四条河原西岸地」が金蓮寺の寺地となったのは至徳三年（一三八六）六月のことで、「金蓮寺文書」にはその時に発せられた同月八日付「祇園執行顕深避状」（一八号）、同月九日付「足利義満御教書」（一九号）が残されている。

（7）「アマヘ」の地名は応永二十二年（一四一五）の「祇園社領地子納帳」（『八坂神社文書』二一二九号）を初めとして、祇園社の同種の史料に散見する。また、『披露事記録』天文八年（一五三九）三月二十七日条によれば、「四条綾小路あまるへの辻子未申角小家三間屋地」が同年まで「四条道場しちあんと申尼」の知行するところとなっていたことが知られる。

（8）「余部文書」（『日本庶民生活史料集成』一四、三一書房、一九八〇年）。四条の余部の移転先は、「祇園社領」内であったため、移転にともない同社には天正十九年（一五九一）十月に豊臣秀吉からその替地が与えられたと『祇園本縁雑実記』（八坂神社蔵）は伝える。

同二十年十月四日、余部替地ヲ西院村ノ御朱印ヲ賜フ、
祇園社領之内へ余部村ウルツニ付、替地之御朱印御折紙也、
山城国西院之内八石八斗壱升、あまへ屋敷祇園廻百三拾壱石壱斗九升、本知残分合百四拾石事、宛行之訖、全可社納候也、
天正十九年
九月十三日　御朱印有
祇園
社中

（9）『大雲院文書』（大雲院編『龍池山大雲院　宝物篇・境内篇』、本山龍池山大雲院、一九九四年）。大雲院の旧地（二条烏丸）からの移転時期を「貞安上人伝記」は、

又一時関白豊臣公詣大雲院、聞師講往生礼讃、信芽忽生、帰心最深、仍観地狭少、寄四条京極之地、以令移寺也、
経営倍前結構、是同十八年庚寅六月十八日也、

と記し、天正十八年（一五九〇）六月のこととする。

(10)　宮内庁書陵部蔵『洛中絵図』（吉川弘文館、一九六九年）。同絵図については、宮内庁書陵部編の同書解題参照。なお、この地区の寺地の地割りを描いたより古い絵図としては『京都図屏風』（『洛中洛外地図屏風』、元和六〜七＝一六二〇〜二一年もしくは寛永元＝一六二四年の景観年代をもつ）があるが、ここでは地図としてより正確な『洛中洛外図』を用いた。ちなみに『京都図屏風』には「春長寺」の記載が抜けていることが中村武生氏によって指摘されている（「豊臣政権の京都都市改造」、日本史研究会編『豊臣秀吉と京都聚楽第・御土居と伏見城』、文理閣、二〇〇一年）。

(11)　元和年間（一六一五〜二四）の景観年代を有する大阪市立美術館本・神戸市立博物館本・舟木本などの「洛中洛外図屏風」は、芝居などの興行地を四条の「中嶋」と鴨川の河東の二か所に分けて描く。寛永（一六二四〜四四）初年の景観年代をもつ萬野美術館本（萬野A本）になると興行地の風景は鴨川の河東だけとなるが（京都国立博物館編『洛中洛外図　都の形象―洛中洛外の世界』の図版参照、淡交社、一九九六年。なお所蔵館名は便宜上、同書所載のものをそのまま用いた。以下、同じ）、以後も鴨川の本流をはさんで東西に興行地が存在したことは、承応三年（一六五四）刊「新板平安城東西南北町幷洛外之図」の「中嶋」に「四条河原方見物有」の注記があるほか、延宝六年（一六七八）刊の『出来斎京土産』三の「四条河原」条に「祇園の西の楼門より西の方をみれば、祇園町二町ばかりの西は河原おもてなり、橋ひとつさかひて西にも東にも芝居をかまへて鼠戸をしつらひ、さまぐ〵見物すべき事あり」とあることからもあきらかである。ただ、いずれにしてもこれら興行地としての「四条河原」の所在地は図1でいえば、「土居」の外となる。

なお、高瀬川と鴨川本流の間に南北に細長く拡がる地区（現在、木屋町通りと先斗町通りが走る地区）は、当時、「中嶋」と呼ばれていた（「寛永後万治前洛中絵図」〔京都大学図書館蔵、中井家旧蔵〕、寛文元＝一六六一年版〔延宝補刻刊〕「洛陽東山名所鑑」などの注記参照）。

(12)　この9点の絵画史料の所蔵者は次の通りである。

図1・3　国立歴史民俗博物館
図2　東京国立博物館
図4　米沢市上杉博物館
図5　奈良県立美術館

	作品名	景観年代
図1	洛中洛外図(歴博甲本)	大永五年～天文五年(一五二五～三六)頃
図2	洛中洛外図(東博模本)	天文八年(一五三九)以降
図3	洛中洛外図(歴博乙本)	一五四〇年代
図4	洛中洛外図(上杉本)	天文年間(一五三二～五五)
図5	洛中洛外図帖	天文年間(一五三二～五五)
図6	祇園祭礼図	天文末年～永禄(一五五八～七〇)初年
図7	洛外名所図	天文十四年(一五四五)頃
図8	東山名所図	天文十五年(一五四六)以降
図9	祇園社大政所絵図	天文十三年(一五四四)以前

図6　サントリー美術館
図7　太田記念美術館
図8　国立歴史民俗博物館
図9　個人

また、各作品の作成年代および景観年代は次のように考えられている。

図1～5については、京都国立博物館編『洛中洛外図　都の形象―洛中洛外の世界』（前掲註11）の狩野博幸氏の解説およびそれを受けて整理された奥田敦子氏の一覧（「洛中洛外図屏風の農耕風景」、『美術史』一五八、二〇〇五年）によった。また、図6は榊原悟「日吉山王・祇園祭礼図屏風」（『国華』一二〇二号、一九九六年）、図7は宮島新一「洛外名所図屏風」、図8は上野友愛「『東山名所図屏風』について」（ともに『国華』一三三一号、二〇〇六年）の考察にもとづいた。図9は天文十三年（一五四四）七月に流失する四条橋西詰めの祇園社の大鳥居が描かれていることから同年以前の景観と判定した（拙稿「中世京都・東山の風景―祇園社境内の景観とその変貌をめぐって―」〔松本郁代・出光佐千子編『風俗絵画の文化学』、思文閣出版、二〇〇九年→本書収録〕参照）。

なお、図5以外の作品はすべて屏風仕立てとなっており、正式名称はすべて末尾に「屏風」の二文字がつくが、行論の都合上、本稿では省略した。

(13) 戦国時代の祇園祭の実態については、河内将芳『祇園祭と戦国京都』（角川学芸出版、二〇〇七年）参照。

(14) 四条橋西詰めの祇園社の大鳥居がいつから存在したかは定かではないが、鎌倉時代末に作成された『一遍上人絵伝』七にはその姿が描かれている。なお、当該の鳥居が天文十三年（一五四四）七月の洪水によって流失して以降、再建されなかったことについては、前掲註(12)拙稿参照。

(15) 前掲註(12)拙稿参照。

(16) 『祇園社記』二三。同消息については、前掲註(13)の河内著書、および前掲註(12)の拙稿参考。

(17) 『京都坊目誌』下京第十四学区之部。四条通りの拡張にともなう八坂神社（祇園社）の御旅所移転および榎の伐採の経緯については、五島健児「八坂神社四方山ばなし」（『八坂神社文教課報』八・一〇号、八坂神社、二〇〇七年・二〇〇八年）参照。近世の「洛中洛外図」は勝興寺本・出光美術館本を初めとして、堺市博物館本・大阪市立美術館蔵本・神戸市立博物館本・舟木本・萬野A本など、その多くが冠者殿社と榎を祇園御旅所敷地の南西角にセットで描く（前掲註11『洛中洛外図　都の形象―洛中洛外の世界』の図版参照）。祇園御旅所が大雲院の北に移転してきたのは天正十九年（一五九一）のことであるが（前掲註12拙稿参照）、以降も冠者殿社と榎がそれ以前と同じ位置に存在していたことがわかる。

(18) 「貞安」とは大雲院の開山貞安上人のこと（前掲註9『龍池山大雲院　宝物篇・境内篇』参照）。天正十九年（一五九一）大雲院の北に移転してきた祇園御旅所は（前掲註12拙稿参照）、その四至を「北ハ四条道場のやふかきり、南ハ貞安のやふかきり、此間北南拾弐間、東ハ惣堀のとい（土居）のきは（際）まて」と主張している（元和三＝一六一七年三月十三日付「祇園大政所神主願書」、『祇園社記』二三）。

(19) 寛永末年に制作されたといわれるサントリー美術館蔵「洛中洛外図」右隻第4扇、十七世紀半ばの制作といわれる個人蔵「洛外図」は、ともに鴨川東の天部村を竹藪に囲まれた集落として描く（前掲註11『洛中洛外図　都の形象―洛中洛外の世界』の図版、同著の狩野氏の解説参照）。また、源城政好氏が「河原者村」として紹介された高津家本「洛中洛外図」に見える集落も、その背後は竹藪に覆われている（「洛中洛外図にみえる河原者村について」、『京都文化の伝播と地域社会』、思文閣出版、二〇〇六年）。なお、竹藪の図像はいずれの絵画においても先端を鋭角に尖らせて風になびく姿に表現されており、他の樹木の図像と見まちがうことはない。

(20) この文字註記を宮島新一氏は「四てうのお□」と判読されているが（前掲註12宮島論文）、「お」は「あ」と読め、これに続いて「お」「や」の二文字が確認できる。

(21) 喜田貞吉「青屋考」（『歴史と民俗』二―一、一九一九年）、山本尚友「新青屋考」（『京都部落史研究所紀要』四、京都部落史研究所、一九八四年）、「中近世移行期の賤民集団と権力の動向」（『被差別部落史の研究』、岩田書店、一九九九年）、丹生谷哲一「中世賤民研究雑考」「青屋賤視の歴史的背景」「中世公武政権と河原者の位相」（『日本中世の身分と社会』、塙書房、一九九三年）。近世、青屋と紺屋が同じ藍染め業を営みながら異なる職種とされていたことを『雍州府志』八は次のように記している。

凡所在洛内外之紺屋、以藍汁染衣服者、号青屋又称藍屋、如今紺屋為染家之通称、其中青屋元穢多之種類也、穢多幷青屋毎有刑戮、此徒必出其場預斯事、或磔戸或梟首、

(22) 前掲註(21)山本尚友「新青屋考」。

(23) 前掲註(21)丹生谷哲一「青屋賤視の歴史的背景」。

(24) 辻ミチ子「京都における被差別部落成立について」（『近世部落の史的研究』上巻、解放出版社、一九七九年）。

(25) 前掲註(21)山本尚友「新青屋考」。

(26) この一首を平野宗浄編『一休和尚全集』三は次のように読み下す。

穢字《えもじ》の家に挼藍《もみあい》の船有り、染め作《な》す、異高《いたか》、潤色の禅。若し小笠原殿の砌《みぎり》に踞すれば、定めて十文一疋の銭有らん。

「揉藍（もみあい）」について、『日本国語大辞典』は「藍の葉を乾かし砕いて製した藍色の染料。これをねかせて発酵させたものを蒅（すくも）藍、それを搗いて固めたものを玉藍という」と解説する。

(27) 天明二年（一七八二）十二月付「河内屋又右衛門願書」（『京都藍問屋一巻』、三木與吉郎編『阿波藍譜・史料編』上巻、三木産業株式会社、一九七四年）。

(28) 三木産業編『天平藍色』（三木産業株式会社、一九七四年）、上田利夫編『阿波藍民俗史補稿改訂』（教育出版センター、一九八三年）、井関和代「藍植物による染料加工―「製藍」技術の民族誌的比較研究―」（『大阪芸術大学紀要〈芸

術〉』一二三、二〇〇〇年）参照。以下、藍の製造工程についてはこれら先学の研究に学んだ。

(29)「廿一口方評定引付」（『東寺百合文書』ち）永享三年（一四三一）七月三十日条に、

一、寝藍之事、寺家境内者向後藍寝之儀有之者、於其身者境内可追出、於住宅・雑物者、可被闕所者也、此之段、境内悉以公人可相触之由、評儀畢、

と見える。

(30) 永正七年（一五一〇）六月三日付「室町幕府奉行人連署奉書」（『東寺百合文書』ニ）。

三条中納言家雑掌申寝藍事、従往古、九条座中之外、不致其沙汰之処、近年任雑掌当所地下人等、令張行彼業云々、太不可然、所詮、云以前御成敗、向後弥被停止非望新儀之上者、堅可被加下知、有不承引之輩者、随注進、可被処罪科由、被仰出候也、仍執達如件、

永正七年
六月三日　長秀《（松田）》（花押）
英致《（松田）》（花押）

東寺雑掌

ここに見える「九条座」を『実隆公記』長享三年（一四八九）八月十日条に記された「九条散所座中」と同じものとする理解もある（川嶋将生「南区概説」、前掲註1『史料　京都の歴史』一三「南区」）。

(31)『雍州府志』六は「藍」の説明として「九条辺専種之、凡染家之所用、夏夷《（麦カ）》共需九条之藍、其染色青而麗也」と記す。同地区で近世から近代にかけて藍がさかんに栽培されていたことについては、前掲註（1）『史料　京都の歴史』一三「南区」参照。

(32) 阿波における藍玉の製造は、元和六年（一六二〇）、独自の製法の発明によって始まったとされる（前掲註28『阿波藍民俗史補稿改訂』）。中世では『建内記』嘉吉三年（一四四三）二月二十四日条に「東国口率分」における関料として「あいたま一駄弐十文」と見えるのが管見の限りもっとも古いが、この「あいたま」が「藍玉」を示すという確証はない。

(33)「生葉染め」については、前掲註(28)井関論文参照。

(34) 重要無形文化財に指定されていた故千葉あやの氏（宮城県）の「正藍染」が「生葉染め」にもっとも近い染色方法と考えられるが、その染色方法は次のようなものであった（前掲註28『天半藍色』）。

　宮城県栗原郡栗原町文字は、山形・岩手両県境に遠からず、辺鄙の土地柄で、其処に無形文化財指定の千葉あやの女の「冷染藍染」の技倆がある。藍甕が裸《はだか》のままむき出しで、室内での作業ではあるが、染槽は普通の甕ではなく「コガ」と称する木製の桶を慣用し、手作りの地藍と木灰のほかには、石灰も小麦粕《ふすま》・澱粉等の醗酵剤を使用しない。しかも火壺の如き加温装置はなくたゞ莚をかぶせる程度の室温による自然醱酵である。問題は五～六月から十月まで以外の季節が作業不可能という点にあって、これが『延喜式』所記の染法に、藍に限って期間条件がある謎を解決すべき鍵点となるのである。

また、『天半藍色』は「自然発酵藍染用桶」の写真を掲載し「我国古代の藍建は、自然発酵による夏期のみの染色であった。この技法を伝えた農婦たちが使用していた桶で、保温も加温もなく、夏期のみの気温醱酵によったものである」と解説する。

ただ、近世、藍染屋では保温・加温のためであろう「あい壺」を用いている。この「あい壺」がいかなるものであったかは定かではないが、紺屋の藍甕とは異なるものであったことは、享保六年（一七二一）十一月に京都の藍染屋仲間が京都町奉行所に「あい壺すへ候紺屋」への「牢屋敷外番」役銭賦課を願い出ていることからもあきらかである（『諸色留帳』。前掲註21山本論文、前掲註24辻論文参照）。

(35)「もがり」については、前掲註28『天半藍色』が「紺屋のもがり」として次のように説明する。

　古くから染物屋の干場には、枝つきの竹を利用した「もがり」（茂架籬・虎落）というものがあり、筆者管見の範囲内では、狩野吉信の筆、川越喜多院の「職人尽絵屏風」が最も古く、以後図のみならず文芸作品にまで現れるが、それらの図には多く絵師の不注意から枝が描き落とされて、これでは用をなさない。（中略）

　宝永元年（一七〇四）四月一六日、竹本座上演、近松門左衛門『心中重井筒』のヒロイン《ママ》徳兵衛は、大阪上町万年町の紺屋であった。

　その作品中には「門の戸明れば徳兵衛、もがりの蔭に隠れしを、それとも知らで」云々の句が見いだされる。

「洛外名所図」「東山名所図」の第3場面にみえる藍染めされた布を干す施設は、ともにこの「もがり」を描いたものと考えられる。

(36) 崇親院ならびに鴨河原に所在した同院所領地の領域については、石井正敏「崇親院に関する二・三の問題点―昌泰四年四月五日官符の検討―」(『古代文化』三二―五、古代学協会、一九八〇年)参照。石井氏によって、崇親院の「房室」はもと鴨河原(所領地)にあった住居(人居)を移したもので、建物を移した跡の所領地は、領内の大泉を利用して開墾されたことがあきらかとなっている。中世の「四条河原」の位置は、その開墾地となっていた崇親院の所領地にほぼ一致する。

崇親院が造られる以前に鴨河原に住んでいたのがいかなる人びとであったのか、大泉の池水を利用しての開墾がその後どうなったのか、などすべて今後の課題としたい。

(37) 延徳二年(一四九〇)二月、「藍課役」「藍之公事」をめぐる争いで三条河原者と左近四郎なる者が争っており(『実隆公記』同月十三日条、『蔭凉軒日録』同月十六日条)、また、永正十四年(一五一七)には「御庭のこほうし《(小法師)》」とも呼ばれた河原者の「あゐ《(藍)》のくし《(公事)》」に対する神祇伯雅業王の権益を認める「後柏原天皇女房奉書」が発せられている(『守光公記』同年十月二十七日条)。前掲註(21)山本・丹生谷論文参照。

(38) 昌泰四年(九〇一)四月、崇親院が官から耕作を許可された鴨川西畔の五町の所領は、「去堤五六段、池水饒多、地脈卑湿」(同年四月五日付「太政官符」、『類聚三代格』八)という条件の土地であったが、これは半水耕栽培の藍には適した環境であったと考えられる。ちなみに近世、洛南の藍が半水耕栽培で生産されていたことは、『本草綱目啓蒙』(小野蘭山・小野職孝編、享和三＝一八〇三年初版)が、「城州東寺辺水田ニ栽ル者ハ水アヰト呼ブ。染家ノ用ニ入、上品トス」と記しているところからもあきらかである。一方、これに対して阿波の藍について同書は「又阿州ニテハ皆陸地ニ栽ユ。苗ヲ罨庵シ茎ヲ去リ塊ヲナシ、四方ニ貸ス。コレヲ阿州ノ玉アヰト呼ブ。染家ニハ下品トス」とあって陸耕栽培であったことがわかる。

この「水陸ノ二種」(同書)のうち染色には水耕栽培のいわゆる「水アヰ」のほうが鮮やかな出色をするといわれる。青屋はいうまでもなく「水アヰ」を用いて染めを行っていたはずであり(藍の半水耕栽培と陸耕栽培、および出色の違いについては、前掲註28井関論文参照)、近世にはこの点においても紺屋と明確に区分されていたものと考えられる。

なお鎌倉時代の『一遍上人絵伝』七は、鴨河原(四条橋の北)に数軒の民家とその前で皮革を干す風景を描くが(前掲註4横井論文)、その集落の東、鴨川の中洲には柵に囲まれた畑が見えている。栽培されていたのが藍であったとは断定はできないが、絵画で確認できる河原の畑として指摘しておきたい。なお、河原の集落の背後(北)には竹藪が生い茂っており、干された皮革とともに鎌倉時代の河原者の「四条河原」を表現したものかとも思われる。ただ、その所在地は四条の北、四条道場(鎌倉時代は「四条釈迦堂」)の東であり、十六世紀の「四条河原」の位置とは一致しない。

(39)「四条河原」の青屋は近世初頭にいたってもこの地になんらかの権限を保持していたようで、八坂神社蔵『祇園本縁雑実記』は、冠者殿社について「其比ハ参詣之人モ少カリケレハ、毎年隆屋《(紺屋)》一類七人カ方へ鳥目一貫四百文遣シケルカ」と記している。祇園社では冠者殿社の地代としてこれらを銭を支払っていたのであろう。むろん厳密にいえば、「隆屋(紺屋)」と青屋とは別であるが、七人もの染色業者がこの地に権益を保持していたことは看過できない。

なお、元和三年(一六一七)、京都所司代板倉勝重は「祇園御旅所の町北頬」にあった「七人」の「家」の破却を祇園社の大政所神主に命じている(『祇園社記』二三)。人数からして彼らこそが『祇園社本縁雑実記』にいう「隆屋一類七人」であったと推定され、少なくともこのころまで七人の「隆屋」が同地区に「家」を持っていたことがわかる。

(40)永正十五年(一五一八)五月には「河原者小四郎子」が「絹屋」を打擲するという事件が(同月二十日付「意見状」、『蜷川文書』)。この事件については前掲註4横井論文参照)、二年後の永正十七年三月には同じ「禁裏御庭小五郎」の「妻女」が「徳政」にかかわって「逐電」していた夫の赦免を朝廷に願い出て、これを許されるという出来事が起こっている(『守光公記』同月十一日条。川嶋前掲註1「中世の庭者とその周辺」参照)。なお、庭者といえば、「洛外名所図」「東山名所図」には藍染めの作業場とおぼしき石敷きの広場が見えている。作庭に石は欠かせないものであり、河原者と石との関係を考える上でも図中の石敷きの図像は貴重と考える。

図① 「天狗草紙」

図② 「魔物一如絵詞」

[追記]　一休宗純が河原者の家(「穢字家」)にあったとする「按藍船」かと推定される道具が、「天狗草紙」「魔物一如絵詞」(註5参照)に描かれている(図①・②)。ともに河原者の家の入口近くに描かれており、彼らの生活を象徴する道具であったことだけは間違いない。後考を俟ちたい。

付篇

［付論］『言継卿記』に見える法住寺

はじめに

歴史を学ぶものにとって不可欠の史料に古文書・古記録がある。とくに中世に関していえば、その歴史は古文書・古記録の読解なくして語れない。そして、それ故に中世についてなにかを知ろうとすれば、まず古文書・古記録を正確に読みとる作業が最初の第一歩となる。しかし、これは口でいうほど簡単な作業ではない。

なによりもいまだ翻刻されていない古文書・古記録に関しては、一字一字を読みとっていく作業がまずたいへんである。それはたんに崩し字が読めればよいというものではなく、さまざまな歴史的な知識があって初めて可能となるものだからである。この点すでに翻刻されている古文書・古記録ほどありがたいものはないが、それでも幅広い歴史的な知識が必要であるという点については変わりない。

いっぽう古文書に負けず劣らずむずかしいのが古記録の読解である。日記を例にとっていえば、その筆者個人の履歴はもとより、彼もしくは彼女のおかれていた環境がある程度わからなければ、なかなか読み進めることはできない。日記に突然、登場してくる場所がどこで、人物が誰であるかを知るにはただただ日記を丹念に読み進めていくしか道はない。

かつて私が勤務していた帝塚山大学の大学院（人文科学研究科）では、授業で戦国時代の公家・山科言継（一五〇七～七九）の日記『言継卿記』を読み進めていた。同記は大永七年（一五二七）から天正四年（一五七六）まで途中が一部欠けてはいるものの、実に五十年近くにわたって書き継がれた日記で、当時の京都の有り様を知る上できわめて貴重な記録である。しかし、その読解は案に違わず、さまざまな疑問との悪戦苦闘の連続となっていた。ここではそのうちの一つをとりあげ、歴史史料としての日記のもつ奥深さについて見ていきたい。(1)

一　法住寺の「御はんせん」

『言継卿記』享禄二年（一五二九）三月十三日条に、筆者山科言継が法住寺に出向いた時の次のような記事が見える。

　今日法住寺御はんせんに老父参候、故障之由申候間、予参候、初也、乗物成候はて異體にて罷下、彼在所にて衣冠着用、御はんせん申候了、早々罷下候了、御はんせんをし候て罷帰候、

「法住寺」とは後白河法皇の御所として有名な法住寺殿の跡にあった堂舎（寺院）のことで、この時代の正確な所在地はわからないが、現在とほぼ同じ位置、三十三間堂の東あたりに所在していたものと推定される。ちなみに現在の法住寺は江戸時代に再建されたものである。(2)

さて、言継はこの日、その法住寺に父言綱の代理で「御はんせん」のために出かけたというのがこの記事の大意である。では「御はんせん」とは一体、何であろうか。

小学館『日本国語大辞典』を初めとする各種の国語辞典に「御はんせん」あるいは「はんせん」なる言葉は見えない。それは辞書にも載らないきわめて特殊な言葉だったのであろう。とすれば、その意味を探る手だては、当面、『言継卿記』しか残されていない。

そこで今一度、先ほどの記事にもどると、三月十三日という日が最初の手がかりとなる。というのは、寺院・

公家における大きな仏事は、年中行事として毎年、決まった日に執行されることが多いからである。そして、答えは『言継卿記』を年次を追って読んでいけばすぐに導き出せる。

言継の時代、山科家では毎年この日には当主もしくはその代理人が必ず法住寺に赴いている。たとえば言継が代理を勤める二年前の大永七年（一五二七）には、父の山科言綱が法住寺に出向いており、そのことが『言継卿記』同年三月十三日条に次のように記されている。

老父(言綱)長講堂・法住寺へ御陪膳参候、輿伯所にて借候、同持丁(仕)借後、輿かき一人申付候、共(供)竹寿、坂田孫左衛門、虎千代、雑色一人左衛門計也、

言綱が法住寺だけでなく長講堂へも参っていたことがわかるが、それとともに興味深いのは彼がその両所で「御陪膳」を勤めていたことが知られる点である。「陪膳」とは天皇の食膳に侍して給仕することを言い、また神供・神饌の給仕に関してもこう呼んだという（前掲『日本国語大辞典』）。では、言綱は一体、誰の「御陪膳」を勤めていたのであろうか。この点に関しても、『言継卿記』の毎年の記載がこれを教えてくれる。

（天文二年（一五三三）三月十三日条）

後白川(河)院御正(祥)月之間、法住寺へ参、着衣冠御倍(陪)膳仕候了、則退出、次妙法院殿へ御札に参、御対面、暫御雑談申候了、先之小松谷へ罷向、一盞候了、次建仁寺種善軒へ罷向、

（天文三年三月十三日条）

朝飯以後、早々法住寺へ後白川院御聖(祥)月之間、為御倍(陪)膳罷下候了、

（天文十一年三月十三日条）

今日後白河院御忌月之間、長講堂へ為御倍(陪)膳参候、粟津修理進馬借用、伴(供)大澤彦四郎、澤路彦九郎、井上次郎五郎、與二郎、三郎次郎等也、御長講堂さたう飯(餅カ)にて一盞候了、自其法住寺へ御倍(陪)膳に参了、次に妙法院

江扇子一本持参、当年御礼、旧冬御灌頂御礼、御音信之御礼旁祇候、御見参、御盃被下候了、後白川（河）院御聖（祥）月之間、長講堂へ為御倍（陪）膳参候了、藤中納言に借馬、共（供）大澤掃部助、澤路彦九郎、井上次郎五郎、與二郎、三郎二郎、馬屋物等也、人夫大宅之物笠持了、同装束之袋等持了、於長講堂祐金振舞、餅にて一盞有之、及数盃、院庁盛言等参候了、次法住寺へ参、御倍（陪）膳仕了、帰路に曇華院殿内久御亮にて茶所望候了、

（天文十三年三月十三日条）

これらの記事からは、言継が「後白河院」の祥月命日にその「御陪膳」を勤めていたことが容易に読みとれよう。後白河法皇は建久三年（一一九二）三月十三日に没しており、三月は「御祥月」「御忌月」にあたる。山科家では毎年、当主がその法皇の祥月命日に法住寺において「御陪膳」を勤めることになっていたのである。

また、同じ日に長講堂で「御陪膳」を勤めている理由もあきらかであろう。長講堂（法華長講弥陀三昧堂）はもともとは後白河法皇がその御所、六条殿（西洞院六条）内に建立した持仏堂であり、法皇の死後、厖大な遺領が長講堂領として宣陽門院覲子に伝領されたことはよく知られている。その長講堂でも毎年、三月十三日には法皇の菩提を弔う仏事が執行されていた(3)。

そして、ここまでくれば、「御はんせん」がいわゆる「御陪膳」を指すことは容易に推定可能となる。「陪膳」を「はんせん」と読ませた例は他になく、『言継卿記』でも享禄二年（一五二九）三月十三日条しか見えない。したがって、これだけをもって「陪膳」を「はんせん」と読んだとは断定できないが、その内容については「陪膳」そのものを意味していたことはまずまちがいない。「御はんせん」がいかなるものであったかはこれで一応判明した(4)。だが、ここで新たな疑問がいくつか湧いてくる。それはたとえば法住寺での「御陪膳」とは具体的にいかなるもので、なぜ山科家ではそのような「御陪膳」を毎年、法住寺で勤めなければならなかったのか、と

いった疑問である。次にそれらの点について考えていくこととしよう。

二　後白河法皇の「絵像御影」

「陪膳」とはすでにふれたように、天皇および神の食膳に侍して給仕することをいう。とすれば、法住寺における「御陪膳」も当然、これを受ける後白河法皇がその場にいたことになる。言綱・言継父子は、どのような姿の後白河法皇に侍して「御陪膳」を勤仕していたのであろうか。

実は山科家では言綱・言継以前より、歴代当主が法住寺においてこの「御陪膳」役を勤めていた。そのため古い時代の当主および山科家の家礼大沢氏の日記にも「御陪膳」に関する記事が数多く残されている。

次に引用したのはそのなかの一つで、応仁二年（一四六八）三月十三日、当主山科言国（本所）の代理で家礼の大沢久守（長門守）が法住寺での「御陪膳」を勤めた時の様子を記した『山科家礼記』の一節である。

一、法住寺殿、本所無御参、長門守殿参、御供御ハシ（箸）立御申也、彦兵衛殿、予（大沢重胤）、将監同道也、今日後白川（河）院御年忌也、御供三膳参、御堂東西三膳ノ御供、右ノ方ヨリ御ハシタテ（箸立）御始候也、絵像御影ハ東庄御影堂ニ御座ノ御影也、御年四十二ノ御自筆也、当所御影堂焼上之間、法住寺殿へ入申也、例年名字人参候也、本所御参之時者不及沙汰、本所無御参時者、本所ノ御御（行カ）一家御参之儀無之、

法住寺での「御陪膳」が具体的には後白河法皇の「絵像御影」に「御供」を供えるかたちで行われていたことがこれによってわかる。つまり法住寺では毎年、三月十三日に御影を掲げての後白河法皇の追善供養を執行しており、その御影に捧げる供御の「御陪膳」役を山科家の当主が勤めていたのである。ちなみに後白河法皇所縁の長講堂にも「御影」があり、言綱・言国が法住寺とともに長講堂でも「御陪膳」を勤仕しているのはこのためである。(5)

では、どうして山科家の当主は毎年、法住寺で後白河法皇の「御陪膳」役を勤めていたのであろうか。この点にかかわって注目されるのは、「御陪膳」に用いられる法皇の「絵像御影」がもともとは「東庄御影堂」にあったもので、法住寺に移ったのは、かの堂舎の焼失後のことであるという先の『山科家礼記』の記載である。「東庄御影堂」とは山科家の祖教成が後白河法皇追善のために山科東庄に建立した堂舎のことで、その由来については鎌倉時代末に作られた「山科御影堂領之事」に詳しい。

抑当御堂領之根元者、浄土寺二品所領等、為被断将来之牢寵（籠）、去建久三年三月日、後白川（河）院被下御起請符畢、由緒異他之私領也、爰冷泉中納言（教成）卿為彼長子、山科御所以下宗之所領相伝之、然間、且依慕夙夜之昵近、且為報多年之恩厚、建立一堂於山科御所之傍、奉安置先皇御影、結供僧、定寺官、始置長日不断之勤行、以所領悉為御堂領、仏聖燈油供料修理以下切宛彼庄園等、任文暦二年公文所置文、于今致沙汰者也、

かの御影堂が後白河法皇から山科の地を付与された藤原実教（浄土寺二品）の子（養子）、冷泉教成によって建立されたこと、そこには法皇の御影が安置されていたこと、などがこれによってわかる。

山科家が名字の地とした山科はもともと後白河法皇が領有するいわゆる「後白河院領」であった。法皇はこの地に「山科新御所」と呼ばれた御所を営むが、やがてそれらをふくめすべてを女房の高階栄子（丹後局）に預ける。山科家の家祖となった冷泉教成はその栄子の実子で、建久三年（一一九二）三月、後白河法皇の死去後に山科の地を相続した教成が法皇の菩提を弔うためにかの地に建立したのがいわゆる「山科御影堂」であった。[6]

その「山科御影堂」の焼失後そこに安置されていた後白河法皇の「絵像御影」がいつ法住寺に移されたのかは定かではない。ただ、山科家では早く室町時代の初め、教言の時代に法住寺に「山科御影御精進供御料足」を納めており、「山科御影堂」は少なくともそれ以前には法住寺に移動していたようである。

『教言卿記』応永十四年（一四〇七）三月十二日条

一、自法住寺、明日山科御影御精進供御料足百七十文預方へ下行了、今月正御年記(忌)之間、三卜分也、

かの像を「山科御影」と呼んでいるのは、それが「山科御影堂」安置の「絵像御影」であったことが、いまだ記憶に新しかったからであろう。

なお、教言は前年の応永十三年（一四〇六）三月十三日にはみずから法住寺に出向いており（『教言卿記』）、ここにいう「山科御影御精進御料足」というのが、のちの「御はんせん」の費用にあたるものと考えられる。法住寺の「御はんせん」の起源が古く「山科御影堂」にあり、さらにさかのぼれば後白河法皇と高階栄子との関係にまで行き着くものであることがあきらかとなった。山科家の後白河法皇への報謝の念はきわめてあついものがあり(7)、同家では三月十三日の祥月忌日のほか、七月の忌日にも毎年、当主が法住寺に赴き「御陪膳」を勤仕している。

『言国卿記』明応七年（一四九八）七月十三日条

一、今日早旦ニ法住寺殿、同長講堂御ハイセン参、先法住寺殿、其後長講堂、垂(乗)物也輿、供兵衛尉、千代丸、彦男也、

『言継卿記』天文十四年七月十三日条

長講堂へ御倍(陪)膳に参候、冷麵にて一盞、次法住寺へ参了、同御倍(陪)膳申候、

同日には三月十三日と同様に法住寺・長講堂において「御影」への「御陪膳」を勤仕していたことがわかる。

三　「御影」の行方

言継の法住寺における「御陪膳」は天文十七年（一五四八）七月十三日をもって終わりを告げる。これは同年五月、家領の山科の地を室町幕府によって没収されたことが原因であったと推定される(8)。経済的に大打撃を受け

た山科家では、法住寺の「御陪膳」を維持することができなくなったのであろう。

ただ、この事態を受けて言継は「御影」を曼殊院（竹内殿）に預けたようで、天文十九年から同二十一年までの「御陪膳」は曼殊院で執行されている。

『言継卿記』天文十九年三月十三日条

後白川（河）院御聖（祥）月之間、為御陪膳竹内殿へ参懃之、自去年彼門跡に御座之間如此、

（天文二十一年三月十三日）

後白川（河）院御聖（祥）月之間、御陪膳に竹内殿へ参、無殊事、

曼殊院がいかなる理由でその場所に選ばれたか定かではないが、これより先、「御影」を長講堂に預けたこともあったようで、天文二十一年六月になると、「御影」は曼殊院から再度その長講堂に移されている。

『言継卿記』天文二十一年六月十三日条

自長講堂珠泉来、周徳者霍乱所労云々、樽一、まき、山桃送之、一盞勧了、後白川院御影、自去去年、竹内殿に置申候、申出長講堂へ返申候了、

この後、永禄三年（一五六〇）まで「御影」は長講堂に安置されるが、永禄六年以降になると再び曼殊院にもどされており、それにともない「御陪膳」もまた同院で執行されるようになる。

『言継卿記』永禄六年三月十三日条

後白川（河）院御聖（祥）月之間、竹内殿へ御陪膳に参、長講堂之御影御座之故也、御霊供如例、御承仕盛厳奉仕之、

（永禄十二年三月十三日）

後白河院御忌月也、長講堂之御影、竹内殿に有之間、御霊供之御陪膳に参、衣冠、予得利持之、御中酒供之、次竹内殿へ一盞勧申候了、

（永禄十三年三月十三日）

後白川（河）院御聖月（祥）之間、御陪膳に着衣冠、参竹内殿、御霊供盛厳調進之、御影、乱後此門跡預置申、長講堂退転之故也、

長講堂の衰退（退転）によって、やむなく「御影」が曼殊院に預けられていたことがわかる。しかし、この曼殊院における「御陪膳」も、元亀二年（一五七一）三月十三日をもって終焉の時をむかえる。

（元亀二年三月十三日）

後白川（河）院御聖月（祥）、於竹内殿御霊供御陪膳申之、衣冠、御影御座之故也、盛厳不参、指合云々、

この記事をもって『言継卿記』から「御影」に対する陪膳の記事は姿を消す。享禄二年（一五二九）三月、二十一歳の言継が父言綱の代理で「御はんせん」を勤めた時から四十二年、以後、後白河法皇の「御影」の行方は杳として知れなくなる。

むすび

応仁の乱で京都の大半の寺社が兵火にかかるなか、法住寺は奇跡的にその難をまぬがれた寺の一つであった。乱後まもなく法住寺を訪れた公家の中御門宣胤は、堂舎の無事を感慨を込めて日記『宣胤卿記』に次のように記している。(9)

依便宜、参法住寺御影堂、致念誦奉拝了、又蓮華王院令巡礼了、今度大乱最初、東山東西南北神社・仏閣・僧房・民屋、悉以焼失、然此御影堂・蓮華王院無相違之條、希代事也、此外八坂塔一宇所残也、

鴨東ではわずかに法住寺と三十三間堂それに八坂塔だけが兵火を逃れていたのである。しかし、兵火はくぐり抜けたものの、以降、半世紀以上も修造されず堂舎は荒れるにまかせる。

図１　後白河法皇像
（重要文化財／妙法院蔵）

そのようなか普門坊なる僧を本願（勧進）とした修造計画がようやく持ちあがったのは天文十四年（一五四五）のことであった。山科言継はこの普門坊による勧進事業を積極的に支援し朝廷からの奉加を仲介、また、その事業を援護するための一文を彼に与えている。(10)

法住寺・卅三間等之御奉加帳、八瀬川入道取に来、小刀壱、持来、予状所望之由申候間調進、宛所本願にと云々、

就後白川院御影堂法住寺・卅三間等修造之儀、禁裏御奉加令申沙汰候、弥国々被勧奉加、可被切琢之状、如件、

五月五日　　　　判

本願
普門坊

言継としてはただただ少しでも早い法住寺の修復を願っていたのであろう。また、この時の勧進事業で何よりも注目されるのは、それが三十三間堂（蓮華王院）の修造と一緒に計画されていたという点である。三十三間堂は当時、天台宗の三門跡の一つ妙法院が管轄するところであり、法住寺もまた同門跡の管轄下にあったらしいことがこれによってわかる。(11)

現在、妙法院には法衣・袈裟をまとった「後白河法皇像」（重要文化財／図1）一幅が伝来する。かの像とか

つて山科御影堂に安置されていた後白河法皇の「御影」との関係については先学によってすでに詳細な検証が行われており、それに付け加えることは何もない(12)。ただ、戦国時代以降、法住寺が妙法院の管轄下にあったことからすれば(13)、山科御影堂の「御影」が妙法院にたどり着く可能性は十分にあったということだけは指摘しておきたい。

そして、いずれにしてもかつて山科御影堂に安置されていた「御年四十二ノ御自筆」の後白河法皇の「御影」に関しては、その前で三百七十年余りにわたり「御陪膳」を勤め続けた山科家の存在を抜きにして語ることはできず、『言継卿記』を初めとする歴代山科家当主の日記がそのための基本史料であることを最後に確認して小論を結びたい。

（1）『言継卿記』については、奥野高廣『言継卿記―転換期の貴族生活―』（高樹書店、一九四七年）、今谷明『言継卿記―公家社会と町衆文化の接点―』（そしえて、一九八〇年、のち『戦国時代の貴族―『言継卿記』が描く京都』、講談社学術文庫、二〇〇二年）参照。

（2）江戸時代の法住寺について『雍州府志』巻四（貞享三＝一六八六年刊）は、

法住寺　在養源院南、有後白河法皇之雕像、毎年三月十三日開帳、又有妙法院代々之塔、古所謂法住寺非斯処乎、

と記す。

また、その歴史に関しては、明治の『京都坊目誌』下京・三十一学区が次のように伝える。

建久三年三月、上皇崩す。法住寺中に葬る。上に法華堂を建立す。法住寺陵是なり。是より先き、安元二年七月、中宮建春門院滋子崩す。同寺中に葬る。上に三昧堂を建立せらる。傍らに坊舎を設け、両堂に奉仕す。建久六年十一月、僧房火あり。尋で再建す。中古兵革相踵ぎ、寺は荒廃し、僅に法華堂一宇を存す。三昧堂は遂に其址を失ふ。法華堂又荒廃す。妙法院門主之を再建す。明治維新の際、法住院《ママ》を廃し、法会は妙法院に於て之を修行す。法華堂は宮内省の直轄と為り、諸陵寮之に奉仕す。

（3）長講堂は南北朝の内乱で兵火にかかり、応永年中（一三九四～一四二八）にも焼失、その後、寺地を土御門油小路に移して再建されたという。しかし、以後も応仁の乱で焼け、大永二年（一五二二）八月にも戦火にあうなど焼亡と再建を繰り返している（『京都坊目誌』下京・二十五学区）。

室町時代には、毎年三月十三日、後白河法皇の「宸筆法華経」をもって「御経供養」を執行していた。また、その際には「御陪膳」が行われていた（『康富記』文安元年三月十三日条）。

（4）「御はんせん」が「御はいせん」の読み違いである可能性も考えられるが、ここでは刊本の読みにしたがって言継が「御はんせん」と記したものと理解しておく。

（5）長講堂の「御影」は「後白河法皇御自筆」の画像で、「室町時代初めの頃」には、すでに御影堂に安置されていたという（毛利久「長講堂後白河法皇御坐像について」、『史迹と美術』二一―一九、一九四九年）。その典拠となったのは、『康冨記』文安元年（一四四四）二月三十日条の次の記事である。

先詣長講堂、（中略）参御影堂後白河法皇、庭田中将被語云、毎月十三日御霊供備進之時、殿上人為巡役御陪膳参入也、山科流ト綾小路源家流ト許参之、其外不可叶之由被定置云々、御影者崇光院殿御代被付勅封、其後未被開也、院ならでは無御拝事也、御鑰開役者も不拝事也云々、後白河法皇御自筆之御画像也云々、

これによって長講堂御影堂の後白河法皇「御影」にも毎月十三日に「御霊供」が備進され、「山科流ト綾小路源家流」の殿上人がその「御陪膳」を「巡役」で勤めていたことがわかる。

この長講堂の「御影」は天文四年（一五三五）六月、後奈良天皇の指示のもとに「城南」から某所に移されているが（『後奈良天皇宸記』天文四年六月十・十一日、七月一・十二日条）、これは大永二年（一五二二）の長講堂の焼失後（前掲註3参照）、「城南」に避難させてあったものを、何らかの事情で改めて他所に移動したものであろう。

その後、いつの頃か「御影」は長講堂に戻っており、『続史愚抄』によれば、明暦三年（一六五七）三月、朝廷（公家）がこれを修復している（前掲毛利論文参照）。

なお、江戸時代の『雍州府志』巻四も長講堂に「宸像」のあったことを伝え、『日次記事』はこれを「勅筆宸影」とし、三月十三日の「後白河法皇御忌」の項で、

後白河法皇御忌　建久三年、今日崩、長講堂修之、則勅筆宸影、代々被貼勅封、長講堂伝奏勧修寺家也、院庁供御

膳、庭田家参勤修陪膳、東山蓮華王院・智積院亦有法事、

と説明する。

（6）後白河法皇と高階栄子・冷泉平成教成の関係については前掲註（1）奥野・今谷著書参照。

（7）山科家の後白河法皇に対するあつい感謝の念については、臼井信義「『教言卿記』」（高橋隆三先生喜寿記念論集『古記録の研究』、続群書類従完成会、一九七〇年）参照。

（8）前掲註（1）奥野・今谷著書参照。

（9）『宣胤卿記』文明十二年（一四八〇）正月四日条。

（10）『言継卿記』天文十四年（一五四五）五月七日条。

（11）拙稿「妙法院の歴史」（京都国立博物館特別展覧会図録『妙法院と三十三間堂』、日本経済新聞社、一九九九年）。

（12）中野玄三「後白河法皇像」図版解説（『日本の肖像』展、京都国立博物館、一九七八年）。若杉準治『似絵』（『日本の美術』四六九、至文堂、二〇〇五年）

（13）前掲註（2）の『雍州府志』巻四、『京都坊目誌』下京・三十一学区参照。

［史料紹介］岡本保望上賀茂神社興隆覚

解説・凡例

ここに紹介する文書は、京都の上賀茂神社の社司岡本保望が同社およびその「惣中」のために尽くした数々の功績を書きあげた「岡本保望上賀茂神社興隆覚」とも名づけるべき文書で、同種のものがこれまで三点知られている。その一点は早く昭和八年（一九三三）七月に中川泉三氏が「天正検地の一史料」（『歴史地理』第六二巻第一号）として紹介された同氏蔵の年欠文書であり、残る二点は國學院大学図書館蔵の『上賀茂神社関係文書』（貴―一七〇四）にともに「岡本保望賀茂社興隆覚書」として収録されるものである。前者はその論題からも知られる通り主として天正検地にかかわる新史料として紹介されたもので、検地以外についてはその内容の一部を解説するにとどまる。また筆者に関しても「本文の宮内少輔は上賀茂社の氏人岡本氏と考へられ（る）」と指摘するだけで、保望の名は特定されていない。

いっぽう後者の國學院大学図書館蔵「岡本保望賀茂社興隆覚書」については、同館調査室『國學院大学図書館収蔵　神道書籍解説目録』第三輯（一九八四年）が、その一点に「岡本宮内少輔　従四位下賀茂保望（花押）」の署名があることから筆者を岡本保望と特定、その履歴およびその文書内容を次のように詳しく解説する。

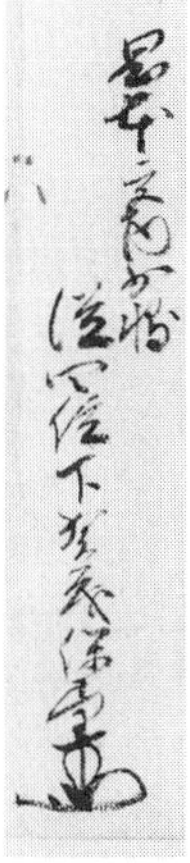

史料６（岡本保望花押）

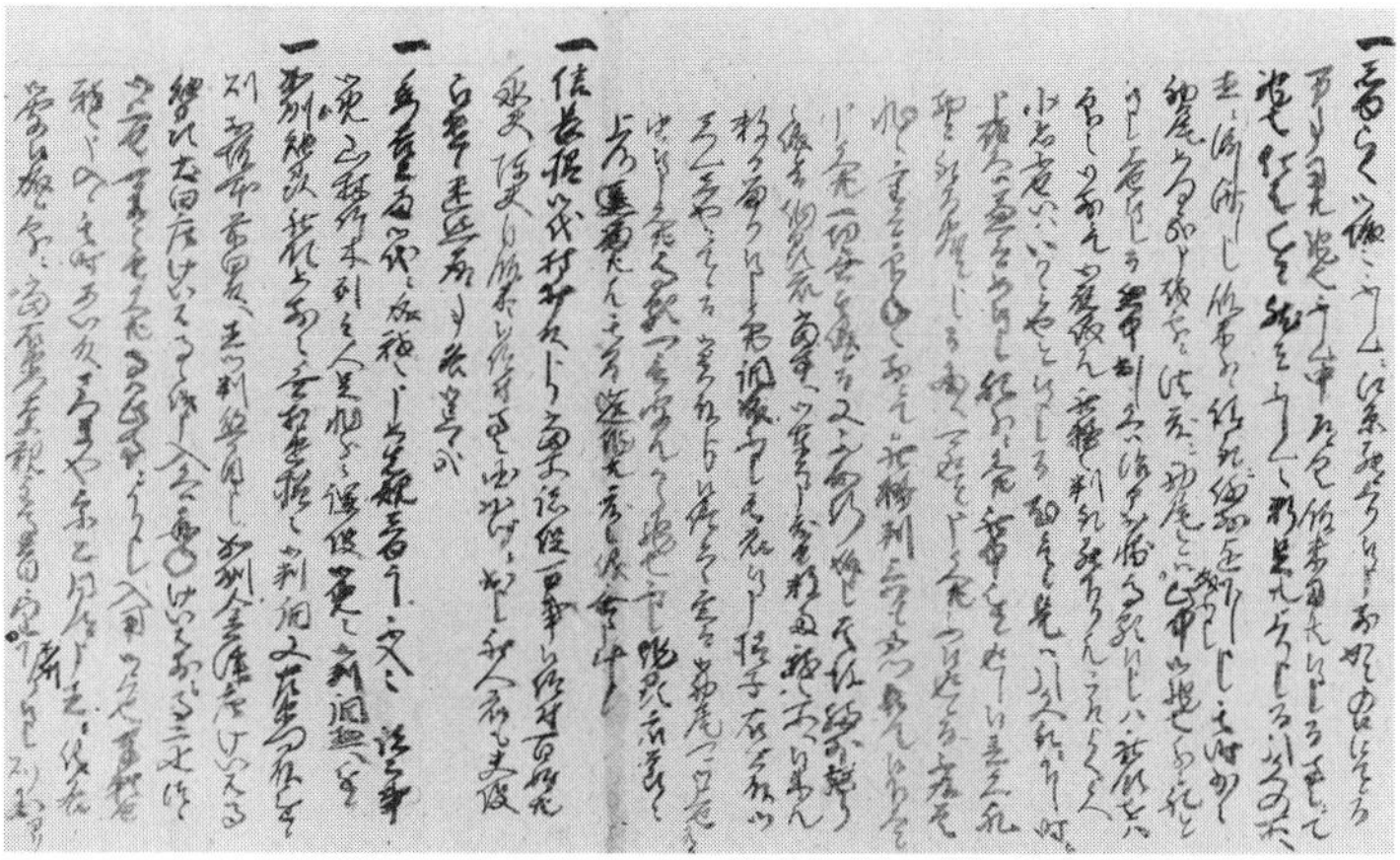

史料７（部分）

［筆者］ 岡本保望《モチヤス》 保成之一男也、従四位下宮内少輔、幼名千夜丸、天正十年神前御籍之筆者、受当社々有職於堯平、寛永七年十二月十三日卒、年九十三、

［内容］ 賀茂（岡本）保望が賀茂社々頭及び賀茂社惣中に関係せる諸事興隆の次第を録上した覚書である。即ち、その内容の一端を記せば、天正十二年の社領の太閤検地免除の事、豊臣秀吉備中在陣随従の事、豊国社神事の事、織田信長葬礼の事、二條城造営祈願の事、貴布禰社進退の事等の条々を記録してゐる。尚、筆者の保望は岡本家の祖である。

今回、ここにあらたに紹介する賀茂文化研究所蔵の四点の文書はこれら周知のものと一連のものであり、一部、やや性格を異にする文書をふくむとはいえ、総体的には「岡本保望上賀茂神社興隆覚」と名づけて差し支えないものである。ただ、四点の記載内容は、従来知られていたものに比べてより具体的かつ詳細な点に大きな特色がある。なかにはその場のやりとりを口語体で記したり世間の風評をそのまま盛り込んだものもあり、桃山時代から江戸時代初期にかけての社会一般の風俗・世相を知る上で、貴重な証言となる記載も少なくない。國學院大学図書館蔵分をふくめて、未翻刻のすべてを翻刻することとした所以である。最初にすでに知られている三点と、新出の四点の題目を年次順に示しておく。

1　慶長十五年二月　①公武　各様為御祈禱之大明神へ寄進共、こうりう《（興隆）》共を毎年ニ岡本宮内少輔一分ニ仕、
御祈念いたし候覚条々
②太閤様《（豊臣秀吉）》、久々拙者ニ御目被下候ニ付、惣中へこうりう《（興隆）》共仕付覚旦々

2　元和元年八月　賀茂惣中へこうりう《（興隆）》共、岡本宮内少輔保望一分に仕候覚

3　元和元年八月　惣中へ多少ニよらすこうりう《（興隆）》仕候覚

4　（元和元年八月）賀茂惣中へこうりう《（興隆）》共、宮内少輔一分に仕候覚之内恐々《（ママ）》（中川泉三氏紹介史料）

5　元和二年　覚（板倉伊賀守《（勝重）》のこと）

6　元和二年八月　覚（一撃軒のこと）

7　元和七年　（前欠により、題を欠く）

史料1・3が國學院大学図書館蔵、史料4が中川泉三所蔵の「覚」で、残りの史料2・5・6・7の四点が今回新たに発見された賀茂文化研究所蔵の「覚」である。実見できなかった史料4は原本か否かの判定を留保せざるを得ないが、残る六点については、史料2を除き、筆跡・署判からすべて原本（草稿）と判定した。史料2だけは、他の五点と筆跡のみならず、花押もあきらかに違っており、時代の下がった写と考えられる。ただその内容は他の「覚」との間に大きな矛盾はなく、よってここでは良質の写と判定、他の五点とあわせ翻刻した。

各「覚」の法量は次の通りである（史料4を除く、単位はセンチメートル）。

1　縦　三二・一　全長　九九・一

2　縦　三四・二　全長一五七・八
3　縦　二六・三　全長二二七・一
5　縦　三五・九　全長一〇七・〇
6　縦　三一・八　全長一三三・六
7　縦　三一・八　全長五一九・六

次に各史料の内容を簡単に紹介しておく。史料1は、現在知られる限り、保望の手にかかるもっとも古い慶長十五年（一六一〇）の「覚」である。その内容は保望の上賀茂神社への諸々の寄進・奉加の実績を列記した前半部と、豊臣秀吉との繋がりを活用し賀茂「惣中」に貢献したさまざまな出来事を書きあげた後半部の二部（①②）から構成される。つまり史料1は、神社および「惣中」への保望の貢献を分けて記したものとなっているわけである。このうち前者すなわち神社への貢献は、のちの「覚」になるとほとんどとりあげられず、もっぱら後者すなわち「惣中」への貢献だけが強調されるようになっていく。保望が次第に神社よりも「惣中」を念頭において「覚」を作るようになっていったことを物語るものであろう。

ちなみに史料1─②の「太閤様、久々拙者ニ御目被下候ニ付」といった、秀吉との関係を前面に押し出した書き出しもこの一点のみで他のものには見られない。これまた、元和元年（一六一五）五月の豊臣氏の滅亡以後、保望がそのスタンスを微妙に変化させていたことをうかがわせるものといえる。

史料2は、表題にも記す通り、元和元年、保望が賀茂「惣中」に対して尽くした「興隆」の数々を十九箇条にわたって列記したもので、その直接の作成契機の一つは末尾の次の一文によって容易に知ることができる。

我々ハ惣之使を仕、調共を仕候とて、自分之物を遣申候、惣之物ハ一粒一銭遣不申候間、徒衆ハそねみ（嫉）、

へんしゆ《偏執》仕候、左様之衆ニ相対し申候而、御耳ニ立申度候、

保望が「惣中」において彼を「そねみ《嫉》、へんしゆ《偏執》」する「徒衆」に対抗、上級の裁許者への弁明にあてるためにこの「覚」を作ったことがこれによって知られよう。ところで保望がその「御耳ニ立申度候」と述べたその当の相手とは、当時、京都所司代の職にあった板倉勝重を指すと推定される。のちにふれるように史料6で保望は板倉勝重からの勘気の故なきことを弁明しているからである。

次に史料3に移ると、これは文頭に「別帋ニも書付候へ共、相残る分を書付候」とあり、かつこれと対応するかたちで史料2の文末に「一、此外こうりう《興隆》共、数十ケ所有之間、帋上難尽付而別帋有之也」の一文があるところから、史料2の「別帋」として作成されたものと考えられる。内容的にも両者は重複せず、史料2の「帋上難尽」分を補ったのが史料3ということになろう。

史料4は年紀を持たず、正確にいつ作られたかはわからない。しかし、その内容は基本的に史料2とかわらず、両者が大きく時を隔てて作成されたとは考えにくい。ただ、史料4の内容やそこに見える言葉遣いには、時代のより新しい史料7に近い部分も少なくない。たとえば加賀・能登両国の上賀茂神社領について述べた箇所に関していえば、史料2には登場しない「藤主馬首」なる人名が史料4・7には共通して登場し、また史料4・7がそれぞれ用いる「守護不入」「しゆこし《守護使》ふ《不》入」なる言葉を、史料2は用いていない。これらのことからして、史料4は、史料2の作成された元和元年八月以降にさほど時間をおかずに作成され、元和七年、史料7が作られるにあたって、その草案として利用されたものではなかろうか。

史料5・6の二点は他の五点の「覚」とその内容をやや異にする。すなわち史料5は保望が板倉勝重から被った勘気の故なきことを弁明するために、また史料6は一撃軒なる寺院の岡本家の知行権の正当性を主張するため

に作成されたもので、ともに成立にかかわる詳しい前後の事情はあきらかでないが、元和二年（一六一六）のこの時期、保望が上賀茂神社およびその「惣中」でさまざまな事件の対応に追われていたことを示しており、他の五点とともに一連の出来事の延長線上に位置づけられるべき「覚」と考える。

なお、両史料において保望は、主人の命に従わず御朱印に背き一揆を企てる「徒者」を繰り返し批難している。当時、法秩序を乱す人びとを「徒者」の名で呼び習わしていたことはよく知られているが、ここに見える「かも（賀茂）のいたつら（徒）者」のようにその実態を具体的に伝える史料は他になく、この点において史料５・６の両史料は高い価値を有する。

最後の元和七年の年紀を有する史料７は書き出しの事書にあたる部分を欠くが、現在残る保望の「覚」のなかではもっとも長文のもので、その内容から見て史料１〜４と同じく、神社および「惣中」に対するみずからの功績を誇示する目的で作成されたことはまちがいない。この史料７の「覚」に列記された功績は実に三十四か条の多きを数え、他の「覚」の箇条数をはるかに越える。また一か条ごとの内容も他のものに比べて格段に詳しく、出来事の前後の事情がより詳細にわかる。元和七年という年になぜ再びこのような「覚」が作られたかは正確にわからないが、京都では元和五年、板倉勝重が京都所司代の職を退き、息子の重宗が同職に就任していた。あるいは新たな京都所司代の下での、再度の「徒者」との対決を目的として、作られたものかもしれない。

以上が保望の七通の「覚」の概要である。最後に今回新たに発見された「覚」を中心に、その記事のなかから注目すべき内容のものをいくつか紹介しておく。

まず保望が誇る古い時期の功績としては、「信長様御代」の「徳政」にかかわる記載が注目される。この「徳政」とは天正三年（一五七五）四月に信長が発した徳政令のことと考えられるが、史料７には、これによってもたらされた上賀茂神社内の騒動がきわめてリアルに記録される。

なかでも興味深いのは、この時、相国寺の「茂西堂」なる禅僧からの依頼のもとに、信長の弓頭平井久右衛門の使者が賀茂を訪れたことを記した箇所である。保望は惣中の代表としてかの使者と応対することとなるが、これは現在の我々が想像する以上に度胸のいる行動だったようである。保望はいう。

此時分ハ、皆々子共迄なき申候ニ、かずさ《（上総）》殿之衆と申候へハ、子共なき《（泣）》やみ申候ほと、こわ《（恐）》かり申候、

「かずさ《（上総）》殿」とはいうまでもなく信長を指す。織田家臣団が文字通り「泣く子も黙る」存在として、人びとから恐れられていたことが知られよう。

また、同じ徳政令にかかわって「正伝寺ずいせん軒」から「惣借銭」のとり立てに賀茂の氏人「伊予守所」を訪れた信長の家臣大津長昌（伝十郎）への保望の応対を記した箇所も、その場の緊迫した有り様をリアルに伝えた一節として秀逸である。

夕方になってようやく京都から帰ってきた保望は、待ち受けていた氏人たちに押戴かれるようにして「伊予守所」にいたる。そこで彼は大津伝十郎を前に一気に切り出す。

我々当所之者ニ候、木下藤吉《（秀吉）》郎殿被懸御目、毎日出京仕、只今帰り申候、藤吉郎殿より御折帋被下候、御不審ニ候ハ、可懸御目候、然者てい《（亭）》主ハ留守にて、女房衆計、子共たい《（抱）》てね《（寝）》らるゝ由、火もくら《（暗）》き所ニ、男衆御出候て御座候儀、如何哉、伝十郎殿与不申承候ハね共、節々面向候てハ懸御目候、先々今夜ハ御帰り候へ、明日夜明てから御出候へ、ていしゆ《（亭主）》ニ引合可申、

「火もくら《（暗）》き」なか、亭主の留守宅で怯える女・子供たちを前に、胸のすくような保望の啖呵であった。「伝十郎殿与不申承候ハね共、節々面向候てハ懸御目候」と述べているところからすれば、保望は大津伝十郎の顔だけ

は見知っていたのであろう。織田家臣団内における大津伝十郎の値踏みをした上での啖呵だったに違いない。しかし、それにしても人びとの恐れてやまない織田家の家臣を向こうにまわしての毅然たる態度は、見事であった。むろんこの場の描写にもまったく誇張がないとは断定できないが、衆人環視のなかでの出来事だっただけに、大きな嘘はないと見てよい。

なお、このの ち保望が安土に下った大津伝十郎を追い、当事者の伊予守とともにかの地にいたり、太田牛一の仲介のもとで一件を落着させたことは本文に見える通りである。ただ、ここで気になるのは、「徳政」が天正三年三月の徳政令を指すとすれば、安土城の築城開始は天正四年正月のことであり、一連の出来事が時間的に合わなくなってくることである。しかし、それも天正三年の徳政令にかかわる混乱が、翌年以降も続いていたことを思い起こせば、ことさら気にかける必要もなかろう。具体的な債権・債務関係の検討などいくつかの課題は多く残るものの、天正三年の信長の徳政令に関する新たな史料として、この箇所の叙述は十分、注目されてよい。

秀吉の代になると、保望が「藤吉郎殿より御折帋被下候」という関係にあったこともあり、信長の代以上に関連記事は多くなる。なかでも上賀茂神社領への検地を逃れるために保望が奔走したことが各「覚」には繰り返し詳しく述べられているが、ここではそれらのなかからとくに検地の免除を訴えるための使者派遣をめぐる出来事を述べた史料7の記事を紹介しておきたい。

時は天正十三年、秀吉による検地が実施されようとした直前のことである。これより三年前の天正十年（天正十一年か）、保望の奔走によって検地をまぬかれていた「惣中」では、ふたたび彼の力を借りて検地免除の特権獲得に乗り出そうとする。しかし、まず難航したのは、保望とともに交渉に出かける使者の人選であった。これはなんとか「きふね《貴布禰》の上人」なる人物を説得してクリアしたものの、次に問題となったのが「惣中」からの「音信物」の選定であった。議論の末、これもようやく「板物（唐織物のこと）」と決まる。だが、その調達がまた一苦労であった。次に引用したのは、保望が「切帋」を「立うり《売》二所」に遣わし、やっと五反の「板物」が上賀茂社に届けられるにいたった場面である。

　立うり《売》我々切帋可遣申、立うり《売》二所へ切帋遣し候へハ、早束《速》、板物五端《反》持参申候処ニ、五端《反》か、三端《反》か、先端計可然与申候、色迄覚候、もゝ《桃》色とねもし《文字》と二端《反》、三端《反》返し申候、

しかし、このように五反のなかから「もゝ《桃》色」「ねもし《文字》（練貫）」の二反が選ばれ、「音信物」も決まりほっとしたのもつかの間、ここに「治部少輔高就」なる人物が登場、事態は一転する。彼は二反の「板物」を見るや、並み居る惣中の役人にその使途を詰問、あろうことか居丈高に「調候ハ、人なみに可出候、不調候ハ、一粒一銭出し申間敷候」と言い放ったのである。この一言によってそれまでの努力はすべて水の泡となる。「きふね《貴布禰》の上人」と保望は使者を辞退、結局、上賀茂神社領内には検地が実施されてしまった、というのが保望の語るところである。これまたあくまでも保望のいう検地実施にいたる経緯であり、やはり誇張がまったくないとは言い切れない。しかし、「音信物」を調えるあたりの描写や、高就の言葉は真に迫っており、とても空言とは思えない。それなりに真実を伝えたものであろう。

　秀吉の代の出来事については、このほか天正十九年の「御土居」構築時に塞がれそうになった道・溝を保望の奔走でなんとか開通させた話しや（史料3）、美作国倭文庄の復興にかかわって交渉を持つにいたった江原親次が「しゅ《聚》らく《楽》御城」の普請に上洛したさい、保望がいろいろと面倒をみた話しなど（史料7）、興味深い話題は尽きない。

　また、秀吉亡き後では、慶長九年（一六〇四）八月の豊国臨時祭の騎馬行列への「賀茂衆」の参加に関する記

事が、新たな事実を伝えて面白い。秀吉の七回忌に遂行されたこの豊国臨時祭の騎馬行列については、『梵舜日記』『豊国大明神臨時祭日記』などに詳しい記載があり、参加した二百騎の内訳は、次のようであったことが知られている（『梵舜日記』）。

豊国神社の神官　六二人　吉田社の神人　三八人

上賀茂神社の神官　八五人　楽人　一五人

『豊国大明神臨時祭日記』は二百騎の内訳を「当社神主百人騎馬也、賀茂神主百人騎馬也」と記すが、これは豊国社とかかわりの深い吉田神社の神官を「当社」つまり豊国神社の内に入れて数え、上賀茂神社についても「楽人」をふくんだ数を合わせ数えたものである。

それはともかくとして、これら従来知られていた騎馬行列に関する事実に加えて、保望の「覚」からはあらたないくつかの事実が浮かびあがってくる。すなわち二条城で片桐且元を通じて、神官の騎馬での参加を命じられたのは、ほかならぬ保望その人であったこと、ところが保望が上賀茂で百人を集めようとしたところ「徒衆」の妨害に会い結局は神官は八十五人しか集められなかったこと、さらには祭のあとに下された一人宛て十貫文、総計八百五十貫文はすべて「惣中」で配分されたこと、などである（史料2）。

一人十貫文の「騎馬料」については、『梵舜日記』（慶長九年八月十五日条）も「次騎馬乗料鳥目千貫文相渡、但一人宛十貫文也」と記録しており（豊国・吉田両社神官の分はふくまず）、保望の記事との間に矛盾はない。

このほか保望の話は実に多岐にわたり、登場人物も武将はもとより、以心崇伝、薩摩屋（山上）宗二といった僧侶・茶人とバラエティに富む。その多様な内容を正確に理解するためには、保望本人の履歴とともに、彼が所属していた上賀茂神社およびその「惣中」の実態を知ることが必要にして不可欠と考えられる。決して容易な作業ではないが、この翻刻がそのような研究への一つの契機となれば幸いである。
翻刻を許可された國學院大学図書館ならびに賀茂文化研究所に厚く謝意を表する。

一、旧字・異体字については、原則として現今通用の文字に改めた。
一、欠損している文字は□で示した。
一、句点を適宜、施した。
一、文字の誤脱等に関しては［　］、それ以外は（　）で囲んで示した。推定および疑問の残るものについては、「カ」を付した。

史料1　慶長十五年二月付「覚」　［國學院大学図書館蔵］

公武　各様為御祈禱之大明神へ寄進共、こうりう（興隆）共を毎年ニ岡本宮内少輔一分ニ仕、御祈念いたし候覚条々

一、慶長十一年五月ニ御神前之水舟切石仕、寄進之事、
一、同年、片岡大明神御前之石だん（段）共きり石ニ仕、寄進之事、
一、同年、太田大明神御前之はし（橋）切石ニ寄進之事、
一、慶長拾年三月ニきふね（貴布禰）大明神鳥居寄進事、
此鳥居数百年たいてん（退転）ニ付而、此度立申候事、
一、慶長九年卯月ニ御神前ろうもん（楼門）の石だん（段）、切石ニ寄進事、

一、同年五月ニ御神前之石だん（段）共、切石ニ寄進之事、
一、おだわら（小田原）御陣之時、為御祈禱之、御神前之はし（橋）をかけ（架）申候事、
一、太田大明神のはし（橋）、先年たいてん（退転）ニ付、為御祈禱之、かけ（架）申、一社一同三つ子をかきり、朝飯・御酒ふるまい（振舞）申候、不参之衆ハ内々へうけせん（請膳）有之事、
一、同年、大明神一之鳥居立申候事、
一、毎年正月朔日より十六日迄、当社大明神共、一社之灯明料、先年より寄進之事、
一、毎年きふねはしの大明神、おくの大明神、とうみやう（燈明）料きしん（寄進）の事、
一、毎年正月ニ為御祈禱之、大般若くらせ（繰）申候事、
一、毎年きやう（経）所へ灯明料、きしん（寄進）の事、
一、毎年正月十四日、御神事御供料、寄進之事、
一、毎年五月けいは（競馬）料共、寄進之事、此内馬一疋分、滞有之事、
一、毎年十一月、御まつり（祭）御さうじの御神事、末代寄進仕候、年々ニ社中之衆、三つ子をかきり、朝飯・御酒ふるまい申候、不参之衆、請膳也、
一、毎年、為御祈禱之、当社御田楽と申候大かくら（神楽）幷御供参申候、又、数人のゆわい（祝）調、年々ニふるまい申候、
此外ニ自分ニ度々神楽参申候、
此外ニ多少ニよらす、寄進共・ほう（奉）加共・こうりう（興隆）共、数ケ所仕候、各様為御祈禱之、神慮之儀候間、毛頭無偽候、

太閤様（豊臣秀吉）、久々拙者ニ御目被下候ニ付、惣中へこうりう（興隆）共仕付覚

一、天正十一年、当国中御検地之時、当所分、御さほ（棹）被成　御免候様ニ、拙者申上候へハ、当郷之中ハ御さほ（棹）御免除ニなし申候、則指出、当郷分上申候へハ、御さほ（棹）も指出分も被成御免除、さ候へハ、当郷内ハ他領分迄悉御免ニ成、忝奉存候事、

一、同年、小野郷四ケ村ニ有之社領分、拙者申上候へハ、近年不納分まて、如前々申調、社中へ進候、御検地之上ニきとく（奇特）の由、各被申候事、

一、同年、当所分諸公事御免除之　御判如前々調、惣へ進候事、

一、同時、加州・能州幷国々所々在々社領分、御判調、社中へ進候事、

一、備中御陣々拙者つめ（詰）申、播州・備・作・備中四ケ国ヲ方々御使仕、美作国賀茂領、久々不知行分調、社中へ進候、其間、方々へ入用共、拙者一分ニ仕、社領をハ社中へ渡申候事、

一、天正十三年、御検地之時、賀茂領指出の面共を御免ニ申調候事、

一、先年、豊国大明神之御神事、御馬乗之儀、拙者種々馳走仕、片桐市正（且元）殿へ申入、一分ニ申調、惣様之衆を御馬ニのせ申付、御ほうび（褒美）八百五十貫文、惣中へ参候事、

右、外ニ多少ニよらす、社頭惣中こうりう（興隆）共、よき事ハ数十ケ所仕付候間、筆帋ニつくしかたく存候、何も我々一分として調、惣中へ進候間、社中之礼儀ハ一切入不申候也、

岡本宮内少輔

慶長十五年二月吉日　　従四位下賀茂保望（花押）

史料2　元和元年八月付「覚」　［賀茂文化研究所蔵］

（端裏書）（朱筆）「元和元八月 子九」上賀茂惣中へ岡本宮内少輔一分こうりう《（興隆）》仕付候覚、数十ケ所有」

賀茂惣中へこうりう《（興隆）》共、岡本宮内少輔保望一分ニ仕候覚日々《（段々カ）》

（異筆）「信長様御代ニ」

一、美作国神領久々退伝《（転）》仕候、先年、羽柴筑前守殿秀吉公、備中御陣之時、拙者陣参仕、播州・作州・備前・備中、四ケ国方々馳走仕、作州之社領、秀吉公へ申入、作州江原兵庫助殿《（親次）》へ間々御使拙者仕、不知行之神領・初尾、少申調、社中へ進候、逗留中方々へ音信・遣物、万事を我々一分ニ仕候、惣之公物ハ一切遣不申、自分ニ調、初尾ハ惣へ進候事、

一、江原兵庫殿衆、しゆらく《（聚楽）》御城之ふしん《（普請）》ニ上り被申候衆之万事用所、我々被頼候而、諸事馳走仕、調進候、社中之衆ハ一切馳走無之候、我々引替之物共取ニ下候時ニ、少礼として給候間、初尾と存、惣へ出申候、此中様子申度存候、

一、信長様御代ニ当所進退之きふね《（貴布禰）》山・二瀬里と出入有之処ニ、京之御奉行村井殿《（貞勝）》、片口ニ二瀬里へ被仰付候、当所衆迷惑被仕候、其時、片奉行明智殿《（光秀）》へ拙者申入候へハ、重而相方被召出、御両人御聞被成、けんはう《（憲法）》に可被仰付之由候処ニ、大坂天王寺ニ佐久間右衛門《（信盛）》御在陣ニ付、諸勢御越ニ付而、対決延申候、然処ニ此御陣各へ御見舞ニ参候へと拙者ニ承候、殊路次不通ニ候へ共、大和・河内へ通り諸陣へ我々御見廻ニ参候事、

一、先年此山、市原野之里出入之時、木下藤吉郎《（秀吉）》殿、市原里御存知被成候間、先規如有来当知行段、我々申上候へハ、被聞召分候間、此度木下殿へ拙者又申入、先度相済、公方様　御下知頂戴仕候間、御折紙申請度由申

上候へは、則御折帋被下候を村井（貞勝）殿へ持参仕、懸御目候へハ、村井殿も早束（速）被聞召分、御折紙被下、かも（賀茂）の勝
成、如有来進退仕候事、
一、此山之下柴をうり（売）、惣中へハ代物五年計ニ三石計出、わき〳〵へむさ〳〵と成申候、其時之算用、惣ニ有之
ニ見へ可申候、餘ニせうし（笑止）ニ存候而、我々才覚仕、年ニ山手壱年分拾四石つゝに定、社用ニ納候、然処ニ種々
妨之衆候へ共、正直之衆ニ申聞、毎年十四石つゝ定、末代百四十人衆よろこひ被申候、
一、天正十年候哉、羽柴筑州殿秀吉公之明智（光秀）殿をたいじ（退治）の年、国中御検地被成候時、当所境内御さほ（棹）御免ニ拙者
申上、御さほ（棹）一本も入不申候、当所之内他領迄右分ニ候、然者、皆々指出こわ（恐）かり、延引仕由申上候へは、指
出も置可申由御諚ニテ御免被成候、天下外聞忝奉存候事、
一、賀茂六郷之内小野郷ハ山門領・武士領入くみ（組）申間、御さほ（棹）入申候、然とも社領御神事料ハ被下候様ニと申上
候へハ、宮木（城）長次（豊盛）殿・生熊源介（長勝）殿両奉行へ参、神領分拙者ニ可請取之由、任　御意、如先規請取申候、惣中へ
進候、又後之御検地之時、当所之出米之内、小野郷分・坂北悉分請取、末代こうりう（興隆）仕候、此段帋上ニ難尽存
候事、
一、信長様御代、村井殿御奉行時、新儀百性共、陣夫・長夫、自飯米ニテ被仰付、其上ニ社人衆夫役ニ被召遣、
殊竹木・ぬか・わら・なわ・草、諸事新儀役共被仰付、一段迷惑仕候、
一、大閤様御代ニ諸役、別而夫役・山林・竹木、万事如先規御免に御判申請、惣中へ進候へは上下忝由候、
一、此時、国々在々所々、別而加州・能州国々御神領　御判共申調候而、前田又左衛門（利家）殿へ御状進候、証跡共于
今有之、
一、天正十三年御検地之時、徒衆申様ニ付、当境内へ御さほ入申候、然共所之内屋敷・畠共御さほ御免ニ我々申

上候、其後于今其分ニ候、
一、此時之御検地田畠惣様之指出　上様へ上候事、惣之衆上下、達而御頼ニ付而、我々ふうふ（夫婦）指出持、大坂へ罷越、秀吉様、北政所（豊臣吉子）様へ申上、神領共社人給田・供僧給田・地下中上下之役田とも申上、弐千五百七十弐石之　御免除之　御判申請、惣中へ進候、
一、天正十七年御検地之時も、在所之内、如前々　御免ニ申調、惣中へ進候、此度も為惣之ヨキ事共、数十ケ所仕候、筆帋ニ難尽存候、
一、家康様ヨリ先年豊国御神事御馬乗之儀、於二条之御城、片桐市正（且元）殿を以、拙者ニ賀茂衆百人、御馬ニ乗候へと被　仰付被成候、外聞忝奉存、皆々ニ申聞候処ニ、徒衆種々妨仕候、此様子共申上度存候、然共、かも（賀茂）衆八十五人御馬ニ乗申、八百五十貫文被　下候、従昔如此料足かも（賀茂）へ被　下候儀無之由候、妨之衆ハ御馬ニ乗不申候へ共、似合ニ料足遣申候、惣上下・僧ぞく（俗）・百性迄ニ料足遣、御酒給申候、馬乗衆一かと（廉）配分有之事、
一、家康様御継目之　御朱印之儀、度々惣中へ我々申候へ共、何かと申延候間、拙者達而申、板倉伊賀守（勝重）殿へ我々申入、調申候、伊州殿御馳走ニ而調申候、此御使申儀共様子、委申上度存候、
一、此　御朱印之号御礼物と、惣弐千五百七十弐石ニ、壱石付銀子三分つゝ、打懸而取被申候、此外ニ銀子五枚、地下ヨリ出申候、凡惣合壱貫匁計之由候哉、惣之算用状ニ委役者書付而上申候而、此銀子何を以、上様へ御礼申上候哉、我々御使仕候処ニ一切しらせ不申候、　伊州様へハ申上候か、　御朱印請取各参候か、我々ニハかく（隠）し被申候、ふしん（不審）共有之、
一、公方様　御朱印ハ御ふれニ而被　下候、忝奉存候、然而如右之号御礼物、石ニ付而銀子弐ふん（分）つゝ、弐千五百七十弐石ニ銀子あつめ申候、何を以、御礼申上候哉、我々ハ一切不存候、其時之役者、算用状ニみえ可申

候、如何様ふしん《不審》共御座候、於御尋者、惣中忝可奉存候、又従地下銀二枚出申候、

一、慶長十六年候哉、従　家康様御検地之時、当所之内如有来被仰付候、忝奉存候、此御検地以前ニ板伊州様《板倉勝重》・米清右殿《米津正勝》へ御法度之上、一帋仕、従惣中御両人へ上被申候、其御法度違被申候間、伊州様得　御意申候、其通りを度々申候へ共、一切同心無之候、隣郷被尋候へと申候へ共、合点無之候間、不及是非候、其時之一帋、伊州様に可有之、かも《賀茂》の物書之所ニも跡書可有之候、我々も写持申候、御検地之御奉行之まかない《賄》入用、算用状ニ委見へ可申候、百石計之由、凡承候、一定ハ不存候、御用候時ハ役者算用可有御披見候哉、将亦伊州さま之　御意共、ちか《違》へられ候かと存候而、如此候、今程ハ当所之法度、書物之上不入手から《柄》次第衆有之かと存候、

一、此外こうりう《興隆》共、数十ケ所有之間、帋上難尽付而別帋有之也、将亦惣儀、使を仕候而、皆々衆之内ニ惣之公物を遣度様ニ、ひいき〳〵《贔屓》ニ被遣候躰と見へ申候、我々ハ惣之使を仕、調共を仕候とて、自分之物を遣申候、惣之物ハ一粒一銭遣不申候間、徒衆ハそねみ、へんしゆ《偏執》仕候、左様之衆ニ相対し申候而御耳ニ立申度候、

元和元年八月　　　　岡本宮内少輔（花押）

［國學院大学図書館蔵］

史料3　元和元年八月付「覚」

（端裏書）
「元和元八月　　宮内少輔こうりう《興隆》仕候覚内」

惣中へ多少ニよらすこうりう《興隆》仕候覚

別帋ニも書付候へ共、相残る分を書付候、

一、先年きふね《貴布禰》山之儀、二瀬村と公事、当所之まけ《負》に成を、羽柴筑前守殿《秀吉》へ拙者申上、御折帋を申請候て、賀茂之かち《勝》

になし申候事、
一、市原野之収納之升、我々日代之時、判升なし候事、
一、同幡枝分も判升ニなし候事、
一、岩倉分も判升ニなし申候事、
一、ゐたう分、織田三郎五郎（信広）殿違乱にて、荷可被召之由候、我々申分事、
一、小川・しほや惣借銭之儀、片岡彦六殿参、申分事、
一、茂せいたう（西堂）惣銭之儀、平井久右衛門殿へ参、申分候事、
一、正伝寺ずいせんけん（端泉軒）惣借銭之儀、大津伝十郎（長昌）殿より役者伊与（予）守殿へ催促付候を、我々申達、立せ申候、
一、同借銭之儀ニあつち（安土）へ参、にわ（丹羽）の五郎左衛門尉（長秀）殿へ申分、其より大伝十（大津伝十郎）殿へ御使被立、申達候事、
一、大宮郷へ往来水を被下候処ニ、此郷ほし（星野）の初而妨仕候を、村井（貞勝）殿・明智（光秀）殿両御奉行衆、大勢御聞被成候時ニ、ほうねん（法然）寺にて申達候事、
一、天正十一年、当国中御検地之時、石川木工兵衛（光政）殿・伊藤太郎左衛門尉（秀盛）殿御奉行にて、当所へ御より候て、其より隣郷へ御出可被成之由、生熊左介殿之被仰渡候間、当所之火出入之儀申企候て、在所へ無〻（無）御出之様、申分候事、
一、此時ニ別帋ニ如書付申候、当所へ御さほ（棹）御免ニ申、申調、物指出仕候て上申候へハ、御さほ（棹）も指出分も御免ニ申調候、此時、小野郷四ケ村社領、近年之不納迄、如先々直納ニ申調、惣中へ進候事、
一、信長様御さうれい（葬礼）の時ニ、備前衆・但馬衆寄宿之札をも、旦々御打候を、羽美濃（羽柴長秀）殿さま・はち彦右衛門（蜂須賀正政）殿へ拙者申分、御用捨ニなし申候事、

一、秀吉様へ惣中御礼之時、拙者奏者仕候て、奏者へ之御礼儀、一切入不申候事、

一、せいさう(清蔵)口・しやうしか(精進)坪往来田共、法花屋敷ニ成申候を、我々申分候事、

一、市原野之芝、従野中畠仕、そは(蕎麦)色々物をまき(蒔)申候を如前々申達、馬場ニなし申候事、

一、竹木之儀、人足河原長右衛門尉殿遣被申候を申分候事、

一、竹木御免除之　御朱印調進候事、

一、屋敷地子米、永代　御免之　御朱印調進候事、

一、先年、山城つゝみ(堤)の時、はつとり(服部)土佐(正栄)殿・森喜吉殿、人足堅被仰付候を申分候事、

一、従大津、しゆらく(聚楽)の御城へ御城米牛馬一国ニ付而廿石充被仰付候、当所西かも(賀茂)・みそろ(深泥)池、何も〳〵関白殿御両三人○御奉行衆へ申分、一切不参候事、

一、天正十三年、松浦殿御検地御奉行之時、我々指出之内廿石計と、為御祈禱料廿五石可給之由候へ共、惣中へハ不足・過分有之間、一粒も取不申候て、皆々社中へ御出し候へと申候て、同心不申候事、

一、松浦殿下鴨をも御打候て、たてくら(蓼倉)郷之物所をかも(賀茂)へ御渡し候、天正十七年ニ弾正(浅野長政)殿・右衛門尉(増田長盛)殿を我々頼申候て、同年分、太田又介(牛一)殿へ申達し候て、四百石余、河原田・はすかくほ・柳四坪・五坪、此外方々かき所にて取返し申候、其時之帳共、将亦大(太)田殿折帋数通有之事、

一、同十七年あい(会)津の守殿御奉行之時、上中下之直しを申調進候事、

一、出米方へハ当所之きらい所を渡し申候事、

一、つめ(詰)夫之儀、夫役共申分候事、

一、出米方人足可被遣之由候へ共、申分候事、

一、野末之斗代直し之事
一、い直しの事、
一、八十石余米之事、
一、四十五石算用違、算用申分候事、
一、十三石与吉方算用違、申分候事、
一、上様御立願にて御造営之時、きふね《貴布禰》山之木なをし申候処ニ、徳善院《前田玄以》違乱由候て下野方被押候を、弾正殿・右衛門尉殿申入候て、早束《速》社用遣申候事、
一、京廻土居ニ成申候時、道留り申候を、我々参候て二ケ所道を明申候事、
一、此土居之替り、西かも《賀茂》にて被下候事、
一、此土居故、大野井口留り申候を、我々申達候て、墨土之薬師之前より、みそ《溝》の事を堀之久大《秀治》殿内、堀監物・本須勘右殿御両人へ申入、みそ《溝》をほらせ候て給候事、
一、子やす《安》にほり《堀》出来申付而、みそ《溝》なくなり候まゝ、又ほり《堀》川よりも口を明させ申候、
一、大野井口、別ニ明度由候て、星野被申候間、我々同心にて明させ申候事、
一、大野郷、麦ニ井料可取之由、五郎衛門種々才覚仕候へ共、薬院へ我々届、とらせ不申候、
一、大野井料、秋も御検地よりとらせ不申候事、
四十 一、鷹・諸鳥取申候御朱印調進候事、
一、御さうし《掃除》の竹、常善ニ寄進、調出させ申候事、
一、弐百五十石　太閤様より被下候を、社官衆・経所衆配分仕度由被申候へ共、我々申達、不進候事、此米渡り

方々、如何候哉事、
一、けいは《（競馬）》乗尻廿人のはかま《（袴）》、寄進仕候事、
一、御本社　御内神之絵書を馳走仕候て進候、其間之絵書衆へ飯者、多分我々ふるまい申候事、
一、きふね《（貴布禰）》谷にて金ほり《（掘）》有之時、市原野芝屋敷ニ成候間、替地へいさい《（弁才）》天之向、又北にて悉取申候、然共、金不出付候而、如元ニ成申候事、
一、きふねはしの大明神、おくの大明神、すゝ《（鈴）》を寄進申候事、
一、大野・小山郷土居之内、御蔵納罷成候と長束殿《（正家）》被仰候間、拙者種々御理申候て、如有来、当所へ知行ニなし申候事、
一、天正《慶長》十七年ニ弁久跡、自六位みけち《（御結鎮）》銭不納仕候を、老若にて種々我々申達、社納させ申候、芸州・雲州すてに仕失申を達申つめ候事、
一、慶長十六年（ママ）　右兵衛様　常陸様、当社へ御社参被成候次日、一条之御屋敷参、当社之いわれ共委申付而、御両殿よりも御初尾十貫文つゝ、御進納候、則板倉伊賀守殿《（勝重）》得御意候へハ、惣中上下万民御酒ニ可給之由、被仰付候而、御酒ニ成申候、右内廿貫文分、右兵さまより銀子請取、沙汰人渡申候、常陸さまより料足廿貫文渡申候、惣上下之酒成共、余有之間、社用ニ相立候也、
一、きふね《（貴布禰）》山、我々才覚を以、当所之進退ニ仕候処ニ、山手少分ニ候間、種々馳走申、毎年拾四貫文つゝニ立申候処ニ、慶長十五年ニすてに八石ニ定而、其上ハ私曲ニ成申候間、我々申達候て、如前々ニ拾四石相定申候、
一、みそろ《（深泥）》池ニ有之宝泉坊より被上候袖田を、近年、けんもつ《（監物）》作申請候て、数年之間、惣中へ高免申、作相被取由候間、余候惣公物つふしニ候、然間、老若一同へ九月十三日、同十八日之老若之寄合へ田地被上候間、作仕

もの無之由候間、我々作人を調、末代無免ニ当申候、殊ニ年貢米を加増候て、無免ニ調、こうりう（興隆）仕候、慶長十七年九月ニ相定者也、

一、御本社金とうろ（燈籠）、左ニ二つ、右ニ一つ有之間、調度存候節、おち（御乳）の人より銀子壱枚奉加之間、此銀本立ニ仕、躰阿弥を頼、とうろを慶長十七年三月五日、金灯籠奉懸候、

元和元年八月

岡本宮内少輔（花押）

〔賀茂文化研究所蔵〕

史料5　元和二年付「覚」

覚

板倉伊賀（勝重）殿、京都へ御出之砌より、節々御見廻仕候へハ、一段御懇之段、無申計候、何成共御用等ハ御奉公仕度与存候事、

一、伊賀守殿、拙者ニ相当御用等共被仰付候へハ、早束（速）度々相調申候事、

一、御用不被仰付候へ共、似合御用等随分奉公仕候事、

一、伊賀守殿江賀茂之内ヨリ出申候公事共、相手くみ〱、凡書立候へハ、八十ケ所計有之かと存候、此内家来之者公事一つ、おいこ（甥御）の公事二つ計候へ共、我々ハ一切さいきよ（裁許）の時も、内々之御取合も、一言も不申候、伊賀守殿可有御存知之事、

一、右之内、惣之公事、知音・近付之公事ニも、一切罷不出候事、

一、柳芳と申者、神領・社領、過分ニ取こみ、御神供米・諸本役無沙汰仕候付、惣在所衆悉罷出候而、大明神之御事ニ申候間、此時只一度罷出候、此外ニ公事辺之儀ニ一切出出（ママ）不申候事、

一、柳芳公事ニまけ、我々ニ無理ニ不謂儀申懸候、従先規如有来申入候へハ、早束（速）被　聞召分候、然者、我々納之米を柳芳取こみ、借状仕候へ共、米返弁不仕候、此儀も急度返弁仕候へと被仰付、神領をも被仰付候へ共、何も無沙汰仕候、柳芳死去仕候砌《り》、後家とむすめとニ、毎年ニ米こい（請）候へ共、于今無沙汰仕候、

一、我々百姓作りにけ仕、越前・但馬方々仕、此比京ニ居申候いかの（伊賀）守殿へ申入候儀、大儀存、申かね、此外ニ過分之そん（損）共仕候事、

一、百姓手前未進共、過分ニ候へ共、いか（伊賀）殿へ申入候大儀ニ存、右之通候事、

一、去々年三月、松下子共内衆催、此方之小者共、理不尽ニ喧嘩仕懸候処ニ、我々せかれ（悴）参候て、相当可仕と申候へ共、御法度承候間留置、いか（伊賀）殿へ目安度々上申、彼仁被召出候へと申上候へ共、度々御うら（裏）書延候、四度めニ我々ニ参候へと被申候間、忝存参候へハ、御きけん（機嫌）悪儀候て、御聞有間敷と承候間、種々申候へ共、候へ（マヽ）共、右之通候間、さ候ハ、御加（嘉）例之あをい（葵）を上様へ罷下り可申候、御年寄衆御状被遣候て被下候へと申候へ共、無其儀候、然者、於駿河板内膳（板倉重昌）殿へ申入候へハ、余人ニ申な、御済し候て可被下之由候間、御意次第と申候、此中内膳殿之御懇之儀共、無申計候処ニ、一往いか（伊賀）殿へ御届之間、待候へと承候間、待申候処ニ、金地院（以心崇伝）殿へ参候へと内膳殿承候間、則参候へハ、金地院殿被仰様子色々有之、内膳殿被仰候ハ、金地院殿御状・内膳殿御状共御上せ候間、可相済候、此時、内膳殿御意共数多有之、則罷上り、両通之御状共、いか（伊賀）殿へ我々直ニ上申候へハ、伊州御意ニハ、御公家衆之公事とかも（賀茂）衆公事とハ、被得　御諚候てから可有御聞と承、其より于今相延申候、

一、松下手から（柄）にて、我々任証文之旨、知行仕候地子米、無理妨押（マヽ）申ニ付而、去年二月ニ、いかの（伊賀）守殿・金地院殿、御うら（裏）判付、以両使、数十度届候へ共、留守遣、ぬけ（抜）かくれ（隠）、一切出合不申候て、八月ニ彼仁中間らう（狼）せき（藉）

仕候間、とらへ(捕)可申と存候処ニ、早束(速)にけ(逃)申候、又重而御両所之御うら(裏)判付、数度届候へ共、一切出不申候、
于今相延申候、如何候哉事、

一、大御所様　御次目之　御朱印ニ、拙者領知之出米分被下候、天下外聞忝奉存、則為御祈禱之大神楽料仕候、
毎年ニ大神楽執行申候事、

一、此方之寺之留守居かはらちしゆと申者、いたつら(徒)者ニて、背　御朱印申候間、いか(伊賀)殿・金地院殿へ申上候へ
ハ、御分国中ニ背　御朱印者ハ有間敷候、早々立毛からせ、跡をも申付候へと、任　御意共申付、当知行仕候
事、

一、彼ちしゆ、いたつら(徒)者ニて、年貢米も一粒も納所不仕、殊前々未進米過分ニ有之由、御両所へ申入候へハ、
沙汰之限と被成御意、則御雑色被遣候て被下候、此中彼者不届儀共、筆帋ニ難尽存候、則　御両所殿之御折帋
共有之、御朱印ニ申者ハ有間敷候へ共、右之通ニ候、何時も此方ハ　御朱印之上、御両所之御折帋、田地之
儀付而ハ、従昔之書物共数多有之を以、可申上候事、

一、此方之百姓作りたて丶置候夏麦を、かも(賀茂)のいたつら(徒)者共、背　御朱印、理不尽ニ苅取申候、一き(揆)の企、前代
未聞之事、

一、いたつら(徒)者、麦無理ニ夜之間かひかり(苅)、此方不存間ニ苅申候、いか(伊賀)の守殿へ申上候へハ、おくニ御座候由
候、申渡し、則金地院殿へ申入候へハ、上様御きけん(機嫌)よく候間、大分之儀共被仰候、此分之儀ハ御下向候て
から可有御聞由にて延申候、然者、金地院(以心崇伝)殿急々駿河へ御下候へハ、いか(伊賀)殿一人してハ御聞有間敷と被仰、于
今相延申候、

右、万事〳〵御意次第ニ仕候処ニ、保長(有節瑞保)老きよ(虚)言共被仰候ニ御正直候間、誠かと思召候哉、保長老虚言之書物

共、懸御目可申候、又余人ニ中言申候哉、さやう《左様》のもの共、被引合候て、御聞候て可被下候、我々ハ毛頭、伊
賀守殿背御意儀ハ一切無之候処ニ、何様之儀ニいか《伊賀》の守殿御腹立候哉、ふしん《不審》ニ存候、

元和二年　　　　　　　　　　岡本宮内少輔（花押）

史料6　元和二年八月付「覚」

［賀茂文化研究所蔵］
覚　一撃軒ハ従昔代々此方旦那之子細共被　聞召候て可被下候、松田之儀ハ、従昔此方之内を一年〳〵と
ふち《扶持》ニ遣候、此書物共数多御座候、御披見被成候て可被下候事、
一、先年《天正十三》初之御検地之時、此田之指出、此方壱石六斗仕候、此書共惣私重々ニ御座候事
一、同時之水帳ニ此方付申候、惣中之帳ニ此方田地と委見へ申候事、
一、此田ニ付而出銭出来、天正廿年迄此方出申候、惣之帳ニ有之、目録御座候事、
一、此時一番衆之御中之帳ニ此方田地と能々見へ申候事、
一、天正十七年御検地之以来、此田出物算用指引目録、慥有之事、
一、此時二番衆御中之帳ニ此方田地と委見へ申候事、
一、文禄三年八月ニ、二番衆へ惣中ヨリ渡り申候帳ニも、此方之田地と委見へ申候事、
一、天正十六年ニ寺家・寺庵、其外之衆、惣中算用帳有之、悉之分見へ候へ共、一きやく《撃》軒分ハ一切無之、何
も〳〵書物共懸御目可申候、多分昔之衆之手跡之事、
一、慶長弐年ニ麦年貢被　仰付候時ニも、従此方指出仕候、此田ニ付而、書物共数多御座候、一々懸御目可申
候、多分持参仕候事、

一、此方依為旦那、此方之指出之内、似合〱一年〱とふち（扶持）ニ遣候、此者ニかきらす（限）遣候、然而此者ハいたつ（徒）らもの（者）にて候、背　御朱印申候間、ふち（扶持）はなし（離）申候事、

一、此寺を先年さく（作）蔵主可取と申、浅弾正（浅野長政）殿へ罷出申候処ニ、則徳善院（前田玄以）殿へ旦那衆被召出候、拙者も罷出、先規如有来申分候、坊主ハ中〱罷出不申候、さく（作）蔵主、其後ニ紀伊守殿、只今ハ但馬守殿ニ被居之由候事、

一、先年、此寺けつ（欠）所ニ可成之処ニ我々申達候、此様子共委申上度存候事、

一、此時ニ寺之道、従昔候へ共、道留り申候、我々馳走仕候て、別所ヲ我々請状仕候て道調明申候事、

一、此寺ニちけいと申候者、少之間置候へ共、身躰悪儀数多候、殊悪儀積り、はち（罰）あたり申候間、おやこ（親子）より（寄）合、くびかね（首金）を入、つゝをさして置申候、此時ニこのちしゆと申者ハ、ちくてん（逐電）仕、坂本さいきよう（西教）寺哉らんニ居申候をよひ（呼）かへし（返）〱、みやつかわせ候へハ、夜間ニつゝあらけ（荒）なくあたり、ちけい死去仕候間、おりふ（折）し（節）寺ニ可置もの無之付而、此ちしゆ置申候、此ものか従昔之旦那之筋、此方之田地之子細不存候て、保長老（有節瑞保）を頼申付而、請取沙汰被成候、保長老方々才覚被成候、殊虚言をたくみ、伊賀守殿（板倉勝重）へ色々被仰入候、又先　近衛殿様へ保長老ヨリ御状共、伊賀守殿へ御状共之内、拙者ニ被下候、一々相違之文躰、無申計候、此状共懸御目可申候事、

一、此ちしゆと申者ハ、いたつら（徒）者ニて、背　御朱印、二、三年之間出米も本米も一粒も納所不仕、殊前々之末進米過分ニ有之由、伊賀守殿へも伝長老殿へも申入候へハ、御分国中に背　御朱印者ハ有間敷候間、急度田地此方より申付候へとの度々任　御意、殊此方之田地旁候条申付、知行仕候事、

一、ちしゆと申者ニ　御朱印頂戴仕由申聞候へハ、其より背旦那、加（嘉）例之年頭・節供・朔日之礼・月なみ（次）一飯之ときにも、せんほう（懺法）・せかき（施餓鬼）ニも、一切来り不申候事、

一、一撃軒之寺物、柳と申候所ニ田地有之を、此方へ公事仕懸候と申候て、左近四郎と申者ニ永代候かくしうり（隠売）
申候、前代未聞、如何候哉、御分別被成可被仰付候哉事、
一、去々年、駿河ニテ保長老御宿へ参、以直面申候、御朱印之旨ニ任、当知行仕候処ニ、貴老御妨候間、上様
御前か、伝長老殿（以心崇伝）御前か、御歳（年）寄之御前か、何成共御貴老次第ニ対決可仕候と直ニ申候処ニ、御はづし被成
候、御貴老よりも数度　伊賀守殿之状共、先　近衛殿様状共之内、何も一通被下候、則持参申候、せひ共御出
候へと申候処ニ、松下頼ニ付而被仰候へ共、向後者一切被仰間敷と御懇望候間、不及是非候処ニ、又於京都保
長老方々御才覚如何存候、とかく保長老状共懸御目可申候、御披見候て可被下候事、
一、賀茂之内、いたつら者、背　御朱印、一き（揆）を企、此方之百姓之夏麦を理不尽ニ苅取申候、前代未聞、去年初
可苅取申候、急度被召出、御糺明奉頼存候、委段ハ口上ニて申上度存候事、
右、御朱印之上ニ申分者有間敷候、不届儀共、早々被寄召、御糺明奉頼存候、以上、

岡本宮内少輔

元和弐年八月吉日　従四位下賀茂保望（花押）

史料7　元和七年付「覚」　［賀茂文化研究所蔵］

一、相国様（徳川家康）、公方様（徳川秀忠）□（代々御）朱印之旨、老若一同之中ニ而、度々御定之清帋（誓）之上を以、算用被究、取こみ・押領・
隠田分を取出、御神事料ニ、任　御朱印之旨、有様之御下行被成候て、指出之上、可渡所々へ可被渡段専一候
哉、然処、老若一同之中ニ算用御きらい衆ハ、御両所様之為、被背　御朱印候哉、神慮旁無勿躰かと存候事、
一、正月・五月、其外御神事料ニ千六拾石余御下行分有之、何も〳〵指出分共ハ、我々一分ニ申上、調申候、此

御神事料之米之渡方可承候事、
一、先年月なみ（次）之算用、惣中各分可有御究候間、まつ〳〵我々手前算用仕候てくれ候へ、如此ニ百四十八人一人不残可有算用との種々御懇望候て、書物給候ニ付、大坂徳善院（前田玄以）殿小ひろ（広）間ニて算用有之時、御奉行二人被出、相方之算用状共、次目〳〵ニ御奉行二人之うら（裏）判、何も〳〵有之、算用共何も相済申候処ニ、指引なしニ、惣衆又上洛之処ニ、従徳善院殿御上使被遣、皆々かくれてのほる段、沙汰之限候、急度罷り下、指引可仕之由候、則罷下、何も指引有之、此時種々之御意共候て、則きは（棄破）の御折帋有之、其以後、惣評儀（議）にて、我々引かへ之内、少つゝ立用仕候、惣之算用状ニ見へ可申候事、
一、我々指出之内、不足分之儀、懇ニ御理共候間、毎年少つゝ御渡し候間、旦々請取申候、惣之算用状ニ見へ可申候、大神事を調申分候て候間、急度御済し候て可給候事、
一、相国様（徳川家康）御継目　御朱印、御調候へと数度申候へ共、無御調候間、慶長十六年二月十九日、老若一同之中ニ而種々申候へ共、難成由候間、我々馳走可申かと申請候て、早々板伊州（板倉勝重）殿我等奉頼、数度得御意、調申候、被聞召候ハヽ、一々可申候、然処、　御朱印請取ニ被出候衆、我々ニかくし被請取候、折節、京之宿ニて見付申候、御朱印拝見可申与色々申候へハ、先々銀子拾枚渡し申候、残り聽而可渡と被申候、此儀ニハ取あい不申、御朱印拝見可申与種々申候へ共、かも（賀茂）にて見せ可申と被申候、此　御朱印ハ板倉殿我々奉頼、我々調申候処、我等ニ御かくし、不審存候、せひ（是非）とも拝見可申与達而申候へハ、御見せ候、然処ニきふね（貴布禰）分のそき（除）被請取候段、如何候哉、只今伊賀守殿同道申、御筆者衆へも申可調由色々申候へ共、一人として申破り賀茂へ上り、目出度由可申と被申候間、以後ニ者手間可入候条、只今せひ御出候へと、達而からかい申候、殊先日伊州殿御意ニ、御朱印数多有之与御申候間、度々我等之申請候間、此度者一帋ニ一書被　遊候様ニ申入候へハ、尤与御意候間、

其時ニ我々為覚ニ如此安文〔案〕凡仕、毎日ニ持参申候、若此上ニ書入度儀候ハ、承候へと申、各へ見せ申候得共、有無ハ御申なく候、聽而可取由御申候間、重而ハ手間入可申候間、せひ共、只今与からかひ申候儀、各御出之衆、其外衆も委御聞候、せひニきふね（貴布禰）之儀、御造作まいるへきと申候へ共、帰る老若中へ艮（銀）子拾枚渡申候、残りもやかて〳〵可被進之由、披露被成候、其後、大のちニ指そへ（添）の（野）中へ五枚艮（銀）取返し候て来る由披露候、老若へハついに聞不申候、然者、拾枚誰殿ニ渡し、五枚誰殿より御取返し候哉、承度存候、きふね儀、早束〔速〕可取と被仰候仁、只今御申候て、急度御取候へと可有御申候、然者、只今御奉行へ成共、又ハ上々へ成共、可被仰之様子可有之候へ共、此一儀ハ我々御かくし（隠）候間、不及申ニ候哉事、

一、御神事料ハ、従昔出申候本役有之処、従先規出来り申候御供料も不出、あまつさへ社領取こみ、其上ニ惣中へ催促可入与節々惣中へ使、殊御折帋被付候間、惣一同ニ迷惑候て、算用有様被成候書物共有之、然処ニ、寄合片贔屓候て申破る仁躰ハ神敵ニ候へ共、当所ハ主なしニ候へハ、諸事難調付而、〔若欠カ〕老一同より興行、衆中算用之究御頼候へ共、無同心候間、せひ〳〵共、神奉公与思召候て頼由、達而被仰候間、惣一同算用被成書物共、多分御渡候付而、明神へ奉公ニ同心被成、先々起請書、又其上ニれいしや（霊社）の起請、惣より渡書物之上、けん（憲法）はうニ算用被仕候へ共、申破る衆候間、とかく伊賀守殿へさいきう（罪咎カ）ニ相方罷出、得 御意申候処ニ、書物共上被 聞召分候て、被仰付候へハ、御請被申候へ共、米不被出候間、参人も引かけニ成申候ハヽ、御神事退転可仕之由申上候へハ、伊州殿よりも御折帋被下、殊御懇之御意共、忝奉存候へ共、神慮幷御意も背衆候て、申破り候様子共、前後之儀共、各聞被申、過分之米可被請取、惣一同之書物興行中ニて、究かけて置申も、ちかい（違）ハ無之候、将亦興行衆中起請之上ニて、社領ちゝ（遅々）仕候をも、過分ニ取返し、社用立申候、徒者ハ興行衆そね（嫉）み、へんしゆ（偏執）の衆候間、万事此比ハひけ候と見へ申候、

一、此外従昔出申候物共も不出、従昔取不申候物をも、手から(柄)次第ニ取候へ共、有無不申衆、昔之証跡・社法を申ものヲそねみ(嫉)、にくみ(憎)申候間、とかく御奉行さま江申上、昔之書物共、神法無相違様ニ候ハヽ、尤目出度可為長久候、

一、惣中へ過分ニ出申物も不請取、又少つゝ可渡物も人ニ不渡、何事ほしいまゝ儀共、数多有之、

一、弐千五百七十弐石　御朱印之上、米共渡方一切見へ不申候、御存知之仁躰候ハヽ、可承候、

一、天正十年初之御検地之時、当所境目へハ、御さほ(棹)一本不入様ニ、我々申上候へハ、御免ニ調申候、他所へ出申分ハ、指出可仕候様ニ申付候へハ、皆々こわかり(恐)指出延引仕由申上候へハ、御さほ(棹)も御免被成候間、物成も御免成候へハ、他領迄皆々忝なかる儀、無申計候、

一、小野郷ハ山門領・武士方々入くみ(組)にて候間、御さほ(棹)のそき(除)ニ成不申候、然処ニ御神事数多分御座候へ共、村井吉兵衛(貞勝)殿之御代官被成、少社領多分ハ不納、此由、秀吉公へ申上、近年之不納分迄申上、此時如先規帳面政所様迄申上、悉吉所ニて請取、其より高野里・大原里・坂北・市原野・幡枝、方々分不納分迄、如帳面請取、後々御検地之時、当所之出米分ニ候へハ、近年当所内ニて替地請、其後皆々当所之内ニテ直納ニ成申候、

一、天正十三年御検地之時ニ、御さほ(棹)は御免ニ参候てくれ候へと各被申候間、可参与存候へ共、若不成時ハ如何候間、誰々同道可申候哉、談合も可有之候間、前かと(廉)御免被成候間、相違有間敷存候へ共、誰殿成共同道可申与申入候、誰も無御出候、南御所ほうきやうゐん(宝鏡院)御びくにんしゆう(比丘尼衆)、政所さまを以、御わひ(詫)事被成候へハ、御免ニ成申候条、伊勢屋・う田なとも御免ニ成申由承候間、多分別儀ハ有間敷と存候へ共、同ハ一人成共同道可申与申候へハ、きふね(貴布禰)の上人そへ(添)可申候と被申候間、尤与申候、きふねへ上人よひ(呼)に被遣、御上人御出候へと各被仰候へハ、前々ハ巻数上申、帯一筋そへ(添)申候へ共、近年調はう(法)不成候間、参儀ハめいわく(迷惑)の由候処ニ、惣中より音

信物可進由候、さらハ可参与被仰候、何可然与談合候、板物可然之由候へ共、調共不成候間、さ候ハヽ、物書切給候へ共、立うり（売）我々切帋可遣申、立うり二所へ切帋遣し候へハ、早束〔速〕板物五端〔反〕持参申候処ニ、五端か、三端か、先端計可然与申候、色迄覚申候、もゝ（桃）色とねもし（文字）と二端、三端返し申候、治部少輔高就被来候て、けつこう（結構）成物ハ何方より来るそと被申候処、只今上人之みやけ（土産）ニ可被持と役者被申候へハ、此細々有之御検地不入物御遣候、此代ハ誰出候そと被仰所ニ、惣田地ニ付而可出と役者被申候へハ、調候ハヽ人なみに可出候、不調候ハヽ一粒一銭出し申間敷候、為其只今申候て置由候と被仰候間、是を聞も上人参間敷由被仰候、さらハ我等一人ハ参間敷と申入候、高就之一言付而さほ（棹）入申候、

一、此時、松浦弥左衛門殿（重政）御奉行ニ御出候て、拙者ニ参候て申上候へ、別儀ハ有間敷候、御さほも可有御待之由候へ共、御さほ請申候ハん由候間、不参候与申候へハ、同ハ参候へと御〔被〕申候へ共、右分ニ候間不参候、然共在所内ハさほ御待候へ、参候て可得御意と申候へハ、尤与被仰候条、則参、今度者田畠ニ御さほ請申候、在所之内、少□屋敷之儀□是ニ地子出申候ハヽ、社人上下迷惑可仕候間、在所内ハ御祈禱ニ御免ニ申上候へハ、早束〔速〕御免被成、弥左衛門ニな打申候そと、御意之通申入候へハ、田地も打かけ待可申候間、参候へと御申候へ共、無其儀候、此時様子共、委申聞度存候、

一、指出被成候へと申候へ共、皆々こわかり（恐）指出無之躰ニ候間、先日時ニ小野郷分申調候間、各手前ハ存次第分、社領分指出被成候へと、我々達而申候へハ、其ニちへ（知恵）つき社領分指出させ申候、地下人共こわかり、不仕ものハ、さほ次第米計申候、家来ノ者共、少つヽ申付、指出仕候、惣之指出之時ニ、西ハひたち（常陸）の守、中ハ刑部丞、東ハ市正被下候、我々ハ父夫（夫婦カ）みやけ調罷下り、惣之衆・雑掌衆宿ニ而、我々父夫（夫婦カ）二人、早天ニ御城上り、早束〔速〕申上候へハ、指出之面調申段申度故、惣之衆ハ御城へ御出不及、早々調申候、然処ニ、けつく（結句）惣指出之

内、別之所へ被命ニ、不届儀可申与申候へハ、ひらニかんにん《（堪忍）》仕候てくれ候へ、驢而惣返るへき由被申候間、遠慮仕候、其時様、御聞候て、惣中へ御取返し候ハヽ、いぎ《（異儀）》申仁ハ有間敷之哉、

一、天正十七年、御検地之時、あい《（安威）》殿へ委申入候へハ、さほ入す候ハヽ、在京衆ニ被頼候と思召候間、さほ入、別帳ニ仕候間、我々参候へとも、人ニ申上、御帳へ御入有間敷と被仰候間、同心申、以参上如先年御免ニ申調候事、

一、慶長十六年、相国様《（徳川家康）》ヨリ御検地之時も、我々度々御免ニ申調候間、相国様　御前之沙汰時、我々可申上在所之内、御免調申候段、可申上候間、在所之内、屋敷方少々畠共、如有来、於御用捨者、忝各可奉存候間、委申入、御免ニ調申候、此様子共申度候事、

一、百四十人往来田之内、五斗五升つゝ、社用ニ永代売被成之事、

一、信長様《（織田）》御代ニ永代徳政之きは《（棄破）》の御高札懸申付而無相違処ニ、五斗五升本役分ニ相国寺茂西堂ヨリハ、御弓頭平井久右衛門殿より御使者、惣中へ来り申候、此時分ハ、皆々子共迄なき申候ニ、かずさ《（上総）》殿之衆と申候へハ、子共なき《（泣）》やみ申候ほと、こわ《（恐）》かり申候、我々惣より御理候間、惣中之為、神奉公ニ参候て、我々申分存分ニ達候、又小川・ふじ屋・しほ屋より者、御物書片岡彦六殿預御使者候、此所へも節々、我々参候て申分候、惣中為、如存分申達候事、

一、正伝寺ずいせん《（瑞泉）》軒より、大津伝十郎《（長昌）》殿より雑掌いよ《（伊予）》守所へ催促付申候、老若一同寄合候へ共、御理ニ申分ニ一人も無御出候、我々出京仕、日暮て罷帰り候、各御待候て、路次迄人給候間、いよ守所へ直ニ参候て、御理申候処ニ、無同心候間、我々当所之者ニ候、木下藤吉郎《（秀吉）》殿被懸御目、毎日出京仕、只今帰り申候、藤吉殿より御折帋被下候、御不審ニ候ハヽ、可懸御目候、然者てい《（亭）》主ハ留守にて、女房衆計、子共たいて《（抱）》ねら《（寝）》るゝ由、火も

くら（暗）き所ニ、男衆御出候て御座候儀、如何哉、伝十郎殿与不申承候ハね共、節々面向候てハ懸御目候、先々今夜ハ御帰り候へ、明日夜明てから御出候へ、ていしゅ（亭主）ニ引合可申と申候へハ、此様之儀、平久右殿・同片彦六殿被仰付被成候へ共、我々申分、多分被聞召分之由申候へハ、さらハ定ふ（符カ）こい候へ共、其ニ不及、催促衆へ申達、立申候へハ、各御満足、此時之様子、筆舌難尽存候、然者、次之日信長様安土へ　御下り被成候へハ、伝十殿も御供にて御下り候、

一、惣中ヨリ安土下り候てくれ候へと御懇望候間、いよ（伊予）の守方同道申罷下り、丹羽五郎左衛門尉（長秀）殿参、此中御高札之旨申達候様子申入候へハ、人御そ（添）へ可有之候間、我々ニ参候へと御意ニ候へ共、先々大（太）田又助（牛一）殿被遣候へ、其上ニ可参与候へハ、尤与被仰候而、大（太）田殿へ様子申渡候へハ、右之通、被仰候へハ、我々参ニ不及候、世上之なみ御聞つくろい可被成由申候、此中拙者申分様子委申度候、今之若衆ハ御存知有間敷候、御聞候ハヽ、可申候、

一、十人之老者田も右之通、同前ニ相済申候、

一、雑掌田年貢米之儀、織田三郎五郎（信広）さまより御上使者ハ津田修理殿、此安（案）内者ことらと申者、さしず（指図）仕候を、誠かと思召候て可被　仰付之躰ニ候、則　公方様同ほう（朋）歳阿弥殿ニてさいきよ（裁許）時、五三人罷出候時、修理殿、町屋より出候て、ことらニ御といい候て被申候、此方之衆申そこ（損）ない候て、一段修理殿御腹立候、町へといに御出候間、我々一往可申候、悪候ハヽ、あれハ生ぬさきの事、何も不被存候と御申（候へ）、先々御腹立なき様ニ可申と申候へ共、尤与此方衆被申候間、乍恐我々申様ニより、御腹い申候、其時之申様共、御聞候ハヽ、以来為御分別可申候哉、我々申様ニ付而、申分候て、三郎五郎様被聞召分、指樽一荷御礼ニて相済申候、惣中満足被成事、

一、当所社辺へ我々一分ニ寄進こうりう《（興隆）》共数十ケ所仕候、又御神事数百年退転之仕候をも、此御神事料末代寄進仕候、何も〳〵拙者之《一分ニ》仕候、少も余人之物ハ一切入不申候、則書付有之事、

一、当所惣中へ我々一分ニ寄進こうりう共、数十ケ所仕付候、

一、美作国しとり《（倭文）》の庄、社領久々退転仕候を、秀吉公備中御陣之時、我々一分ニ陣参仕、幡《（播）》州・作州・備前・備中、方々馳走仕、作州不知行仕候を可調ために、拙者自分ニ方々へ音信共、拙者調申、作州江原殿《（親次）》与秀吉公之間御使仕、三月より罷下、五月廿五、六日ニ目煩申候へハ罷上り、上養生仕候てから下り候へと任御意ニ罷上り、其間、人足一人も惣より来り不申、小者共も我々自分之遣申、社領を調、社中へ進候、此中才覚共様子御聞候ハヽ、申度存候、此間之造作壱つさい《（一切）》ハ一分ニ仕、為神慮之外聞ニ調申候、さて種々馳走仕候間、少々社領進納と申候へハ、宇喜多殿より衆師《（宗旨カ）》替申候と被申付候間、賀茂・伊勢・八幡・あたこ《（愛宕）》之初尾も一切上せ不申候間、御其《（ママ）》御心得被成候て可給候、此中《御》馳走、御芳恩之御礼をハ可申入之由候条、我々申様ニ者、御礼物一粒一銭《不》可被下由候共、毛頭同心申間敷候、外聞候間、小者ふちほ《（扶持）》と成共、初尾と申候へハ、右之通候間、初尾成申間敷と被仰候、重而於京都御用候ハヽ、可成程馳走可申と存之由申候処ニ、我々ニ礼と被申、少到来候、外聞候間、惣中へハ有様ニ出し申候、四ケ国、五ケ国を我々一分ニ造作無申計候、

一、しゆらく《（聚楽）》御城之ふしん《（普請）》ニ江原罷上り被申、前かと《（廉）》の口にて候間、万事用共馳走、ふしん中、道具・飯米用共被申候間、方々ニて馳走仕候て進候、然者、ふしん之料足共上り申候間、引かへの所へ直ニ渡し済し申候、飯米分ニ請取ニ備前迄下し申候、其時少々初尾如何候哉申越処ニ、法度ニ初尾とハ《成不申候》、此中御馳走分ニ礼と被申候《（ママ）》、上せ被申候間、惣中出し候へハ、治部少輔高顕被申候ハ、社領をハ印之御前ニて御祝儀候て、社務之判取、罷下り候てこそよく候へ、小者ふせい《（風情）》ハいかゝ《（如何）》候やと被申候間、尤ニて候、是ハ引かへ取ニ下し候時ニ申

越候へハ、兼而如被申候、私分ニ候へ共、社中進候、返し被置候へ、礼物ニ取間敷と申候間、国へ可返と申候へ共、不被返候間、不及是非候、重而印手之前ニて、社務判三つも五つ取て被下候へと申候へ共、一切無其儀候間、又不知行成申候、其後、備前替り之儀候間、作州衆、当方へ御奉公申度と、数多我々所へ被来候て、数日留り被申候へ共、調成不申候、其衆被申様子、右近殿御しんしや(親者)ニて候間、御貴殿より被仰候ハヽ、定而御初尾可御上せ有由被申候へ共、高顕一言聞てから馳走不申候、作州衆節々上洛逗留共候て、其間、造作共度々儀無申計候、

一、信長(織田)様御代、村井(貞勝)殿より当所諸役万事被仰付、百姓共永(長)夫・陣夫、自飯米ニ被仰付、方々国かけニ出申候、社人衆も夫役召遣候、迷惑存候事、各御忘候哉、

一、秀吉公さま御代ニ成、我々申、如先規しゆこしふ(守護使不)入之　諸公事御免、山林竹木、別而人足非分之課役御免之御判調、惣へ進候、

一、加州・能州社領、如前々無相違様之御判調、又左衛門尉殿進候、則於坂本、前田(利家)殿へ直御判懸御目申候、加州金津庄けいは(競馬)・能州土田庄けいは馬之儀申入候へハ、毎年けいは前ニ馬二疋つゝ、御上せ可有之由候へ共、馬ハ此方ニかり申候、入用御上せ奉頼由我々申入候、其時、あい(安威)殿・さつまや(薩摩屋)宗二同道申、直(ママ)ニ儀、各御聞被成候処ニ、当右衛門大夫親主馬首望、加州ゟ下り被申候、則国ヨリ金半枚可有御渡由候、可請取与ゟ注進被申候、其時、越中御陣へ御立候、越中へ少御見廻ニ被参候ハヽ、一かと(廉)御上せ可有之処ニ、不被相越候て、上り被申候て、みやけ(土産)の代・役銭共しんらう(辛労)分共算用仕立、石別之時引取被申候、右之金子出申候か、我々一切不存候、

一、秀吉公さま御判共数通調、惣中へ進候、別而国々在々所々之無相違御判調、惣中ニ于今小箱之中、数通可有之事、此外御朱印数通調進候へ共、一度も御礼ハ我々調申付入不申候、

一、当所へ弐千五百七十弐石之御朱印、土手出来申ニ付、土手替り之時、御朱印出申候時も、御遣を我々仕候時ハ、一切御礼入不申候、

一、相国様(徳川家康)御継目、板伊州殿(板倉勝重)、我々奉頼、調申候へ共、御礼無之候、然処ニ　相国様へ為御礼物弐千五百七十弐石、石ニ付而艮子(銀)三分つゝあつめ被申候、此外銀子五枚分地下分も出申候、役名之算用状壱貫め内外有之と見へ申候、何を以御礼被申上候哉、ふしん(不審)／＼、拙者一往聞せ候人ハ無之候、

一、公方様御継目之　御朱印為御礼、弐千五百七十弐石ニ付而、一石ニ付艮(銀)弐分つゝ、悉出し、請取被申候、何を以御礼被申上候、惣之衆ニ而一切不被申候、何も／＼惣中可被申候処ニ、此時も地下ヨリ艮子(銀)出由也、

一、江戸　上様年頭御礼、但茶進上之儀、其外出銭之儀付而、家なみけふり(煙役)約ニ出銭可仕と起請連判置文、度々有之也、如法度被請取候哉、数度如社法可被請取処ニ、出し被申仁、請取不参候哉、度々起請置文如連判有之、無之か、不審存候、如此私ニ恣ニ候へハ、清帋(誓)も被背申候、無勿躰存候、

元和七年　　岡本宮内少輔保望(花押)

〔付記〕本稿を掲載した『賀茂文化研究』は、京漬物の老舗「なり田」のご当主であった成田道泰氏が私費を投じ創設された賀茂文化研究所の紀要である。平成四年（一九九二）に創刊され、上賀茂の歴史・文化にかかわる優れた研究を数多く掲載したが、平成八年八月、氏が六十二歳で逝去されたため、第六号（平成十年）をもって休刊となった。記して生前の氏の厚恩に深謝する。

むすび

本書においてあきらかとなった点と残された課題を整理し「むすび」としたい。

第一に課題とした「山門の「惣寺」としての構造」については、嗷訴（山訴）が一院から末寺・末社、さらには一山へと次第に拡大していく経過をたどることによって、山門の「惣寺」が衆議の積み重なりとして存在したことが不十分ながらあきらかとなったものと考える。ただ、「惣寺」が保持した多様な機能については未解明の部分を数多く残すこととなった。とくに他の多くの惣寺では、鎌倉時代から南北朝時代にかけて、戦時に「宿老」と「若輩」が軍事と祈禱を分担する体制が確立するが[1]、山門における「宿老」と「若輩」の任務分担に関してはその実態を解明するにはいたらなかった。ちなみに山門は、応仁の乱中の文明七年（一四七五）の八月から九月にかけて、室町幕府（東軍）の要請を受け、近江で西軍の六角高頼と戦闘しており[2]、このころまで惣寺としての武士と対等に戦える戦闘能力を保持していたことはまちがいなく、「若輩」をもってする山門の惣寺としての軍事力が具体的にどのようなかたちで存在したかを今後の研究課題としたい。

第二に山門と武家政権（室町幕府）の関係の推移については、南北朝時代末以降の嗷訴（山訴）および応仁の乱時の京都の政治状況の検証を通じて、これまで以上にその様相をあきらかにすることができた。とりわけ嗷訴に関しては、山門使節制度の発足後ほとんど途絶えていたのが[3]、嘉吉元年（一四四一）九月以降、再び頻繁に実行されるようになるという事実を確認できたことは、山門と幕府の関係を考える上できわめて重要と思われる。

なぜならそれは嘉吉の変とそれに続く土一揆（嘉吉の土一揆）を契機に、山門使節制度と馬上一衆（土倉方一衆）制度の崩壊が始まったことを明確に示唆していると考えられるからである。

山門の嗷訴が惣寺として三院の合意があってはじめて成立するものであったことは、第一篇第二章で詳しく見た通りである。山門使節制度が発足してのちの嗷訴の断絶は、山門の惣寺が同制度によってその機能をほぼ完全に停止させられていたことを物語っている。そして、そのような惣寺の活動を抑圧するための山門使節制度を永享の山門騒乱以後も幕府の強権の下に存続させていたのが将軍足利義教であり、彼の横死によって幕府・山門使節の抑圧下にあった惣寺が一気に息を吹き返したのは、いわば当然のなりゆきであったともいえよう。

一方、馬上一衆制度の崩壊については、嘉吉の土一揆がその直接の契機となったことを改めて指摘しておきたい。馬上一衆体制の下、山門と幕府が京都の酒屋・土倉から毎年徴収していた日吉小五月会馬上役（日吉社の神役）と酒屋・土倉役（幕府の公役）は、合わせて八千貫文を越える。この巨額の神役・公役は、京都とその近郊の民衆が彼ら酒屋・土倉に負うていた債務がいかに莫大なものであったかを示している(4)。すなわち、馬上一衆体制は、京都とその近郊の民衆からの苛酷な富の収奪システムとして存在していたわけであり、その機能の停止を目的として蜂起したのが嘉吉の土一揆であった。そして、それがいかに大きな成果を収めたかは、以後しばらくの間、日吉小五月会馬上役と酒屋・土倉役の徴収がともに停止に追い込まれていることが何よりもよくこれを物語っている。以降、馬上一衆制度は次第にその機能を低下させていくこととなる(5)。やがては勃発する応仁の乱という幕府の内部抗争の第一歩は、この嘉吉元年に始まる山門使節・馬上一衆制度の瓦解にあるといってもよいものと考える。

嘉吉元年以降、応仁の乱にいたる間の具体的な検証作業は今後の課題とせざるを得ないが、ここでは幕府にとって最後まで山門との共立体制がいかに政治的・経済的に大きなウェイトを占めていたかという点だけを指摘しておきたい。そのなによりもの証しが本書の第四篇第一章であきらかにした、乱中、ほぼ一貫して軍事的に劣勢に立たされていた幕府（東軍）が京都でその狭小な陣地（「御構」）を山門の支援によって保ち得たという事実である。この点で応仁の乱の歴史的評価は、山門と幕府の共立関係を抜きにしては不可能といっても過言ではない。

第三に山門と京都・近江の民衆の関係に関しては、日吉社の大津神人、坂本の馬借をとりあげ、彼らの活動を検証するなかで山門がどのようなかたちで民衆支配を行っていたかを考察した。その結果、大津神人については、本来、日吉社の「神物」「祭物」を原資として金融を営んでいた彼らがやがては京都に進出し、「日吉神人」として山門の統制下に入る過程を検出することで、馬上一衆なる組織が出現してくる歴史的経緯を構造的に理解することが可能となった。

また、坂本の馬借に関しては、彼らが山門衆徒と同様に日吉社の神々を産土神として仰ぐ集団として存在し、神威を帯びた集団として嗷訴の尖兵の役割を果たすとともに、時として山門・幕府に敢然と立ち向かうことができる存在であったことが確認できた。「王法仏法相依」という強力な中世の呪縛下にあって、山門衆徒と同様の神威を帯びた彼らの活動が、やがて一般民衆の蜂起を誘発したことは、嘉吉の土一揆が彼らの六角満綱への攻撃に牽引されるかたちで惹起しているという事実が如実にこれを示している。早く文保二年（一三一八）に坂本の馬借の前身と考えられる坂本の住人が、山門に対しみずからの要求を掲げて覆面姿で日吉社に閉籠していたという事実とともに、民衆の蜂起において彼らが果たした前衛的な役割の検証を今後の課題としたい。

最後に考察した京都の景観の変化については、いまだ分析の手法が確立されていないこともあり、顕著な成果をあげるにはいたらなかった。ただ、応仁の乱については、先にふれた山門の果たした役割の大きさを実証的に指摘できたこととともに、乱中の京都が決して焼け野原となっていなかったことを実証できたことは、それなりの成果であったと考える。また、東山の景観と河原者の居住地区としての「四条河原」に関する考察では絵画を歴史史料として活用し、これまで知られなかった数多くの事象を明示することができた。とくに「四条河原」における河原者の居住地の領域とそこでの彼らの生活実態の一部が提示できたことは大きな成果と考える。

このほか「王法仏法相依論」と山門とのかかわりについてあきらかとなったところを整理すれば次のようになろう。山門が中世、「王法仏法相依」という理念を基礎に公家・武家政権を思いのままに動かそうとしていたことはあきらかである。むろん現実には、すべてが彼らの思惑通りに進んだわけではなかったが、南北朝・室町時代を通じて嗷訴をもってする彼らの訴えがほぼ全面的に公家・武家政権に受け入れられていることは、この方法が政治的にきわめて有効であったことを示している。

一方、公家・武家政権（王法）も山門（仏法）との「相依」関係を活用することで大きな成果を得ていたことは、山門使節・馬上一衆制度によって彼らがこうむっていた多大な政治的・経済的利益を見ればこれまたあきらかであろう。「王法」と「仏法」は南北朝時代末以降、ともにその「相依」関係を活かすことで、京都においてそれなりに安定した民衆支配体制を作りあげることに成功していたといわなければならない。

また、本書ではその一部についてしかふれることができなかったが、この両者の「相依」関係が都市祭礼としての祇園会の有り様を大きく規定していたことは、改めて指摘しておきたい。

南北朝時代以降で祇園会の有り様が大きく変化するのは、応安二年（一三六九）から康暦二年（一三八〇）にかけてのことである(6)。この間、これまで見られなかった神輿渡御を欠いた山鉾・風流の巡行のみの祇園会が出現する。その発端は応安元年に始まるいわゆる南禅寺事件にあった。山門が嗷訴で穢れた日吉神輿の造替を幕府に要求したのに対して幕府はこれを拒否。その結果、山門は祇園社の神輿の渡御を認めず、応安二年から応安六年までの間、祇園会は停止となる。これに対して翌応安七年になって将軍足利義満がとったのが、山鉾・風流の巡行のみをもって祇園会とみなすという方策である。応安七年を例にとれば、この年の祇園会は六月七日・十四日の両祭日ともに神輿渡御はなく山鉾・風流の巡行だけが執行され、義満はそれを四条京極（七日）・三条烏丸（十四日）の桟敷で見物している。山鉾・風流の巡行だけの祇園会の始まりである。以降、同様の祇園会は、康暦二年まで続く(7)。

このような祇園会のあり方をもって、「山鉾巡行そして祇園会」は「幕府のもの」であったと解する向きもある(8)。しかし、そうではなかろう。それは康暦二年六月にいたり幕府が日吉社の神輿を造替するや、翌年からは神輿の渡御と山鉾・風流の巡行をともに執行する祇園会が復活しているところからもあきらかである(9)。つまり祇園会本来の姿はやはり神輿の渡御と山鉾・風流の巡行の二つがそろったものだったのであり、後者のみの祇園会はやはり異例であったといわざるを得ない

そもそも山門が神輿の渡御を止めることで祇園会をコントロールできたのは、本書第一篇第一章でふれたように、祇園社が山門（仏法）の庇護する日吉社（「山王」）の京都における「代官」となっていたことによる。これに対して、公家政権は同会の舗設の一部（歩田楽・御幣役）を負担することで「王法」としての分掌の義務を果たしていた(10)。ところが南北朝の内乱によって公家政権がその負担に耐えられなくなった結果、応安元年に始まる嗷訴では、山門の祇園会に対する祭祀権だけが一方的に行使されるという事態が生じ、同会は長期の停止へと追い込まれたのである。そのような状況のなか幕府が苦肉の策として講じたのが、山鉾・風流の巡行をもって祇園会に見立てているという方法であった。

山門の行為に関しては、ほとんどの場合なす術を欠いた幕府が祇園会に限ってこのような強硬策を断行したのは、都・京都の安寧を保つための都市祭礼としての祇園会をそれほどに重要視していたからであろう。それまでの公家政権に代わって「王法」の実践者となった幕府（義満）は、祇園会を山門（仏法）の手にすべて委ねるこ

とだけは何としても阻止しなければならないと考えたに違いない。

また、幕府にとって幸運だったのは、祇園会にはいまだ山門の統制下に入らない宗教的行為が残されていたことである。京都の民衆が自主的に執行していた山鉾・風流の巡行である。山鉾・風流の巡行の始原が、公家政権（王法）の下で行われていた御霊会にあることはよく知られている。祇園会は祇園社の祭事であるとともに、「祇園御霊会」とも呼ばれたように御霊会の伝統を引く疫神送りの神事でもあり[11]、京都の民衆が同会に山鉾・風流を出し続けていたのはこのためであった。幕府はその山鉾・風流の巡行をもって祇園会とすることで、神輿の渡御なしの新たな祇園会をいわば強引に作りあげたのである。以後、神輿の渡御が復活してのちも、山鉾・風流の巡行は幕府がその強権下において執行する神事となる。応安七年（一三七四）を境に、山鉾・風流の巡行が幕府のいかに強固な管轄下に置かれたかは、それが将軍の桟敷での見物と不可分のものとなっていることや、その実施費用が幕府によって京都の民衆（在地人）から徴収されていることがこれをよく物語っている。

前者に関しては、たとえば応永八・九年（一四〇一・〇二）の祇園会を例にとれば、この両年、同祭は神輿の渡御のみで山鉾・風流の巡行は中止となっているが、その理由はそれぞれ「依無室町殿御出[12]」、「北山殿無御見物之故歟[13]」というものであった。足利義満の御成・見物がなければ、山鉾・風流の巡行は不必要とされたのであり、かの神事がまさに幕府（将軍）のためのものとなっていたことがわかる。

一方、後者についてはすでに指摘されているように、山鉾・風流の巡行にかかわる経費は、「在地之所役」とも「在地々々神役」と呼ばれており[14]、人々がそれを幕府の課役と認識していたことはまちがいない。この「所役」「神役」がどのようなかたちで徴収されていたかはわからないが、ただ、それがまちがいなく幕府の手に渡っていたことは、その支出が公方御倉によって執行されていることによって裏づけられる[15]。

山門の統制下にあった祇園会の神事（神輿の渡御）費用（「祇園功程」）が、南北朝時代末以降、馬上一衆によって日吉神人から徴収された日吉小五月会馬上役のなかから支出されていたことは、本書第四篇第一章でも一部ふれた通りである。[16]これに対し幕府は京都の「在地」からの「所役(神役)」を徴収することで、独自の財源を確保し、山鉾・風流の巡行を財政面でも山門に相対できる神事に作りあげていたといえる。

なお、中世の祇園会の有り様については、すでに厖大な研究成果が蓄積されており、ここで用いた関連史料もほとんどすべてが周知のものである。それにもかかわらず、なぜか同会ともっとも深くかかわっていた山門との関係については、これまでほとんど検討が加えられていない。[17]中世の寺院社会が保持していた強大な力に対する認識の欠如によるものといわざるを得ない。

のち応仁の乱後になぜ幕府が山門の反対を押し切ってまで長く中断していた祇園会を再興しなければならなかったかをふくめ、祇園会の歴史的性格の解明には、その祭祀権をめぐる「仏法」と「王法」の覇権争いという観点からの検証が必要不可欠と考える。今後の課題としたい。

(1) 近江の大原観音寺は、元弘三年(一三三三)六月、守良親王の挙兵命令を受けたさいの惣寺の対応について、「然間、令参上于大平寺、云城墎結構、云警固忠労、旁致勤厚之処、同九日、為誅罰凶徒、被挙御幡之刻、練行之老躰者、参詣仏前而抽御祈禱之懇念、武勇之若輩者、馳向馬場致戦功之条、大将軍御見知之上者、不及子細」と述べている(『大原観音寺文書』五九号「観音寺衆徒等申状」)。また建武元年(一三三四)五月、倒幕の「令旨」を受け取った和泉の松尾寺でも、「松尾寺衆徒等申状」(『和泉松尾寺文書』)で「当寺衆徒、於宿老者致御祈禱、至若輩者帯弓箭可馳参金峯山之由、被仰下之間、宿老者専抽御祈禱之忠、若輩者馳向金峯山、捨身命及合戦之処、住侶讃岐房、同俊信忽討死畢」と述べており、両寺では戦時には「宿老(老躰)」と「若輩」がそれぞれ「御祈禱」と「弓箭(武勇)」を分担したことがわかる。

(2) 『親長卿記』文明七年(一四七五)八月七日条に「伝聞、自山門発向江州、退治佐々木四郎云々、為敵之間、為上意

有御許容云々」と見え、また、『長興宿禰記』同年八月十日条は「今日聞、昨今山門大衆、率江州軍兵下山、為令退治守護佐々木六角四郎云々、近日佐々木依為御敵同意、国中山門領其外諸知行等、京極軍兵同進発、山門相伴可退治云々」と記す。この時に多賀高忠軍と連合して六角高頼勢と戦った「山門大衆」は一度は勝利を得るが、九月に再度行われた合戦では大敗を帰している（『長興宿禰記』文明七年九月十日条）

（3）康暦元年（一三七九）以降、嘉吉元年（一四四一）までの約六十年間で、永享の山門騒乱時を除けば、日吉社の神輿が山上に移されたのは、応永二十一年（一四一四）・同二十二年・正長元年（一四二八）の三度を数えるにすぎず、それもすべて一基の神輿であることから、一山（三院）ではなく一院としての嗷訴であったことがわかる（本書第一篇第一章参照）。

（4）八千貫文はあくまでも日吉小五月会馬上役と酒屋・土倉役として山門と幕府に納付された金額で、現実にはこれをはるかにうわまる金額（「余銭」）が両課役とともに京都の酒屋・土倉等から徴収されていたことについては、拙著『京を支配する山法師たち—中世延暦寺の富と力—』（吉川弘文館、二〇一一年）参照。

（5）嘉吉元年に一度は破綻状態におちいった日吉小五月会馬上役と酒屋・土倉役の徴収が文安元年（一四四四）ごろから復活したこと、また、康正二年（一四五六）から同三年にかけて幕府と山門が新たな体制のもとに神役と公役の徴収を実施しようとしていたことなどについては前掲註（4）拙著参照。

（6）山門が最初に集会事書をもって祇園社執行に南禅寺の破却を命じたのは、応安元年（一三六八）閏六月のことで、同年の祇園会はすでに終わっていた。翌応安二年になると、祇園社の三基の神輿は日吉社の四基の神輿（大宮・客人・聖真子・三宮）とともに、祇園社内に安置されており、当然、祇園会は中止となっている（『続正法論』）。また、応安三年は「祭礼（神輿渡御）」はなく「京中鉾等」の巡行だけが行われている（『後愚昧記』同年六月七・十四日条）。

この前後の山鉾の巡行だけの祇園会については、川嶋将生氏がすでにその事実を「山鉾の単独巡行」としてとりあげ、山鉾の「風流化」「大型化」との関係を指摘されている。氏はまた「将軍の（祇園会の）見物」は「祇園会そのものの見物よりもは、むしろ山鉾の巡行に主眼点」があったことも指摘されているが、ただ、それがいかなる歴史的意味を有するかに関してはとくに言及されていない（「天文期の町と祇園会」、『中世京都文化の周縁』、思文閣出版、一九九二年）。鎌倉時代末以降の祇園会の執行状況については、河内将芳「祇園会を見物するということ」（『祇園会の中世—

室町・戦国期を中心に―』、思文閣出版、二〇一二年）参照。

（7）応安七年の神輿の神輿渡御について『後愚昧記』は次のように伝える（傍線は下坂）。

七日、今日祇園御輿迎也、然而神輿造替以前之間、無其儀、（中略）今日下辺鉾等如先々渡之、将軍構桟敷（治部少輔高秀沙汰）云々、見物云々、

十四日、祇園会鉾等、下辺経営不違先々云々、就中大樹構桟敷於三條烏丸（山名沙汰云々）見物云々、

ちなみにこの年の祇園会を『神木御動座度々大乱類聚』なる記録は、「六月七日、依山訴祇園会無之」と伝える。以降、康暦二年までの祇園会の執行状況を史料の残る範囲で示せば次のようになる。

『後愚昧記』永和二年六月

（七日）今日祇園御輿返（迎）也、然而神輿造替未道行候間、神輿不出給、予例年潔斎、仍如此、下辺鉾幷造物山如先々渡之、大樹構桟敷（四条東洞院）云々、見物云々、

十四日、祇園会、神輿無出御、鉾等如常、大樹又於三条東洞院見物、高大鉾顛倒、老尼一人被圧死云々、

『後愚昧記』永和四年六月

（七日）今日祇園御輿迎也、而山門神輿造替未事終之間、彼社・祇園神輿同不出来、仍此間年々無御輿迎、今年又同前也、然而於鉾者結構也、大樹桟敷（四条東洞院）、見物之、件桟敷賀州守護富樫介経営、依大樹命之云々、

『迎陽記』康暦二年六月

（七日）祇園会也、神輿不造替之間、雖無神幸、洛中風流如例、殊今年結構云々、大樹御桟敷、管領左衛門佐構之、十間云々、

（十四日）今日祇園会也、大樹御桟敷、土岐大膳大夫入道善忠用意之、十間（五間女中、三間御座、二間近習輩）、又二間（近習幷善忠若党等）也、准后可有御出之由、内々被申之、

以上によってこの間、神輿渡御が途絶するなか、山鉾・風流の巡行だけが行われていたことが確認できよう。

（8）桜井英治氏の二〇〇五年中世都市研究会京都大会コメント（高橋康夫編集・中世都市研究会編集協力『中世都市研究』一二 中世のなかの「京都」、新人物往来社、二〇〇六年）。三枝暁子「河内将芳『中世京都の都市と宗教』」（『史学雑誌』一一六―六、二〇〇七年）

(9) 永徳元年（一三八一）・同二年については史料を欠くため祇園会の執行状況はわからないが、同三年以降は神輿渡御と山鉾・風流の巡行がともに執行されている。次に引用したのは永徳三年の同祭の様子を伝える『吉田日次記』の記事である。

（六月七日）祇園御輿迎也、室町殿依無御見物不緒《(結)》構云々、有恐事歟、桙六七帳、錺桙一帳有之云々、

（六月十四日）祇園御霊会也、如例歟、於所々喧嘩出来、

足利義満の見物がなかったため、山鉾・風流は「不緒《(結)》構」という状態であったが、それでも神輿の渡御と山鉾・風流の巡行がともに執行されていたことがわかる。

(10) 南北朝時代初めまでは、「歩田楽」「御幣役」が院庁から派遣されている（『師守記』暦応三年六月十三日・康永元年六月一・八日条他）。

(11) 山路興造氏によれば、祇園会では、その成立当初から神社側の信仰行事とは別に、信仰集団の「祭礼の神賑わいとして奉納する芸能的要素の濃い行事」が行われていたという（「祇園囃子の源流と変遷」、『京都　芸能と民俗の文化史』、思文閣出版、二〇〇九年）。その二系列の「行事（行列）」について、氏は次のように述べておられる（前掲著書所収「序にかえて」）。

平安時代に朝廷や貴族の経済的裏付けによって出発した祇園御霊会は、当初から神社が設える神輿を中心とした祭礼行列と、信仰の側が時々に応じてつくりだす風流の行列の二本立てで成立していたのである。朝廷や貴族が設営する馬長児や風流田楽の行列は、それでも室町時代初頭まではかろうじて存続するが、信仰者の中心が下京町衆の手に移り、行列が山鉾の巡行に取って代って以後も、この二つの行列は一体となることはなく、町衆は神社側の神事とは別に、彼らの生活圏に蔓延する疫神を、自分たちの手で送り出す民俗行事を背景に、鉾祭を拡大していったのである。

ここで山路氏が用いておられる表現を借りれば、応安二年（一三六九）から山門によって「神社が設える神輿を中心とした祭礼行列」を抑えられた室町幕府は、応安七年（一三七四）以降、「信者の側が時々に応じてつくりだす風流の行列」だけをもって祇園会を成り立たせようとしていた、ということになる。

今一つ山路氏の祇園会にかかわる研究で興味深いのは、南北朝時代初めに同会に出現する「久世舞車」について、そ

の始まりを室町将軍家（足利家）がパトロンとなって「信仰者集団側」の芸能として繰り出したことにあるとされている点である。いうまでもなく室町将軍家が京都に居を構えるのは南北朝時代以降のことであり、本来、同家は祇園会とは縁もゆかりもない家であった。それにもかかわらず、室町将軍家が祇園会にすぐに「久世舞車」を繰り出せたのは、「信仰者集団側」がきわめて開かれた集団であったことを物語っている。応安七年にいたり、室町幕府がかの集団をいとも簡単にみずからの強権下に組み込むことができたのは、「信仰者集団側」のそのような性格に負うところが大きかったものと考えられる。

さらに山路氏の「久世舞車」に関する研究で注目されるのは、それをもって「現在の祇園祭りに出される「鉾」の原型」とされている点である。応安七年、「信仰者集団側」が室町幕府の強権下に入るとともに、室町将軍家がパトロンとして祇園会に繰り出していた「久世舞車」が一つの基準となり、のちの山鉾・風流が次第にこれに合わせるようになっていったであろうことは十分に予測できるところである。川嶋将生氏の指摘される、同時期に始まる山鉾の「風流化」「大型化」という事実と合わせ考えるとき、室町幕府による「信仰者集団側」支配の始まりがその後の山鉾・風流の有り様を大きく規定したであろう可能性を指摘しておきたい。

(12)『康富記』応永八年六月七日条。同条には「今日祇園祭礼也、（中略）今日無定桙、只最小桙一在之、無室町殿御出也」（六月七日条）と記される。

(13)『吉田日次記』応永九年六月七日条。同条には「祇園御輿迎也、無桙・風流、北山殿無御見物之故歟」と記される。

(14)前掲註(6)川嶋論文、河内将芳「室町期祇園会と公武政権」（前掲註6著書所収）参照。『尺素往来』は「在地之所役」と言い、『新札往来』は「在地々々神役」という。

(15)文安四年（一四四七）、幕府は祇園社に神輿の修理要脚を下行しているが、その要脚は本来は「三条観音ノ山、同フリウ」の費用であったという。「文安三年社中方記」（『祇園社記』一三）は、そのことを次のように記す。

文安四年御帳之金物、其外御輿ノユタン、御桙ノヒレ、御タラシ袋、御劔フクロ、御ナカヘ被下セラレ畢、要脚ハ三条観音ノ山、同フリウヲ三ヨセラル、

この時、「御帳之金物」以下を祇園社（執行）に「被下セラレ」たのが幕府であったことは、所定の手続きを踏んでその要脚が公方御倉の禅住坊承操から支出されていることからもあきらかである（前掲註8の桜井氏のコメント。拙稿

「中世土倉論」参照、『中世寺院社会の研究』、思文閣出版、二〇〇一年）。

この出来事を紹介された河内将芳氏は、「馬上役が下行されず、いわば自立的に存在していた山鉾」の費用が、祇園社の神輿の修理要脚等に補填されたと解されているが、これを誰が補填したかについては言及されていない。しかし、この場合、補填したのは、当然、京都の「在地」から山鉾・風流の巡行費用として「所役（神役）」を徴収していた幕府ということになろう。

一方、五島邦治氏はここに見える「山鉾費用の神輿修理要脚や神輿渡御費用への強制的とも思える流用」について「本来、山鉾風流の負担が、神輿渡御の負担と同じ由緒から来ていることを示している」と述べられているが（「山鉾風流の成立」、『京都町共同体成立史の研究』、岩田書院、二〇〇四年）、山鉾・風流の巡行と神輿渡御が異なる由緒のものであることは、上述のところからあきらかと考える。

天文十八年（一五四九）四月付「四条綾小路町人等申状」（『賦政所方』）に見える祇園会への「出銭」という行為を紹介された川嶋将生氏は、その「出銭」を「祇園会に出すための山製作費用」と解され、この「出銭」と幕府との関係については、「この祇園会への出銭は、町自治の一方式として作り出されたものではなく、幕府機関へと結びついていく制度であったことを示唆している」と述べておられる。卓見といえるが、これまで見てきたところからいえば、この「出銭」はかつての「在地之所役」（『尺素往来』）、「在地々々神役」（『新札往来』）の系譜を引く課役と理解すべきであろう。ただ、この「出銭」がこのころまで直接幕府に上納されていたかは検討を要する。

というのは、応仁の乱後に再興された祇園会では、山鉾・風流にかかわる費用はもはや幕府が徴収していなかった可能性が高いからである。そのことをよく示すのは、何らかの事情で山鉾の巡行が不可能となった場合、幕府が巡行責任者から「失墜料」なる過料を徴収しているという事実である（祇園会における「失墜料」については、前掲五島論文参照。ただ、その「失墜料」の性格については氏と見解を異にする）。次に引用したのは、永正八年（一五一一）十二月、幕府がその「失墜分」を祇園社に付与することを同社執行に伝達した奉行人連署奉書である（『新修八坂神社文書』一五八号）。

祇園会事、依日吉祭礼延引于今令遅々、既及月迫之条、地下人等山鉾難調之旨歎申之間、以彼失墜料、被付当社畢、不可為向後例段、可被存知之由、被仰出候也、仍執達如件、

永正八
十二月廿四日　　　　　　　　　　　　　　(飯尾)貞運(花押)
　　　　　　　　　　　　　　　　　　　　(諏訪)長俊(花押)

当社執行御房

幕府は同日付で同内容の奉行人連署奉書を「祇園会敷地々下人中」にも送っており、山鉾巡行の責任を「祇園会敷地々下人中」なる人びとに負わせていたことがわかる（『八坂神社文書』二九三号）。この「祇園会敷地々下人中」とは、先の「出銭」を受け取ることで、幕府から山鉾・風流の巡行を請け負っていた人びとであったかとも推定されるが、後考を俟ちたい。

なお、祇園会の「失脚分」については、文亀三年（一五〇三）以降、幕府が「大舎人方」のそれを祇園会の祭料として付与していたことが、八坂神社所蔵の史料によって確認できる（『新修八坂神社文書』一四五号、『八坂神社文書』二五七・二六八号、『祇園社記続録』一、『祇園社記』一六）。「失脚分」が一種の過料であったことを裏づけるものといえる。

(16)　詳しくは、拙稿「延暦寺大衆と日吉小五月会(その二)」（前掲註4拙著所収）参照。

(17)　近年では河内将芳氏が中世の祇園会を山門との関係で考察されている（前掲註6著書）。

■初出一覧■

（サブタイトルは略）

序にかえて　（新稿）

第一篇　衆徒と閉籠

第一章　中世延暦寺の大衆と「閉籠」　『武蔵野文学』四九（武蔵野書院）　二〇〇一年一月

第二章　「山訴」の実相とその歴史的意義　『延暦寺と中世社会』（河音能平・福田榮次郎編、法藏館）　二〇〇四年六月

第三章　中世寺院社会における身分　『研究紀要』九（世界人権問題研究センター）　二〇〇四年三月

補　論　中世における「智証大師関係文書典籍」の伝来　『園城寺文書』一（園城寺編）　一九九八年一〇月

第二篇　坂本の馬借

第一章　中世・坂本の都市構造　『日本文化史研究』三八（帝塚山大学人文学科）　二〇〇七年三月

第二章　堅田大責と坂本の馬借　『中世社会と一向一揆』（北西弘先生還暦記念会編、吉川弘文館）　一九八八年二月

第三章　坂本の馬借と土一揆　『新しい歴史学のために』二八二（京都民科歴史部会）　二〇一三年五月

第三篇　山門と日吉社

第一章　大津神人と日吉祭　（新稿）

第二章　大津神人と山門衆徒　（新稿）

第三章　衆徒の金融と神人の金融　（新稿）

第四篇　中世都市・京都の変容

第一章　応仁の乱と京都　『学叢』二四（京都国立博物館）　二〇〇二年三月

第二章　中世京都・東山の風景　『風俗絵画の文化学』（松本郁代・出光佐千子編、思文閣出版）　二〇〇九年七月

第三章　中世「四条河原」考　『奈良史学』二七（奈良大学史学科）二〇一〇年一月

付　篇

付　論　『言継卿記』に見える法住寺　『学叢』三〇（京都国立博物館）二〇〇八年五月

史料紹介　岡本保望上賀茂神社興隆覚　『賀茂文化研究』四（賀茂文化研究所）一九九五年一二月

むすび　（新稿）

あとがき

中世の寺院社会に関する拙稿を集め、『中世寺院社会の研究』（思文閣出版）として上梓したのは二〇〇一年のことである。それから十三年、本書には主として前著以降に作成した中世寺院社会にかかわる拙稿を収録した。

この間、二〇〇五年以降、数年にわたり論考が全くないのは、二〇〇四年から二年間、文化庁で美術学芸課長の職にあった時、同課が長年管理していた国宝の高松塚古墳壁画の劣化が問題となり、その対応に忙殺されたことによる。ようやく研究を再開できたのは二〇〇六年四月に文化庁を離れ帝塚山大学人文科学部に移ってからのことで、かの二年間は私の研究生活にとって空白の歳月となっている。

立命館大学に入学するため郷里の金沢（加賀）を出たのは昭和四十一年（一九六六）四月のことである。同大学には三年足らずしか在籍できなかったが、私に歴史学に向き合う姿勢を教えてくれたのはそこでの出会いと経験であった。それから四十八年、今も歴史学を学び続けられていられることを幸せに思う。

それにしても私は幸せものである。生まれてすぐに勝三郎・民子というやさしい養父母とめぐり会い、大学では林屋辰三郎先生というすばらしい恩師の謦咳に接することができた。決して裕福とはいえない家庭でありながら、大学で学ぶことを許し援助を惜しまなかった今は亡き勝三郎・民子には心より感謝している。また林屋先生に学ぶことがなければ、この道に進むことは決してなく、その御恩は生涯忘れない。

本書の刊行にあたっては、思文閣出版の原宏一氏にひとかたならぬお世話になった。記して謝意を表するものである。

二〇一四年九月　　　　下坂　守

索　　引

【人　名】

【事　項】

か

き

く

け

こ

さ

す

せ

そ

た

ち

つ

て

と

ふ

へ

◎著者略歴◎

下坂　守（しもさか・まもる）

1948年石川県金沢市生れ．大谷大学大学院文学研究科修士課程修了．日本中世史を専攻．大津市史編纂室・京都国立博物館・文化庁美術学芸課・帝塚山大学人文学科・奈良大学史学科において勤務．京都国立博物館名誉館員．博士（文学　立命館大学）．
著書に『中世寺院社会の研究』（思文閣出版，2001年）『描かれた日本の中世』（法藏館，2003年）『京を支配する山法師たち』（吉川弘文館，2011年）がある．

中世《ちゅうせい》寺院社会《じいんしゃかい》と民衆《みんしゅう》
──衆徒《しゅと》と馬借《ばしゃく》・神人《じにん》・河原者《かわらもの》──

2014（平成26）年11月10日発行

定価：本体7,500円（税別）

著　者　下坂　守
発行者　田中　大
発行所　株式会社　思文閣出版
〒605-0089　京都市東山区元町355
電話　075-751-1781（代表）

装　幀　小林　元
印刷
製本　亜細亜印刷株式会社

ISBN978-4-7842-1779-3　C3021

◎既刊図書案内◎

下坂守著

中世寺院社会の研究

思文閣史学叢書

中世社会に大きな影響を与えたが、総体的な把握がなされてこなかった比叡山延暦寺を主たる対象とする。惣寺－僧侶たちによる合議－を基礎単位とした中世寺院の広がりを寺院社会として捉え、その歴史的な意味を考察。惣寺がいかなるものであったかはもとより、惣寺を基盤として形成されていた寺院社会、ひいては中世社会の本質を探る。　▶A5判・598頁／本体9,800円

ISBN4-7842-1091-1

河内将芳著

祇園祭の中世

室町・戦国期を中心に

都市京都を文字どおり代表する祭礼であった祇園会を通して、中世京都を考える。祇園会の見物という行為の検討により、その特質をうきぼりにし、さらに神輿渡御の神幸路・御旅所と都市空間との関係、戦国期の祇園祭の再興の意味や、「鬮取」の実態についても解き明かす。

▶A5判・360頁／本体4,500円

ISBN978-4-7842-1631-4

松本郁代・出光佐千子・彬子女王編

風俗絵画の文化学Ⅲ

瞬時をうつすフィロソフィー

風俗画の歴史的な実証に留まらず、描かれた事象に織り交ざる虚実を読み解くことで、鑑賞されることを意識した美的な演出や、儀礼や慣習から生じた絵の上での約束事や仕掛け、信仰のイメージや地域に根ざした特殊な世界観などといった、人間の営為そのものの原理を探究する、哲学的思考（フィロソフィー）へと解釈を広げた13篇。　▶A5判・434頁／本体7,000円

ISBN978-4-7842-1775-5

仁木宏著

京都の都市共同体と権力

思文閣史学叢書

中世京都の都市構造モデルを前提に、その変容のなかから町（ちょう）の成立を読み解く。自力救済社会における武家と都市民の対峙が、やがて公儀を創出し、都市共同体を確立させることを明らかにする。中近世移行期における自治、共同体、権力の葛藤を正面から見すえ、都市の本質を具体的、理論的に分析した一書。　▶A5判・332頁／本体6,300円

ISBN978-4-7842-1518-8

細川涼一著

日本中世の社会と寺社

律宗・律僧が中世社会で果たした役割を中心に、女性や被差別民など、歴史の主流からこぼれ落ちがちなものたちへ常にまなざしを注ぎ、境界領域から歴史を問い続けてきた著者の主要な研究成果を一書にまとめる。

▶A5判・452頁／本体7,700円

ISBN978-4-7842-1670-3

桃崎有一郎著

中世京都の空間構造と礼節体系

貴人と牛車ですれ違う場合の正しい作法は？　参内するときはどこで牛車を降りればよいのか？中世の京都で実践された礼節体系の考察を通じて、中世京都の空間構造を明らかにし、室町殿権力の形成・展開過程をも論ずる。

▶A5判・584頁／本体7,200円

ISBN978-4-7842-1502-7

思文閣出版　（表示価格は税別）